JESUS AND THE ESSENES

イエスとエッセネ派

退行催眠で見えてきた真実

ドロレス・キャノン 著　白鳥聖子 訳

Dolores Cannon

ナチュラルスピリット

JESUS AND The ESSENES
by Dolores Cannon

Japanese translation published by arrangement with
Ozark Mountain Publishing, Inc. through The English Agency (Japan) Ltd.

イエスとエッセネ派　目次

第一部　神秘的なエッセネ派

第二部　イエスの生涯

序文

わたしはいったい自分のことをなにさまだと思っているのだろうか。臆面もなく、多くのキリスト教徒やユダヤ教徒たちの感情を逆なでするような内容の本を書いてしまうなんて。少なくとも、これは彼らの信条の根本を揺るがすような本であることはたしかだ。念のために伝えておくが、わたしは信仰心を尊重している。なぜなら、人間は〈なにか〉を信じなくては生きられない存在であるからだ。たとえ「この世は無だ」と思っていても、なにかを信じないと生きられないのが人間というものなのだ。

これはこの世の叡智の保護と維持に命を捧げた人たちの話である。わたしは彼らの気持ちが痛いほどよくわかる。この世から大切な知識が失われてしまうのは最悪の事態であるからだ。かくして永劫の時間と空間を超えて〈彼ら〉から後世への引き継ぎのバトンがわたしにわたされたのだ。しかしながら、これらの情報は棚の上で埃まみれになるためにわたしに与えられたものではない。現代に生きる知識に飢えている人たちのために、再びあかされた情報なのだ。

それはまるでエッセネ派の人々がわたしの耳元で「書きなさい。あまりにも長い間、この知識は隠蔽され続けている。さあ、書きなさい。この知識が再び失われないためにも」とささやいたかのようだった。ゆえに、わたしはこの退行催眠の試みを通じて学んだことを人々に伝えなければならないと感じた。もしかすると、この本を読んで不愉快な思いをする人もいるかもしれない。ただ、ひとつわかってほしいのは、それはわたしの本意ではないということだ。この本を読んで、いろいろなことを考えてほしいだけなのだ。それこそが、わたしがこの本を書いた目的である。

この本に書かれている内容がまぎれもない事実だ、これは絶対的な真実だというつもりは毛頭ない。わたしでさえもなにが絶対的な真実なのかはわからない。おそらく現代に生きている人たちのなかで〈その答え〉を知っている人はだれひとりとしていないだろう。だが、これだけはいえる。これはあなたが幼少期の頃からとらわれていた固定観念を解き放ついい機会かもしれないということだ。そのための第一歩は心の窓をあけることだ。窓から新鮮な春風を吹き込ませるように、あなたの心のなかに好奇心と知的探究心の息吹を吹き入れるのだ。そして、心のなかに潜んでいる〈ひとりよがりな思い込み〉という罠をとっぱらうのだ。いままで考えようともしなかったことを、あえて考えみよう。議論の余地のない事柄に対して、果敢に質問していく勇気を持とう。生と死の概念に対する、先入観を覆(くつがえ)していこう。そうすることで、あなたの魂、永遠の「あなた自身」が、より豊潤になっていくのだから。

ドロレス・キャノン

第一部　神秘的なエッセネ派

第1章
すべてのはじまり

時間と空間を超えて旅をし、遠い昔に行って「失われた文明」を目の当たりにすることは可能だ。はるか昔にこの世を去った死者たちと対話をし、彼らの生涯や死の経緯を一緒に再体験することだってできる。何百年、何千年もの時を遡り、過去の時代を探検することさえも。こんなことを断言できるのは、わたしが一度のみならず、何百回も過去の世界へと時間を遡っているからである。

こうしたことを、わたしは退行催眠を用いて体験してきた。退行催眠という手法は、人々の過去世の記憶を蘇らせ、そのときの人生を再体験できる。人生が一度かぎりのものではなく、人がこの世になんども生まれ変わってくることを〈リインカーネーション（輪廻転生）〉という。しかし、これは〈トランスマイグレーション〉とはちがうので混同してはならない。トランスマイグレーションは、人間が動物に生まれ変わることもありうるという誤った考えである。わたしの研究によると、そんなことは絶対に起こらない。人間として生まれた魂は、必ず人間に生まれ変わってくる。不幸にして、人間が獣と化し、底辺まで堕ちることはあっても、動物に転生することはないのだ。なぜなら、動物と人間とでは、霊魂の種類がぜんぜんちがうからである。

わたしは輪廻転生の思想を信じることができない人の気持ちが理解できない。そのような人は、自分の人生を考えてみるといいだろう。わたしたち人間はみな、常に変化している。変化しないのは、成長が止まっているのと同じだ。成長が止まれば、それは死んだも同然の状態なのだ。わたしたち人間は常に変化し続けているので、ひとつの生涯なのに、多くの異なる人生を送ったかのように感じることがある。学校に行き、結婚をし、子どもを産み、ときには再婚もする。または、転職をし、いままでとはまったくちがう人生を歩むこともある。旅に出たり、海外へ移住したり、辛い体験をすることもあるかもしれない。そして、愛する人との死別や、愛しい人の苦しみをわかち合うこともあるだろう。だれもが愛することを学び、人生の目的を果たすことを願っている。わたしたちの人生には、さまざまな段階がある。そのそれぞれが、似ても似つかない人生だ。たとえ失敗しても、失敗から学ぶことが大切なのだ。よく「若い頃、なんであんなバカなことをしてしまったんだろう、まるで赤の他人に起きたことのようだ」などといっているのを耳にすることもあるではないか。

わたし自身、二度と高校時代の自分に戻ることはできない。あの内気で世間知らずな女の子とわたしは互いに理解し合えないだろう。いまとなっては、まったくの別人だといっても過言ではない。あの少女は、複雑な個性を持つ大人に成長したわたしを決して理解することはできない。けれども、大人に成長したわたしとあの少女は、別人格でありながら、同一人物でもあるのだ。

このように、わたしは「過去世」を自分の幼少期と同じように考えている。自分の人生をふりかえってみると、だれもが幼少時代があったことを知っている。前世の人生は、自分の「魂の幼年時代」と同じように考えることができる。わたしたちは失敗を繰り返しながら、長い年月をかけて、人間として生きる知恵を蓄えているのだ。なかには、成長を遂げるのに時間がかかる人間もいる。ひとつの学びを習得するまで、なんども生まれ変わりを繰り返さなくてはいけない魂もある。

自分の身体におきかえて考えてみると「輪廻転生」は理解しやすいかもしれない。わたしたち人間の身体は、常に変化しており、人間の身体の細胞も、古い細胞が死ぬことで、新しい細胞がつくられている。身体の細胞は、終わりなき循環を果てしなく繰り返しているのだ。だれひとりとして、二十年前、または三十年前と同じ肉体を持っていない。良きにつけ悪しきにつけ、わたしたちの身体は変化を遂げているのだ。

この世のなかは「魂の学校」だともいえる。輪廻転生を繰り返すことで、学びを習得し、魂の成長の段階を進んでいく。そのように考えることができれば、なにか悪いことが起きたとき、それは魂の学校の試験だと思えばいい。そうすれば、執拗に落ち込んだり、悩んだりせずに乗り越えていけるはずだ。試験に合格するか否かではなく、すべてが学びだと考えればいいのだ。わたしたちはすでに起きてしまったできごとを変えることはできない。すべては自分の学びのために起きている。わたしたちは前進するしかない。過去から学び、それを未来に生かすことが大切なのである。

輪廻転生の教義は哲学である。これは確立している宗教の価値を陥れるわけではない。それどころか、教えの価値を高め、深みを与えるといっていい。広い心と視野を持った人間であるのならば、信仰している宗教の教えとともに輪廻転生の思想も信じることができるだろう。宗教と哲学の思想は、決して対立し合うものではない。輪廻転生は闇の芸術の一種などではないし、魔術的なもの（オカルト）と一緒にして考えてはいけない。輪廻転生は愛の教義なのだ。愛を説いている宗教ならば、混同してもいい。生きる意味が見出せずに、暗中模索している人は、答えがみつけられるかもしれない。暗闇のトンネルの先に、きらめく光を見出すことができるであろう。

あなたは永遠に生き続ける。わたしたちの魂は不滅であり、生命は永遠に続いていくのだ。

単にひとつの身体から、次の身体へと移行しているだけだ。まるで服を着替えるように、身体を交換しているだけなのだ。服が古くなれば、破れたり、傷んだりする。損傷がひどくて補修できなければ、その服は破棄する。それと同じだ。なかには、どんなにボロボロになったとしても、捨てることができない人がいる。彼らは物質に執着するあまり、破棄することができないのだ。わたしたちは単に肉体の存在ではない。肉体を持っていたとしても、本質は肉体だけではないのだ。

生まれ変わりの概念を、とても複雑に考えてしまっている人がいる。彼らからすると、輪廻転生の思想は過激に聞こえ、理解しがたく感じるのだろう。おそらく、輪廻転生の概念を受け入れる段階に入っていないのかもしれない。そのような人は、概念を受け入れることができなくても、それぞれが信仰する「教え」を通じ、自身の人生を懸命に生き、最高の人生にする努力をすればよい。どんな教えであろうとも、決して人に強制するものではないからだ。

過去の時代へ戻るという概念は、多くの人々を魅了する。なぜだろう？　真実を求めているからなのか、未知との遭遇だからなのか、古代文明の探求なのか、それとも人は過去を美化する傾向があるからなのか？　いまだにタイムマシンの物語が人気を博しているのは、そのためか？　もしかしたら、すべての人間は現実という名の鎖からはずれ、制限なく時空を自由に行ったりきたりしたいという願望が密かにあるのかもしれない。

わたしは退行催眠療法士である。これは催眠術師の現代用語だ。わたしの専門は「過去世退行催眠」である。わたしは従来のダイエット、禁煙、身体の痛みを和らげるための催眠療法は行わない。二十年以上もの間＊1、輪廻転生の思想に惹かれ、深い興味と関心を抱いてきた。当時、催眠術師のわたしの夫が実施した退行催眠の実験に立ち会ったことが、すべてのはじまりだった。それは夫が従来の催眠術を使い、減量したい女性とセッションをしているときであった。突如として、その女性の過去世が登場してきたのだ。

わたしたちの未知なる最初の冒険と、その悲劇的な結末の話はわたしの著書“Five Lives Remembered”＊2に記されている。実をいうと、わたしの夫は大変な交通事故に遭い、殺されかけた。彼は一年間病院ですごすことになってしまったのだ。交通事故の怪我から回復するまで、長く辛い時間を要したため、夫は催眠にいっさいの興味関心を失ってしまった。それを機に、彼の人生は完全にちがう方向へ進んでいくことになる。

反対に、過去世の体験ができることを発見してしまったわたしは、もっと探求したいという気持ちが強まっていた。あの体験をきっかけに、新たな可能性の扉が大きくひらかれたように感じていた。わたしは昔から歴史が大好きだった。歴史を探求できる、魅惑的な方法だと感じた。通常の歴史本は無味乾燥な事実と日付が記されているだけだが、退行催眠を通じて入手した情報は、とても生き生きとしていた。

いわゆる時空を超えてタイムトンネルをくぐり抜けるのと同じように、過去の世界の人物に会いに行くことができる。過去の時代に行けると同時に、その時代の人と話をすることができるのだ。まさに未知の世界へ通じる扉がひらかれ、その世界を垣間みてしまった。未知なる世界へ通じる扉を閉じるようなことはするまいとわたしは誓った。わたしの夫はもう完全に興味を失っていたので、自力で能力や技術を身につけなければならなかった。

常々、わたしは従来の「催眠の誘導法」に疑問を抱いていた。催眠状態に入るのにあまりに時間がかかりすぎるため、深い催眠状態へ到達する前に被験者もセラピストも疲れ果ててしまっていた。その理由は、被験者が深い催眠（トランス）状態に入ったか否かを測るための被暗示テスト*[3]をたくさん行っていたからだ。ほとんどの人間は、試験に合格するか否かを判定される状況におかれることを、潜在的に不快だと感じるのではないか、と察した。人間というものは、自分を守ろうとする力が働いてしまうとリラックスできないからだ。従来の催眠は、あたかも潜在意識下へ到達することと関連しているかのような誤った信念のもと、深い催眠状態に入ったか否かを測るための被暗示テストを実施していたのだ。すでにただ単に催眠状態へ導くことと、潜在意識下に到達することとはいっさい関係がないことはわかっている。人は日常生活で、一日になんども自覚せずに、自然に催眠状態に入っている。わたしたち人間にとって、催眠状態はとても自然な状況なのだ。それにもかかわらず、催眠状態は異質で不自然な状況にあると、多くの人は思い込んでしまっている。

　だれもが少なくとも一日に最低二回は深い催眠状態を体験している。それは夜眠りに落ちる直前と、朝目覚める直前だ。テレビに夢中になって、自分もその世界に入り込んでいる感覚になっているときも深い催眠状態に入っている。同様に、単調な景色が続く高速道路を運転しているときや、退屈な説教や講義を聞いているときも催眠状態に入っている。催眠状態というものは、このようにだれもが日常的に体験している状態なのだ。たいていの人間は、普段の生活のなかで、無意識的に催眠状態に入っているという実態を知れば、衝撃を受けるであろう。

　わたしは退行催眠を実施する際、より簡単に早く深いトランス状態へ、自然に入っていけるような誘導法があるのではないかと思案した。わたしは数々の最新の催眠の技術を学び、のちにより早く簡単に催眠状態へ誘導できる方法をみつけることができた。実際、この技法は医師が患者の病気や痛みを緩和*[4]するときにも用いられている。人間の脳のなかにある視覚的な情報を司る領域を活性化させるために、「想像力を掻き立てるゲーム」のようなことをしていた。これを参考にし、即興でイメージを思い描く誘導法（メソッド）をつくり、一九七九年には実験を開始した。退行催眠の被験者をみつけるのはとても簡単だった。単なる興味本位の好奇心であっても、多くの人たちは過去世に関心を持っているからである。

　退行催眠療法士（セラピスト）の誘導で、被験者（クライアント）が過去世を体験したがるのは、セラピストに気に入られたいという思いがあるからではないか、と主張する批評家たちもいた。そのようなことが起きないために、わたしのメソッドでは、誘導尋問的な表現を使わないようにしている。通常の催眠状態では、特定の場所へ行くように誘導することもしない。すべては、自然のなりゆきにまかせている。

このメソッドが、だれにでも繰り返し使えるかどうかを科学的に研究した。退行催眠を実施する際、できるだけ多くのいろいろなタイプの人間に使用し、同じ結果を得られるかどうかを試した。今後、輪廻転生説を立証する科学的根拠のひとつとみなされるかもしれないと思ったからである。わたしはできるかぎり、冷静かつ客観的でいることを心がけた。わたしが催眠を実施した九十五%の人たちは、いつも同じパターンを繰り返した。それぞれが過去世をしっかり体験することができた。各々が互いの話を裏づけし、補強し合い、信憑性を高めていた。それらを目の当たりにすると、冷静かつ客観的でいるのが大変なときもあった。なかには、輪廻転生説以外の「ほかの理由」から過去世を体験しているのではないかという人もいた。もちろん、その可能性もあるかもしれない。しかし研究調査の結果、各々が自分の過去世の記憶を思い出していると確信している。わたしは夢中になって、さらにいろいろなタイプの人に退行催眠を実施していった。その結果、このメソッドは疑い深い人や無学な人にも、あらゆるタイプの人間に効果を発揮することがわかった。多くの被験者たちは、過去世というものをまったく信じていなかったうえに、わたしがなにをしているのかさえもわかっていなかったからである。それでも、結果は同じだった。

この世には多くの輪廻転生の研究者がいる。そして輪廻転生に関する膨大な資料もある。その年々増大する資料のなかに、わたしの研究資料も加えられることを願う。一部の研究者は、何人の人間が、どの時代の過去世の記憶を思い出したかなど、そのような統計解析にしか興味を示していない。しかしわたしは人間がとても好きで、関心ごとはその人の人生の物語である。わたしは集団退行催眠（グループセッション）よりも、一対一で行う個人セッションのほうが性に合っている。それは個人セッションのほうが、過去世の一部始終を一緒に体験できるからだ。そして万が一、退行催眠中に過去の辛い記憶（トラウマ）が浮上してきたときに、即座に対処することも可能だからだ。

このメソッドを使えば、たとえ催眠状態が浅くても、ほぼ過去世の記憶を蘇らせることができる。催眠状態には、さまざまな層（レベル）がある。催眠状態に入っている人の脳波を測定し、科学的にも研究されている。退行催眠では、催眠状態が深くなればなるほど、より多くの詳細な情報を入手することができるのだ。催眠状態の深さの度合いは、被験者の身体的な反応や、質問に対する受け答えかたで、催眠の深さの度合いを測ることができるとわかった。浅い催眠状態にいる人は、通常とはなにも変わらない反応をし、自分は確実に起きていたと主張する。退行催眠を通じて出てきた情報も、素直に受けとることができない。その理由は、浅い催眠状態だとまだ顕在意識（表面意識）が活発に活動しているので、ぜんぶ自分が勝手につくりあげた幻想だと思ってしまうのだ。浅い催眠状態の人は「過去世の映画」を客観的に観察するように体験する。催眠状態が深い人ほどその世界に入り込むことができ、登場人物のひとりとして浸ることができるのだ。まるでいま自分に起きているかのように、臨場感あふれる体験をしている人は、深い催眠状態に入っている。表面意識が静まると、臨場感あふれる過去世体験をすることができるのである。

過去世退行催眠を実施する際、もっとも適した被験者は夢遊性トランス状態（きわめて深い催眠状態）に浸ることができる人である。夢遊性トランス状態に浸れる人は完全に前世の人格になりきり、いますべてが目の前で展開されているかのごとく体験できる。完全にほかの時代（現代の記憶）に関するいっさいの記憶が消滅している状態だ。何百年も、何千年も前の人物の人格が憑依したかのように、その人物の目線から過去の世界の物語を語ってくる。その代わり、彼らの立場でわかっていることしか語ることはできない。過去世が農民であれば、宮殿のなかで起きていることについて語ることはできない。それは農民にとって、歴史書に記されているような主な事柄はぜんぜん関係ないことが多いからである。逆も然りだ。

夢遊性トランス状態に浸れる人は、催眠中に起きたできごとをまったくといっていいほどおぼえていない。催眠から目覚めたあと、その記憶が残るように指示をしないかぎり、すべて消えてしまう。そして自分は眠りから目覚めただけだと思っている。たとえ断片的な記憶が残っていたとしても、色褪せていく夢の残像のように感じているのだ。夢遊性トランス状態に浸ることができると、より多くの詳細な情報を語ることができる。過去の時代の世界に入り込み、その時代を生きる当事者として体験することができるからだ。この現象を体験したことのない人が、その現場に居合わせると大きな衝撃を受けるだろう。被験者の声調や話しかたが変わり、身ぶりや動作などまでもが完全な別人となってしまうのだ。その変貌ぶりを目の当たりにすることは、すごくワクワクするのと同時に、ときとしてゾッとする体験でもある。

輪廻転生の専門家であるディック・サッペン氏は、夢遊性トランス状態に浸れる人間は非常に稀であり、十人中ひとりしかその深さまで到達できないという。会場に三十人の人間がいたとしたら、そのうちの三人だけが夢遊性トランス状態に浸ることができるというのだ。しかしわたしの経験では、夢遊性トランス状態に浸れる人に出会う確率はそこまで高くはない。二十人中、ひとりいればよいほうだ。大部分の人は、たとえ催眠状態に入っていても、これからなにが起きるのか不安に感じ、つい防衛本能が働いてしまう。人は少しでも不安感や緊張感があると、深い催眠状態に浸ることはできないからだ。その不安感を取り除くには、信頼関係を築く必要があるのだ。退行催眠を行う前に、被験者に安心感を抱かせることがなによりも大切である。どんなに深い催眠状態に浸っていたとしても、その人の心に内在している自己防衛本能が作動するからだ。わたしの経験では、たとえ深いトランス状態に浸っていたとしても、催眠中の不快な体験や恐怖を感じた場合、彼らは必ず目覚めてくる。これは寝ている人が悪夢をみて、目を覚ましてしまうのと同じ状況だ。わたしの退行催眠のメソッドは、人の心を支配する技法ではない。被験者の潜在意識と信頼関係を築きあげ、協力してもらえるように導く技法だ。相手から絶対的な信頼を得れば得るほど、より豊富で詳細な情報を入手できるのである。

わたしはナポレオンやクレオパトラの前世を持つ人物に遭遇したことはない。歴史上の人物の前世が出てこないということが、逆に過去世の信憑性を高めていると思う。ほとんどの人は、ごく普通の平凡な生涯を送った過去世が出てくる。ほかの専門家が指摘するように、被験者がセラピストに気をつかって「過去世の記憶」を捏造しているのであれば、それこそワクワクするような英雄的ストーリーをつくりあげるだろう。自分自身をヒーローに仕立てあげ、偉大な業績を遺した前世を語り出したら、彼らがつくりあげた幻想だと考えていい。しかしながら、こういう現象が起きることはない。稀に、刺激的で興味深い過去世の生涯も出てくることはあるが、圧倒的に退屈な過去世を送った人のほうが多いのが現状だ。わたしたちの日常生活にあてはめて考えてみるといい。あきらかに、新聞の一面に載るような人生を送っている人のほうが、はるかに少数派ではないか。実際は、たいていの人間がありふれた平凡な人生を送っているからだ。

事実、わたしが実施した退行催眠の多くは、ごく平凡な一生を送った過去世ばかりだった。例をあげると、戦地に出征しなかった兵士の前世、白人と闘わずに平和に暮らしたアメリカン・インディアンの過去世、悲しみや苦労が絶えなかった初期のアメリカ先住民や農民の前世、一生動物の面倒をみるだけで終わった過去世、畑を耕し収穫し続けるだけの前世、肉体労働で疲労困憊し早死にする過去世、人生の一大イベントが結婚・出産・葬式だけの前世などであった。現代を生きる人の多くも、これらと同じ部類にあてはまるだろう。退行催眠においてもっとも感銘深い点は、その過去世の人物の偉大な業績でも刺激的な冒険でもない。その人物が体験している、人間味あふれる素直な感情表現に心を打たれるのだ。深い催眠状態から目覚めたあと、二百年以上も前の体験にもかかわらず、あふれる涙で頬がぬれている人に対し、すべては幻想だといいきれる人はいないだろう。

これは幼少期に起きた辛く悲しいできごとが呼び起こされ、当時の感情や感覚を再体験しているのと同じ状態である。長い年月、心のなかに押し殺してきた自分の感情が解放され、表面に出てきているだけなのだ。幼少期のトラウマが浮上し、悲しみを味わっている人に対して、そんなことはなかったという人はいないだろう。幼少期の記憶は立証しやすい。自分自身か、家族のだれかが過去に起きたできごとをおぼえているからだ。退行催眠というものは、この幼い頃の記憶を思い出す作業と同じである。現状の問題と、過去に起きたできごとを照らし合わせると、それがいまの人生にどのような影響を与えているのかがわかる。過去世から、気づきを得ることが大切なのだ。

過去世が出てくる説明として、クリプトネシア[*5]、もしくは「隠された記憶」があげられる。これは、その昔自分がどこかで読んだり、見たり、聞いたりした体験の記憶を自分の深層心理のなかに閉じ込めてしまう、という現象だ。その隠蔽されている記憶が、都合よく退行催眠中に深層心理から浮上し、そこから物語をつくっているのではないかといわれている。この説は、いまひとつ説得力に欠けると思う。もし隠された記憶であるのなら、いまの人生で経験したすべてのできごとも記憶に残り、おぼえているはずである。考えてみれば、たしかにそのとおりだ。ところが、夢遊性トランス状態に浸っている者は、彼らが体験している「過去の時代」以外の事柄のすべてが記憶から消滅しているのだ。この本のなかには、多くの事例が出てくる。わたしがある「物体」について話しても、夢遊性トランスに浸っている者は、いったいなんのことをいっているのかわからないことが多々あった。また、使う単語や熟語を理解できないこともあった。彼らが「生きている時代」には存在していない物だったり、まだ使用されていない言葉だったりしたからなのだ。わたしたちがごくあたりまえに知っている物や言葉を、理解できない人に説明するのは至難の技である。自分で試してみるといい。もし、本当に隠された記憶を使い、物語をつくっているのであれば、なぜすべての記憶が飛んでいるのか。物体や言葉は（隠された記憶と同様に）、現代の人格と同じ記憶のなかにあるのだから、忘れることなどありえないはずではないか。

退行催眠の被験者は、安全をとって自分が知っている国の話や、知識がある時代についてだけ語っているのだという説がある。多くの退行催眠を施した経験から、この説はまちがっているといえる。退行催眠に浸っている人物が、なにも知らない文化や時代について語り出すという現象はよく起こるからである。自分がいた場所がどこなのかわからないことも多く、現代の人生とぜんぜんちがう環境が出てくることも多い。鮮明な過去世を体験すると、利点がある。退行催眠が終わったあとで、そのとき登場した場所の名称、その国の文化、習慣などを調べることができるからだ。わたしはこの本に登場する主人公から入手した数々の情報を調べ、すべて確認している。もし安全をとるのであれば、自分の国からみて地球の反対側に位置する国で起きた、二千年以上前のできごとを選択するわけがないのだ。にもかかわらず、この退行催眠に出てきた情報の正確さには驚愕する。たしかにその情報が正確だとあきらかになったからである。この本のなかにはひとつの過去世しか登場しないが、それ以外の過去世の記憶も鮮明であった。

わたしはとても好奇心旺盛な作家である。その飽くなき好奇心を満たすために、明確な目的を持って退行催眠のプロジェクトを立ちあげた。わたしはできるだけ多くの人に退行催眠を実施し、彼らから入手した異なる時代の情報を編集し、それぞれの時代の情報をまとめて本を書く計画を立てた。いままで退行催眠を実施した人の多くは、同じ時代に遡っていき、その時代の状況や社会情勢に関する情報を伝えてきた。複数の人から同時代の同じ情報が出ることによって、互いの情報が正確かどうかを確認することができた。うまくいけば、このプロジェクトも現実化することができるかもしれない。

この本の主人公であるキャサリン・ハリス（仮名）という女性に出会い、状況は一変した。いままでの計画を変更し、彼女との退行催眠を通じて入手した情報で単独の本にすることに決めた。キャサリン・ハリスの潜在意識・超意識から引き出された情報は、非常にめずらしく有益な内容だったし、希少価値の高い情報であると感じたからである。

訳注

＊1　二十年以上もの間：ドロレスが亡くなった二〇一四年の段階では五十年以上の間、となる。

＊2　"Five Lives Remembered"：ドロレスが最初に書いた本。八〇年代に書かれているが実際に出版されたのは二〇〇九年。

＊3　被暗示テスト：被験者がどの程度の催眠の深さにあるかを測るためのテスト。腕が浮遊したら中程度、痛みがなくなったら深い程度というような暗示を試し、被験者の被暗示性を決めていた。しかし現在では、催眠にかける前に、被験者の「催眠のかかりやすさ」を測るテストとして使われている。

＊4　医師が催眠を使う：アメリカでは、一九五八年に米国医師会が催眠を医療に使用することが正式に認められている。

＊5　クリプトネシア：隠された記憶。見聞きした経験を忘れているとき、その情報を「自分で考えたもの」と記憶を改ざんすること。

第2章
主人公との出会い

キャサリン・ハリスはいったいどんな女性なのか想像もつかなかった。なぜわたしたちは出会うことになったのだろうか？　彼女と最初に出会ったとき、これからどんな運命が待ち受けているのかまったく予想できなかった。まさか一年間にもおよぶ、時空を超えたキリストの時代へ遡る時間旅行が待ちかまえているとは夢にも思わなかった。この世に偶然はなく、わたしたちは出会うべくして出会ったのだ。

わたしたちの出会いは、形而上学や心霊現象に関心のある人たちが主催したパーティだった。そのパーティにはわたしが面識のない人もたくさんきていたが、以前、退行催眠を施した多くの被験者も参加していた。神秘世界に興味関心のあるキャサリンは、友人と一緒にきていた。夜の講演になると、わたしの過去世退行催眠が話題にあがった。案の定、大勢の人が前世退行催眠の被験者になりたいと申し込んできた。思っている以上に、神秘的なものや過去の世界に興味のある人たちは多い。みなそれぞれの理由で、退行催眠をしたいと思っている。ソウルメイトを探したかったり、恐怖心を克服したかったり、しかしほとんどは、自分の前世を探求したいという単純な好奇心からだ。キャサリンも、そのひとりだった。わたしたちはその場でセッションの日時を決めた。

キャサリンは、ケイティという愛称で呼ばれていた。運命的ともいえる出会いの日、彼女はまだ二十二歳だった。背は低く、金髪のショートヘアで、若いのに豊満な体つきをしていた。彼女の瞳はキラキラと輝き、物事の本質を見抜くようなまなざしを向けてくる。その魅力はきらめく光のように全身から放たれ、はじけるような喜びと生命力にあふれていた。人が大好きで、人のために尽くすことができる人だった。ケイティと親しくなるにつれて、その表面に出ている性格は、実は臆病で自信がない内面を隠すためのつくろいであることがわかってきた。ケイティの星座はかに座だ。本来、かに座の人はあまり社交的ではない。しかしたとえそうだとしても、彼女からは惹きつけてやまない誠実さが伝わってきた。人に対する思いやりにあふれ、世のため人のために生きているような女性だった。実年齢よりもはるかに精神年齢が高く、ケイティには生まれつき備わった聡明さがあった。ときとして、二十二歳の幼さが垣間みえるときもあったが、その幼さは彼女に似合わないとさえ感じた。幼さがみえ隠れするたびに、自分の息子と同じ歳なのだからしかたがないと自分にいい聞かせた。とはいえ、やはり息子とは比較にならないほどケイティは大人びていた。若い肉体のなかに成熟した古い魂を宿している女性であった。ほかの人も、彼女に対してわたしと同じような印象を持っただろうか。そんな疑問が、いまでもふと頭によぎるときがある。

ケイティは一九六〇年にロサンジェルスで生まれ、両親の仕事の都合で引越しの多い生涯を送ってきた。彼女の両親はキリスト教の宗派のひとつ、プロテスタント派のアッセンブリーズ・オブ・ゴッドに所属していた。彼女が育った環境には輪廻転生や退行催眠を信じるような風習はいっさいなかった。常々、ケイティはプロテスタント系のキリスト教会はなんだか自分の肌には合わないと感じていた。その環境がとりまくすべてに不快さを感じ、恐怖すらおぼえていた。少女時代、礼拝ではカトリック教徒のように十字を切りたくなった[*1]。それは自然な衝動であったのだが、母親に厳しく注意された。それ以来、公共の場では十字を切るのをやめることにした。彼女は家族のなかで、ひとりだけ浮いた存在だった。両親は、なぜケイティがプロテスタントの教えに反発心を抱くのか理解に苦しんでいた。彼女の両親の気持ちを配慮し、この本では彼女の名前は匿名にしてある。ケイティ自身が輪廻転生を信じていたとしても、両親は絶対に理解できない概念であるからだ。両親との関係がこじれることを避け、ケイティの本名はだれにもいわないとわたしは誓った。

ケイティの家族はアメリカのさまざまな州に移り住み、彼女が十六歳のときにテキサス州に引越した。高一のときには二回も転居し、テキサス州にきたのは高二のはじめであった。ケイティは転校してすぐに、新しい学校も先生の教えかたも一時的な友だち関係も、すべてが嫌になってしまった。そして両親の反対を押しきり、高二のはじめで学校を中退した。こうしてケイティの正規の学校教育は高校二年生で終わりとなった。しかしこの事実が、この退行催眠をするにあたって有利に働いたと思う。ケイティが退行催眠中に語る内容は「学校で得た知識」ではないことがあきらかだ。いまの世のなかで、このような〈知識〉を教える学校は存在しないからだ。近頃の学校は、まともに地理も教えないのが現状だ。ケイティはとても聡明な女性であるが、その知識は学校教育で得たものでないことは明白だった。

高校を中退してケイティは自由を得たが、教育や訓練を受けた高卒ではないため、仕事を探すのにひと苦労した。一年間つまらない仕事に就いたあと、GED（高等学校卒業程度認定試験）を受けて合格した。その後、米空軍の職業訓練を受け、空軍内のコンピューター技術者として二年間働いた。空軍勤務でも、彼女は海外へ出ることは一度もなかった。この退行催眠において、これはきわめて重要な点である。ケイティは深い催眠状態に浸ると、さまざまな国の詳細な情報を語ってきたのだ。この退行催眠中の情報は、現在の人生経験に基づいていないことに疑いの余地はない。

空軍を辞めたあと、ケイティは家族とアメリカの中部地方にまた引越した。わたしたちは、そこで出会うことになる。そして現在は、コンピューターの技術を生かして会社員として働いている。ケイティの交友関係は広く、社会にもうまく溶け込んでいた。彼女の趣味は、大衆的なロマンス小説やファンタジー小説を読むことだった。この退行催眠の核となる情報源や歴史書などを、図書館で読んだり調べたりすることに興味を示すような女性ではなかった。

最初のセッションで、この女性は稀有な存在だとわたしは悟った。ケイティはあっという間に深い催眠状態に入ることができたからだ。彼女はすべての感覚が研ぎ澄まされていた。味や匂いまでも敏感に感じとることができ、感情は豊かで臨場感にあふれていた。それだけでなく、ケイティは催眠から目覚めたあと、催眠中のいっさいの記憶が残っていなかった。彼女自身も自分は催眠に入りやすいだろうと思ってはいたが、まさかこんなに簡単に深いトランス状態に浸ることができるとはみじんも予想していなかった。わたしはとうとう「夢遊性トランス状態」に浸ることができる人物に出会えたのだ。実際、このタイプとの退行催眠が一番やりやすい。ケイティにその気さえあれば、もっと多くのセッションをしたいと思った。彼女も好奇心旺盛なので、両親に知られることがなければ、セッションの続行を望んだ。すでに成人していたため、人生の決定権は彼女が持っていた。法律的にもなにも問題はなかった。すると、ケイティは子どもの頃から脳裏に焼きついて離れない実体のない記憶があるとうちあけてきた。もしかしたらそれは過去世の記憶なのかもしれない、その原因を解明したいと思っていた。

ケイティから価値のある情報が入手できることがあきらかになったので、わたしたちは週一回のペースで会うことにした。わたしは人里離れた山の上に住んでいるため、町の中心に住んでいる友人のハリエットの家でセッションを行うことにした。これは互いの利便性を考慮したうえでの決断だった。ハリエットも訓練を受けた催眠療法士だ。彼女は夢遊性トランス状態に浸ることができる人物を一度も経験したことがなかったため、一緒にセッションに参加したいと申し出てきた。彼女もこれからなにが起きるのか、という期待に満ちていた。ケイティから貴重な情報を入手しはじめたとき、ハリエットという目撃証人がいて本当によかったと痛感した。さらにセッションが進むにつれ、ほかの人たちも同席するようになった。その場にいただれもが驚愕するような内容のセッションだった。入手した情報が捏造だと疑われないためにも、目撃者は多ければ多いほどよいとわたしは思った。

二回目のセッションから誘導時間を短縮するために、「キーワード」だけで深い催眠状態に入れるように条件をつけてみた。この手法を使うと、誘導時間の短縮が可能になる。この時点では、まだこれからなにが起きるのかだれにも予測がつかなかった。こうして、わたしたちの冒険ははじまった。だれも想像がつかないような時空を超えた旅に連れ出された。これはまさに見果てぬ夢の場所や人物たちに出会える時間旅行なのだ。

当初は特定の時間と場所の場面に行くような指示を入れず、自発的に情報が出てくるように心がけた。一カ月がすぎた頃、年代順に退行していくようにセッションを導きはじめた。ケイティに何回の生涯があるのか調べるために、百年おきに時間を退行させていった。途中、いくつかの生涯を逃した可能性もあるかもしれない。一所懸命に調べなければわからないような、難解怪奇な情報も数多く出てきた。その後、とても興味深い「霊界」も登場してきた。これはこの世の魂が肉体を離れたあと、最初に入る死後の世界のことだった。この霊界の詳細は、わたしの著書"Between Death and Life"*2に記している。

一回登場した過去世は、最低一回はその生涯に戻るように心がけた。興味深い過去世については、新たな質問をする価値があると思ったので、再びたどるようにした。この手法については"Five Lives Remembered"のなかに書いている。しかしその本の主人公には五つの過去世しかなかった。したがって、その手法を効果的に使うことができたといえるだろう。

まず、ケイティをじわじわと二十六もの過去世へと退行させていった。その後、さらに時代を退行させ、キリスト紀元のはじめにまで時間を遡らせることができた。彼女はさまざまな境遇の過去世を体験していた。男性、女性、富める者、貧しい者、知識階級の者、無教育な者など、全体的に調和のとれた前世体験をしていた。それぞれに、各時代の宗教的背景や文化的習慣の情報が満載だった。彼女が提供した驚くべき詳細な情報は、歴史学者や人類学者たちでさえも入手することがむずかしい情報であるとわたしは確信している。それらすべての生涯、ケイティの魂が実際に体験した過去世だったと信じてやまない。それらの知識は異次元の世界から提供されているにちがいない。宇宙コンピューターのメモリーバンクのような「潜在意識・超意識」のなかに密かに保存されている情報なのだろう。きちんと潜在意識とつながるには、適切な言葉を使い、正確な指示を与えなければならない。そうすることで、潜在意識のなかに記憶された知識を入手することが可能になる。どれほどの過去世が日の目をみるために待ちかまえているのか、それは計り知れない。ケイティのほかの過去世は、新たに記述することにした。この膨大な情報量を一冊の本にすべておさめるのはそもそも不可能だからだ。

キリストの生涯と深いかかわりを持つ「存在」が出現すると、その時代にとどまることがとても重要だと感じられた。もちろん、なにか貴重な情報が提供されるかもしれないからだ。この退行催眠の試みが、いったいどこへ向かっているのか、価値ある情報が出てくる可能性があるのか、その存在の出現の段階ではまだ見当がつかなかった。時代をどんどん遡っている段階でも〈キリストに関するなにか〉がみつかりそうな気配があったときには、そのたびにエッセネ派時代のイエスの師匠のひとり「スディー」としての生涯に必ず戻った。そして可能なかぎりの情報収集に専念した。わたしたちは三カ月間にわたり、このようなセッションを十三回も繰り返すことになる。

もし最初の退行催眠中に「スディー」が出現していたなら、確実にケイティの幻想や空想だと判断していた。そしてただちにセッションの続行を中止したことだろう。〈キリストの名前〉

がいとも簡単に出てきてしまうのは、その人の思い込みの可能性が高いからだ。「スディーの生涯」の物語は、九カ月後の退行催眠のセッション中に登場した。その頃にはすでにケイティのことを知り尽くし、彼女の秘められた能力にもとうに気づいていた。ケイティは過去世を鮮明に蘇らせることができ、それを詳細に描写する能力にも長けていた。おそらく、それはわたしたちの間に深い信頼関係が築かれていたからだろう、それ以外には考えられない。強い絆なくして、このような壮大な話が出てくるようなことは決してないからだ。ひとつの主題だけを追い続け、連続的に過去へ遡る作業は多大な忍耐と根気が必要になる。わたしが根負けして早々に退行催眠を切りあげていたなら、こうしてスディーの生涯の話が世に出てくることはありえなかった。ケイティの才能を信じて疑っていなかったわたしでさえも、退行催眠中にキリストの師匠のひとりが登場したことを人に話すのにはためらいを感じた。それは人から「本当なの？　もっとくわしく話してちょうだい」と疑惑と悪意に満ちた嘲笑の目にさらされることがわかっていたからだ。あたかも人はいとも簡単に騙される愚か者だとわたしが思っているかのように。

たしかにその気持ちも理解できないわけでもない。わたしですら、ほかのだれかからこの話を聞いていれば、絶対に疑っていた。なにはともあれ、わたし自身は、ケイティの話を疑いなく信じている。

これがケイティの過去世であるということ以外に、この現象を説明することはできない。ケイティはとても深い催眠状態に浸っていたので、虚言の可能性は非常に低いからだ。そういう状態で人が嘘をつくことは不可能なのだ。ケイティから入手した情報は、わたしが厳密に調べ尽くすか、この分野の学者か研究者にしかわからない知識や情報ばかりだった。わたしは次にどの場面に行くのか、次になにを質問するのかなど、そういうことを前もって彼女に知らせることはなかった。それにもかかわらず、すべての質問に対し、彼女はすらすらと答えることができたのだ。

ケイティも当初はセッションが終わると必ずテープを聞き返していた。ところがセッションが続くにつれ、テープを聞き返さなくなり、しだいに興味も示さなくなった。催眠から目覚めると「今日はどこへ行ったの?」と訊くだけだった。退行催眠の内容を聴くたびに彼女自身も驚きを隠せなかったようだ。なぜなら、その時代についてくわしくないうえに、それらの国の内情についてもなにも知らなかったからである。

キリストに関する話が出はじめるようになると、ケイティは怪訝な表情を浮かべるようになった。自分が育った宗教的背景がちらつき、それが頭をもたげてきたのかもしれない。論争が起きそうな内容や聖書に反発するようなことを語りはじめたときから、かなり精神的に辛そうだった。ケイティは目を白黒させ、この内容を自分が語っているとは信じられないといった様子で困惑していた。数々の過去世退行のなかでも、この「スディーの生涯」が一番気に障ったようだ。イエスの生涯の終盤にさしかかった頃、これ以上セッションを続行したくないといいはじめた。その頃になると、働いていた会社から転勤と昇進の打診があり、ちょうど引越しを考えていた時期ということもある。一年もの間、退行催眠に時間を費やしたおかげで、数多くの情報も入手できていた。もうそれで十分ではないかと感じていたようだ。わたしはケイティの気持ちを汲みとり、自分の好きなように生きたほうがよいと伝えた。

本音をいえば、わたしはもう少しセッションを継続したかった。その頃には、さまざまな情報や資料を集めはじめていたからだ。多くの疑問を抱いていたがゆえ、その答えを知りたいと思っていた。よく考えてみれば、すべての疑問の答えをあきらかにすることは不可能なのだ。たとえ、すべての答えを得られたとしても、また新たな疑問が浮上してくる可能性も十分に考えられる。おそらく、すべての疑問が解決されることは一生ないだろう。現状でも、エッセネ派の生活環境や教えなど、広範囲にわたる情報をスディーから入手することができているではないか。これまでの成果に誇りを持って、この「スディーの生涯」の話はここで幕を閉じるのが最善の策だと判断することにした。

訳注

＊1　十字を切る：プロテスタント諸派には、十字を切る習慣を有さないものが多い。

＊2　“Between Death and Life”：霊界や死後の世界の話が書かれているドロレスの著書。一九九三年に出版された。

第3章

イエスの師匠「スディー」の出現

退行催眠中に出てきた情報は、時代別にわけて記録を残すことにした。この方法が唯一、正確な記録を残せる策と考えたからだ。ケイティ自身は、いま自分がどの時代にいて、自分がだれであるのか、混乱している様子はまったくなかった。けれどもわたしが混乱するときがあったので、すべての記録をノートに残す必要があったのだ。実際、内容の確認をとるために、ノートをひらく場面がたびたびあった。

この「超常現象」を言語化して文章にするのはとてもむずかしい。退行催眠中に、ケイティがなりきった登場人物は非常にリアルだった。それぞれ感受性が豊かで、表情もくるくると変わり、身体の動かしかたにも特徴があった。わたしはしだいにそれぞれの人物の特徴をみわけることができるようになり、彼らが名乗りをあげる前に、その人物がだれであるのかがわかるようにまでなった。

この数週間は、西暦四〇〇年時代のエジプト北部にある都市アレクサンドリアの医師としての過去世が出てきた。その医師は当時の薬や手術の方法などを教えてくれた。次に登場したのは、西暦三〇〇年時代のチベット山脈地帯にいる黄色いローブを着た僧侶の前世だ。彼は仏教哲学について語ってくれた。西暦二〇〇年時代の聾唖(ろうあ)の少女の過去世も出てきた。さすがのわたしもこれには驚いた。その少女は話すことも聞くことも不自由だったからだ。通常は百年おきに時代を退行させているのだが、このときばかりは指示のしかたを工夫しなければならなかった。ケイティはうまくしゃべることもできず、わたしたちはいったいどの時代にいるのかさっぱり見当もつかなかったからだ。

それぞれの人物がしばしば強い訛りで話した。彼らの言葉を書きとめるのにどれほど苦労させられたか。それぞれの存在が話す、英語の発音のしかたも奇妙だった。まるでその様子は頭のなかで、ひとつの言語からほかの言語へと翻訳しているかのようだった。そのようなときは、とても不自然な話しかたをしてくる。文法や語法がめちゃくちゃな英語を話しているように聞こえるのだ。あまり英語を話せない「存在」がケイティの脳、もしくは宇宙のコンピュータバンクを通して、正しい言葉を検索し、変換しているようだった。その結果、でたらめな文法や構文、あるいは語順の誤りが起きたのだろう。だから、普段のケイティならばありえないようなまちがいをしてしまうのだ。このような現象を目の当たりにすると、やはり輪廻転生はあるのだと確信せざるをえない。表面意識が優位な状態のときに、こんなまちがいを犯すことは決してないからだ。

わたしは「スディー」という存在のことをしだいに深く知るようになり、特有の強い訛りも理解できるようになった。スディーの声は年齢とともに変化していった。少年の頃は元気いっぱいの声をしており、徐々に、大人の声へと成長を遂げて、最終的には疲れた老人の声になった。

この話を語る際に「性の区別」の問題が浮上してくるだろう。ケイティは女性で、スディーは男性だからだ。毎度のごとくだれが話しているのかを、いちいち「彼」から「彼女」へと変換させるのは混乱を招くことになりかねない。そこで、読者がわかりやすいように、スディーのことは「彼」と呼ぶことにする。その代わり、ケイティの身体に異変が起きたとき、たとえばなんらかの変化や動きがあったときなどは「彼女」と呼ぶことにした。この本のなかでスディーのことはSと表記する。しかしスディーが亡くなったあと、死後の世界にいる「スディーの霊（スピリット）・魂・超意識」と対話をするときはKと表記してある。わたしドロレスはDと表記する。

読者には、わたしたちがスディーとはじめて出会ったときと同じように「彼」と出会ってほしい。

ドロレスD　さて、時空を超えて時間を戻していきましょう。これから聾唖（ろうあ）の少女だった時代よりも、さらに昔の時代に遡ります。わたしが三つ数えるとその時間に戻りますよ。一、二、三、さあ、その時代に戻りました。

この時点では、まだいったいどの時代なのか把握できていなかった。西暦二〇〇年よりも前の時代であることだけはわかっていた。ケイティが話しはじめると、その人物は男性の声をしていた。従兄弟たちに会いにナザレの地*1を歩いていると語りはじめた。その声には強い訛りがあった。なにをいっているのか聞きとるのに苦労した。彼が発音する「ナザレ」は通常の発音のしかたではなくて、わたしははっきりと聞きとれず、録音テープを再生して聞き返したほどだった。ものすごく早く「ナザレ」と発音し、その場所はガリラヤ地域にあるといった。あまりに強い訛りのため、最初は「ガリレイ」と聞こえた。これも録音を聞いてやっと理解できたくらいだ。このときはまだケイティがどの時代にいるのかはっきりとはわからなかった。あとでテープを聞き返せばいいと思い、どんどん先へと進めていった。

イスラエルに過去世があるというのは、とりたててめずらしいことではない。いままでイスラエルの前世が出てきた人はたくさんいた。ローマ帝国の支配下にあった時代のイスラエルの過去世も数人いた。しかし、これまで〈イエス〉の名前を口にしたり、〈キリスト〉について言及する人はひとりもいなかった。場所の名称だけでは、登場したのがどんな人物なのか察することはできないからだ。その生活およびとりまく環境すらも特定することはむずかしい。過去世の人物が登場すると、わたしはまず「場所と時代背景」がはっきりとわかるまでは事務的な質問を投げかける。その時代と場所があきらかになったあと、もっと具体的な質問をしていく。わたしはこの男性の名前を尋ねた。

スディーS　ベンザマーレだ。（発音どおり）

それは最初「ベンジャミン」に聞こえた。名前はベンジャミンでいいかと訊き返すと、語尾にアクセントがつく感じで「ベンザマーレ」と答えた。もうひとつの名前（苗字）のほうは、地位や名誉のある人だけが使用すると教えてくれた。わたしはなんと呼べばいいかと尋ねると、ニックネームである「スディー」と呼ぶことを許可してくれた。それはサウディまたはサディーのようにも聞こえた。語尾を強調する感じで発音していた。ベンザマーレよりもおぼえやすい名前なので、この本では彼のことを「スディー」と呼ぶことにした。

古代に生きた人物は自分の年齢がいくつなのかわからないことが多い。単に年齢を表す特殊な用語があるのかもしれないが。すると、自分の年齢は三十歳だとスディーはいった。結婚をしていない身であることも教えてくれた。

S　結婚はしていない。なによりも家族がほしいと望む者もいるが、私には重要ではない。人生で多くのことを達成したい者は、家族を持つことはとてもむずかしい。妻や子どもたちに寂しい思いをさせてしまうからだ。自分の目的を果たすために、家族を巻き込み、欲の道づれにするのは残酷なことだ。

D　それが、結婚をしたくない理由なのですか?

S　べつに結婚をしたくないとはいっていない。その願望がないだけだ。おそらく、一生しないであろう。

スディーは、普段は丘の上で暮らしていたが、共同体にいるときもあると教えてくれた。共同体までは二日間ほど歩くとたどりつくらしい。わたしが共同体の名前を尋ねると、口調がガラッと変わった。名前や名称を尋ねることは、いたって普通のことだ。通常のケイティなら、問題なくスラッと答えるような質問である。しかしスディーは、猜疑心に満ちてぶっきらぼうに問いただしてきた。「なぜ知る必要がある?」この異様なリアクションにわたしは驚いた。好奇心で訊いただけだと説明した。彼はしばらく戸惑ってから、共同体の名前は「クムラン」だと答えてくれた。それは「クム・ラン」と発音した。この時点では、まだその名前がなにを意味するのかわからなかった。続けて質問を投げかけていった。どんな仕事をしているのかと訊いた。

S　トーラー*[2]と法を学んでいる。ヘブライ（ユダヤ）の法だ。

この時点になっても、まだ気づけなかった。わたしはプロテスタント教徒であるため「トーラー」のことを知らなかった。法のことも、裁判にかかわる法律のことだと思っていた。このあと、数カ月間猛勉強したおかげでトーラーはユダヤ教の律法書のことをさし、法とは「モーセの律法」のことを示していることがわかった。ユダヤ人たちはモーセの律法にしたがって生活をしていた。スディーに「あなたはラビと呼ばれる人ですか?」と尋ねた。スディーは教育程度の高いユダヤ人の男性だと推測したからだ。〈ラビ〉は、ユダヤ教の宗教的指導者か学者のような存在であることはわかっていたが、退行催眠に立ち会っている人のなかでユダヤ人の知り合いはだれもいなかった。ユダヤ教に関してもくわしくなかったし、だれひとりとして、シナゴーグ*[3]のなかに足を踏み入れたことさえなかった。するとスディーは、自分は先生ではなく生徒だといった。ひとつわかったことは、ラビとは「先生」をさす言葉であることであった。

ケイティと過去世退行のセッションをしていると、自分は教養がないと感じることが多い。

わたしはそれぞれの時代における基礎的な知識や基本的な情報を知らないからだ。しかしそれはしかたがないことではある。すべての時代に対応できるように完璧に準備を整えることは不可能なのだ。それに彼女の潜在意識が、毎回どの時代へ向かい、どの過去世を出してくるのか、わたしには見当もつかない。その都度、すでに自分のなかにある知識や記憶をふりしぼり、あれこれと質問のしかたも工夫して、手探りでその場を切り抜けるしかないのだ。わたしが特定の時代の過去世を出したいがために、誘導尋問のような答えを導く質問をしているのではないかと疑う者もいるらしいが、まずそういうことはありえない。わたしでさえも次になにが起きるのか予測できないのだから。流れに身をまかせながら、わたしもケイティとともに「未知なる旅」の体験をしているといったところだろうか。

D いまの修業を終えたあとは、なにをする予定ですか?

S 共同体を出て、外国へ旅立つ。いままで学んだことを世界に広めたい。

D 「先生」になるには、長い時間がかかるのですか?

S なかには一生かかる者もいるが、幼い頃に修業がはじまる者もいる。私は一生を通して学び続けている。

D ラビたちから、学んでいるのですか?

S　君のいっているラビは、村にいるラビたちのことか？　私は村のラビから教えてもらったことはない。私の師匠はほかにいる。

D　それでは、あなたの師匠はだれなのですか？

その師匠が教える学校の名前や、どの宗教に属しているのかをわたしは知りたかったのだが、どうも彼は「師匠の名前」を尋ねられたと勘ちがいしたようだ。

S　まず、数学の先生であるベンダビデがいる。そして秘教の先生であるメシャラバもいる。あとはトーラーの先生であるザハマーレだ。彼は私の父親でもある。

スディーが父親の名前を口にすると、ケイティの表情はパッと笑顔になった。彼が父親に愛情を感じているのが伝わってきた。

S　正義論の先生の名前は(名前が長すぎて聞きとれない)。彼女は代々にわたって保護され、伝授されてきた真実の法則を私に教えてくれた。ほかには、ジュディス・ベセジハァー（発音どおりのつもりだが、あいかわらず聞きとりにくい）がいる。彼女は星の予言や星がたどる経路の知識を授けてくれた。彼女が話しはじめるとだれもが聴き入ってしまうほどだ。とても経験豊富な先生でもある。年齢はわからないが、思慮深い七十代の女性だ。もしかしたらもっと上かもしれない。彼女の知識の豊富さはこの科目にかぎらない。たくさんの知識を持った人であることはたしかだ。

D　男子生徒たちは、それらの教科を必ず学ばないといけないのですか？

S　ヘブライ人の青年たちはみな律法やトーラーを学ばなくてはいけない日がくる。通常はバル・ミツワー*[4]の儀式後からだ。この世に道筋を示す先生や師匠を志す人間は、常に学び続ける向上心を持つことが大切なのだ。

D　それらの師匠以外の人や場所から、学んだことはありますか？

S　この知識をほかからも得ているかということか？　この知識ははるか遠くの地から我々へと受け継がれている。しかし我々の先生たちは、我々とともに暮らしている。わたしの父親がまだ若かった頃、数々の国を訪れた。父親がどの国を訪れたのかも知っている。それらの地で学んださまざまな知識をもすべて授けようとしてくれている。

D　ほかの国の人たちから、学ぶ風習もあるのですか？

S　その風習はある。知識を広めるのが、我々の任務だからだ。知識を共有しないことは、重大な罪にあたる行為でもあるのだ。

これはスディーが新たな知識を求め、ほかの国へと旅立つ前のことであった。が、旅に出る機会に恵まれる可能性は大きいと教えてくれた。

D その決断は、だれがするのですか?

S それは〈彼〉が現れるときだ。まず、前兆がある。そのときが我々の動くタイミングだ。父親いわく「天からの合図」があると伝えられているそうだ。

わたしはなんのことをいっているのかさっぱりわからなかった。いったい〈だれが〉現れるのか、とスディーに尋ねた。すると、淡々と事実を述べるようにこう答えた。「救世主(メシア)が現れる。その時期はごくかぎられた者にしか知らされていない」。わたしはこの答えをどう受けとめていいのか戸惑った。「すでにメシアは出現したといわれていますが」。

それでもまだスディーがどの時代にいるのか見当がつかなかった。ユダヤ人たちにとっては「メシア」はまだ到来していない、メシアが到来したことを認めていないことだけは知っていた。彼らはいまだにメシアの到来を待ち望んでいると聞く。おそらくスディーは(キリストの生誕後の時代)紀元後に生きるユダヤ人の男性だろう。イエス・キリストに関する情報が手に入るかもしれないと察した。スディーのように教育程度が高い男性であるならば、キリストの時代のことを知っている可能性は非常に高い。

S いや、メシアは現れていない。天からの合図がない、まだその時期ではないのだろう。予言では、四方から星々が現れ、その星たちが重なり合ってひとつの輝く星になったときが、メシアが生まれる瞬間だと伝えられている。

D メシアはすでに到来したと聞いています。その話を聞いたことはありますか？

S いや、まだだ。ユダヤ民族の歴史がはじまって以来、多くの偽物のメシアや予言者がいた。しかし、本物のメシアはまだ現れていない。

D イエスという男性の名前を聞いたことはありますか？　彼がこの世に出現したメシアだといっている人たちがいます。ナザレとベツレヘムで暮らしていたと聞きます。

S その名前は聞きおぼえがない。その名の男はナザレにはいない。もしいたのであれば、私も知っているはずだ。

このとき、もしかするとスディーはナザレか聖地（イスラエルの地）周辺にいるのかもしれないと思った。わたしがベツレヘムの近くにいるのかと訊くと、その近くにいることを認めた。

D ユダヤという国の名前を聞いたことがあります。ユダヤは、その場所の近くですか？

S （苛ついた口調で）ここがユダヤだ！

たとえわたしが混乱していようとも、ケイティは常に自分がどこにいるのか明確にわかっていた。ここでひとまず国名と地名がはっきりした。次は「時代」を解明することにした。

D 国の統治者はだれなのですか？

S ヘロデ王だ。

聖書には、ヘロデ王は複数いたと記されている。そのうちのひとりはイエス誕生のとき国を統治していた。しかしイエスが処刑されたときは、ほかのヘロデ王であった。ヘロデという名の王が、ほかにもいた可能性は十分にあった。

D ヘロデという名前の王はたくさんいたと聞きます。それは本当ですか？

S （困惑した様子で）……ヘロデ大王だ。初代ヘロデ王になる。アンティパスとフィリップの父親だ。ほかにはヘロデという名の王はいない、このヘロデ王だけだ。

わたしはものすごくワクワクしてきた。ひょっとしたらイエスはまだ生まれてないのかもしれない、という思いがよぎった。

D ヘロデ大王のことを、あなたはどう思っていますか?

S ヘロデ大王はローマ帝国の支配下におかれている。最悪な状況だ(ため息をつく)。ヘロデ大王は冷酷で残忍な男だ。加えて好色漢でもある。

あらわになったスディーの感情の高ぶりにわたしは驚いた。

D そうですか。ヘロデ大王については、わたしも多くの説を耳にしています。良い噂も、悪い噂も。

S 君は、気はたしかか?! そんな無知な質問をする人間はヘロデ大王についてなにも知らないということだ。良い噂なんてあるはずがない。

D ヘロデ大王は、ベツレヘムに住んでいるのですか?

S たまに住んでいる。ヘロデ大王は住処をところどころに持っている。ときにほかの国へ旅に出るときもある。

D　ヘロデ大王に会ったことはありますか？

S　あるわけがない！　いっさい興味もない。

スディーがヘロデ大王のことが嫌いなのは明白であった。ヘロデの名前を口にするのも嫌気がさしているようだった。それでもわたしは、まだどの時代にいるのか見当がつかなかった。年代を明確にするのはむずかしいかもしれない。そもそも西暦というものは、イエス・キリストの誕生を基準にして計算されているからだ。キリストがまだ生まれていない年代であれば、古代の人たちは別の方法で年表を記録していたにちがいない。

S　十二カ月は各十二支族を表している。年は……（どう答えればいいのか困惑している様子）……王の年数を数える。たしかではないが、ヘロデ大王は統治二十年目のはずだ。

セッションに立ち会っているハリエットは、「エッセネ派」という名の団体のことを、なにがなんでも調べたいという気持ちに駆られていた。それはまるでなにかに取り憑かれているようだった。彼女はなんども「エッセネ派がいた時代までさっさと時間を進めることはできないの？」とまくしたててきた。のちにわかったことなのだが、どうも彼女はエッセネ派の時代になにか重要な情報が隠されているのではないかと直感でわかったらしい。ハリエットに問いただされるたびに「エッセネ派がどの時代にいたのかさえ知らないわ」と答えた。すると彼女は「エッセネ派はキリストと同じ時代のはずよ」と返した。ハリエットの焦りをよそに、わたしはその都度「いま、その時代へ向かっている途中です」と冷静に答え、淡々と、五十年、もしくは百年おきに時代を遡っていった。各々の時代、それぞれの過去世に、驚くようなめずらしい情報や歴史的な知識なども潜んでいた。もちろん、わたしは急ぐ気など毛頭なかった。実際、この手法でたくさんの情報を得ている。結果的に、スディーがいる時代があきらかになったではないか。いよいよまさしく核心をつく質問を投げかける絶好のタイミングとなった。ハリエットが思いきって「エッセネ派という名前の団体を知っていますか?」とスディーに尋ねた。すると、とても驚いた様子で「知っているが、なぜ彼らのことを?」と答えた。ハリエットは得意げに「なんとなくエッセネ派のことを知っているかもしれない、あなたから〈教え〉を学んでいる可能性があると思ったからです」というと、スディーは「エッセネ派は、私の師匠だ」と返答したのだ。

この思いがけない発言にわたしたちは驚愕した。途方もなく大きな突破口をひらいたような予感がした。あまり世間に知られていない、秘密結社のような〈エッセネ派〉に関する情報が得られるかもしれないという期待が高まった。ハリエットは嬉々として「エッセネ派のことをずっと探していたの！」と伝えた。

S　残念ながら、エッセネ派は詮索されたいとは思っていない。我々が望まないかぎり、だれも追跡することはできない。

これは自分もエッセネ派に属していることを匂わすような発言であった。エッセネ派は秘密主義な団体である。その秘密主義であることが、彼らの情報を入手する妨げとなるのであろうか。

D　エッセネ派は秘密結社のような団体だと聞いています。それは正しい情報ですか？

S　統治権を握っている者たちは、エッセネ派を脅威に感じている。エッセネ派が秘教や神秘世界に精通しているからだ。それはだれもが表面しかなぞることができていない奥義ともいえる。我々の知識が増え、エッセネ派の影響力が強くなることを彼らは恐れている。我々に権力の座を奪われることを危惧しているからだ。

ハリエットH　エッセネ派は、通常のユダヤの共同体となにがちがうのですか？

S　律法をより厳守しなくてはならない。より一層の厳守とは、安息日*5の終わりにはシナゴーグ（ユダヤの教会）を出なければならない。そして次の安息日がはじまるまで、安息日のことは考えてはならないということだ。我々にとって「律法とトーラー」がすべてだ、これを肝に銘じなければならない。予言の解明に多くの時間が費やされている。その予言が果たされる日は近いだろう。我々はその日までに心の準備を整えなくてはいけない。人々が進むべき道筋をひらくことが我々の任務でもあるからだ。

エッセネ派の共同体の成員は男性だけでなく女性もいると聞き驚いた。女の先生も女子生徒もいるらしい。わたしは思わず耳を疑ってしまった。通常古代ユダヤの女性は男性と平等の権限が与えられていないからだ。これが正しい情報であることをスディーからも確認できた。「一般的なシナゴーグのなかには女性の立ち入りは禁止されている。その代わりに女性専用の礼拝場所がある」。にもかかわらず、なぜエッセネ派だけは女性に平等の権限を与えたのか不思議に思った。

S　男女のどちらか片方だけでは、人間は不完全な存在だからだ。我々はすべての知識を共有し合わなくてはならない。それは永続的に知識が受け継がれる必要があるからだ。一般的なラビよりも優秀な女性を私は多く知っている。

この言葉を聞き、驚きとともに深い感銘を受けた。ところが、共同体の規模の大きさについて尋ねると再び猜疑心が強くなった。疑い深く「なぜそれを知りたいのだ？」と訊き返された。わたしはスディーを脅かさないような答えを即座に考えなければいけなかった。「共同体の生活状況がどんな感じなのか興味があるだけです。あまりに規模が大きいと全員ぶんの住居を構えたり、食料の供給も大変そうだと思ったからです」と返答した。するとスディーは安心した様子で「正確な人数はわからない」と教えてくれた。

D　近郊のほかのユダヤ教の宗派とエッセネ派の間で意見の対立が起こることもありますか？

S　我々は気狂い集団だと呼ばれている。それはメシアの出現は間近だと説いているからだ。それに反してほかの宗派は、メシアの出現を諦めている。（眉をひそめ、落ち着きなく）しかしなぜそんなに根ほり葉ほり訊く？　これ以上、質問に答える気はない。この世には我々の共同体をみつけ出し、破滅させようと企んでいる者たちは多いのだ。

その時代、エッセネ派がだれかに敵対視されていたとは思いもよらなかった。

D さきほど、従兄弟の家に向かって歩いていると聞きました。敵がいるのに外を歩いていても大丈夫なのですか、敵にみつかる恐れはないのですか？

S 私が何者かはだれも知らない、わかるわけがないだろう。単なる旅人にみえるはずだ。私の肌は青い色をしているわけではない（二人とも爆笑）。我々の間には合図がある。ほかのだれにもわからない暗号でやりとりをしている。

やはりエッセネ派は秘密結社的な修道会なのだろう。聞くところによると、修道院の僧侶のように隔離された生活を送っているらしい。エッセネ派には、ほかの「宗教名」はあるのかどうかを訊いた。

S ほかの名前はない。我々は「エッセネ派」として知られている。エッセネ派は学派であり、宗教ではないと私の父親はいうであろう（宗教という言葉が好きではない様子）。我々は、創造主である神の存在を信じている。いわゆる父なる神のことだ。

D エッセネ派が信じている神に、なにか名前（呼び名）はついていますか？

S　ヤハウェ[*6]だ。その意味は「名無し」だ。崇高な存在のため神には名前をつけることはできない。人間が知らされていないだけなのかもしれないが。ときにエロヒム、またはエロリと呼ばれることもある。ヤハウェと同じ意味だ。すべて神のことをさしている。ほかにも呼びかたはあるが、これらはそのうちのごくわずかだ。どれを使ってもいい、必ず神に通じるからだ。私は神のことをヤハウェとは呼ばず、父親を意味する「アバ」と呼びかけている。

ようやく「キリストの時代」へ通じる扉がひらかれたのである。歴史上、もっとも神秘的で秘密結社のようなエッセネ派のひとりと巡り会えたのだ。大いなる可能性を秘めた快挙を成し遂げたといえるのではなかろうか。この時代をさらに深く追求し、より深く探究していこうではないか。こんなことはだれも予期していなかった。もしかすると隠された「キリストの生涯」の話も出てくるかもしれない。そしてこの神秘的な団体の具体的な情報を入手できるかもしれないではないか。あいかわらずスディーは猜疑心に満ち、ある特定の質問になると口が堅くなった。なかなかすんなりとは答えてくれなかったが、そこはなんとか対処することができるだろう。どのような内容であれ、求める答えを導き出す方法などいくらでもあるからだ。とはいえ、まさかこれから三カ月以内にそれが起こるとは思ってもいなかった。信じられないほど貴重な知識や情報がものすごい勢いであふれ出てきたのだ。それはまるで竜巻かなにかに巻き込まれたようだった。一瞬も息つく間を与えられなかった。わたしたちの想像をはるかに超え、まぎれもなく期待以上の内容を語ってくれたのだった。

次章から、内容別の章にわけてまとめてある。しかしこの順序で情報が提供されたわけではない。それはまるで複雑なパズルのピースのひとつひとつをつぎはぎし、つくりあげていくような作業だった。内容別に章をわけるほうが、読者には理解しやすいと思ったからだ。

この本は、第一部と第二部にわけてある。第一部は「神秘的なエッセネ派」の生活習慣や文化的背景について書かれている。第二部はエッセネ派に属していたとされる「イエスの生涯」の背景を、慈愛に満ちた師匠のまなざしを通して伝えている。

訳注

＊1　ナザレの地：イスラエルの都市。北部地区の中心にある都市。イエス・キリストが幼少期から公生涯に入るまですごし、新約聖書には彼が「ナザレ人」と呼ばれていたと記されている。

＊2　トーラー：ヘブライ語で書かれた聖典のこと。

＊3　シナゴーグ：ユダヤ教の会堂。聖書には会堂と書かれており、ユダヤ教会という俗称もある。

＊4　バル・ミツワー：バル・ミツヴァーともいう。ユダヤ教徒の十三歳になった男児が成人になったことを表す名称。女児は十二歳でバト・ミツワーと呼ばれる。男女複数の場合はベネー・ミツワーといい、

女性のみ複数ではベノー・ミツワーである。ユダヤ教徒の成人式のこともさす。

＊5 安息日：ユダヤ教の安息日は、イスラエルの民（ヘブライの民）がエジプトを脱出して、約束の地カナンに向かう途中に神から与えられた日のことで、金曜の日没からはじまり、土曜の日没で終わる。ヘブライ語でシャバット、シャバスト呼ばれる。

＊6 ヤハウエ：旧約聖書のなかの神の固有名詞。全知全能の神、この世の創造主のこと。ヘブライ文字で表すと：ＹＨＶＨ、ＹＨＷＨ、ＪＨＶＨ、ＪＨＷＨ、ＩＨＶＨなどがある。ヘブライ語の神聖四文字、テトラ、グラマトンと呼ばれる。ユダヤ神は神の名前を口で唱えることを避け、主（アドナイ）と発音してきた。ヤーウエ、ヤホバと呼ばれることもある。

第4章 エッセネ派の神秘にせまる

この過去世退行がはじまる前に、だれかにエッセネ派やクムラン*1についてなにか聞かれたとしても、まったくなにもわからないと答えていただろう。名称をどう発音していいのかすらわからないくらい無知だった。エッセネ派は「謎に包まれた神秘的な集団」、あるいは「修道院の僧侶のような隔離された暮らしをしている宗教団体」と思われている。それも聞いた話で、わたしにはこの程度の情報しかなかったからだ。

かねてからキリストがエッセネ派に属していたという伝説、少なくとも訪れたことがあるという噂はあった。しかし、ありきたりな〈イエスの神話〉のひとつとしか捉えられていなかった。イエスの生涯には謎の空白期間がある。イエスはその空白期間中に世界中を旅したのではないかと伝えられている。ある日、わたしは形而上学にくわしい人たちと話す機会があったのだが、彼らにそのことを尋ねても、みな同じように口ごもってしまった。「エッセネ派」や「クムラン」という名称だけはなんとなく耳にしたことはあるという。なにかしら答えることができても、ごくわずかな情報でしかなかった。わたしはクムランがどこにあるのかも答えられなかった。それはハリエットも同じであった。

一九五〇年代前半に『死海文書』[*2]が発見された。突如として、それはこの世に現れた。あの驚きと興奮のざわめきは、いまだに鮮明におぼえている。その『死海文書』はエッセネ派やクムランとなにかしらの関係があるのではないか、と世間でささやかれていた。まだ発掘されていない、未発見の『死海文書』の写本もあったはずだ。その後、いったいどうなったのだろうかと不意に思うときがある。あれほどの一大旋風を巻き起こしたにもかかわらず、いつのまにかその興奮はやみ、まるでもとの洞窟のなかに閉じ込められたかのように姿を消してしまったからだ。わたしはこのことをものすごく残念に思う。なぜなら『死海文書』は聖書の原型といわれているからだ。

輪廻転生の専門家であり、著名な作家のブラッド・スタイガー氏は退行催眠療法士のだれもが気をつけなくてはいけない点があるという。それは、退行催眠中に出てきた過去世の情報を調査するのは、その過去世のセッションが終わったあとか、すべてのセッションを終えたあとにしなければならない、というものだ。深い催眠状態に浸っている人の意識は高揚感に満ち、非常に敏感な状態にある。被験者が超能力やテレパシーを通じて、その現場にいる人たちのマインドのなかからわずかな情報でも拾いあげてしまう可能性を秘めているからだ。たしかに、この助言は的確だろう。わたしはこのアドバイスに従うことにした。信頼できる正しい情報であるかどうかのほうが重要だからだ。この三カ月間、わたしは地図上でクムランを探すこと以外はなにもしなかった。調べたい気持ちをグッとおさえ、我慢した。退行催眠を通じて十分な情報を得た三カ月後に、やっと安心してこの歴史に関する調査や研究を開始することができた。

クムランの洞窟が発見されて三十年以上経った*3いまでも、なにも変わらない部分がある。エッセネ派はやはり「秘密結社のような神秘集団」ということだ。現在出版されている書物の多くは、同じような内容が繰り返し書かれているだけだった。わたしは愕然とした。一冊を除いて、それらの本はすべて五〇年代初期に書かれていた。それぞれの書物には『死海文書』とクムランの発掘が詳細に書かれていた。発掘された『死海文書』のなかには無傷で残っているものもあった。まずそれらの写本が翻訳され、その翻訳内容について議論を展開していた。エッセネ派はいったいどのような人たちで、どのような共同体であったのか。すべての本は同じ結論だった。著者たちは互いを『死海文書』の専門家だと褒めちぎり、各々の引用を載せているだけだった。こんなことなら、一冊読むだけで十分だったんじゃなかろうか。発掘時、『死海文書』は人類史上もっとも偉大な発見だと盛大にもてはやされた。なのに、あれ以降、新たな翻訳本は一冊も出版されていない。どうしてなのかと、わたしは前々から不思議に思っている。その様子はまるで、せっかくひらきかけたはずの扉が、すぐにバンッと閉じてしまったかのようだった。

唯一の例外は、一九六七年に出版された、マーチン・アルフレッド・ラーソン著『エッセネ・ヘリテージ』だ。ようやく、新鮮な視点で書かれている本をみつけることができた。ラーソン氏は、大胆不敵にもこう指摘している。新たな翻訳本がいまだに出版されないのは、従来の教会にとって、なにかきっと都合の悪いことが『死海文書』に記載されており、それで隠蔽されたのではないか、と。おそらく古代の文書と現代の聖書の間には、その内容に大きな矛盾が生じているのだろう。原始キリスト教は〈イエス〉を中心にはじまったわけではなく、エッセネ派の慣習やその教えからはじまると考えられている。そのような情報は従来の教会にとっては堪えがたい不都合な真実なのだ、とラーソン氏は説く。さらにいうと、敬虔なキリスト教徒は、この事実を決して受け入れられないからなのであろう。実は〈キリスト教の教え〉はイエスの誕生前からはじまっていたという話はにわかには信じがたい事実だと、現代の聖職者はよくわかっているのだ。

考古学者のジョン・マルコ・アレグロ氏も同意見だった。彼は初期の『死海文書』の編集を担当していた学者のひとりである。編集作業をするにあたり、『死海文書』を研究する国際チームを形成するため世界各国から八人の学者が集められていた。四人は敬虔なカトリック教徒で、アレグロ氏だけがたったひとり、無宗教だった。なんと、現在アレグロ氏は、『死海文書』を閲覧することさえ禁止されているのだ！　実は、すでに四百ほどの文書が編集済みでまとまっているらしい。それらを一九六〇年後半までにはぜんぶ出版する予定だったのだが、まだ四〜五冊ほどの文書しか公には発表されていない。アレグロ氏は、鋭い質問を投げかけている。なぜこれほどの情報をいまだに隠蔽し続けているのか、と。

そうして『死海文書』はもとの古びた木箱のなかへと密かにおさめられた。そのうえ、かなりの数の写本が消滅したともいわれている。ある神学者が名言を残している「この際、ぜんぶの文書が消滅してしまえばいいのだ。いっそのこと二世代後に再発見されたほうが賢明だ」。そうすれば、ほかの神学者たちと『死海文書』の内容を議論し合う必要がないからだ。神学者が自分たちの手に負えないと感じたため、封印してしまったのではないだろうか。もしかすると、この過去世退行でわたしが発見した情報と同じ内容が記載されていたかもしれない。それを神学者がみつけ出したのであれば、堪えがたい屈辱であったにちがいない。

『死海文書』は、イスラエル博物館の文書の殿堂におさめられている可能性が高いといわれている。文書の殿堂は『死海文書』の研究や翻訳作業、そして無数にある資料の断片をまとめて保管する場所として特設されたそうだ。

この本に記載されている情報は、わたしたちが勝手に捏造できるような情報ではない。わたしたちが知りうる範囲のことでもなければ、調べることさえも困難であるからだ。これらの情報は、現代に生きている人間から得た情報ではないと、わたしは確信している。ついに、謎に包まれていたエッセネ派のベールを剥がすことができたのではないだろうか。このすばらしき人たちの、より完全な情報、その全体像をつかむことができたのだ。

この地球上から、ある種族を絶滅させてしまうという試みがあった、と伝えられている。もしそれが事実であれば、その絶滅させられた種族は「エッセネ派」なのではないだろうか。聖書のなかにも、彼らについての記述はいっさいない。エッセネ派に関するすべての情報は、意図的に削除されたのではないか。おそらくエッセネ派の教義とキリスト教の間には共通点、相通じるものがあるからであろう。

エッセネ派の存在の痕跡が残されたのは、紀元前初期頃の熱心な歴史家や作家のおかげだろう。彼らの功績で、わたしたちはエッセネ派の存在を知ることができたのだ。その古代の作家たちの名前は、ユダヤ系哲学者のアレクサンドリアのフィロン、古代ローマの博物学者の大プリニウス*4、ユダヤ系の軍人で歴史家のヨセフスである。わたしは図書館に行き、彼らの著書はすべて読破した。それら参考文献からの引用は本書のいたるところに散りばめられている。

アレクサンドリアのフィロンは、紀元前二〇年~紀元後六〇年の間に生存していたとされる。それは本書の内容と同時期、エッセネ派やイエスの生涯と同時代である。しかしフィロンが書いたものは、当時の世間の噂や憶測だとされている。フィロン自身、エッセネ派の一員でもなければ、エッセネ派と面識もなかったからだ。これが事実なら、歴史家のヨセフス*5による情報との矛盾や意見のくいちがいが説明できる。また古代ローマの博物学者、大プリニウスは、紀元後二三年〜七九年の間生存していたとされ、彼はほんの少しだけエッセネ派に関する情報を記している。それらを考慮すると、歴史家のヨセフスがもっとも信頼できる情報源となる。この分野で、一番多く引用されている著者でもある。

ヨセフスは紀元後三七年にエルサレムで生まれ、エッセネ派の共同体で暮らしていた時期があるとされる。エッセネ派の活動後期に、直接的なかかわりがあった人物だ。一説によると、その当時人気のあった古代ギリシャの思想と哲学によせてエッセネ派のことを書いたのではないか。ヨセフスは独自の色めがねを通して解釈する傾向があると指摘されている。実際スディーが生きた時代よりも、ヨセフスは後世に生きていた。それでもなお、時代はちがうがヨセフスの記述とスディーの情報を検証することができるだろう。この退行催眠で得た情報が、いかに正確な情報であるかを示すことができたのではないだろうか。退行催眠で出現した彼らが語った「エッセネ派の信条や教義」に関する情報、そしてエッセネ派の慣習の描写は非常に似通っていたからである。

あいにく神秘的なエッセネ派に関する記述はこれだけだ。これらの著書には、この奇妙な共同体が存在していた場所は死海*6周辺である、と言及しているだけだった。考古学者たちでさえも「クムラン」が存在していた正確な場所をみつけることができずにいた。しかも在り処を突きとめようという気さえもなかった。この周辺地域の気候*7はあまりに過酷で、考古学者にとっては悪夢のような場所だった。なにか特別な理由でもないかぎり、この周辺を探索しようという気持ちなどさらさら起きなかったのではなかろうか。

紀元後六八年、ローマ軍によってクムランは破壊されてしまった。その廃墟となった跡地は二千年以上もの間、死海周辺にある塩の崖の上に残されたままである。だれにも気づかれることなく、沈黙を続け荒廃していった。エッセネ派の人は、生涯知識を追求し、蓄積し、守った。それにもかかわらず、すべてはギラギラとした熱い太陽の下、砂漠のなかへ砂とともに完全に消えてしまった。あたかも、これまでこの世に存在などしていなかったかのように。残っている廃墟は、かつてはそこに偉大な人々*8が存在し、一時はその場所で全盛期を迎えたことがあったことを示しており、静かに象徴として存在しているのだが、これまでエッセネ派の真相や正体は世に知られることはなかった。ずいぶんと長い間、その廃墟はローマ軍が侵略後に残していったローマ軍守備隊の駐屯地のひとつではないかといわれていた。そのような荒れ果てた土地、さびれた場所が重要な史跡であるわけがない、まさかかつては繁栄していたことがあったなどとはだれも思わなかったのだ。

一九四七年に最初の『死海文書』が発見されるまで、クムランの廃墟の存在にだれも関心を示さなかった。二千年もの間、塩の崖の上にある「クムランの洞窟」は秘密を封じ込めてきたのだ。しかしある日、その運命は大きく動き出すことになる。ベドウィンの羊飼いの少年が、逃げた羊を探しに洞窟のなかに迷い込んだ。そして壺のなかに密かに隠されていた「古代の巻物」を発見したのである。この心ときめく古代の巻物の発見物語は、なんどもなんども語りつくされてきた。密かに隠されていた多くの文書は消失してしまったか、この偉大な発見が公に発表される前に、不注意で破棄されてしまったのかもしれない。この発見をきっかけに、学者たちがこぞって砂漠へと押しかけていくことになった。考古学者は、現地のアラブ人の助けを借り、周辺の洞窟からも多数の巻物や何万点にものぼる写本の断片を発掘できた。当初は、単なる幸運な掘り出しものとして扱われていただけだったが、すぐさま人類史上もっとも偉大な発見であると評判が評判を呼んだ。

数々の洞窟のなかから秘宝の知識書（『死海文書』）が発見されるたびに、だんだん考古学者たちは不思議に思うようになった。なぜこんなにも膨大な量の巻物が砂漠のなかに隠されているのだろうか、と。そうしてようやく周辺の洞窟のなかを探索しはじめることになる。もしやここにはローマ軍守備隊の基地以外のなにかがあったのではないか、あの廃墟とかかわりのあるほかのだれかが埋めたのではないだろうかと考えたわけだ。一九五一年の冬に、最初の発掘が行われた。しかしその仮説を立証するようなものはなにも発見されなかった。一九五二年には、洞窟のなかから発見された数々の巻物は、おそらく「廃墟の在り処」で暮らしていた人たちのものだ、ということが判明する。

その後、フィロン、大プリニウス、ヨセフスの記述により、あの廃墟で暮らした人たちの正体があきらかとなる。これで疑問は解明され、すべての問題は解決したのだ。ついに、クムランの廃墟は神秘のベールに包まれた共産主義的なエッセネ派の住処であったことが発表された。現代社会では「共産主義的」という言葉は、まったく異なる意味で捉えられてしまっている。わたしがこの古代の種族である「エッセネ派」を表す言葉として共産主義という言葉を使ったことで、さまざまな憶測を呼んでしまった。とにかく、エッセネ派はもっとも純粋な形の共産主義の集団であろう。全員一緒に共同体で生活をし、互いにすべてのものをわかち合っていた。そのうえ、彼らの暮らしに「お金」はいっさい必要なかったからだ。

エッセネ派に関する情報は、これまでのところ古代の書物か、三年の月日をかけて考古学者たちが発掘した巻物だけである。これらの書物や資料の間には、数々の相違点があった。そのために、多くの疑問も浮上してきた。この過去世退行の試みは、それらの疑問を解決に導く可能性が秘められているかもしれない。

訳注

＊1 **クムラン**：死海北端の沿岸から約一キロメートルにある遺跡のことで、ユダ王朝時代に要塞が築かれた「塩の町」（ヨシュア記　15：62）と固定されている。一九四七年に、近くの洞穴から紀元前に書かれた完全な『イザヤ書』の写本がベドウィンの少年によって発見されたのに続き、同種の古代写本が周辺の洞穴群から発見された。一九五一～五六年、古い要塞の跡から、これらの古代写本を所有していたとされる共同体の建物の全体構造があきらかにされた。これはクムラン共同体（教団）と呼ばれ、出土写本群は『死海文書』、またはクムラン文書と呼ばれている。

＊2 **『死海文書』**：一九四七年以降、死海の北西にある遺跡「ヒルベト・クムラン」周辺で発見された九百七十二写本群の総称。二十世紀最大の考古学の発見といわれている。『死海文書』はヘブライ語聖書の最古の写本を含んでいる。大部分がヘブライ語で書かれており、二割ほどアラム語のほかにギリシャ語およびアラム語の方言であるナバテア語の文書を含む。多くは羊皮であるが、一部パピルスもある。紀元前二五〇～七〇年の間に作成されたとされている。『死海文書』を記したグループは、クムラン共同体といわれているが、なかにはサドカイ派の祭司たちが書いた、あるいは未知のユダヤ教内グループによって書かれたという説もある。

＊3 **クムランの洞窟が発見されて三十年以上経った**：この退行催眠は八〇年代初期のこと。実際は六十五年以上経つ。

＊4 **大プリニウス**：別名ガイウス・プリニウス・セクンドゥス。古代ローマの博物学者、政治家、軍人。ローマ帝国の属州総督を歴任したほか、百科全書『博物誌』を著した。小プリニウスは大プリニウス

の甥。

＊5　歴史家のヨセフス：エッセネ派に一年ほど入会志願体験をしたと伝えられている。

＊6　死海（The Dead Sea）：アラビア半島北西に位置する塩湖。西側にイスラエル、東側をヨルダンに接する。湖の海抜はマイナス四百十八メートル。死海では、海中で身体を沈ませることができずに自然に身体が浮いてしまう。死海の水は塩分濃度が高く生物が生息できず、塩化ナトリウム以外の塩分も含んでおり、苦味が強い。

＊7　死海周辺の気候：比較的高温で乾燥した気候であるが、死海などの海沿いは湿度が高くなり、蒸し暑い。

＊8　偉大な人々：エッセネ派に属するクムラン共同体のこと。エッセネ派のなかでも超エリート集団だといわれており、『死海文書』を記述した人たちと伝えられている。

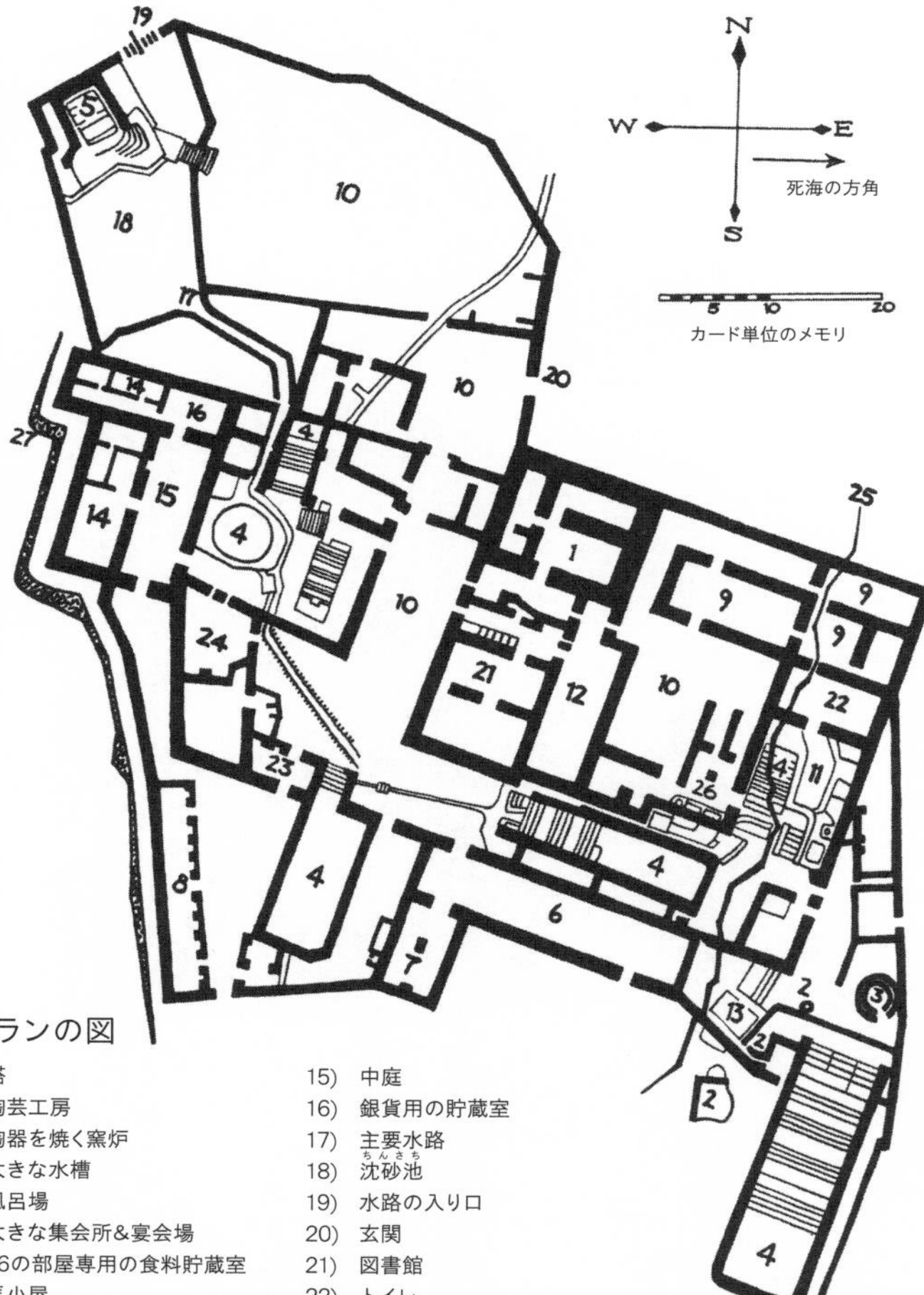

クムランの図

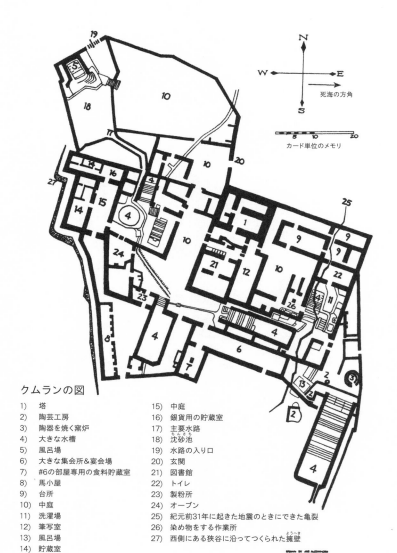

1) 塔
2) 陶芸工房
3) 陶器を焼く窯炉
4) 大きな水槽
5) 風呂場
6) 大きな集会所&宴会場
7) #6の部屋専用の食料貯蔵室
8) 馬小屋
9) 台所
10) 中庭
11) 洗濯場
12) 筆写室
13) 風呂場
14) 貯蔵室
15) 中庭
16) 銀貨用の貯蔵室
17) 主要水路
18) 沈砂池（ちんさち）
19) 水路の入り口
20) 玄関
21) 図書館
22) トイレ
23) 製粉所
24) オーブン
25) 紀元前31年に起きた地震のときにできた亀裂
26) 染め物をする作業所
27) 西側にある狭谷に沿ってつくられた擁壁（ようへき）

第5章
クムランを解きあかす

考古学者の間では「クムラン」で暮らしていた人は現実の世界にうまく溶け込むことができない、隔離された生活を送る修道僧のような団体、と根強く信じられていた。加えて、エッセネ派の人は厳しい規律や厳重な規則に基づいた生活を送ったとも思われていた。さて、これからわたしが多くの学者の解釈がまちがっていることを提示していこうではないか。このすばらしき人たちはそのような団体ではないことを。深い催眠に浸ったケイティの潜在意識から得た情報は、考古学者の解釈とはまったく異なるものだった。

クムラン共同体に関する情報は、この章にすべてまとめてある。しかし実際は、これらの情報は数々のセッションのなかに散らばっていた。ケイティはなんども同じ話や説明を繰り返した。その話の内容に一貫性があり、決して矛盾していなかった。学者たちの解釈と比べると、スディーの瞳を通してみえてくる「情景や描写」は親しみやすく人間味にあふれていた。

退行催眠にてその存在が明るみに出た「スディー」のことをより深く理解するためには、彼が暮らした場所や日常的な生活習慣についてくわしく知る必要があると感じた。その暮らしぶりを知ることは、イエスがもっとも多感な思春期をすごした場所を知ることと直接的につながってくるからである。わたしが少年期のスディーと話したとき、彼はクムランのことを「共同体（コミュニティ）」と呼んでいた。それ以外の名称で呼ぶことはなかった。スディー少年は「町」や「村」という単語の意味もわからなかった。それだけでなく、クムラン以外の場所があることさえも知らなかった。考古学者たちもスディーと同じことを述べている。たしかに、クムランは町ではなかった。スディー少年は、以下のようにクムランを描写している。「共同体はそんなに大きくないよ。でも、なかにはたくさんの人が暮らしているんだ。図書館もあるし、家も寺院もある。海を見渡せる眺めのいい丘の上にあるんだよ。建物は粘土と煉瓦でつくられ、その屋根は平面だ。そしてぜんぶ一緒につくられているんだ」。共同体のなかはほとんどの壁がつながっている、とも教えてくれた。

共同体は六面の壁に囲まれている、と聞き、わたしは混乱した。その表現は、なんとなく奇妙に聞こえた。しかし考古学者たちが発掘したクムランの図面をみると、たしかに四角い形をしていないのが一目瞭然にわかる。その形は幾何学的な六角形*1ではないため、それが本当に六角形なのかどうかという議論が起きてくるかもしれないが。図面をみると、大部分の部屋がつながっているのがわかる。共同体全体が、ほぼ共有の壁でつながっているつくりだった。

スディー少年が登場してきたとき、彼はよく中庭で遊んでいた。そして大人に成長すると、中庭のひとつに座って瞑想に耽る時間を楽しんだ。中庭は共同体のところどころにあった。だいたい普通は空間の中央に中庭があることが多いのだが、クムラン共同体の中庭はあちこちに散在していた。まんなかには図書館と書斎があった。そこは授業を受ける場所でもある、とスディー少年は教えてくれた。その図書館のなかに古文書（または巻物）も保管されているという。ある中庭には噴水が設置されていた。そのほかの中庭には、庭園がつくられていた。いわゆる単なる庭園ではなく、それは美しい花園だった。「そこには虹色のような、いろいろな色の花が咲いているんだよ。それはまるでキラキラと輝くまぶしい宝石のようだ」。

そのような暑いところで、いろいろな花が咲いているなんてことがあるのだろうか。砂漠では植物（花や草木）が生育できるなんてとうてい思えなかった。すると、スディー少年は異議を唱えてきた。「なにをいってるんだい、砂漠にも花は咲くよ！　水さえあればね。だから暑さはぜんぜん関係ないよ。春の雨が降ると、砂漠にはたくさんの花が咲きほこるんだ。蒔かれた種が、春になるとパッと美しい花を咲かせるんだ。砂漠って実はとってもとっても美しいんだよ」

食堂に近い中庭には果樹が植えられていた。「その中庭の果樹が育つと、イチジク、ザクロ、ナツメヤシ、オレンジやレモンの果実がなるんだ。それらの果樹は、空の高さまで大きくなるんだよ。その果樹園には小道もあって、そこを散歩したり、花畑のなかに座ったりするんだ」。

図面をみると、たしかに中庭は数カ所あるのがわかる。だが、考古学者たちはすべての中庭を空白のままにしてある。おそらくクムランは水不足なので花や草木は育たないと思ったのだろう。クムランから南へ二マイル行くと「アイン・フェシュカ」という泉がある。その泉周辺では穀物が育つことを考古学者たちは知っていた。周囲を掘り起こしたときに、その事実が判明したからである。この周辺地域がエッセネ派の農作業地帯ではなかろうか。ここでわずかな耕作物やミツバチを育てていたのだろう。孤立した場所で暮らすエッセネ派の人たちは、きわめて貧しい食生活を送っていたと考古学者は考えた。しかし古代の作家たちは、この説に異論を唱えている。古代の作家、大プリニウスは、エッセネ派は「椰子の木」に囲まれて暮らしていたと反論した。続いてソリヌス*[2]も「椰子の実」がエッセネ派の食べものであったと異議を申し立てた。おそらく、それは「ナツメヤシの実」のことであろう。なにはともあれ、考古学者がクムラン周辺でナツメヤシの種や果実を発掘するまでは、それらの作家の説はまちがっていると思われていたのだ。クムラン周辺で植物が育つ、というスディーの情報は正しかったということになる。

エッセネ派の大部分は共同体のなかでは暮らしていない、とスディーは教えてくれた。本館から外に出ると、北側の丘の上に家族用の住宅施設があった。すべての住宅施設が壁でつながっているという。本館の共同体とまったく同じつくりだった。考古学者の間では、エッセネ派はキャンパス生地のテントで暮らしていたと信じられていた。なぜ、そう思ったのだろう。こんなにも機能性の高い立派な共同体が構築されているのに。わざわざ原始的な生活様式で暮らす必要がどこにあるのだろうか？

わたしが調べたかぎりでは、考古学者は共同体の外壁の内側部分だけに集中して発掘作業を行っていたようだ。壁の外側はほとんど調査していなかったらしい。なぜかというと、考古学者の報告書には共同体の本館と隣接された墓地のなかにあるいくつかの墓を掘り起こしたとだけ記されているからだ。それまでは男性の僧侶だけがクムランで暮らしていたのではないかと思われていた。ところが「女性や子どもの骸骨」も発掘されたのである。そこから、自分たちの考えを撤回せざるを得なくなった。クムラン共同体では（男性だけではなく）女性や子どもを含む「家族」が暮らしていたのがあきらかになった。

スディーの家族はさらに遠く離れた丘の上で暮らしていた。その住居からは、果てしなく広がる死海の全貌を見渡すことができた。実際、共同体の本館のなかで暮らしていたのはヤハウエに仕える聖職者たちだけだった。彼らは寺院にある巻物の管理や、火を灯す役割を担っていた。

スディーは母親と父親、そして妹のサラと一緒に暮らしていた。彼らが暮らしている家族用の住居施設をくわしく解説してほしい、とスディーに尋ねた。すると、猛暑のときはみんなで平らな屋根の上で寝て、涼しい気候のときは妹と同じ部屋で寝泊りすると教えてくれた。そこには家族と一緒にすごす居間と台所、両親の寝室や父親の書斎もある。そして書斎には古文書もたくさん保管されていた。その住居施設もほかの家族とともに共有する壁で全体がつながっているつくりであった。

考古学者たちはクムランの廃墟を検証したあと、エッセネ派は共同体内の本館にある大食堂のなかでみんな一緒に食事をしていた、と推測している。だが、スディーの家族は自分たちの住居施設のなかでほとんどの食事をすませていた。本館にある大食堂で食事をするのは、だれかが呼ばれて講演を行うときだけだった。エッセネ派の人たちの間では、それぞれ個人の領域を設けることによって、他人との対立やもめごとが格段に減ると信じられていた。

図書館と大食堂は両方とも広い長方形の部屋で、屋根にあけられている蓋つきの穴から光が差し込んでいた。壁にも穴はあいているが、そこには砂などが入ってこないように蓋がされていた。一番大きな建物はどれだかはわからないとスディーはいった。その理由は、それぞれの建物の正確な大きさを測ったことがないからだそうだ。

外界から共同体のなかへ入るには、高崖に隣接した出入り口から入ってくる方法がもっとも一般的だった。その出入り口の大きさは幌馬車（ほろばしゃ）が通り抜けられるほどの広さらしい。わたしがほかにも出入り口があるのかとスディーに訊くと、ほかにも出入り口はあると用心深く答えた。しかしそれ以上のくわしい情報は提供してくれなかった。どうやらこの情報も、絶対に口外してはいけない情報のひとつのようだ。エッセネ派はいろいろな意味で極度の秘密主義だった。のちに、わたしはこの心の防護壁を突破するのにひと苦労させられることになる。

いくつかの建物や部屋は二階建て以上の構造をしている、とスディーは教えてくれた。図書館は二階建てのつくりだった。大食堂は二階ぶんの高さがある、天井が高い吹き抜けの一部屋だった。門の近くにある塔は、三階建てだった。共同体のなかには二階建ての建物もあった、と考古学者も言及している。当初、門の近くの塔は二階建て構造だと思われていた。しかしその塔の地下には倉庫部屋があったので、三階建てのつくりといえるだろう。その塔の主な目的は、観察や監視をするためだった。その見晴らしのきく場所の塔から、エッセネ派の共同体に近づいてくる人たちを見張り、入り込まれないように監視していた。どうやらその塔は防御用の壁の役割も果たしているらしい。そのことについてもう少しくわしく教えてもらえないかと頼んだのだが、スディーは決して口を割ることはなかった。どうやらこれも、禁断の話題であったようだ。

大人に成長したスディーは、両親と一緒に暮らす住居施設を出て、独身の若者用の別館施設へと移り住んでいた。その別館には男女がともに暮らし、スディーは「アパート」と呼んでいた。ただし、この呼びかたが正しいかどうかはわからないらしい。どこでだれと食事しようと、それぞれ個人の自由だった。スディーは一緒に暮らす仲間と会話をしながら楽しく食事することを好んだ。食堂にはたくさんのテーブルが置かれていたが、料理は食堂のとなりにある部屋、もしくは別館の外の粘土のオーブンを使ってつくられていた。

エッセネ派は式典や儀式が進行する厳粛な雰囲気のなか、みんな一緒に食堂で食事をしていた、と学者たちは記している。しかしスディーはこれに反論している。食事のときは食前と食後の祈りを捧げるだけで、食事と同時になんらかの行事や授業が進行することはありえない、と。ほかにも、昼の間は厳粛な宗教的儀式に参加していると思われていたが、この説にも異論を唱えている。義務的な行事はいっさいなく、すべては個人の良心の自由にまかされていた。また、ほとんどの宗教的な行事は安息日に行われていた。

それぞれが暮らす住居施設のなかで食事をする場合は、物品や食材の倉庫に行き、そこから必要な食材の持ち出しを許可された。お腹を空かす者はだれもいないが、暴飲暴食は許されなかった。

どんな食事をしているのか興味津々に尋ねた。すると雑穀（キビ・アワ・ヒエなどの穀粒）中心の食事だと教えてくれた。これらは共同体の外で育った穀物だろう。おそらくアイン・フェシュカ周辺ではないだろうか。収穫した穀物はもみ殻などを取り、よいものだけを選別して、大きな袋に入れ保管された。スディーは雑穀でつくられた料理、その下ごしらえの方法を教えてくれた。「まず湯を沸かし、そのなかに一握りの雑穀を入れる。そこに塩も少々入れる」。ときに、ハーブ草も加えたりするらしい。それはスープなのかもしれないと思った。しかしそれを手で巻いて食べると教えてくれた。ひょっとしたらパンの一種なのだろうか。

エッセネ派はいろいろな種類の肉を食べた。ラム肉やヤギ肉、雄牛や若雄牛、その他いろいろな種類の鶏肉も食した。わたしは旧約聖書に記されている食事規定（カシュルート）*3のことを思い出した。そこで、なにか食事の規制はあるのかとスディーに訊いた。「豚肉は食べてはいけない。蹄(ひずめ)が割れていない動物の肉は、どれも食べてはならない。たとえば豚という動物はなんでも口に入れてしまう。たとえ糞を与えられても、なにも気にせず食べてしまうからだ。非常に不潔な動物である。我々が食べることができる動物は、偶蹄類の（蹄のつま先が二つに分割された）反芻動物だけだ。ラクダも反芻動物だが、我々はラクダの肉は口にしてはならない」。

スディー自身はいっさい肉を食べなかった。しかし共同体には肉食を禁じるような厳しい規律は設けられてない。菜食主義は単にスディー個人の選択によるものであった。「自分たちの快楽のためだけに動物を殺すのはよくない。神の創造物を破壊していることになるからだ。肉を食するということは、この地球に自分の魂を縛りつけているのと同じことだ」。

スディーは「飲料」という言葉を知らなかった。が、エッセネ派はワインや水、ときにはさまざまな種類の動物のミルクも飲むということをわたしは知っていた。ここでひっかけ質問を投げかけてみようではないか。「あなたはコーヒーを飲みますか?」、「それは聞いたことがない。馴染みのないものだな。お茶なら飲んだことはある。ミントの葉や、さまざまな種類の茶葉のお茶だ」。スディーは「野菜」という言葉も知らなかった。わたしが長々と説明をしても、野菜の意味をまったく理解できなかった。どうやら穀物や果物以外の食料も食べているらしい。それらはクムランを通過する幌馬車から手に入れていると教えてくれた。

スディーが暮らす別館施設のなかにある家具を描写してくれた。「まずベッドがある。ベッドフレームは縄を十字に交差させてつくられたものだ。そのベッドフレームの上にベッドパッドが敷かれている。それが寝る場所になる。そして椅子やテーブルもある。少しリラックスしたいときは、クッションを床の上に置いて床に座ることもある。椅子に座ってもいいし、床の上に座ってもいい。そのときの気分しだいだ」。ベッドフレームの高さは一フィート(約三十センチメートル)もあった。わたしが「毛布やベッドカバーはあるのか?」と訊くと、その意味を理解できなかった。そこでくわしく説明すると、スディーはこう答えた。「毛布やベッドカバーのようなものはなにもいらない。山の上では必要かもしれないが。通常は暑苦しいだけだ」。

スディーは「ピロー（枕）」という言葉も知らなかった。彼は〈クッション〉という言葉を使ったので、わたしはその言葉を使用することにした。枕について説明すると、クッションを頭の下に敷いて寝るという概念を理解できなかった。「頭を高く上げて寝ることはしない。もっとも理想的な寝かたは頭より足を高くして寝ることだ。そうすることで全身の血流がよくなる。頭のほうを高くして寝ると足のむくみの原因となるからだ。君は足を上げて寝ないのか？　頭を上げて寝ると、頭痛の原因にもなる。その他いろいろな問題も起きてくる。足を高くして寝ると全身の血流が循環され、心身ともに落ち着く」。スディーはクッションを足の下に敷いて寝るか、ベッドを傾けて寝ていた*4。ほかの家具は棚だけだった。その棚には衣類などを収納しているらしい。

部屋の装飾品について尋ねると、また眉をひそめて困惑した顔つきになった。わたしは部屋のなかに絵画や彫像があるのかどうかを知りたかっただけなのだが、どうも〈彫像〉という言葉が気に入らなかったようだ。「彫像なんか持っているわけがない！　彫像はつくってはならない。しかし絵画を飾るときはある。共同体のなかに彫像を持ち込むことは禁じられている。彫像をつくる行為は、神がつくった創造物を複写するということだ。戒律は偶像をつくることを禁じている」。わたしは「神の化身という意味が込められていない場合でも？　たとえば動物の彫像でもいけないのでしょうか?」と訊いた。すると「動物の姿をした偽りの神は多数いる。動物を神の化身として崇めている者もいるからだ」と答えた。

彫像や絵画は美しいものであるから、目の保養として鑑賞用に自宅に飾りたい人もいること、それらを崇拝するために飾っているわけではないことを説明した。ところがどうもその概念が理解できないといった様子であった。「自然を眺めているだけで、そこに美しさを見出すことができる。自然がつくり出す本物の美しさが目の前にあるのに、なぜ下劣な偽物を鑑賞する必要があるのだ? そういった類のものが持つ魅力やなにかをつくりたいという気持ちを理解できないわけでもないが。この世にはもっといろいろあるではないか。もっとほかのすばらしいものをつくりたいとは思わないのか? たしかに絵画はとても美しいとは思うが」。

どんな絵画を美しいと思っているのかスディーに訊いた。どうやらスディーがいっている絵画とわたしたちが知っている絵画は別物のようであった。それは古文書の紙(パピルス)または木板の上に描かれていた。それを壁にかけて飾るらしい。が、いわゆる物体や生きものの絵ではなかった。どうもなにかの模様が描かれている、抽象絵画のようなものらしい。

S そこにはいろいろな色彩や光の動き、さまざまな形状が描いてある。私自身が絵を描かないので、うまく説明することができないが。魂に語りかけてくる色合いや形である。目で観察したものというより、心のなかから湧き出てきたものだ。魂が感じたまま、そこに描かれてある。その絵の作者にとってだけ、深い意味のある絵模様だといえるであろう。

D ローマ人たち（古代ローマ帝国における市民権を有する者）は多くの彫像を所有していると聞きますが。実際はどうですか？

S たしかに所有している。彼らは異教徒だからだ。偶像崇拝は異教徒たちのすることだ。意味のない物体を崇拝しているのと同じことだ。彫像は、単なる石以外のなにものでもない。

D ローマ人たちは彫像自体を崇拝しているのですか？ それともその背景にある思想を崇拝しているのでしょうか？

S 理由はさまざまだ。彫像を生きとし生けるものとして崇拝する者もいるが、その背景にある思想を崇拝する者もいるであろう。どちらの誓いであっても、それは非常に危険な行為にほかならない。

わたしがローマ寺院のなかに入ったことがあるかと尋ねた。すると、なにか大きな衝撃を受けたような反応を示した。「以前、ローマ人たちと彼らの信仰について話をしたことがある。なんと、彼らは寺院で動物を虐殺しているというではないか。けしからん、崇拝という名目を汚す行為だ。地獄絵図にほかならぬ、崇拝の行為がまことに汚れたものになってしまった。べセスダにはローマ寺院がひとつある。ベツレヘム、カペナウム、ほかの地域にもローマ寺院はあるとは聞いたことがあるが。当然、ティベリアにもローマ寺院はある。この寺院はローマ皇帝（ローマ帝国の主権者）が建設したものだ」（ティベリアはものすごく早く不明瞭な発音だった）。

ナザレにもローマ寺院はあるのか訊いた。ナザレは寺院を建てるには小さすぎる、そんな小さな村に建てる気など毛頭ないだろう、と返答した。単なる興味本位の好奇心からローマ寺院を見学したくはないかと尋ねた。すると、考えるだけでも身震いがするというような拒否感をスディーは示した。「我々の寺院は心のなかにある。まずは心の内側からはじまるものだ。心のなかの深いところに完全性を感じることができれば、それが外へとあふれ出していく。家や寺院などの室内空間は必要ない」。これまでずっと寺院とシナゴーグは単にちがう名称の同じ場所のことをさしていると思っていた。そのとき「寺院のなかでイエスが医者たちに対して説き聞かせている」[*5]という聖書の記述をふと思い出した。

S 寺院はエロヒム[*6]を崇拝するためだけにある。だが、シナゴーグは教えを説く場所でもある。寺院には至聖所（しせいじょ）[*7]がある。寺院は神のためにあるものだ。しかし、シナゴーグには律法を教える聖所があるだけだ。シナゴーグはユダヤ教の信仰に基づく礼拝する場所である。

D ということは、ほかの宗派の人たちも寺院に入ることはできるけれども、シナゴーグには入れないということですか？

S そういうことだ。シナゴーグには異邦人（非ユダヤ人）と女性のために設けられた「専用の礼拝所」が別に設置されている。だが、寺院の本堂のなかには神を崇拝する者であるならば、だれでも入ることができる。

聖書のなかに「イエスが医者たちの説教に疑問を投げかける」という箇所があるにもかかわらず、スディーは〈医者〉という言葉を知らなかった。どうやら〈ヒーラー〉と思われる人が医者と呼ばれるらしい。いわゆる医者は寺院で教えを説くことはないという。彼らは専門分野に関する指導だけに専念するそうだ。もしかすると、聖書のなかに出てくる医者という人物は、博識の高い人のことをさしているのかもしれない。おそらく「師匠」のことをいっているのだろう。

S 寺院で教えを説くのは律法の先生だけだが、なかには聖職者もいる。彼らはそれぞれの専門分野を持っている。律法を教える者もいれば、神秘学を教える者もいる。そして数々の古代から伝授された知識を教える聖職者もいる。しかしラビたちはそうではない。ユダヤの律法と歴史だけを教えている。

クムランにある寺院をくわしく描写してほしいと頼んだところ、わたしが期待していた以上の答えが返ってきた。

S まず、人が集まる場所がある。その場所に祭壇がある。そこでひざまずくか、床に座り込む。祭壇の後方にはカーテンで仕切られた聖所がある。そこには口伝によって授けられた「トーラー」と「古文書の巻物」が密かに保管されている。それらを研究するとき、聖なる祝日やなんらかの行事の際に取り出され、みなで読みあげながら語り合う。互いの魂のわかち合いをし、神や人生についての話し合いも行う。それ以外にも、さまざまな題材の討論もする。女性はシナゴーグには入れず、女性専用の礼拝所が設置されている。しかし寺院は、だれもが入ることができる。

D 寺院になにか宗教的な象徴はありますか？　たとえば祭壇の上になにか置かれていますか？

S カップと香炉が置かれている。それ以外はなにもない。

D　そのカップの目的はなんですか？　どんな重要な意味合いがあるのでしょうか？

S　カップを互いに回し、共有し合うことで、強い絆を結ぶことができる。そうすることで全員がひとつになれるのだ。

不意に、どこかで聞きおぼえがあるような気がした。するとハリエットが目を輝かせながらスディーに訊いた。「みんなで同じカップを使って飲んでいるのですか？　なにを飲んでいるのですか？　それは水ですか？」「だいたいワインを飲んでいる」。これは新たな重要な進展だ。この描写は聖餐式か、聖晩餐のようだった。このような聖儀式はキリストと関係性があるといわれているが、このときはまだキリストは誕生していないはずだ。聞くところによると、食べものは回さないらしい。聖餐式ではパンか薄いウエハースが回されると思っていたが、どうやらカップだけが回されるようだ。

S　それは生命の杯だ。互いの生命をわかち合うという意味がある。ワインは生命の源である「血」の象徴になる。それを互いにわかち合うのだ。

D　生命のわかち合いの象徴なのですね。みな共通の血が流れているという意味ですか？　エッセネ派に属した人だけがカップの回し合いに参加することができるのでしょうか？

S　我々の教えや戒律を受け入れた者だけが一体感を味わうことができるのだ。儀式の真の目的を理解せずに参加をしても意味がないからだ。（エッセネ派に属さない者も）我々の仲間だと感じてないわけではない。もちろん、みな同志だと思っている。しかし共有する頃合いがとても重要なのだ。受け入れる覚悟のない者に無理強いするようなものではない。

したがって、この儀式には単なる通りすがりの人は参加できなかった。この儀式は（エッセネ派に属する者）全員が参加できる式典のみで実施された。通常は安息日に行われていたが、あらかじめ特定されているわけではない。知るかぎりでは、この式典は一般のユダヤ教徒の間では実施されないらしい。

これは非常に重要な発見だと思った。イエスが弟子たちとアッパールーム*8で最後の晩餐をしたとき、新たな儀式を披露したわけではなかったのだ。エッセネ派の仲間とともに参加した数々の式典のひとつを行っただけであった。象徴とされる「パン」はユダヤの文化的慣習の影響を受けていたといわれている。おそらくイエスはカップの回し合いとパンを組み合わせて「新しい意味」を与えたのだろう。この式典が象徴するものは、全員がひとつの血でつながり、互いの生命（いのち）をわかち合っているという証であった。イエスが肉体的な死を迎える前、最後の審判の前夜に、この儀式を実行したくなる気持ちはとても自然な行為のように感じられた。最後の晩餐に、自分と弟子たちとの間の「兄弟愛」を表す式典を披露したのである。式典中は、サンダルウッド（白檀）のお香が焚かれているらしい。その理由をスディーが教えてくれた。

S サンダルウッドは人間の中心点（チャクラ）をひらかせる効果があるといわれている。この世にあるすべての神秘や式典にくわしいわけではないが。

「カップの回し合い」はエッセネ派特有の儀式である。しかし、ほかの宗派やローマ人たちにも「お香を焚く慣習」はあった。

キリスト教とかかわり合いのある儀式がひとつあるということは、ほかの似通った儀式もあるかもしれない、そんな考えが頭をよぎった。そこで、一か八かの賭けに出た。わたしは「洗礼」*9について尋ねた。すると、スディーは困惑した表情になった。どうも洗礼の意味がわからなかったらしい。

D 水を注ぎかけ洗うこと。水による浄化の儀式のことです。

S 浄化の儀式はある。その儀式は承諾年齢に達した者、そしてバル・ミツワーを終えた男子が受けることができる。これからヤハウェの教えの道を歩むのか、それともその教えの道からはずれ、まるっきりちがう道を選ぶのか……、どちらかを選択をしなくてはいけない。水による浄化の儀式は、ヤハウェの教えの道を選択した者だけが受けるのだ。浄化の儀式は罪なる過去を洗い流し、これから新しい人間に生まれ変わるという意味合いが込められている。この儀式はいろいろなやりかたがあるようだが、水を頭からかぶったり、水のなかに寝かせる方法などがある。

D その儀式は死海で行うのですか?

S いや、だれも死の海へは入らない。通常は、ここにある噴水のひとつで行われる。

D なにか特別な衣裳を着て、その儀式を行うのでしょうか?

S 亜麻のローブを着るか、まっぱだかで行われる。それは浄化の儀式だからだ。「魂」を剥きだしにするという意味が込められている。

D この儀式は、聖職者たちが行うのですか?

S そうだ。もしくは長老がする。この儀式は一生に一度しか受けられない。

あの洗礼者ヨハネ(バプテスマのヨハネ)[*10]が、どこから「洗礼の儀式」のアイディアを得たのかこれで説明がつく。洗礼者ヨハネがヨルダン川で披露した洗礼の儀式はとりわけ目新しいものではなかった。前々からあるエッセネ派の慣習を披露していただけだったのだ。

おそらく『死海文書』の翻訳者は、この偶然の一致に気づいていたのだろう。この二つの儀式に関する多くの引用が『死海文書』のなかにも記されている。これは洗礼者ヨハネとエッセネ派の間に直接的な関係があった証である、と多くの専門家たちは結論づけている。洗礼者ヨハネがある時期エッセネ派の影響下にあったことを示しているといえる。

エッセネ派は簡素な服を着てすごしていた。男女共々、装飾や模様のついていない外衣(ローブ)を着ているらしい。そのローブは「羊の毛で織られた毛織物、もしくは加工処理された亜麻織物でつくられている」と教えてくれた。ローブの丈は床につく程度の長さ、そしてウエストの部分にギャザーが入っていた。どうやらエッセネ派の間では、これはしゃれた格好であったらしい。男性はローブの下に腰巻きをつけ、男女共々サンダルを履いていた。通常のローブの色は白であったが、「たまにまっ白ではなく、コクのある牛乳のようなクリーム色のローブを着ることもある」という。めったに寒くならなかったので、その上になにかを羽織る必要はないらしい。が、万が一寒くなったときはさまざまな色彩の外套(ゆったりとした袖なしのマント)をその上に羽織った。成人した男性はみな髭(ひげ)を生やしているらしい。「髭は成人男性の仲間入りをしたことを表している」。クムラン共同体以外の場所では、ほとんどの男性は髭をきれいに剃っていた。「なかには一生髪の毛を切らない共同体もある。ローマ人たちは短髪だ。我々エッセネ派は清潔感があればいい。髪はきちんと整えられていればどんな長さでもかまわない。多くは肩まである長さの髪型を好んでいる」。

エッセネ派が共同体を出て外の世界へ行くときは、外界の人たちと同じ服を着なくてはならなかった。目立つ格好をするのは禁物だった。白いローブを着ているのはエッセネ派だけだったからだ。外界の人々は白以外の色彩豊かな服を着用し、いろいろな種類の頭飾りをつけていた。それを聞いただけでも、エッセネ派は個性的な団体なのがあきらかである。そのまま外界へ出てしまえば、否応なしに注目を浴びてしまい、すぐさまみつかってしまうにちがいない。実際、エッセネ派の服装に関する情報を古文書からも確認することができた。

エッセネ派がいったん共同体の壁外の世界へ出てしまうと、彼らの身は危険にさらされているという事実を忘れてはならない。とはいえ、だれにも正体がばれなければ、身の安全は確保することができた。スディーがいうように「べつに青い色の肌をしているわけではない」からであった。外界の人と同じ服装をしていれば、だれにも存在を気づかれることはなくすごせた。しかしクムランのなかにいるときは、だれもが同じ格好をしていた。いうならば〈ユニホーム〉のようなものを着ているのだ。まるで区別のつかない、みな同じにみえる光景のようだが、そんななかでも階級を確認する方法があった。格づけの印として額に布を巻きつけていた。〈はちまきの色〉はそれぞれの地位を表し、共同体内での立場や地位をすぐに特定できる〈役職を示す記章〉のようなものといえようか。

S　まず、灰色は若い学生がつける色だ。緑色は探求者がつける。彼らは学生より階級が高い。すべての学びは終了したが、さらに学びを深めている段階だ。まだ「クムラン」に入団してからそんなに時間は経っていない。彼らの魂はさらなる知識を渇望している状態だ。そういう意味では、彼らも学生だ。まだ師匠（マスター）の階級には達していない段階だ。そして青色がある。この青が師匠の階級の色だ。最後に白色がある。白は長老の階級に達したことを表している。それ以外では赤色がある。赤は階級ではなく、外部の者であることを表している。彼らも学びの過程にいるが、我々とはちがう目的を持つ。外界からきた学生であり、まあ、訪問者ということだ。赤のはちまきは、我々と似た思想の持ち主ということを表している。でも、まだエッセネ派に属していないことも象徴している。我々エッセネ派に属する者は緑、青、白になる。あとは若い学生がつける灰色だけだ。

D　頭に赤いはちまきをつけているということは、いつもクムランで暮らしている人ではない、という意味なのでしょうか？

S　いや、そうではない。いつも暮らしていないという意味ではなく、ほかの地域から学びを深め、探求するため、さらなる勉強のためにクムランを訪れているということだ。

D　クムランで学びを終了したあと、新たなる地へ旅立つのですね。エッセネ派がそれらの色（灰、緑、青、白、赤）を選んだ理由はあるのですか？

S　「青」は心の平和を表している。「白」は悟りの境地に達した者がつける。青い色は、その白に近づいている者ということでもある。もうすぐ悟りの境地に近づいている者だ。いうならば白のはちまきをつけている者は達成すべきものはすべて達成し、完全に満たされた状態にいることを表している。緑のはちまきをつけている探求者は、心の平和を保てるようになると、青色のはちまきをつけることができるというわけだ。

はちまきは女性もつけていた。クムランでは女性も男性と同等の扱いを受けていたから、女性にも平等に教養を与えていた。「この世には女性に教養を与えない共同体も存在すると聞きます」。わたしがスディーにそういうと、驚いたことに、その発想そのものが理解できないといった様子であった。

「え、なぜだ？　女性にも教養を与えないと、男性とともに暮らしていけないではないか。男の妻として、ともに生活するのはむずかしくなる。それはなんとも理解しがたい発想だ」。わたしたちはそれを聞いて非常に感銘を受けた。しかしスディーの考えかたは当時のユダヤの慣習と対立している発想であった。これでイエスが女性と対等に接していた理由が説明される。

イエスがクムランにいる時代から、女性は男性と対等に扱われていたのだ。女子学生でなければ、女性はベールやスカーフをかぶることができた。けれども、多くの女性は頭になにもつけないのを好んだらしい。

このとき、スディーは緑色のはちまきをつけていた。「私は学生だからだ。しかしもう新入生ではない。私は探求者の段階、師匠(マスター)の一段下の階級だ。若い学生の段階の者は、灰色のはちまきをつけている」。

ある日、わたしたちを驚かせるような現象が起きた。それはスディーが「クムランでの暮らし」を解説しているときだった。深い催眠状態に浸っているケイティが、突然、自分の右頬を叩き出したのだ。ケイティは通常、なにかを描写するとき以外は自分の手を動かしたことはない。いままで、そんなすばやい動きをしたこともなかった。すると、その叩いた右頬を掻きはじめたではないか。「(すばやく)このやろう、虫どもめ!」この行動はとても愉快だった。あまりにも予想外な展開だったからだ。どうやらブヨが多いらしい。「小さな羽虫だ」。クムランにはさまざまな種類の虫がいるという。そのなかでもアリとイナゴが害虫とされていた。有害な毒を持つ虫、咬まれると被害にあう虫はいるのかと尋ねた。すると「毒を持つ虫はいない。さあ、どうだかわからんが。下等生物の研究にいっさい興味も関心もない」とスディーが返答した。

エッセネ派には食用として飼育している動物がいた。羊、ヤギ、雄牛だ。けれどもなんとなく、クムランでは飼っていないような印象を受けた。おそらくクムランの壁外で飼われているか、農作物が取れるアイン・フェシュカ近辺で飼育されているのだろう。すると、わたしとスディーとの間で興味深い討論が起きた。それは堂々巡りの結論の出ない討論となってしまった。わたしが「なにかペットを飼っていますか?」と訊いたことがきっかけだ。スディーは〈ペット〉という言葉を理解できないようだった。これは異なる文化圏の人たちと話しているときによく起こる現象である。わたしがなにをいっているのかさっぱりわからない状態というか。彼らの言語には似たような単語もないため、理解不能なのだ。油断していると、このように不意をつかれるときがある。その都度、わたしは対応に困る。それはわたしたちにとってあたりまえの言葉であることが多いからだ。わたしはすばやく、スディーが理解できそうな〈適切な言葉や説明〉を思いつかなくてはいけない。しかしこれを瞬時に発想するのは、かなり至難の技なのだ。ぜひ一度試してみるといい、そのむずかしさがわかるだろう。わたしは即座にペットに代わるほかの言葉を考えた。そしてどのように〈ペット〉を説明すればいいかを模索した。

D そうですね、ペットは食用の動物ではありません。だれも食べません。動物を連れてきて、人間のもとで飼うのです。自分たちの喜びや幸せのためにそばにおいておく動物のことを〈ペット〉といいます。

S それは自己中心的な考えだ。動物が感じる幸せは、人間とはちがうと思わないのか?

D ……その動物とは「友だち」のように接しています。

S 友だち? 動物は人間の友だちにはなれるわけがない。どうやって会話をするのだ。動物は知的な会話などできないではないか。

スディーはあきらかに困惑していた。わたしが「動物を自分のそばにおきたい人もいるのです。自宅で一緒に暮らす場合もあります」と伝えると、「どう考えても、それは不衛生だ」。ここで思わず、二人で爆笑した。説明するのが、こんなにむずしいとは思いもよらなかった。わたしがどんなにくわしく説明しようとも、ぜんぜん理解できない様子だった。そこでわたしは〈犬と猫〉のことを知っているかどうか尋ねた。すると、猫という単語は聞いたことがあるらしい。しかし「犬は知らない」という。眉をひそめながら「ジャッカルはみたことあるが」(正確にはヤッカルと発音した)と答えた。おそらく〈犬〉という言葉を聞き、スディーが知っている範囲で一番近い動物が〈ジャッカル〉であったのだろう。わたしは似ているといえば似ているかもしれないが、ちがう種類の動物だと説明した。「どう考えても、自宅で猫を飼えるとは思えない。しかし非常に興味深い。死んだ動物を食べてしまう猫を、君がいうその〈ペット〉として飼いたい人間がいるとは信じがたい。なぜだ？　一緒に暮らすなど考えられない。猫は害獣を食べる動物だ。それは非常によくない行為である。害獣は病気を持っているからだ。我々は硫黄を撒き散らしてまで、害獣を近寄らせないようにしているぞ」。

わたしがどう説明しても〈ペット〉という言葉をスディーは理解することができなかった。とにかく、ひとまず先に進むことにした。ヘビに襲われたことはあるのだろうか。わたしは共同体にヘビが現れたことがあるかどうか訊いた。どうやらさまざまな大きさのヘビがいるらしい。小さなヘビだけでなく、ものすごく大きなヘビもいるという。数メートル以上もあるヘビもいるらしい。スディーいわく、たまに共同体のなかに忍び込んでくるときもあるそうだ。ヘビに咬まれてしまうと、致命傷を負いかねない危険があるためヘビは必ず殺害されるというではないか。エッセネ派も生きものを殺すことがあるという事実に、わたしは驚きを隠せなかった。なぜならば、エッセネ派は神の創造物を傷つけるようなふるまいは許せないと思っているようにみえたからだ。どんなわずかな暴力行為に対しても、断固として反対しているのではなかったのか。するとか「やむをえず殺すこともある。危険を察知したときにかぎるが」と教えてくれた。

危険を察知した場合、身を防衛する道具はあるのかどうかをそれとなく探った。以前、同じような質問をしたとき、なにかしら防衛するものはあるようなことを仄めかしていた。いわずと知れたことだが、これも禁じられた話題のひとつであった。わたしは前回とはちがった訊きかたをしてみることにした。（ヘビの侵入以外で）身の危険を感じるようなことはあるか、と。すると、再び頑な態度になった。スディーは断固として答えることを拒否した。このような反応を示したとき、とにかく最善の策は話題を変えることである。

質疑応答を進めていくなか、だんだんわかってきたことがある。「クムラン」は決して原始的な場所ではないということだ。ある日のこと、スディーはお風呂に入っていた。毎日入浴し、通常は朝風呂に入っているといった。聞くところによると、その風呂場はとても広いらしい。そこにある浴槽も大きく、風呂場全体の面積を占めていたほどである。その浴槽のなかへは、階段でおりて入るそうだ。浴槽の横側には脱衣所があり、衣服を脱ぐときに使うベンチまで置かれているらしい。着ている服はすべて脱ぎ捨て、みな全裸で入浴する。男女一緒に入浴し、石鹸の代わりに軽石を使って身体を洗っているという。浴槽のなかの水は、地下から流れてくる湧き水だった。湧き出した水は安定した流れをし、清潔に保たれていた。常に新鮮な水が流れ込み、新しい水にとりかえられているらしい。スディーは湧き水がどこから流れてくるのかは知らなかった。浴室の装置やしくみを開発したわけでも、その設計にもいっさいかかわっていないからだそうだ。スディーがいうには、湧き水が流れてくる所はなにかで覆われているらしい。よく考えれば、現代を生きる人に都市の〈水道のしくみ〉について尋ねても、どう答えていいものかと戸惑うであろう。そのしくみの設計にかかわっていないかぎり、うまく説明できないのは当然である。

共同体内にはどうやら何カ所か水が湧き出る場所があるらしい。〈飲み水〉は二カ所の噴水から汲みとられているという。わたしは井戸のことだと思ったが、どうもちがうようだ。なにをいわんとしているのかは察してくれたが、いわゆる井戸ではないらしい。親身になって、ていねいに説明してくれた。「地下から水が湧き上がってくる場所がある。水が吹き上がってくる感じだ。山から流れてくる水が、地下から湧き上がっているのだ。流れてくる大量の湧き水を保管する場所がある。その保管所の形は四角く、男性の腰くらいまでの高さがある。横幅は、人の両腕を思いっきり広げた長さを一・五倍にしたくらいだ。猛暑などの暑い日が続くと、保管所の水を無駄にしないために覆いをすることがある。それは保管所のなかに埃が落ちて貯め水が腐敗しないためでもある」。

保管所から水を除去するときは〈バケツ〉で、なかの水をすくい上げていると教えてくれた。手を伸ばしてバケツをおろし、なかの水をすくい上げるらしい。とにかくこの情報にわたしは驚きを隠せなかった。クムラン周辺の地域は不毛地帯だと思っていたからだ。常時、安定した水が流れているとは。思いもよらなかった。「なぜ、そんなに不思議がる? クムランには水があるに決まっているじゃないか。死の海からも近いではないか。ここの水は、いろいろな場所から流れ込んできている。海の水は飲めないが、それ以外は飲み水として摂取することができる」。

クムランには排尿や排便の処理が衛生的にできる場所があるのだろうか。なんとか訊き出そうと思った。聖書のなかに（申命記 23：12～14）モーセの時代の人たちは排尿や排便は汚い行為であるため、町中での排泄処理は許されなかったと記されている。そのたびに壁を超えて、町の外で用を足さなくてはいけなかった。排泄するために穴を掘り、処理後は穴を覆い隠さなければならなかった。スディーはユダヤの律法の専門家である。このことについて、どう思っているのかどうか知りたかった。わたしはどんないいかたをすればいいのか悩みに悩んだ。異文化の人たちが侮辱に感じる言葉を使わないよう、気をつけなくてはいけない。「排尿したいときはどこでしているのですか？　衛生の理由でクムランの壁外を超えた先で、排泄処理をしなくてはいけないのでしょうか？」「いや、排泄処理するための場所がある。仕切り板でくぎられた部屋がある。（正しい言葉を模索し）それは個室ともいえるであろう。そのくぎりのある部屋のなかで尿や便などの排泄処理をする。そこに穴が掘られてある。そして処理後はきれいに始末される。どのような方法で排泄の後始末が行われているのかは定かではないが……」。排泄処理場（トイレ）は共同体内の壁の内側に設置されていた。みな同じ場所で処理をしているという。その個室のなかには水も置いてあった。が、浴槽に入っている流水と同じかどうかはわからないらしい。

S　常に清潔な状態を保つため、そこに水の入った桶が置いてある。

D　排泄物の処理は町の外でしなくてはいけないという、ユダヤの法があると聞きましたが。

S　そんな法は聞いたことがない。夜中に起きたらどうするのだ？（笑いながら）そのたびにわざわざ町の外へ出ていき、排泄処理をしなくてはいけないのか？

どうやら「ユダヤの法」は、すべての人々に影響をおよぼすものではないらしい。ほかのイスラエルの町でも、クムランと同じような立派な衛生設備や水道設備が整っているとはとうてい思えない。エッセネ派は豊富な知識を手に入れる方法を知っていたのはあきらかだろう。この種の工学知識や情報も入手していた可能性も十分考えられる。

考古学者たちがクムラン廃墟の発掘調査を行ったとき、だれもが驚かずにはいられなかった。非常に複雑で精密な構造の水道設備を発見したからである（七四ページ参照）。浴槽が二つあり、それぞれ浴槽のなかへおりる階段もついていた。水槽（学者が水槽と記載）も何カ所かあり、貯水槽まであったのだ。そこには多くの小さな運河が流れ、水道設備全体とつながっていた。エッセネ派がクムランで暮らしていたときは、それらの運河はなにかで覆い隠されていたのだろう。ここで、興味深いのは、学者たちは露天風呂があったと推測していたのだ。しかし、スディーの情報ではクムランの風呂場は室内にあるというではないか。どうも野外にあるのは噴水と貯水槽だけらしい。

エッセネ派は雨が降らない状況（炎天が続く日々）に備えて丘の上から流れてくる水も貯水槽に貯め込んでいたのではないか、と学者たちは推測していた。しかし学者のひとりであるペレ・ド・ヴォー*11の情報によると、研究仲間とクムランの掘削現場にいた三年間、丘の上から水が流れてきたのはわずか二回だったらしい。クムランはいつ雨が降るかどうかわからないような地域にある。長期間の間、必要な水を貯め込まなければならないとなれば大変なことだ。やはり、それは考えられない。スディーの情報によると、クムランでは、常に水は流れていた。おそらく、どこかに泉（湧き水）をみつけたのであろう。その泉から流れる水が共同体のなかへと流れ込んでいたのではないだろうか。二千年の間に、その泉を塞ぐようななんらかの自然事象が起きたのかもしれない。地震が発生したか、地殻変動が生じた可能性も考えられる。実際、クムランの近郊には泉があったといわれている。クムランから南へ数マイル行くと、かの有名なアイン・フェシカもある。エッセネ派は泉のあるアイン・フェシカに農業地帯をつくっておきながら、自分たちが暮らす共同体を乾燥した不毛地帯に設置するとはとうてい信じられない。さすがに、それはありえないだろう。

ローマ人がクムラン共同体を壊滅したとき、同時に水道設備も破壊したといわれている。無知であるがゆえに、まちがって〈水源〉も封じてしまったのではないだろうか。

排泄物を衛生的に管理する〈汚水槽〉らしい痕跡が、考古学者によって発見されている。同時に個室がある建物の痕跡も発見されたのだが、それは〈厩舎〉ではないかと推測した。しかしそれは本当に厩舎だったのだろうか?

スディーが一日のスケジュールを教えてくれた。「だいたい太陽とともに目覚め、まずは入浴をする。そして断食を破る*[12]（朝食を食べる）。しばらく勉強したあと、習いごとに行く。もしくはその日の授業を教えに行く。また、断食を破る（昼食を食べる）。そして午後の勉強に励む。まだわからないことが多すぎるからだ。その後、夕食を食べる。夕食後は、瞑想する時間にあてている」。「太陽とともに、目覚めないといけないのですか?」たしか、学者たちも同じようなことをいっていた。「それぞれの生活習慣による。その人物がなにをしているかによる。星の研究をしている者は一晩中起き、昼の間は寝ている。夜空に星が輝いている時間帯に寝るようなことは決してしない。夜間の仕事をしている者でなければ、我々のほとんどは太陽とともに起床している」「寝る時間は、決まっているのでしょうか?」「いや、寝る時間は決まっていない。夜が更けても勉強が終わらないときがあるではないか。長期間不在にしていた者が帰郷したときなども、夜遅くまで語り合うこともあるだろう。さまざまな理由があるからだ」。

日が暮れても起きていたということは、なにか〈灯りをつける〉手段があったのではないだろうか。実際、その周辺地域ではオリーブ油の入った〈ランプ〉が使われていたらしい。これは、ほかの被験者との過去世退行催眠のセッション中に出てきた情報である。が、そろそろいい加減にわたしも学ばなくてはいけない。過去世退行においては、どんなこともあたりまえと思ってはいけないことを。ケイティとのセッションではまるで予測がつかない方向へ進むことがある。ほんのたわいもない質問から、思いがけない展開となることがあるのだ。わたしはどんな方法で〈灯り〉をつけているのかと訊いた。すると、予想に反した答えが返ってきた。やはり、クムランは普通の場所ではなかった。あの壁の内部には多くの謎が隠されていたのだ。「灯油のランプと、燃やすタイプのランプがある」。

退行催眠中は、とにかく油断は大敵である。常に機敏に反応し、最後まで気を抜いてはいけない。どんなにわずかな点でも違和感を感じたならば、すぐ敏感に対応し、さらなる「情報」を引き出すことが大切である。彼らにとってとるにたらない日常生活のことであればなおさらだ。こちらが徹底的に「質問」をし続けないかぎり、彼らはそれ以上くわしく説明しようとはしないからである。その質問がきっかけで、おもしろい展開となる可能性が秘められているのだ。これがその一例といえよう。ところで、スディーはなぜ「二種類のランプ」のことを話したのだろうか?

S 通常は油の入った「灯油のランプ」を使用し、それに灯りをつける。いい忘れたが、ほかにも「炎のない灯りのランプ」もある。ときに、それを使うときもある。

D その灯りの源は、どこからきているのですか?

S (説明しづらそうに)自分がつくったわけではない。くわしいことはわからないが、容器のなかに灯りの源がある。その容器には、ある特徴がある(言葉を探しながら)。容器についている「球体」をはずし、なかに灯りをつける。容器の大きさは……このくらいだ……(手で大きさを示し、五インチ〔約十三センチメートル〕くらいの高さがあるようにみえた)

D 球体……? それはガラスの球体のことですか?

S (ためらいながら)……ガラス?

D (説明に困る)もしかしたら共同体にはないものなのかもしれません。ガラスはいわゆる〈原料〉のことです。それはなかまで透きとおってみえます。陶器と少し似ていますが、ガラスは透明です。(説明に苦労する)

S それは非常に興味深い……。たしかに、それと似たようなものかもしれない。だが、どのようにつくられているのかはわからないが。

このとき、ハリエットが「ガラスは水晶に似ている原料です」と伝えた。するとスディーは勢いよく「それだ！」と返答した。たしかに水晶はガラスと似ている原料だ。少なくとも水晶はガラスと同じように透きとおっている。やっとスディーが比較できる対象物がみつかったのではないだろうか。その球体は〈水晶玉〉のように丸い形をしているのかどうか訊いた。すると、スディーは驚きと興奮を隠せない様子だった。これでやっと理解してくれたような気がしたが、わたしが水晶玉のなかは「空洞」なのかと尋ねると、再び困惑した様子をみせた。

S くわしいことはわからない。自分がつくっているわけではないからだ。

D それは容器の上に置くものですよね？　容器とは、いわゆる「陶器」のことですか？

S よくわからないが、外見は石と変わらない。

D その容器のなかには、ほかになにか入っていますか？

S それはわからない。解体したことがないからだ。

わたしがなんども質問することにかなり苛ついているようにみえた。重々承知していたが、わたしはどうしても理解したかったのだ。その奇妙な装置はどのように操作するのだろうか。可能であれば、どのようにしてつくられるのかも知りたかったくらいだ。常に灯りがついている状態なのだろうか、それとも消すこともできたのだろうか……、そんな疑問が湧いてきた。「いや、灯りはつけたままではない。灯りは、つけたり消したりすることができる。ほかの容器のなかに入れて灯りがつくタイプと、ねじって灯りをつけるタイプがある。必要でなければ、灯りをつけっぱなしにすることはない」。灯油のランプのほうが気に入っているか訊いてみた。すると、めずらしいランプ（炎のない灯りのランプ）のほうが格段に明るく、火事の心配もしなくていいから気に入っていると答えた。

D それらのランプは、共同体のなかでつくられているのですか？

S いや、大昔からある。古代のものだ。

D そんな大昔から受け継がれているということは、よほど強力な〈灯りの源〉が備わっているのですね。その灯りは共同体のなかにたくさん設置されているのですか？

S 必要なぶんだけある。数えたことはないが。いたるところに設置されているが、灯りを必要とする場所にしか置かれていない。

この調査をしている最中、考古学者であるペレ・ド・ヴォーがクムラン廃墟のなかから「取り出した発掘物」の解説書をみつけることができた。その解説書には、陶器類の破片の数々、石でできた容器も数個、そして細かいガラスの破片なども記載されていた。もしかすると、これらは「ランプの残骸」なのかもしれない。その可能性は十分考えられる。単に、その実態がつかめなかっただけなのではないだろうか？

その容器が動いている様子を頭のなかでいろいろ想像していると、ある記憶が蘇ってきた。エーリッヒ・フォン・デニケン*[13]の作品のなかで、これと似たようなことが書かれていたことを思い出した。フォン・デニケンの作品は多くの不可解で奇妙な事象について言及している。彼の著書『人類を創った神々（In Search of Ancient Gods）』にスディーの証言と同じくらいの大きさの小さな容器の写真が載っていた（著書の一七四ページ、写真#252）。その写真には、容器のなかに黒い金属製（?）の細長い物体を差し込んでいる人の姿も写っていた。「ガルバニック電流*[14]によって動いている電池である」と記されていた。ものすごく古い時代の装置のように思えた。ところが、いまでもなお一・五ボルトは発生させることができるらしい。現在、その装置はイラクのバグダットにあるイラク美術館に展示されている。

その装置に関するさらなる情報がチャールズ・ベルリッツ*[15]の本にも記されていた。彼の著書『アトランティスの謎（Atlantis, The Eighth Continent)』の一三九ページに写真が載っている。そのキャプションにはこう書かれていた。「イラク美術館で雇われているオーストリア人の考古学者ウィルヘルム・ケーニッヒ博士が一九三六年に二千年前の壺を発掘した。その壺の高さは六インチあり、なかに銅製のシリンダーが設置され、鉄の棒もしっかりと固定されている」。この装置はベルリン美術館に展示されているものに似ていた。だが、なかにはもっと大きいサイズもあった。そこには同じようなシリンダーもついていた。この装置はどういう目的で使われ、どのような機能を果たしているのか、さっぱり見当がつかなかったらしい。宗教的な儀式、または崇拝の儀式に使用されていたと思われていた。ウィルヘルム・ケーニッヒ博士や一部の考古学者の間では、これは「古代の乾電池」で、何千年もの月日が経ってしまっているため、動かすことができないのでは、と考えられていた。そう思うのも無理はないが、この装置を完璧に改造することができたというではないか。そして新しい電解液を入れてみると、もののみごとに装置は動き出したのだ！　古代では、いわゆる〈電気〉を使用するには、この電気メッキ*16の原理を使って電流を発生させていたのであろう。その事実が証明されたといえようか。「電気メッキ」には金メッキや銀メッキなどがあった。いまでもなお、中東のバザールでは、この手法で電気を発生させているらしい。おそらく寺院や宮殿の照明もこの原理を応用していたのではないだろうか。しかし古代の中頃までには、もうこの手法は使われなくなったといわれている。古代ローマと古代ギリシャでは「油を用いた灯り」を照明のあかりに使っていたらしい（ベルリン美術館とイラク美術館の展示品を参照）。

現代人は、非常に傲慢になっている。近代の設備を最初に発明したのは自分たちだと思い込んでいる。古代の人は現代の人たちが思うような原始的な生活を送っていたわけではないのだ。いまの時代にある設備や装置もすでにたくさん存在していた。暗黒時代*17が終わったあと、それらが単に再発見されただけなのだ。非常に興味をそそられる考えかたである。

強固な要塞に囲われたクムランのなかには、ほかにどんな驚くような秘密が隠されているのだろう。わたしは思いを巡らせた。

訳注

＊1　六角形：六角形は、六芒星からとられている可能性がある。十七世紀以降、伝統的にユダヤ人を表わす記号として定着しており、ユダヤ人の国であるイスラエルの国旗にはダビデの星と呼ばれる青色の六芒星が描かれている。日本でも、竹編みの籠の編み目を図案化した「籠目」という文様があり、魔除けとして用いることもある。

＊2　ソリヌス：三世紀ローマの著述家、文法家のガイウス・ユリウス・ソリヌスのこと。

＊3　カシュルート：ユダヤ教の食物の清浄規定のこと。カシュルートの条件にかなった食物のことを、カシェル、またはコシェルという。旧約聖書のレビ記の教えにしたがって食生活も規定されている。旧約聖書に基づいてつくられたユダヤ教の食事規定では、食べてよいもの、食べてはいけないもの、一緒に食べてはいけない食物の組み合わせ、動物の屠りかた、調理法などに関する規定が細かく定めら

れており、ユダヤ人は現代でも厳格にこの規定を守っている。

＊4 ベッドを傾けて寝る：ベッド傾斜療法。ベッドの片脚を少し浮かせて寝ること。あるいはベッドや布団の下に座布団やクッションを入れ、下半身が持ち上がる格好で寝ること。

＊5 イエスが医師に対して説き聞かせている・質問を投げかけている：ルカ福音書　2：46〜47

＊6 エロヒム：聖書における「神」という言葉。ヘブライ語で「天空から降りてきた人々」という意味。

＊7 至聖所：宗教的な建造物のなかでもっとも神聖な場所のこと。エジプトの神殿や、聖書の幕屋および神殿の、一番奥の部屋のこと。

＊8 アッパールーム：別名、上の部屋・上の広間・二階の広間。最後の晩餐が行われた場所。

＊9 洗礼：キリスト教徒になるための入信儀式のこと。頭に水を注ぐ「潅水礼（かんすいれい）」、全身を水に浸す「浸礼（しんれい）」、濡れた手で頭を抑えて水に沈める仕草とする「滴礼（てきれい）」がある。

＊10 洗礼者ヨハネ：別名バプテスマのヨハネ。『新約聖書』に登場する古代ユダヤの宗教家・預言者。改心を説き、ヨルダン川でイエスらに洗礼（バプテスマ）を授けた。ルカ福音書によると父は祭司ザカリア、母はエリザベト。イエスの弟子である使徒ヨハネとは別人。

＊11 ペレ・ド・ヴォー：ロラン・ド・ヴォー（一九〇三〜一九七一）のこと。考古学者、聖書学者、ヘブライ語聖書の専門家でもあるドミニコ会司祭。エルサレムにあるフランス聖書考古学学院の所長。

＊12 断食を破る：その日の最初の食事という意味。現在は、朝食という意味で使われているが、もともとの語源は断食を破ること。

＊13 エーリッヒ・フォン・デニケン：スイスの実業家、SF作家（一九三五〜　）。巨大な考古学遺跡やオーパーツは高度な技術を持つ宇宙人につくられた、宇宙人は類人猿から人類をつくった、世界各地に残

る神々は宇宙人を神格化したもの、などといった説を展開した。

＊14 **ガルバニック電流：**ガルバニック電流とはイタリアの医師、物理学者、ルイージ・ガルバーニが発見した直流電流のこと。異種金属が唾液を介して接触したときに流れる、微弱な電流。解剖するカエルに二つのメスを足に刺すと、足が痙攣することに気づいた。これが電池の原理のはじまりだといわれている。

＊15 **チャールズ・ベルリッツ：**アメリカ合衆国の言語学者、作家、超常現象研究家（一九一四〜二〇〇三）。ベルリッツ語学学校の創業者である言語学者のマキシミリアン・ベルリッツの孫。

＊16 **電気メッキ：**二つの金属の間に電位差を生じて、電流を発生させることで電気として機能させていた。

＊17 **暗黒時代：**ローマ帝国滅亡後、古代ギリシャにおける紀元前一二〇〇年から紀元前七〇〇年頃までの間、文字資料に乏しい、歴史上のある期間。戦乱、疫病、政情不安定などにより、社会が乱れ文化の発展が著しく停滞した時代をさす。

クムラン共同体

第6章 クムラン共同体の行政組織

考古学者の情報によると、クムラン共同体における規則を定め管理していたのは聖職者だった。彼らの『死海文書』の翻訳に基づくと、エッセネ派の規則はとても厳しく、なかには非常に厳格なものもあった。しかしそれらはわたしが入手した情報とは相反するものであった。エッセネ派は公平で慈愛に満ちあふれた人たちだと思っていたからである。スディーを通じて伝わってくるエッセネ派の印象は、やはりわたしの思ったとおりの人たちだった。多くの場合、そのようなことが起きてしまうのは翻訳のしかたや技法に問題があるからだろう。

スディーいわく、共同体における規則を定めていたのは「長老の協議会」だった。その協議会が判決を審議し、さまざまな規則や罰の規定などを取り決めていた。一時は、協議会の中心となる長官のような人物がいたようだが、いまはもういないらしい。ひとりの人物に絶対的な権力を与えるのはよくない、と判断がくだされたためである。長老たちは、それぞれの専門分野から選出された。選ばれる条件は、専門分野で学んだ期間と蓄えられた知識量によっていた。

協議会の長老の人数は、その時々で変化するらしいが、だいたいにおいて九〜十人が在籍しているそうだ。各専門分野に長老が何人いるかによって、その都度「協議会」の人数は変動した。

現代における民主主義の国のように、だれでも平等の権利として長老の協議会を選出する投票権があるのかどうか疑問に思った。すると、家族の間でも話題にあがり、話し合いが行われるという。師匠（マスター）の資格を有する者とそれぞれの専門分野の学生たちの意見が重視されるらしい。長老を選抜する権限を与えられていたのは、各専門分野の知識階級の高い者、もしくはその専門分野を学んでいる学生たちにかぎられていた。役職に就いていない者には、選抜の発言権は与えられていないらしいが、学生であれば女性にも発言権があった。長老の協議会に選ばれると、それは一生涯続く仕事となった。規則や規定を決めるときは、大多数による合意があったうえで、その決断がくだされた。これまで協議会から除籍させられた長老はいるのだろうか。スディーによると、以前はそのようなこともあったらしいが、記憶するかぎり、最近はないそうだ。

どうやらなんらかの罰則もあるらしい。わたしは驚かずにはいられなかった。こんなにも慈悲深いエッセネ派が、なにか罰を与えるとは思えなかったからだ。それはいったいどんな罰則だったのだろうか、不思議でたまらなかった。

S　いくつか軽い罰則がある。違反の程度が重ければ、その人物は共同体から追い出される。しかし、そのようなことはめったに起きない。暴力事件などを起こした場合にかぎる。たとえばだれかに身体的な暴力をふるったときなどだ。どんな類の暴力であっても罰は必ず与えられる。暴力をふるう行為は、我々の信念に反しているからだ。これが唯一ある大きな罰則だ。追放処分になるのはこのくらいだろう。よほど大きな過ちでないかぎり、追い出されるようなことにはならない。前回は、ある学生が殺人を犯し、追放処分の罰則が課せられた。

これほど理想的な環境でさえも、暴力事件に発展する可能性があるのだ。いったい、どうしてそのようなことが起きたのだろうか。くわしい事情を知っているかどうか尋ねた。

S　事件の詳細はだれにも知らされていない。他人があれこれいうものではないからだ。罪を背負うのは、その本人である。私には関係のないことだ。

D　エッセネ派にそんな激情型の人間がいるなんて。まったく想像がつきません。

S　その男はまだ学生だったうえに、我々の正式な仲間ではなかった。

いわゆる「クムラン」で生まれ育った者ではない、ということをスディーはいいたかったのだろう。おそらく〈赤いはちまき〉をつけている人のことをさしていると思われる。

D　たとえば小さな罰を犯したときは、どんな罰が課せられるのですか？

S　罪を犯した人物の師匠から罰が与えられる。その罪を犯した者とマスターが互いに話し合い、互いに納得した形で「罰則内容」が決められるのだ。マスターは受け持つ生徒に対し、それぞれ個別に対応している。最終的に、どの罰則が適しているかは、マスターが決断をくだす。罰則の種類もさまざまなものがある。ときには断食させることもあるらしい。罪滅ぼしとして、研究課題を与えたり、特権を剥奪したりすることもあるそうだ。

考古学の翻訳者たちの間でもエッセネ派は修道会のような教団であると信じられている。エッセネ派の実質的な主権者であり、最終的な決定権のある人物は聖職者だと想定していた。しかしスディーによると共同体内の聖職者に与えられている権限は、彼らの「教え子」に対してだけであった。聖職者の地位は長老の協議会より高くはないらしい。

D　いままで共同体に不満を感じて出ていった人、共同体から脱退した人はいますか？

S　何人かは教育目的のために出ていったが。なぜ脱退を希望する必要がある？

D たしかにあなたのいうとおりです。でも、なかには不満を感じて出ていった人もいるのかな、となんとなく思っただけです。

S その可能性もなきにしもあらずだが。不満があって脱退した人物がいることを耳にしたことはない。しかしなぜ脱退する必要があると思うのだ？

D もし不満に思っている人がいるとしたら、どこか別の場所に行ったほうが幸せになれると思うからです。もし望めば、だれでも共同体から脱退することはできるのですか？

S 脱退をしたければできるであろう。（憤然として）我々は奴隷ではない！ 首に鎖はだれにもつけられていない！

D ということは、みな共同体にいたくて、自分の意思で残っているのですね。それでは、過去に共同体への入門を希望する生徒を拒否したことはありますか？

S 拒否したことはある。まず、入門する目的をマスターたちが注意深く吟味する。そうすることで、その生徒が入門する真の目的を見抜くことができるからだ。悪意ある目的を持っていることが判明すれば、門前払いをくらうことになる。

D （入門希望者が）門前払いをされたことで、逆恨みして騒動を起こした人はいますか？

S 私の知っているかぎりではない。だが、そのような騒動が起きていないといっているわけではない。

D　もし騒動が起きた場合は、どのように対処するのですか？

S　それはまったくわからない。マスターではないからだ。その判断をくだすのは私ではない。

D　（エッセネ派の防衛のしくみを探りつつ）共同体を防衛する方法はなにかあるのでしょうか？　たとえば「武器」のようなものはありますか？

S　武器は持っている。（用心深く、躊躇しながら）いろいろな防衛策がある。

どうやら従来の武器の使いかたではないらしい。しかしそれ以上の情報を教えてくれようとはしなかった。すると、ハリエットが思いきって訊いた。

H　もしかして、なにか「音」を鳴らすのですか？

長らく沈黙が続いた。そして用心深く静かに答えた。「そうだ」。わたしたちは、とんでもなく危険な橋をわたったような気がした。ほんのわずかではあったが、それでもうっかり秘密を漏らしてしまったと感じたのであろう。スディーの不安が手に取るように伝わってきた。本当はもっと多くの情報を入手したいと思っていたのだが、これ以上、質問を投げかけるのはやめることにした。わたしはここでスディーの不安を取り除こうと試みた。従来の武器を持つ必要がないことはとてもすばらしいことである。そしてたいていの共同体は武器を使うことでしか、自分たちの身を守ることができない、と伝えた。

スディーは、わたしは好奇心がありすぎると思っていたようだ。わたしはただ真摯に学びたいだけだが、〈良い先生〉をみつけるのはなかなか大変なのだといった。当然のことながら、先生ならば、ここにたくさんいる、とスディーが返答した。しかしわたしたちが抱えている問題はそれではないのだ。ほしい「答え」を得られるには、どのように「質問」すればいいのかがわからないのである。

D クムラン共同体には、ほかのユダヤの共同体とは異なる規則はなにかありますか?

S ほかの共同体の規則にくわしいわけではない。それを適当に述べるわけにはいかないだろう?

旧約聖書によると、古代のユダヤ人は「動物の生贄」の儀式をしていたというではないか。この「生贄の儀式」のことをどう思っているのか、スディーに訊いた。すると、その儀式に対し、あからさまに反対の態度を示した。

S　我々は血の生贄はしない！　自分が創造した生きものが殺され、ヤハウェが喜ぶとでも思うのか？　どう考えても、あまりにも道理に合わない話ではないか。

D　てっきり同じユダヤの教えを信じているものだと思っていました。でも、エッセネ派も「トーラー」や「律法」を実践していますよね。

S　たしかにトーラーや律法は我々の信仰の一部である。しかし全体としてみると、あくまでも一部にすぎない。

D　でも、ほかのユダヤ人たちは、その生贄の儀式を行っているのですよね？

S　彼らは行っている。知るかぎりの情報ではあるが。その生贄の儀式というものは、他宗教の慣習を取り入れたものである。元来のユダヤの教えにはなかったものだ。とにかく、我々は生贄の儀式は行わない。もしなにか儀式を行うのであれば、祭壇でお香を焚く程度である。神に捧げる儀式は、そのくらいであろう。それが、唯一の儀式だ。

スディーはあきらかに「生贄の儀式」を断固として反対していた。ともかく、まずは話題を変えることにしよう。エッセネ派が祝う〈祝祭〉や〈祝日〉はあるのかどうかを尋ねた。すると、〈祝日〉という言葉の意味がわからない様子だった。「それは聞いたことがない言葉だ」。

D　〈祝日〉という日は、ほかとはちがう「特別な日」のことです。

S　「聖なる日」のことか。いうまでもないが、過越の祭*[1]がある。あとは贖罪の日*[2]とロシュ・ショファー*[3]がある。これらは、新しい季節や新年を祝う祝祭だ。

わたしはユダヤ人ではないため、これら祭日のことをなにも知らなかった。唯一、知っていたのは聖書に記されている「過越の祭」だけである。まず、「贖罪の日」はどういう日なのか、とスディーに訊いた。

S　自分自身の行動をふりかえる日だ。毎年、その時期になると自身の行動をふりかえり、赦しを請う日である。そしていままで自分が傷つけた人に対して償いをするのだ。

D　それはすてきな日ですね。たしかに気持ちが洗われて、新たに生まれ変われるような気がします。ほかにも祭日はありますか？

S　あとは収穫祭がある。同じような祝祭がほかにもあるが。とにかく、祝日はたくさんある。多くの祝いごともする。我々は気むずしい種族ではない。我々は常に生きる喜びを感じているのだ！

これはあきらかに『死海文書』の翻訳者の考えとは相反するものである。彼らはエッセネ派は厳粛な種族であろう、と推測していたからだ。わたしは聖書に書かれている「他人の足を洗う慣習」のことを思い出した。このことを聞いたことがあるかどうかスディーに尋ねた。

S その慣習はある。多くの場合、自宅に人が訪ねてきたときにする行為である。食事をするために訪れたときなどに、家主が訪問者の「足を洗う」。この行為は謙虚さの象徴だ。これは贖罪の日にも行う儀式だ。ヤハウェに対し、謙遜な姿勢を表しているのだ。

現在、ユダヤ教の新年祭はロシュ・ハシャナ*4と呼ばれている。しかしスディーは「ロシュ・ショファー」といった。ひょっとするといいかたをまちがえたのだろうか?「ロシュ」は「はじまり」という意味であることは知っている。のちに調べてみると驚いたことに、シナゴーグのなかでロシュ・ハシャナ祭の最中に角笛(ショファー)、もしくは羊の角を吹く慣習があることが判明した。どうやら(神から赦しを請うための)審判を求めるとき、または後悔の念を召喚するときに吹かれるらしい。もしかすると、この〈ショファー〉を吹く慣習のため、昔は「ロシュ・ショファー」と呼んでいたのだろうか?

贖罪の日は、いまでは「ヨム・キプール」と呼ばれていることもわかった。この日は、ユダヤ教のもっとも聖なる日だ。ロシュ・ハシャナ、または元旦といわれるその日から悔い改めの十日間がはじまる。この日は「審判の日」であるとも述べられている。神を前にして、自分の犯した罪や過失を償う日である。自分の罪だけでなく、仲間が犯した罪の償いを求める日なのだ。この日の終わりを告げるためにショファー、もしくは羊の角を吹く。どうやらスディーは、この全十日間のことを「贖罪の日」といっていたようだ。

イスラエルという国の慣習について、もっとくわしい情報が知りたかったので「衛生」に関する質問を投げかけてみた。

S きれい好きな人間は、病気に感染することはあまりない。博識ある人間ならば、とうの昔に気づいていることだ。ペストのような悪疫が人間に襲いかかるとき、その町で暮らす衛生基準の低い人間が先に狙われる。悪疫が死にいたる病であれば、それは徐々に衛生基準の高い人間までが狙われていく。清潔であれば影響は受けないだろう。清潔かどうかが重要なのだ。風呂場には、それぞれの用途に合わせた風呂桶(おけ)がいくつか置かれている。夫(男性)と妻(女性)は、それぞれ別の風呂桶で身体を洗わなくてはならない。男女が一緒に風呂桶を使う行為は、不潔であるといわれているからだ。衣類も同じだ。衣類も別の桶で洗わなくてはならない。洗うときに、異なるものを混ぜ合わせてはいけないのだ。

すでに「クムランの風呂場」に関する情報はスディーから聞いていた。しかし一般的なイスラエルの民衆はどうなのだろうか。彼らはどのようにして身体を清潔に保っているのだろうか、そんな疑問が頭をよぎった。

S　水で洗っている。もし水量が多ければ風呂に入ることもできる。海の近くに住んでいる者などは入浴しているだろう。彼らは水の量を心配しなくてもいいからだ。しかし砂漠地帯の人間は、ほとんど砂で身体を洗っている。砂漠のまんなかで暮らす者たちは、貴重な水を使って身体を洗うようなことはしない。最後の一滴になりうる水を無駄にするわけにはいかないからだ。

D　肌に香油(オイル)を使用することはありますか?

S　香油は使わない。砂漠の気候は暑く乾燥し、砂埃にまみれているからだ。香油を身体に塗ると、砂が皮膚に付着してしまうではないか。

わたしは「衛生の法」に関するさらなる情報を訊き出そうとした。まさかこの質問が、こんなにもややこしい展開になるとは思いもよらなかった。

S　（ため息交じりに）ではくわしく説明しよう。それは動物の衛生に関することか？　またたは人間の身体の衛生のことか？　それとも魂の浄化のことか？　病気から身を守るためには身体をよく洗い、入浴することだ。常に清潔に保つことが大切である。ファスティング（断食）をするのもいいだろう。断食は身体のバランスを整える作用があるからだ。

D　断食は健康を損なう恐れがあるのでは？

S　たしかに長期間や極端な断食、まちがったやりかたの断食は危険だ。しかしそうでなければ、断食は健康にとてもよいのだ。

D　それでは「魂の浄化」について教えていただけますか？

S　魂を浄化するには、多くの法則がかかわっている。主にかかわっているのが「カルマの法則」だ。（ため息をつく）私は宗教の先生ではないが。おそらく、君は〈法則〉と〈儀式〉を混同して考えているのかもしれん。法則は、究極の儀式のことではない。法則と儀式は別物だ。そもそも十把一絡げになっているのが問題なのだ。

このとき、スディーは「カルマ」について語ることはなかったが、別の機会に話してくれた。カルマに関する詳細は、別の章に記述してある（第二十六章参照）。ひとまずここは「クムラン共同体における慣習」の話題に戻り、それに関する質問を投げかけていった。

D　エッセネ派には「結婚」という制度がありますか？　家族を持つことはあるのでしょうか？

S　結婚はある。多くの場合、夫と妻の組み合わせは長老が選ぶ。結婚する者の生まれたときの星図（チャート）を読み解き、相性のよいもの同士を組み合わせるのだ。あまりくわしいことはわからないが。

なんだか占星図（ホロスコープ）を作成しているように聞こえた。エッセネ派は民主主義的な考えを持っていたのではなかったのか。まさか〈夫婦を組み合わせる〉とは想像もしていなかった。これは大昔、アジア圏にあった慣習だ。アジア民族古来の慣習である。現代も、この伝統が続いている地域があるという。結婚するうえでいまでも「ホロスコープ」の相性は重要な要素だと考えているらしい。

D　相手選びに関する当事者双方の意見も考慮されるのですか？　それとも長老が選んだ相手と絶対に結婚をしないといけないのでしょうか？

S　結婚を拒否することはできる。だが、いったん拒否すれば一生結婚することはできない。べつに一生涯独身を貫きとおしてもいいのだ。

ほかのイスラエル地域で暮らす女性よりも、クムランの女性はより多くの自由が与えられていた。本人が望むのであれば、女性も独身を一生貫くことができた。そして共同体内で教職に就くこともできるという。わたしはこの情報にとても驚いた。旧約聖書に記されているモーセの律法（戒律）もそうだが、ユダヤ人の慣習でさえも女性の活動を厳しく制限していたからである。

S 当然だ。女性も先生になりたければ、なれるに決まっているではないか。なぜそんなことを訊く？

D 女性は結婚をして子どもを産むこと以外のことをしてはならない。それ以外の権限を与えない共同体もあるからです。

S それが真実であるならば、多くの優秀な頭脳が失われていくことになる。それは悲劇にほかならない。幼少期の小さな子どもが、もっとも長い時間をすごすのは母親ではないのか？　母親に知性が備わっていなければ、どうやって子どもは優秀に育つことができるのだ？

D 本当にそのとおりです。残念ながら、世のなかの多くはそのような考えかたをしていません。

S　そうであるならば、恥じるべきだ。神は二種類の人間を創造した。それが男と女だ。互いを補い合い、対等な存在として創造された。男女の関係に上下や優劣はないのだ。

D　たとえば聖職者や宗教指導者も結婚できるのでしょうか？　彼らの結婚を認めないような規則はありますか？

わたしは〈禁欲の誓いを立てている聖職者〉のことをさしていたのだが。スディーはまったく理解できないといった様子で、眉をひそめた。

S　なにおかしなことをいっている？　結婚をしたいと思えば、だれでも結婚することはできる。結ばれる運命の二人は、生涯をともに添い遂げられるようにと、同じ時代に生まれてくるものだ。もし運命で結ばれた二人のどちらかがこの世に生まれてこないのであれば、だれとも一緒にならない選択をすることもできる。これが、唯一「結婚しない理由」であろう。

D　共同体内の「仕事」はどうですか？　分担されているのでしょうか？　女性だけが担当する仕事はありますか？　あるいは男性だけが担当する仕事もあるのでしょうか？

S　子どもを産めるのは女性だけだ。

D　（二人で爆笑）たしかにそうですね！　それでは、料理はだれが担当しているのですか？

S　料理の担当はだいたい「召使い」がしている。

この発言には衝撃を受けた。クムランは全員が平等な社会、いわゆる民主主義な思想を持つ共同体ではなかったのか。その共同体内に「召使い」の役割があるとは、わたしは自分の耳を疑った。

D　自分より身分の低い人のことを「召使い」というのでは？

S　要するに、彼らは「謙虚な姿勢を示している者」だといえるだろう。一定期間の間、他者への貢献をすると決めた者たちだ。罪の償いとして、生徒が召使いの役割をすることもある。それぞれがさまざまな理由で召使いの役割を担当しているのだ。人間というものは、他人に投影される自分の嫌な部分を垣間みることがある。他者に対して貢献することで、その傲慢な気持ちや高慢な態度を正すことができる。他者より低い立場に自分の身をおき、謙遜の気持ちを味わうことで、ついに傲慢の罪*5に打ち勝つことができるのだ。

D　共同体内の「奴隷」にするために、外部者を奴隷として受け入れることはありますか？

S　ここには奴隷はいない！　クムランは自由の身の者しかいない。以前、わざわざ自由の身に解放してあげた者がいるくらいだ。父親から聞いた話だが、市場で「奴隷として捕らわれた者」を我々の仲間が解放する光景を目撃したそうだ。その後、解放された男は我々の一員となったらしい。

このように自由の身になった奴隷は、共同体内で彼らが望む仕事に就くことができた。そして学ぶ意思があれば、学ぶこともできた。生徒たちの多くは、交替で料理や給仕をまかされていた。罪滅ぼしとして「謙虚な姿勢」でとりくまなければならない仕事にも就いた。

クムラン共同体に「お金」はあるのかどうか尋ねた。すると、スディーはわたしがなにをいっているのかさっぱりわからない、といった様子だった。エッセネ派は物の所有をしているのかどうかを知りたかったのだが、どうやらわたしの説明が下手だったようだ。たしかに考えてみれば、共産主義の社会で「お金」という概念は異次元の世界のものであろう。なにかを「買う」という概念もまるで理解できなかったらしい。

S 我々も自分が所有しているものはある。私はフルートを自分の「物」として持っているが。しかしほとんどのものはみなで共有し合い、わかち合っているといえる。

D 互いに共有している「物品」を使おうとするとき、奪い合いの喧嘩が起きることもあるのでしょうか?

S　私の知るかぎりでは起きたことはない。実際のところはわからないが。とにかく全員が同じものを所有しているからだろう。それぞれが特定のものを所有することもできる。それぞれがした仕事の「功労の報い」として、その人物に必要なものが与えられるのだ。ある人物が最善を尽くして庭の管理の仕事をしているとする。一生懸命に努力をしている者であれば、どんな仕事であっても高い評価を得ることができるのだ。その人物は……いうならば……優秀な学者と同等に高く評価されるというわけだ。彼らは平等であり、対等だ。それぞれが「ベストを尽くして」その仕事にとりくんでいるからだ。功労の報いとして、ふさわしい「物品」が与えられることになる。もし仕事をしていない者であれば、功労者よりも所有しているものは少ないであろう。

これはとてもよい制度のように思えた。しかしクムラン共同体のような「お金」の存在しない社会で「功労の報い」として、いったいなにを与えているのだろうか?

S　それは……それぞれの仕事の内容によって変わってくる。庭師であれば新たな広い区域を与えられるかもしれない。もし学者であれば、パピルス紙が与えられるかもしれない。すべてはその人物しだいだ。功労者の全員に与えられる。必要なものならば与えられるのだ。

功労の報いとして、対価に相応しい価値のものが贈呈される。その人物に必要なものであれば、それは必ず与えられるということだ。

これは理にかなった発想だ。ものを購入する必要がなければ、お金の価値はまったくないからだ。

さきほど、スディーが語った「傲慢の罪」について訊いてみよう。わたしの考えだが「罪という概念」は、だれかを傷つける行為のことをさしているのではなかろうか。

S 他者の嫌がること、相手が望まない行為をはしてはならない。人をみくだし、蔑む行為は罪にあたるからだ。どんなことであれ、他者を批判する権利はだれにもない。決して、人を裁いてはならないのだ。人を裁けば、それは自分自身を裁いているのと同じである。

D 律法を守れない行為は、罪にあたるといっている人がいます。

S たしかに、それは大罪である。

D 自分の犯した罪を償う方法は、なにかあるのでしょうか？

S まず、傷つけてしまった相手の許しを得なくてはいけない。自分が傷つけた対象に対し、罪滅ぼしをしなくてはならない。そして相手の許しを得たのであれば、その罪を犯してしまった自分自身のことを許す必要がある。実は、これが一番むずかしい。もっともむずかしいのが自分自身を許すことだ。そして、もし盗みを犯してしまったのであれば、同じ「物」を返さければならない。

D お金がないのに、どうやって同じものを返すのでしょうか?

S たしかに我々はお金を持っていない。その代わりといってはなんだが、自分たちが所有する物品のなかから、ひきかえとなる「なにか」を与えるのだ。

傷つけた対象に対し、自分自身がもっとも大切にしているものを、その代償に与えるという行為は、たしかに大きな意味を持つ。それは意義のある行為である。しかし重大な悪行はほとんどないらしい。ひきかえになにかを与える行為は、とてもすばらしい制度に思えた。

S 罪のないだれかを傷つけ、わざわざ大きな負債(負のカルマ)を背負う必要がどこにあるのだ?

D クムラン共同体の壁の外の世界では、非常に多くの人たちがむやみに人を傷つけていいます。

S (言葉を遮って)もしそれが本当なのであれば、私は壁の外には出ていきたくはない!

いつの日かその現実を目の当たりにし、スディーが「外の世界で暮らす人々」に幻滅を感じる日がくると思うと、とても残念で虚しい気持ちになった。

D この世の多くの人たちは、できればエッセネ派のような共同体を持ちたい。そのような共同体で暮らしたいと心のなかで思っています。

S だれにでも可能なことだ！ すべての基本は「愛」だ。他者へ愛を与えていれば、なにも問題は起きることはないからだ。

D 多くの人は、そのことをまるっきり理解できていません。

S それでは、いまそれに気づくことが重要だ。さもなければ、さらに多くの問題が増えていくであろう。その状況がどんどん悪化すれば自分が何者なのか、いったいだれなのかがわからなくなり、自分の生命（いのち）がどこからきたのかを永遠に忘れてしまうことになる。そうなると、深刻な事態に陥るであろう。

D それは、いまの世のなかの問題のひとつなのです。多くの人は生まれてくる前の記憶を忘れてしまっています。たしかエッセネ派ではその記憶が残るように教育しているのですよね。それはとてもよいことだと思います。その教えを次世代へ引き継いでいけるからです。（同様にイエスも人々に知恵を与えようとした*6）ところで話は変わりますが、わたしたちもクムランで暮らすことはできるのでしょうか?

S さあ、それはわからないが。外部の人間を受け入れることもある。おそらく、大丈夫だろう。長老を訪ねてみるといい。彼らが、その決定権を持っているからだ。

毎回、スディーはちがう年齢で登場した。その都度、いろいろな質問をした。前記の情報はスディーがまだ若い青年だった頃の情報だが、下記の質問は年配の男性となったスディーから得た情報である。わたしは旧約聖書に記されている律法の内容を知っていたが、それら戒律に関するスディーの見解を知りたいと思い、未亡人に関する疑問を投げかけた。クムランでは夫に先立たれた未亡人は、その後どうなってしまうのだろうかと訊いた。

S きちんと面倒をみている。もしその未亡人が外部者(エッセネ派出身ではない者)であれば、実家に戻ることもできる。そのような場合は、快く実家に歓迎してもらえるよう十分な資産を与える。またはそれに相応しいものを与えている(どうやら実家に戻るには手ぶらでは帰れないらしい)。エッセネ派出身の者であれば、共同体に残ることもできる。しかし出身者でなくても、我々とともに生活を望むのであれば、それも可能だ。彼女たちが路頭に迷わないように、未亡人たちの面倒はしっかりとみている。

D 結婚を決めるとき、出生占星図を読み解いてから相手を選ぶといっていましたが。未亡人は再婚してもいいのですか？ 再婚は許されるのでしょうか？

S もちろんだ。まだ若ければ、再婚も可能である。再婚する運命が定められていればできるであろう。それも二人の出生占星図に「結婚する運命」が定められていればの話であるが。

D エッセネ派は生涯一度だけの結婚、一生に一度しか許されないといっていたような気がしますが。それが唯一、再婚することが許される理由なのでしょうか？

S そうだ。伴侶に先立たれたときだけだ。

D ユダヤの律法によると、もし男性の、兄弟のひとりが亡くなった場合、亡くなった男性の兄か弟が……。

S （言葉を遮って）その場合は、亡くなった男性の兄弟が未亡人となった女性（義姉・義妹）を自分の妻に娶(めと)る。もし夫婦の間に子どもがいたのであれば、子どもの面倒はその兄弟の長男が面倒をみることになる。これはユダヤの律法である。だが、そのようなことは「トーラー」には記されていない。このように役に立たない律法もあるのだ。その未亡人となった女性が再婚したいとしても、亡くなった夫の兄か弟、もしくは親戚の男と結婚することが一番の幸せとはかぎらないからだ。

D　わたしもそう思います。もしかすると、その未亡人が不幸な運命をたどらないためにつくられた律法なのかもしれません。

S　しかしもっとよい方法があるはずだ。未亡人となった女性の面倒をみる方法はほかにいくらでもある。

D　エッセネ派の人が自分の妻や夫と別れたければ、別れることは許されるのでしょうか？　わたしのいっていることがわかりますか？

おそらくスディーは「離婚」という単語を知らないと思い、あえてこのようないいかたをした。すると、驚くような回答が返ってきた。

S　夫婦が別々の運命をたどることもある。実際、別れる選択をした夫婦はいるらしい。その別れたい夫婦、二人のいいぶんは長老だけにあかされる。そしてまるで結婚をしなかったかのように、取り消されたそうだ。別れの理由は長老だけが知っている秘密なのだ。しかしめったに起きることではない。

離婚または婚姻の失効と同じように聞こえた。聖書にも離別は可能であると記されている[*7]。しかし不倫のような、特別な理由のみ別れることが許された。クムランでは、再婚も許されるというではないか。

S　まるで結婚がなかったかのようにもできる。結婚した形跡を残さないようにするため、二人の「別れの理由」は長老だけに知らされる。しかし実際は別れが起きるようなことはあまりない。結婚生活に問題があるからと、夫婦生活に終止符を打つようなことはそう簡単にはできないのだ。したがって、別れる夫婦はめったにいない。非常にめずらしいことだ。

とても親切で思いやりのあるやりかただと思った。離婚、もしくは婚姻の失効の真相を知っているのは長老だけであるがゆえに、このような別れの状況にありがちな噂話や陰口、さらに厳しい非難の対象にならずにすむ。また、別れが許される項目の内容を知っているのは長老だけだ。そのため、妻や夫と別れたいがために、嘘のつくり話を捏造することもできない。別れの真相は、別れる夫婦と長老だけが知っている秘密である。しかしなんだか頭が混乱してきた。それは聖書に記されている内容と相反する考えであったからである。

S　たしかに、ユダヤの律法では認められていない。夫が妻と別れたければ、別れることはできる。だが、再婚は許されていない。ユダヤの律法によると、再婚する行為は、不貞や姦通者と同じ扱いになるからだ。

D　エッセネ派が結婚した場合、一生添い遂げると思っていました。

S　そんなことはない。だれでもまちがいを犯すことはあるからだ。人間は気が変わることもある。魂にも変化が起きるかもしれない。おそらく、いままでとはちがう「別の教訓」を学ばなくてはならないからであろう。

D　エッセネ派はだいぶ寛大なのですね。

S　(言葉を遮って力強く)べつに寛大なわけではない！　別れは可能であるといっているだけだ。そう簡単にできることではないのだ。

D　再婚は「出生占星図の相性」が合えばできるというわけですね。ということは、運命の相手はひとりではない。ひとり以上いる可能性もあるということでしょうか。これは正しい情報ですか？

S　そんなに単純ではない。「重大な理由」がないかぎり、結婚は無効にならない。それを考慮すると、ほかに相手がいる可能性もあると考えられている。その可能性は非常に高いということだけだ。

D　エッセネ派が出生占星図の相性診断をまちがえるようなことは絶対にないと思っていました。

S　完全無欠な人間など存在しない。我々は神ではない。

エッセネ派の人々は、あきらかにほかのユダヤ種族と比べて人間の過ちを許すことができる人たちであった。彼らがいかに人間味あふれる人たちであるのかが伝わってくるではないか。終身結婚を強いられることもなく、不倫をした女や男という烙印を押されるようなこともなかったのだ。

S　この世のなかがはじまった頃は、いまのような「男女の結婚」はなかった。当時は女性も男性も、多くの伴侶がいたのだ。たくさんある選択のなかから子孫が相手を選ぶことができるように、さまざまな種類と組み合わせた。女性たちはいろいろな男性との間にたくさんの子どもを産んでいたのだ。

この瞬間、半分人間・半分動物の伝説のことが頭に浮かんだ。その「さまざまな種類と組み合わせる」とは、この世のはじまりに〈人間と動物の組み合わせ〉も試したことがあるといっているのだろうか？　そのことを尋ねると、「それは大きな過ちだ！」とスディーは怒りをあらわにした。どうやら怒りのボタンを押してしまったようだ。少なくとも、これでスディーの機嫌を損なう要因のひとつが解明されたということにはなる。

D　たくさんの子どもを産むために、多くの相手と性交渉をしてもいいのですか？　そんなことをして、顰蹙（ひんしゅく）は買わないのでしょうか？

S　顰蹙を買うようなことない。この世に羞恥心と罪悪感という概念が出現してから、反感を買うようになっただけだからだ。

D　戒律には「汝は、不倫を行うべきではない」と記されています。

S　それはアダムとイヴが誕生してからずっとあとの話のことだ。また、戒律は神がモーセに授けたものだ。

D　それでは、不貞行為に値するものはなんですか？

S　不貞行為とは、相手に嘘をつく行為のことだ。堂々と公にできない関係のことである。お互いが納得し、その関係性を持っているのであればかまわないのだ。不貞行為という概念自体が変だと思わないか。たしかアブラハム[*8]には二人の妻がいなかったか？　もし（アブラハムの妻）サラ[*9]が、もうひとりの妻の存在を[*10]受け入れていなければ、アブラハムも不貞行為者になるとでもいうのか？

D　それでは、いったいなにが不正なのですか？

S　真実を隠すことだ。相手を騙してはいけない。不貞行為をしていることを他人が知っていても、その当人だけが知らないということがある。夫婦や恋人同士が話し合い、オープンな関係性を築いているのであれば、それは不貞行為に値しないのだ。これも、ある種の共有の行為である。長年にわたって、歪んで伝えられてしまっているだけなのだ。

聖書に記されている「不倫の概念」から、急進的に発展した考えだといえるだろう。夫婦や恋人同士の二人がお互いに納得し、オープンな関係を築いているのであれば、それは不貞行為にならないのだ。しかし、どちらかが傷ついたり、意図的に傷つけたりした場合は、それは不貞行為とみなされた。

D　多くの人は、その考えに同意できないかもしれません。

S　多くの人間は、永久に同意しないであろう。

D　（爆笑）まちがいなく！

ここではっきりさせたいことがある。わたしは不倫を勧めているわけではない。そしてスディーの考えが正しいと思っているわけでもないのだ。このきわめて複雑な概念を、異なる視点から検証しているだけである。たしかに、この考えはヘブライの律法や教えに反しているといえる。が、この行為を容認するエッセネ派の考えは、なんとなく理解できると思った。イエスがエッセネ派に教育されたのが真実なのであれば、なぜ彼が石を投げつけられた女性[*11]を防衛したのかの説明がつく。同意承諾している大人の男女間の性行為は、クムラン共同体の人々の間では不貞行為には値しないという。その考えがもとにあるため、大人の男女の性交渉に対して、イエスは理解を示したのであろう。このように、多くのエッセネ派の信念や教えは「イエスの生涯」の随所に垣間みることができる。

わたしはエッセネ派の「死に関する慣習」に興味があった。ここで、もっとも悪名高い「磔刑」について、質問を投げかけてみることにした。

S 磔刑は、ローマ人たちがしている。十字架に、犯罪者たちを釘で打ちつける刑のことだ。犯罪者の腕を縄で十字架に縛りつけ、足も縛りつける。次に、長い釘を(スディーは指を広げて約六~八インチ(十五~二十センチメートル)の長さであることを示した)この位置に打ちつける。(ちょうど手首のあたり、尺骨と前腕の骨の間を指した)そして最後に、足に釘を打ちつける。

D なぜ、そんなに残酷なことをローマ人たちはするのでしょうか？

S 民衆の「みせもの」にするためだ。犯罪者が十字架に掲げられ、何日も苦しみもがけば、同じ過ちを犯そうとは決して思わないからだ。我々は彼らを批判する権利はないが、やはり人の命を奪ってはならぬ！

すると、スディーの全身が震え出した。どうやら、そのことを思い浮かべるだけで悍ましさを感じたようだ。そこで、わたしは話題を変えることにした。エッセネ派の「埋葬の慣習」について質問をすることにした。共同体のなかでは、どのように遺体の処理をしているのか訊いた。

S 多くの場合、香油（オイル）とお香を遺体に塗る。そして遺体に布を巻きつけ、埋葬をする。なかには、遺体を火葬し、遺骨を粉末化させる方法を好む者もいる。個人的には、遺灰にする火葬がよいと思っている。

D 火葬する過程で、遺体を傷つけてしまうようなことはないのでしょうか？ あなたが好む方法、その遺体の処理のしかたで大丈夫なのですか？

S　遺体を傷つけるようなことはない。なぜ、傷つくと思うのだ？　私が知るかぎりでは、これは大昔からある慣習だ。

わたしが埋葬の慣習に関心があるのは、イエスが墓のなかに埋葬されたと聖書に記されているためであった。そこで、洞窟のなかに遺体を安置されることはあるのか、そして「墓」という言葉を知っているかと尋ねた。

S　洞窟のなかに遺体を置く場合もある。その「墓」の意味もわかる。それは、いわゆる「墳墓」のことだ。大きな洞穴が掘られ、そのなかに遺体を埋葬する場所のことだ。これはエジプト人から受け継いだ慣習だ。あの世へ旅立ちには、一緒に持っていく物品がたくさんあると信じられているからだ。

D　洞窟に入れても、いずれにせよ、遺体は粉々に崩れてしまうと思いますが……。墓、または洞窟に入れるということは、泥土を遺体の上にかぶせないということですよね、遺体をなにかで覆わなくても大丈夫なのでしょうか。

S　洞窟に扉をつける。石扉をつけるか、ほかに代わるものを扉としてつける。完全に閉じているから大丈夫だ。

D　〈あなた〉が、洞窟のなかに遺体を安置することもありますか？

この〈あなた〉とは、わたしは「エッセネ派」のことをさしていたのだが、質問の意図するところとはちがう、スディーが自己流に解釈した回答が返ってきた。

S　他者の遺体を埋葬するのは、我々のだれにとっても非常に稀なことだ。魂が抜け出たあとの人間の身体は、なんの価値もない。すべてを無に戻し、まったくなにもなかったかのような状態に戻すのが一番よいのだ。火葬で灰と化し、初心に戻るのが一番いいと思わないか？

D　それでは、香油の役割はなんですか？

S　主に臭いを防ぐためだ。ユダヤ属州やガリラヤの地域では、一般的に遺体に香油を塗布する。だれかが病気で亡くなった場合、その病気がほかの人に感染しないために香油を塗布するのだ。そのあとで、埋葬するか、それぞれの方法で葬る。もし火葬をするのであれば、亡くなった日の夕日が沈む前までに、火葬用の薪を用意しなくてはならない。

D　その埋葬するときに使う香油やハーブ草の名前を教えてもらえないでしょうか？

S　さまざまな種類を使用する。ここですべての名前を伝えることはできないが、主にミルラ（没薬）[*12]とフランケンセンス（乳香）[*13]がよく使われている。

これは予想外の情報であった。ミルラとフランキンセンスは、東方の三博士[*14]が捧げた贈りものだということしか耳にしたことがなかったからだ。これらはお香として使用するだけだと思っていた。埋葬となんらかの関連性があるという情報は初耳だった。

D フランキンセンスはとてもよい香りがするため、「お香」として焚くだけと聞いていますが。

S フランキンセンスは遺体に擦り込んで使用している。遺体に擦り込む前にお香として焚くときもあるが。フランキンセンスはとてもよい香りを放つため、遺体を処理している人の鼻を保護する役割も果たしているのだ。

スディーがいうように、ミルラとフランキンセンスの主な使用目的は腐敗した遺体から悪臭を放つのを防ぐためであることが、その後の調査であきらかになった。それ以外にもフランキンセンスは、膏薬または軟膏として、吹出物や傷の治癒のためにも使用されていたというではないか。やはり、遺体を保護し、防腐剤的な役割としても使われていたのかもしれない。また、害虫を追いはらう優れた防虫剤の役割を果たすこともできるそうだ。

D 地面のなかに遺体を埋葬するとき、「なにか」に遺体を入れて埋葬しているのですか?

S ときには入れることもある。しかし、そのようなことはめったにない。なんにせよ、木材はとても貴重だからだ。たいていは遺体を「白布」で包み込んで簡単にすませることが多い。そして、その白布に包み込まれた遺体を、事前に用意された墓、もしくは墳墓のなかに埋葬するだけだ。

クムランの墓地は共同体の壁の外にあった。その墓地は共同体に隣接してつくられていた。墓は、千個以上もあったといわれている。墓地の発覚後、考古学者のペレ・デ・ヴォーは、クムランに住んでいた種族の身元を突きとめようと調査を開始した。墓地に埋められているのはだれなのか、ヴォーはあらゆる可能性を考慮した。当初は、それらの墓は一般的なアラブ人の墓だと想定していたのだが、「それは絶対にありえない」と地元のガイドから告げられた。遺体の頭は南向きに置かれ、足は北を向いて埋葬されていたからだ。それはアラブ人の慣習とは、正反対の埋葬のしかたなのだ。したがって、それらの墓は、アラブ系以外の民族か、非信徒たちの墓だという確信がアラブ人にはあったのである。

クムランの墓地は、その周辺地域ではまずみあたらない、非常にめずらしい墓地であった。その墓地遺跡からは、数個の棺が発掘された。その周辺地域の慣習だと、遺体は美術品かなんらかの遺品とともに埋葬されるのが一般的である。だが、その墓地でみつかった棺のなかには遺体だけしか入っていなかった。それら棺のなかに、宝石も装飾物もなにも入っていなかったため、ペレ・デ・ヴォーは驚きを隠せなかった。そこでヴォーは、その墓地に埋められている種族はひどく貧しい生活を余儀なくされた人たち、または華美な装飾品や宝石の着用が許されない厳しい規律ある生活を送っていた民族であろう、と推測した。しかし女性や子どもの残骸までもが発掘され、彼らはさらに度肝を抜かれた。それというのも、彼らはてっきり修道院のような共同体では男性だけが暮らしているものだと思い込んでいたからである。それら残骸が発掘されたことで、またもやわたしたちが入手した情報が正しくかつきわめて詳細であるという、後ろ盾を得ることができたのだ。

D　ローマ人たちは、どのように遺体を埋葬しているのですか？　彼らにはちがった埋葬の慣習があるのでしょうか？

S　ローマ人が多くの神々を信仰の対象とするように、彼らには多くの慣習がある。彼らは数えきれないほどの神々を崇拝している。ローマ帝国が多数の神々を崇拝しなければならないのは、自信の欠如、自分の存在に確信が持てないからであろう。彼らの存在があやふやであるため、それと同じくらい多数の神々をつくりあげているにすぎない。国が不浄であれば、その崇拝している神々も穢(けが)れているということだ。ローマ人たちの前に「新しい神」が現れた瞬間に、その神の価値はすぐさま劣化し、堕落していくだけだ。ローマ人同様に下劣な存在になりさがっていくのが関の山だ。たしかに、どの種族にも〈善良な人間〉は存在している。しかしローマでは「真実を口にする者」はみな抹殺されてしまうのだ。よって、これは忌々しき事態である。

D クムラン周辺地域を管轄している、ローマ人の指揮官はいるのでしょうか?

S いる。その指揮官は、我々の「皇帝」だと自称している。それだけにとどまらず、その男は〈世界を支配する皇帝〉だとも豪語している。

D それでは、クムラン周辺地域を支配(統治)している人物の名前を知っていますか?

S 現在はヘロデ・アンティパス*[15]が統治している。アンティパスがこの地域の領主になる。あとローマ人の、これが正しいいいかたかどうかはわからないが、総督もいる。名前はポンティウス・ピラト*[16]という人物だ。アンティパスは、とにかくピラトのいいなりなのだ。ピラトが飛べといえば、飛ぶような男だ。

D ヘロデ・アンティパスよりも、ピラトのほうが権力を握っているということですか?

S　そうだ。ピラトは軍隊を保有しているからだ。総督ピラトのほうが、領主より権力を握っていることになる。

D　総督ピラトに関する情報をなにか知っていますか？　彼は善良な人間なのでしょうか？

S　ピラトは公正な人間だと耳にしたことはあるが。

D　それでは、領主のヘロデ・アンティパスはどんな人物ですか？

S　（ため息をつく）あの男は、愚か者だ！　自分がユダヤ人でいたいのか、ギリシャ人でいたいのかまったく決断できない、とにかく優柔不断な男だ。いずれにせよ、どちらの人種だろうが、その民の模範となるような人物ではない。

D　クムラン共同体に、なにかちょっかいを出してきたことはありますか？

S　アンティパスも、さすがにそこまでの愚か者ではない。もし余計な手出しや口出しをしてきた場合、まちがいなく死を招く結果となるであろう。

どうやらやはり、共同体を守るためになんらかの「極秘の防衛策」があるようだ。そこでわたしは聖書に記されている「ヘロデ王の物語」を頭に思い浮かべながら、以下の質問を尋ねた。

D　ヘロデ・アンティパスには「妃（きさき）」のような存在はいますか？　あるいは一緒に統治をし

ている女性はいるのでしょうか?

S ヘロデヤがいる。(吐き捨てるような口調で)あの女はアンティパスの淫婦だ!

この激しい口調に衝撃を受けた。そこでわたしは、ヘロデヤに関する噂話をなにか小耳にはさんだことはないか、と訊いた。

S (ため息をつく)ヘロデヤは三回も結婚をしている。彼女はピリポ(ヘロデ・アンティパスの異母兄弟[*17])と結婚するために最初の夫を殺した、と巷ではいわれている。しかし間もなくすると、アンティパスと結婚したいがために、ピリポのこともばっさりと斬り捨てたような女だ。

ヘロデヤについて話したくないのがひしひしと伝わってきた。スディーは彼女に対して、あからさまに嫌悪感を抱いていた。なぜヘロデヤは、何人もの男性と結婚することができたのだろうか、わたしはどうも腑に落ちなかった。律法に基づくと、たしか再婚が許されるのは[*18]、前の結婚にきちんと終止符を打ってからではなかったのか?

S　実は、法にはいくつかの抜け穴がある。その抜け穴を利用し、彼女はなんとかかいくぐったらしい。実際、ヘロデヤがピリポと一緒に暮らしはじめたとき、最初の夫はまだ死んでいなかった。最初の夫は死亡していないが抜け穴を利用することで、ピリポと結婚できたのであろう。そして、その最初の夫が死んだあとで、アンティパスとの結婚に行きつくことになる。ヘロデヤはアンティパスの妻の座を獲得するために、賄賂を与え、人殺しも犯し、どんな手段を使ってでも手に入れたといわれている。

なんだか複雑な話に聞こえた。要するに、これはあきらかに「非合法な結婚」だと伝えたかったのだろう。

S　二回目の結婚は非合法ではないらしい。が、アンティパスとの結婚の合法性*[19]はどこか疑わしいと思わないか？　実際、このヘロデヤこそが、アンティパスを没落に導いたといわれている。しかたがない、これはヘロデヤの宿命だ。彼女が今後、どのような「道」を選択するのかはわからないが。唯一たしかなことは、ヘロデヤが原因でアンティパスは（領主の座を剥奪され*[20]）没落の運命をたどることになる、ということだ。

D　この世にせっかく生まれてきたのに、なぜ「悪行」を犯す道を選択する人がいるのでしょうか。どうしてわざわざ人の人生の邪魔をしてくるようなことをするのでしょうか。わたしにはぜんぜん理解できません。

S 彼らは、べつに選択をしているわけではないのだ。いうならば、ほかの人間からの圧力を受けているといえるだろう。もしかすると、一緒に暮らしている人間がよくない影響を与えているのかもしれない。それか彼らが暮らす共同体の環境が悪いともいえる。または悪党らとかかわっているのかもしれない。彼らは悪影響をおよぼす人間からプレッシャーをかけられているからなのだ。たとえ、本当は心のなかでは、自分でそれがいけないことだとわかっていても、そのプレッシャーに負けてしまっているだけだ。自らの意思で「悪者」になろうと思うような人間など、この世にひとりも存在しないのだ。

D たとえどんなに悪い影響を受けているとしても、すべてはその人しだいということなのでしょうか？

S 仮にそうであっても、どんな圧力にも屈しないという選択をすることもできるからだ。

訳注

＊1 過越の祭り： エジプトで奴隷であった（イスラエル＝ユダヤの）民が、神の導きにより、モーセを指

導者に選び、奴隷から解放されエジプトから脱出したことを祝う祭り。「安息日」と「過越の祭り」こそ、イスラエル人のアイデンティティの土台となる二大祭りである。過越の祭りは、単にイスラエルがひとつの国家となるのを記念するだけでなく、イエス・キリストの十字架の死と復活を表し、「過越の小羊」であるイエス・キリストを記念してこの祭りを祝う。

＊2　贖罪の日：レビ記第十六章に規定されるユダヤ教の祭日。ヨム・キプールという。ユダヤ教における最大の休日のひとつである。ユダヤ暦第七の月（ティシュレー）の十日、グレゴリオ暦では毎年九月末から十月半ばの間の一日にあたる。

＊3　ロシュ・ショファー：ロシュ・ハシャナ（新年祭）に吹かれる笛のこと。

＊4　ロシュ・ハシャナ：ユダヤ暦の新年祭。ロシュ・ハシャナはだいたい九月末に行われる。新年という場合、広義には十日後のヨム・キプールまでをさし、この間はユダヤ人にとって一年のもっとも神聖な時期とされている。

＊5　傲慢の罪：七つの大罪のひとつ。四世紀のエジプトの修道士エヴァグリオス・ポンティコスの著作に八つの「枢要罪」として現れたのが起源。六世紀後半には、グレゴリウス一世により、八つから現在の七つに改正された。七つの大罪は「暴食」、「色欲」、「強欲」、「憤怒」、「怠惰」、「傲慢」、「妬み」である。

＊6　イエスも同様のことをした：ヨハネ福音書　8：12～19

＊7　離別の記述：マタイ福音書　19：6～8

＊8　アブラハム：ユダヤ教・キリスト教・イスラム教を信じるいわゆる啓典の民の始祖のこと。ノアの洪水後、神に選ばれ祝福された最初の預言者であると、『創世記』第十二～二十五章に記述されている。

***9　サラ**：アブラハムの妻。当初の名前はサライ（ペルシャ語で家、または宿という意味）。サラはヘブライ語で王女という意味。古くはサンスクリットにおいて「本質」を意味する。

***10　もうひとりの妻**：もうひとりの妻の名はハガル。（創世記　16：1〜3）

***11　石を投げられた女性**：この場面に登場する「姦淫の女」は「マグダラのマリア」と混同されることが多いが、その事実を証明する証拠はない。（ヨハネ福音書　8：1〜15）

***12　ミルラ・没薬**：ムクロジ目カンラン科コンミフォラ属の樹木から分泌される、赤褐色の植物性ゴム樹脂のこと。古代エジプトの特上のミイラづくりには、殺菌、殺微生物作用があるため、内臓を取り出したあとに、ミルラやシダーウッドを詰め、腐りにくくしていたことから、ミルラという言葉が転じて「ミイラ」と呼ばれるようになった。十字架につけられたイエスにミルラを混ぜたワインが手わたされたり（マルコ福音書　15：23）、ニコモデがキリストの死体が腐らないように百ポンドのミルラとアロエを買い求めてきたといういい伝えがある。

***13　フランキンセンス・乳香**：ムクロジ目カンラン科ボスウェリア属の樹木から分泌される樹脂のこと。古代エジプト、バビロニア、ヘブライといったさまざまな文明で、宗教儀式に使われた。聖書にもイエスが誕生してすぐから二十二回も登場し、宗教には欠かせない存在。

***14　東方の三博士**：イエスの誕生にやってきて、拝んだ三人の賢者のこと。

***15　ヘロデ・アンティパス**：古代イスラエルの領主。父ヘロデ大王のあとを継いで領主になるが、ローマ帝国は「王」と名乗ることは許さず、ヘロデ大王の領土を兄弟と分割したもののひとつ、ガリラヤとペレアを支配する「四分封領主」となった。

***16　ピラト**：ポンティウス・ピーラートゥス。ローマ帝国の第五代ユダヤ属州総督。イエスの処刑に関与

した総督として有名。

＊17　ピリポ：ヘロデ・ピリポ。ヘロデヤの二番めの夫。ヘロデ・アンティパスの異母兄弟。ヘロデ大王の三番目の妻ミリアムの子で、二人の間にサロメという娘が生まれる。

＊18　再婚が許されるには（律法）：おそらく、一四五ページに出てくるスディーのこの言葉のことをドロレスはいっていたと思われる。下記に同文を記載。

S　たしかに、ユダヤの律法では認められていない。夫が妻と別れたければ、別れることはできる。だが、再婚は許されていない。ユダヤの律法によると、再婚する行為は、不貞や姦通者と同じ扱いになるからだ。

聖書における再婚に関する記述（申命記　24：1～4／マルコ福音書　10：11～12）

＊19　ヘロデヤとアンティパスの結婚の合法性：ヘロデ・アンティパスが自分の妻と離婚して、ヘロデヤと結婚することは二重の意味で律法に背く行為だった。第一は理由なく妻と離婚したこと、第二にヘロデヤは義理の姉で近親相姦にあたるからである。また、ヘロデヤは姦淫の罪を犯したことになる。それらのことをバプテスマのヨハネが指摘したことによって、ヨハネは投獄され、命を落とした。（マルコ福音書　6：17～18／レビ記　18：6～18、20：19～20）

＊20　領主の座を剥奪：ヘロデ・アンティパスに破滅をもたらしたのは妻ヘロデヤだった。彼女の強い勧めにしたがってヘロデはカリグラ帝に「父のように王の位を与えてほしい」と願った。カリグラはこれを危険視し、アンティパスの領主の座を剥奪してガリアのサン・ベルトラン・ド・コマンジュへ追放した。

第7章
秘密のベールに包まれた図書館

クムランはいわゆる「普通の学校」ではなかった。最初にわたしがその事実に気づいたのは、スディーが若い学生だった頃のセッション中のことである。クムランの学校では、わたしたちの想像の域をはるかに超えた、とても奥深い内容の授業科目を教えていた。クムランの図書館には、多くの謎が隠されていることもあきらかになった。なんとも魅惑的で、まさに神秘のベールに包まれている図書館であった。その日、スディーは図書館の一角にいた。まず、その図書館のなかを描写してほしいと頼んだ。

S　ここは、ぜんぶの建物がつながっている。ひとつひとつが完全にわかれているのではなく、まるで一個の建物のようにみえる。その建物の中心に図書館がある。とても広くて大きな図書館だ。窓もたくさんあって、とにかく明るい。まぶしいほどの陽射しが、天井から差し込んでいる。それだけでなく、あらゆる開口部からも光が射している。まず、写本や巻物が置かれた棚がある。それらの巻物はだいたい皮革に包まれているが、ほかのなにかに包まれているものもある。そして巻物以外の文書もある。それらは皮革の上に直接書かれ、いくつか重ねられて棚の上に置かれている。この図書館には、勉強するための教材が豊富に保管されている。ここにある数々の資料や書物には、この世の重要な「知識」がすべて記されているといわれている。まあ、すでにだれもが知る周知の事実ではあるが。一生涯かけても、この図書館のなかにあるすべての巻物や書物を読み終えることは決してできないであろう。

D　たしか、図書館は二階建てでしたよね？　二階には、なにが置いてあるのですか？

S　二階には巻物が置いてある。この建物の中心は開放的な「吹き抜けの空間」になっている。その吹き抜けを通して二階から一階を見下ろすこともできる。

どうも二階にある「バルコニー」が部屋全体をぐるっと囲んでいるような感じがした。吹き抜けの空間になっているため、一階まで陽射しが差し込んでくるらしい。そのバルコニーから人が落下する危険はないのだろうか、なんとなく心配になった。

S　だれかがまちがって落下しないように、バルコニーにはちゃんと手すりがついているから大丈夫だ。図書館の中心は光が差して明るいが、後ろのほうは暗くなっている。そこはさまざまな資料や巻物の「保管室」になっているからだ。大切な巻物や資料に損傷を与えないため、そこは意図的に暗くしてある。保管室には天窓もついている。その天窓は皮革で覆われているが、光が差し込めるような工夫が凝らされている。そうすることで、塵や埃を遮断しながら、明かりを差し込むことができるからだ。

勉強する場所（自習室）には巻物の研究が楽に作業できるよう、そのためにつくられた「特製のテーブル」が置かれていた。スディーが描写していると、ケイティの手が動き出した。どうやらテーブルの横端に巻物をとりつける金具がついているようだ。そしてテーブルと平行して巻物を広げているような動作をした。やはり、巻物は上下に広げるのではなく、左右に広げて閲覧するものらしい。手の指の動きに注目すると、右から左に向かって、巻物を読んでいるようにみえる。これはもしかして、巻物の下部から閲覧するのだろうか。すると、その巻物に書かれている文章によってちがう、とスディーは反論した。巻物によって文下から読むのと、上から読む文章があるらしい*[1]。この世に存在するすべての言語の巻物が図書館にはあるという。ギリシャ語もあれば、ウルガタ語*[2]、アラム語*[3]、アラビア語。そのほかには、バビロニア*[4]の言語、シリアの言語、エジプトの象形文字「ヒエログリフ」*[5]で書かれた巻物などもあった。

D　それらの巻物はどこから入手したのですか？　それともクムランで記されたのでしょうか？

S　ほとんどの巻物は、ここで複写されている。しかし、それ以外の巻物の多くは、ほかの場所から収集され、ここに運び込まれてきた。毎日、なにかしら新しい巻物や資料が持ち込まれてきている。我々は永遠に新しい知識を探求し続けていかなくてはならない。人間の学びに終わりはないからだ。巻物を複写する部屋は、図書館のはずれにある。そこは図書館より、さらに明るい部屋だ。巻物がはっきりと閲覧できるように大きなテーブルが置かれている。テーブルは、巻物を正面から閲覧できるように直立した状態で設置してある。読書用テーブルと非常によく似ている。巻物に文字を書き込んだりするときに手の圧力がかかってもいいよう、テーブルの裏には「下敷き用の板」がついている。板はこの裏にとりつけられている。スタイラス[*6]を使ったとき、強く下に押しつけても、ぶれることなく均等に書けるように、ちょうどいい角度につけられている。テーブルは木製だ。大部分は木材でつくられているが、テーブル脚は部分的に石でできている（俗にいう製図台と似ている感じがした）。

D　授業では、なにを学んでいるのですか？

S　（大きなため息をつく）ぜんぶだ！　そうはいっても、そこまで大変ではない。たとえば、星の研究や数学を学んでいる。律法やトーラーなども勉強している。それ以外にも、諸々の教科がある。

古代の人たちは、いったいどんな数式の法則を使っているのだろうか、そんな疑問を投げかけてみた。またもや、わたしの期待以上の答えが返ってきた。

S いやはや、動物のロバのほうが、数学ができると先生にいわれてしまったよ（その場にいた全員が笑った）。私にいわせると「律法」は生きている。そこには感情や情緒が流れている。律法はとても味わい深い。それに比べて数学は冷たく、事実や形状だけではないか、なんの温かみもない。いったい、私の人生になにをもたらすのだ？ まあ、私には無関係のものだ。とはいえ、数学には大きな役割がある。数学には秘められた知識が潜んでいるからだ。いつの日かその知識が発見される日がくる。そして、再び活用されていくであろう。したがって、数学の定理や使いかたを勉強する必要があるのだ。数学を活用する方法もいろいろと学ばなくてはいけない。うまくいけば、数学は人生を通して生かすこともできるのだ。また、数学にはさまざまな種類がある。まず、数学には絶対値がある。そして数学における定理がある。結果として、こうなるということは、これが真実なのだといいきれることなのだ。そして図形の面積や深さを測ることもできる。図形や幾何学も、数学の部類に入るからだ。

D　わたしたちが使っている数学用語を知らないかもしれませんが。そうですね、たとえば、足し算、引き算、掛け算などがあります。

S　それは耳にしたことがないな。もっとくわしく説明できるか？

D　これらは「数」を使う方法です。足し算は、二つの数字を合わせることです。

S　二つを合わせて、合計を出すのか？　その方法は使っている。何倍にも増やす方法もある。また、引いたりもできる。ほかにも、高さや面積を測る方法もある。このように、さまざまな数学の公式が使われている。

D　計算するときに使ったりする道具、またはなにか器具はありますか？「計算」という言葉の意味、わかりますか？

S　君のいうその「足し算」といういいかたでいいのかな？　もっとも簡単に足し算をする方法は「帯」に結び目をつけるやりかただ。帯に結び目をつける計算方法がある。その帯には、さまざまな長さの縄もついている。その結び目の大きさは「数の大きさ」を表している。この計算方法を得意とする人たちがいる。彼らは一日中座りながら、ずっと計算し続けることができるらしい。これは計算するときに使う道具のひとつだ。また、ものすごく大きな帯がある。それは常に壁にかけられている。それ以外にも、とりはずしができる帯もある。それは座りながら計算することができるという、いわゆる市場の商人などが使っているものだ。計算するときには、このどれかを商人たちは使用している。足したり、さまざまな物品を数えたりするときに使っているのだ。博識な人や数字を扱う仕事に就いている人たちは、このぜんぶを使いこなせなくてはならない（スディーが笑う）。一応、この方法が一番簡単な計算方法だといわれている。

スディーの証言を立証するために、わたしは調査を開始した。数々の書物を読みあさったが、死海周辺でこのような計算方法が使われていたという記述はどこにもみあたらなかった。おそらくこの計算方法は、古代インカ帝国時代*7のペルーで使われていたキープ*8ではないかと思われる。キープは「縄状のコンピューター」と呼ばれ、古代インカ帝国の計算する方法だった。さまざまな長さ（一インチ〜二フィート）の縄が、おおもとの縄から一列にぶらさがっていた。それぞれの縄についた結び目の大きさと位置が「数」を表している。数えかたは、十進法だった。一〜九までの数と、そして余白の部分は0（ゼロ）を表しているという。そうはいっても、インカ民族はクムランから遠く離れた地球の反対側に住んでいたのだ。インカ民族以外の人たちも、この計算方法を実際に使っていたのだろうか。この知識も、時の経過とともに失われてしまっただけなのだろうか？　やはり、クムラン共同体には世界中から集められた膨大な量の知識が潜んなった。

でいるのだ。いまさらながら、クムランではなにが起きても不思議ではないと確信するようになった。

S　そのほかにも、色のついた「棒」を使う計算方法などもある。それぞれの色がちがう単位を表している。いろいろな使いかたができるといわれている。それはとても長い棒だ（指で四インチほどの長さを表した）。色によって、意味が異なるそうだ。ひとつの色は、ひとつの意味を表す。ほかの色は、ほかの意味を表している。それらを足して、合計を出す。うまく説明ができていないが。正直なところ、それぞれの色の意味はわからない。青・赤・黄・オレンジ・黒・白など、いろいろな色がある。それ以外にも、フレーム（枠組み）がついた道具を使って計算する方法もあるらしい。針金にビーズがついたものだ。私もみたことはあるが、どのように使うのかはよくわからない。どうやら、ビーズを数えて計算するものらしい。

もしかすると、それは中国の「そろばん」なのだろうか。そろばんは大昔からある計算方法だ。エッセネ派がそろばんのことを知っていた可能性は大いにありうる。もしそろばんを知っていたのであれば、「キープ」のことを知っていても決しておかしくはない。中国のほうが、ペルーよりクムランに近い場所にはあることを除けば、ありえない話ではないだろう。そろばんを知っているのは、おそらく中国とは容易に隊商交易で接触することができたからではないだろうか。

S 星の研究をするときも数学は使われる。数学を使って、星の動き*9、星が移動する方向を計算できる。この地点からあっちの地点と（しぐさで示す）。地図を使うと、その位置を容易に確認できる。また、星の配置を記録する「星図」*10もある。星図は記録として残せるため、重宝されている。あとは、星を観測する道具などがある。我々は、精度の高いものをいくつか持っている。（くわしく説明してほしいと頼んだ）それは筒の底にある小さな穴を通してみるものだ。これを使って天空を眺めると、まるで目の前で星空が繰り広げられているようにみえるのだ。この道具はものすごい大昔からあるらしい。我々の何世代も前の人たちが、この道具をつくったと伝えられている。しかしもうここではつくられていない。それははるか昔、何世代も前のことだ。いまとなっては、その「星を観測する道具」の製作方法の知恵は、残念ながらとうに失われてしまっている。

まぎれもなく、それは天体望遠鏡だ！　しかしこの時代はまだ望遠鏡は発明されていなかったはず。この時代の数百年先のことではなかったのか。ものすごく驚いたが、よくよく考えるとなんら不思議なことではなかった。遠い昔の古代エジプト時代から、ガラスの製作技術はすでに存在していたからだ。おそらく、古代の発明家のだれかが、好奇心でガラスの破片を透かしてみたとき、そのなかの大きさが変形したことに気づいたのではないだろうか。実際、エーリッヒ・フォン・デニケンの書籍のなかに発見された「水晶レンズ」の二例が記載されている。ひとつは、エジプトのヘルワンにある古墳のなかからみつかった。その水晶レンズは、現在はイギリスの大英博物館にあるらしい。もうひとつは、紀元前七世紀頃のアッシリア帝国*11時代のものであった。ところが、それらは機械処理されていたのだ。それはどう考えても、高度な数学の専門知識がなければつくれないような代物であった。そのレンズはいったいなにに使われていたのだろうか？　もしや、「天体望遠鏡」に使われていた可能性があるのではなかろうか。

クムランには、異なる大きさの天体望遠鏡が三台も設置されていた。それらは図書館のなかではなく、共同体の近くにある丘の上の「天文台」にあるという。ふたつは永久設置形であったが、ひとつは携帯用の小さめの天体望遠鏡だった。クムランの天文台で暮らしているマスターは二人いた。彼らは常に星を観測し、天体の研究に耽っていた。マスターだけではなく星の研究に携わっている生徒たちも、これらの天体望遠鏡を使用することができた。

まだわたしがこの情報を理解しようとしている最中、息つく間もなく、スディーは新たな話題を語りはじめた。スディーとのセッションは毎回、予想外の展開や驚きに満ちあふれている。

S ここには天空を再現した「天体模型」がある。我々が暮らす世界が常に動いているように、その天体の模型も動き続けている。

「ちょっ、ちょっと待ってください。少し話を戻してもらってもいいですか？」模型？たしかにそう聞こえたような気がしたが。本当に「模型」といったのだろうか？またもや、自分の耳を疑った。

模型とは、いったいどういう意味なのだろうか。模型という発想は、なんだかとても奇妙に思えたからだ。わたしはなにがなんでも、その意味を理解しようと思った。その模型は、どのような形をしているのだろうか。わたしはその姿を鮮明に思い浮かべたいと思い、たくさんの質問をスディーに投げかけていった。クムランの図書館には、本当に驚かされてばかりだ。クムランのなかでは、たとえありそうにないことでも、どんなことでもありうるということがわかってきた。いちいち驚いていたら身がもたなくなりそうだ。

スディーが「天体模型」を描写していると、だんだん苛立ちをあらわにしはじめた。彼にとっては、それは日常にあたりまえに存在するものである。そのようなめずらしくもないものを説明するのに苦労している様子だった。この延々と続くわたしの質問攻撃も、そこへさらに追いうちをかけているのだろう。彼にしてみれば、なぜこんな簡単なことがわからないのだ、という感じなのかもしれない。

その天体の模型、もしくは太陽系儀*[12]は、ほかの数々の神秘とともに図書館のなかにあった。図書館のちょうどまんなかに置かれ、それはとても大きな模型だった。「その模型の横幅は、ふたりの成人男性が両腕を広げた長さだ。高さは、成人男性の身長の二倍くらいはある」。模型は、ぜんぶ〈銅〉でつくられていた。中心には、太陽を表した〈大きな球体〉があった。その球体に〈棒〉が突き刺さり、それは床に打ち込まれていた。それ以外にも、たくさんの棒が床に打ち込まれているらしい。そして、それらの棒の先端は外側に向かって、突き出た形をしているという。各棒の先端には〈銅製の球体〉がついていた。それらの球体は太陽系にある各惑星*[13]を表していた。惑星は、それぞれ軌道を描きながら太陽の周りを回っていた。意外にも、その模型に〈月〉はついていなかった。惑星を表した球体の大きさはすべて同じであった。模型は常に動き、太陽も同様に回転していた。それぞれの惑星は絶妙な位置と距離を保ち、一定の軌道を描いて太陽の周りを回り、棒の先端についた小さな球体も同じように回転していた。惑星は、太陽の周りを卵型のような、いわゆる楕円軌道を描きながら回っていると教えてくれた。スディーはこの一連の流れを大きな身ぶり手ぶりで説明した。そうした軌道の動きを、以下のように表現した。「まあ、いわゆる楕円形だ。この箇所には高さがあるが、先のほうは細くなっている形だ。あえていうなら、円の形だが、円を横にひきのばした形といったほうがいいのかもしれない。それも、思いきり横にひっぱったような感じだ」。ここまで正確に太陽系全体を再現した模型があることにわたしは衝撃を受けた。その模型はどうして動き続けることができるのだろうか。電気の源はいったいどこからきているのか、まったく考えもおよばなかった。

S 地球が回転すると、それらも同様に回転する。地球が回ると、一緒にぐるぐると回転し続けている。その様子はまるで、大きな円を描いては旋回しているようだ。まず、底部のほうから動きはじめる。そして速度はどんどん速くなり、空高くのぼっていくような動きをしている。回転する動きと、上へ向かう動きは同じ源からきているのだ。回転の動きが、上にあがっていく動きに影響を与えているといっていいであろう。

（楕円形を描くようにはられた）銅線の先になにかがとりつけられているような感じがした。そこから円を描いて戻ってくる動きをする「模型」が脳裏に浮かんだ。それと同時に球体も底部から上昇し、回転が速くなるほど、どんどん高くあがっていく様子が想像できた。その太陽系儀の模型は遠心力によって動く永遠に動き続ける機械のように思えた。そういいながらも、ほかにもっといい説明のしかたがあるような気がしないでもないが。

その模型は、だれも近づけないように柵で囲まれていた。とても精巧につくられた機械であることは一目瞭然だった。太陽系儀の模型の動きは、ちょっとした不注意で、簡単に乱れてしまうらしい。

S 生徒たちは「模型」には絶対に近寄ってはならないと警告されている。かすかな息がかかっただけでも、その動きは止まってしまうからだ。再び模型の動きを再開させるには、おそろしいほどの時間がかかるといわれている。そのような理由から、その模型に近寄ることは固く禁じられているのだ。

微妙な均衡を保っていようがいまいが、だれもがかなりの距離を置いて「模型」を眺めていた。あきらかに、その警告は効果があったようだ。図書館の床は石材が使用されていた。したがって図書館のなかで人が歩いたり動いたりしても模型に影響を与えることはなかった。その模型がどのようにしてつくられたのか、どうやって床に打ちつけられているのか、その問いにはスディー自身も答えることができなかった。というのも、かなり前からそこに置かれてあるらしい。ものすごく古い時代、遠い昔につくられた模型ではないかとスディーはいった。

その模型に惑星を表す球体がいくつとりつけられているのかと訊くと、（淡々と）「惑星は十個ある」、とまたもや驚くような答えが返ってきた。さすがに、わたしは驚きを隠せなかった。たしか太陽系に存在する惑星は九個[*14]ではなかったのか。九つめの惑星である冥王星が、一九三〇年に発見されたばかりだ。天文学者たちの間で十個めの惑星が存在するのではないかと議論がされているという。ほかの太陽系の惑星の軌道に影響をおよぼしている〈なんらかの存在〉が確認されているらしい。ともかく、その場は精一杯の平静を装った。重要な情報があかされたことに、気づかれないようにふるまった。わたしはそれぞれの惑星の名前を教えてほしいとお願いした。

S　それでは、ローマ語の名前[*15]を教えよう。君にとっては、そのほうが馴染み深いであろう。いろいろな名前で呼ばれているが、ローマ語の名称は一番世に知られているからだ。（深く考えながら、ゆっくりと答えた）まず、（太陽に近い）内惑星からいこう。マーキュリー（水星）、ヴィーナス（金星）、またはマスジアス（発音どおり）という惑星がある。そして、テラ（地球）、マーズ（火星）、ジュピター（木星）、サターン（土星）。土星の次は、たしかウラヌス（天王星）、ネプチューン（海王星）とプルート（冥王星）になる。冥王星をすぎた先に惑星がひとつある。う〜む、たしかジュノー*16という名前がつけられたような気がするが……。だれが命名したのかはわからない。一応、これでぜんぶだ。惑星は合計十個ある。一番遠くにある惑星がジュノーだ。どうやら、ジュノーは不安定な軌道を描く惑星らしい。楕円軌道せずに、内側から外側へ揺れるような動きをする。いうならば、冥王星のまわりをぐるぐる回るような動きだ。そのような動きをしながら、非常に長い時間をかけて、軌道を一巡りしている。

すると、スディーの手が動きはじめた。ほかの惑星の間を、なにかが出たり入ったりするようなしぐさをした。

D　変わった形の惑星はありますか？

S　模型では、すべて同じ形をしている。だが、大きいものもあれば、小さいものもある。それぞれの個性がしっかりあるといえる。宇宙にはまったく同じものは存在しない。（まるで無邪気な子どもが知識を共有したくてしかたがないような感じで生き生きと語った）二匹の蟻がいるとする。その二匹を観察すると、一見、同じようにみえるかもしれない。しかし、よくよく観察すると、それぞれ特徴があることに気づくだろう。この宇宙にあるもので、完全に同じものは存在しないのだ。

D 太陽を中心として考えたとき、それぞれの惑星の大きさはどのくらいなのでしょうか？

S （星図か地図をみているかのように）この位置に太陽があるとすると、まず小さな惑星がある。続いて、ほぼ同等のかなり小さめの惑星が二つある。さらにその先は、少し大きな惑星がある。そこから、どんどん大きくなっていく。惑星ごとに、少しずつ大きさが増していっている。しかし中間地点あたりから、再び惑星のサイズが小さくなっていく。一番大きな星は木星だ。そして一番小さな星はジュノーになる。各惑星には「月」がついている。なかには、いくつもの月がついている星もあるらしい。しかしながら、この模型に月はついていないが、そのように伝えられている。惑星が大きければ大きいほど、いくつも月がついているそうだ。土星には輪（リング）が備えられている。リングは、周辺の小惑星なのではないかといわれている。よく観測すると、それらの小惑星をみることができるであろう。何百万もの星がみえるはずだ。もちろん、その星々はこの模型にはついていない。これは代々語り伝えられている話だ。天体望遠鏡で観測すると、それら何百もの星が確認できる。この惑星は地球（テラ）という名前だ。このテラには「大気のない月」がひとつついている。

次いで、はるか昔に「爆発した惑星」のことを知っているのかどうか尋ねた。いうならば「小惑星帯」[*17]がつくられたとする惑星破壊説のことである。たしか、木星と火星の間で起きた事象だったような。

S 聞くところによると、木星に衝突[*18]したらしい。が、あまりくわしいことはわからない。この我々の宇宙は、実はまだ新しい宇宙なのだ。しかもいまだ進化の途中だ。それを考えると、十分にありうる話だ。

D 惑星について、ずいぶんくわしいですね。いくら天体望遠鏡で星を観測したとしても、すべての星をみることは不可能だと思うのですが？

S 私自身が観測したわけではない。我々の宇宙に関する知識の多くは、時を超えて、何世代にもわたって受け継がれ、古来より伝えられている。

D その「模型」をつくった人は、だれだか知っていますか？

S 「カルー族」[*19]がつくったといわれている。

D カルー族っていったいだれのことですか？

S さて、どういえばいいだろう……？　カルー族は、故国から遠く離れた地へ旅立った種族である。彼らが培った叡智をこの世の人々と共有するため……そしてその知恵を伝授するためだ。エッセネ派はカルー族の末裔だと伝えられている。我々は、その滅びゆく種族の一員であるらしい。我々も同様に培った叡智を人々に伝え、それを広めるための教育を受けている。再び高度文明の時代[*20]を到来させるためだ。カルー族については、それ以上のことはわからない。だが、カルー族にくわしいマスターが何人かいる。カルー族の教えや、彼らがどんな種族であるのか。さらなる情報を知っているはずだ。一部のかぎられた人だけが知っている知識だ。ましてや、その情報を見知らぬ他人にあかすことは禁じられている。

もしかすると、カルー族は失われた大陸「アトランティス」[*21]となんらかの関係があるのだろうか。すかさず、カルー族の故国の名前を知っているかどうか訊いた。

S さあ、名前はわからないが、すでに滅びていることだけは知っている。あえていうならば、彼らは太陽が沈む方角、西の方角からきたと伝えられている。エジプトでしばらく暮らしたあと、この周辺地域にたどりついたらしい。しかしその後、彼らがどうなったのか、どこへ向かったのかは定かではない。これははるか昔の話だ。

D さきほど、再び高度文明の時代を到来させるため、といいましたが、いまよりも文明が発達していた時代があったということなのですか?

S　あまりくわしくはないが……。偉業を成し遂げた時代があったといわれている。一致団結することで、不可能を可能にすることができた。そのことを証明するものがある。その一例が、あの「天体模型」だ。あの模型は、どんな偉業であっても不可能はないことの証明になる。我々が所有する数々の物品が、しっかりと保護されているのは、そのためだといっても過言ではない。語り継ぐ伝説で終わらせないためである。カルー族は「放浪の種族」ともいわれている。それが彼らの宿命なのだ。いまでもなお、世界中を放浪し続けている者もいると聞く。どうしても諦めきれず、自分たちの仲間を探し続けているのであろう。話によると、彼らが旅立ったその日から、すでにいくつかの〈知識〉は失われてしまったというではないか。エッセネ派にはカルー族の末裔だけでなく、ほかの種族の子孫もいる。それだけでなく、この土地で生まれた者たちもいる。我々は、古来より受け継がれる知恵の数々を保護しているのだ。

あの「天体模型」を大切に保護したいという気持ち、その理由がわかった気がする。もし模型が壊れてしまえば、二度と同じものを復元することができないからだ。

D　エッセネ派が人里離れた場所で暮らしているのは、そのような理由からなのでしょうか？　あえてほかの町や人々から遠く離れて孤立している理由ですか？

S　人々の近くに所在してしまうと、かえって多くの知識は失われていく。近くで知恵を説いても、ほとんどの人間は興味を示さないからだ。この世には誘惑がとても多いがゆえ、「古代の叡智」を保護する気持ちを維持し続けるのは非常にむずかしい。誘惑をふりきってそこまでできる人間はなかなかいないものだ。

D　カルー族から受け継がれている知識は、ほかにもなにかありますか？

S　そう遠くない未来にこの世にメシアが出現するという「教え」が伝えられている。カルー族は訪れた数々の土地で、近々メシアが出現すると説いたそうだ。メシアがいつ現れるのか、いずれ正確な日時までわかる日がくると。もっと多くの教えも伝えられている。しかしその教えを知っているのは、それを学ぶ者たちだけにかぎられている。私の運命には律法を学ぶことが定められている。律法がもっとも適した教科であるからだろう。律法以外の知識を知る必要はないのだ。そのほかのまったく関係のない情報などで、自分の頭のなかを埋め尽くす気は毛頭ない。たしかに、メシアが出現するという話は耳にしたことがあるが、そのような重要な情報は若い学生の耳には入れたくはないはずだ。私はまだバル・ミツワーを終えていない。バル・ミツワーを終えてはじめて、一人前の大人として認めてもらえるようになる。そしてようやく成人男性の仲間入りとなるのだ。とはいえ、自分の天命とは無関係な知識である。それ以外は、すべて邪念だ。わざわざ自分の天命の道から逸れる必要がどこにある？

D それでは律法の分野に特化して学んでいるにもかかわらず、なぜ「星座」の勉強をする必要があるのですか？

S 日々の暮らしのなかで、ある程度は知る必要があるからだ。天命や運命のことを多少は知っておく必要がある。でも、そんなに多くは知る必要はない。実は、天空の星々の動きや「我々が暮らすこの世界」のことを学ぶ理由はほかにもある。それは、いろいろな意味で決められてしまうからだ。天体の星座が特定の位置に配置されるとき、人が生まれた瞬間の星の位置や星座の位置関係には深い意味があり、それらが「その人物の運命を示す」と考えられている。そうはいっても、私自身は星図を読み解くことはできない。マスターたちが星図の読み解きかたを教えている。なんというか、星は「真実」を告げるといわれている。しかし私は星の位置やそれぞれの星の意味を学ぶ程度だ。要するに、アストロン[*22]について学んでいる。

スディーは「天文学」という言葉を使わなかった。辞書をひくと「アストロン」は接頭語として使用され、ギリシャ語で「星」という意味がある。クムラン周辺の夜空で観測できるもっとも明るく輝いている星は「ガラタ」（発音どおり）と呼ばれ、北側の空に位置しているという。

夜空に輝く〈星のかたまり〉の形は人や動物にみえるという者もいるらしいが、スディーは「夜空に向かってだれかがバケツいっぱいの砂を投げかけたようにみえる」といった。

この魅惑的な図書館のなかに、ほかにどのようなものが潜んでいるのだろうか。研究のために保存されているさまざまな種類の動物の骨もあるらしい。すっかり予想外のことが起きるのに慣れてきたころ、またもや思いもよらぬ答えに意表を突かれてしまった。

S 図書館には、本当に多くのものがある。ここには偉大な水晶（クリスタル）がある。どう説明すればいいのかわからないが。クリスタルには四つの側面があり、先端は尖っている。そして五つめの側面は底になる（ピラミッドの形）。そのクリスタルは単刀直入にいうと、エネルギーをパワーアップさせる作用がある。まず、クリスタルのなかにエネルギーを注入する。すると、そのエネルギーは何倍にも増し、クリスタルから放出される。それは、さまざまな用途に使われている。しかし実際どのようなことに使われているのか、そこまではわからない。そのクリスタルは大切に保管されている。周囲は壁でとりかこまれ、台の上に置かれている。壁の高さはこのくらいまである高さだ（腰の高さあたり）。見物は許されているが、近寄ることは禁じられている。さらに、周辺一帯もカーテンで仕切られている（手の動きで約六十センチメートル平方の大きな水晶を表した。しかし色は定かではない）。クリスタルの色は変化するからだ。同じ色にみえるときは、一度もない。青色にみえるときもあれば、紫や緑にみえるときもある。とにかく、同じ色にみえたことなど一度もない。

スディーは「偉大な水晶」がどこからきたのかはわからないらしい。知るかぎりでは、そのクリスタルは昔から図書館のなかにあったそうだ。その周囲にとりつけられた〈壁〉は保護するためだった。ものすごく強力なパワーを持つクリスタルのため、ちょっと触れただけでも火傷を負ってしまう恐れがあるからである。しかし、唯一「偉大なクリスタル」に近づくことができる能力を持つ人物がいた。

S　それは、メイシャラバだ（発音どおり）。彼は神秘学の達人、マスターである。その「偉大な水晶」のなかにエネルギーをチャージすることができる唯一の人物だ。神秘学を専攻する生徒たちも、彼から「その方法」を教わっている。まず、生徒たちがそれぞれ自分のエネルギーをメイシャラバに移す。その後、メイシャラバがエネルギーを水晶のなかに流し込む。そのエネルギーチャージされた偉大な水晶をさまざまな用途や目的のために使うらしい。残念ながら、私はくわしいことはわからない。また、知ることも許されていない。

D　確認させてください。まず、生徒たちが自分のエネルギーをマスターに移し込み、その後、マスターが水晶にエネルギーを注入しているのですか？　それともその反対ですか？

S　それで正しい。そうすることで「偉大な水晶」からエネルギーが放射され、さまざまな用途や目的のために使うことができるのだ。彼らは水晶にエネルギーをチャージする能力を持っている。また、エネルギーを放つこともできる。つまり、エネルギーを集中させ必要な場所や人へ焦点を合わせて送ることができるのだ。どんな遠くであれ、どこへでも送れる。やはり、メイシャラバの念が一番強いといわれている。ところが、彼は年老いてしまった。聞くところによると、メイシャラバと同じ能力を持つ者が生まれてくるらしい。実際、その人物が生まれてくるのをメイシャラバは待っているのだ。そして、自分の任務をまかせたいと願っている。その魂が生まれた瞬間から、指導をはじめるそうだ。いくつかの知識はすでに伝授されているが、すべてはわたされていないからだ。メイシャラバが教える知識は、多くの人々にとっては神秘的で未知なるものばかりだ。以前は全員にすべての知識を伝授していたらしいが、その結果、大きな被害をもたらしてしまった。いまではかぎられた人物だけが、この知識を持つことが許されている。責任感が強い特定の人物だけがこの叡智を得ることができるのだ。いつの日か、世のすべての人々がこの叡智を持つことが許される日がくるまで、受け継いでいかなくてはならない。そのような理由から、メイシャラバは「叡智の存続」に力を注いでいるのだ。

ひとつの建物のなかに奇妙な二つの柱の基底部の残骸が考古学者たちによって発見されている。それらは近い距離間で、地面に置かれていたという。まるで「なにか」のために設置された柱のようではないか。しかしどのような目的で使われていた柱であったのか、その理由をだれも説明することはできなかった。もしや、それは「偉大な水晶」が置かれていた台を支えていた柱の残骸ではないのか？　その可能性はなきにしもあらずだろう。

わたしはこの世における「秘密の奥義」に関する情報を探ってみようと試みた。もしかすると、スディーが教えていた可能性も考えられるからだ。

S　残念ながら、話すことはできない。私には守秘義務があるからだ。まず、その生徒はだれなのか、その生徒に知る資格があるのか。それをたしかめないかぎり、話すことは許可されていない。

その話すことのできない「秘密の奥義」は、律法に関することなのか、もしくは歴史に関することなのか、なんとか訊き出そうとした。このとき、スディーはまだ若い学生だったため、簡単に情報を入手できるだろうと高を括っていた。ところが、秘密を守り抜こうとする姿勢はあいかわらず健在だった。

S　いや、律法や歴史のことではない、ほかのことだ。一例をあげるならば、マインドの使いかたや扱いかたである。すなわち、マインドには無限なるパワーが秘められているのだ。

それ以上「秘密の奥義」に関する話題に触れるのを断固として拒否した。早速、わたしは話題を変えることにした。もしかしたらあとで、いつものように「遠回しの質問技法」を使うことで、その情報を入手することができるかもしれない。

D　さきほど、そのクリスタルは「エネルギー貯蔵」することができるといいました。それでは、ひとつ訊きたいことがあります。エネルギー貯蔵することができる「貴金属」はなにかありますか？

S　いくつかある。まず「金」がある。あとは「銅」などもあるが、銅はある程度までなら貯蔵できる。どの波動が合っているのかをたしかめ、そのときのニーズによって使いわけるのだ。それぞれの活用方法がちがうからである。金や銀は高い波動を出しているが、銅や黄銅などは低い波動を出している。どちらかといえば「石」のほうが、より優れた貯蔵能力が備わっているといえる。

D　ほかの人が知らないような知識を本当にたくさん知っているのですね。

S　知識は生かしてこそ価値がある。宝の持ち腐れになってしまわぬよう、常に活性化させなければならない。そうすることで、次世代へ「叡智」は引き継がれていくのだ。

訳注

＊1　上から読むのと下から読む文章：右から読む文章・左から読む文章という意味。ヘブライ語は右から読む。英語は左から読む。

＊2　ウルガタ語：ラテン語（共通ラテン語 editio Vulgata の略）のことでウルガタ語で書かれた聖書のこともさす。カトリック教会の公認聖書。ウルガタ聖書はキリスト教聖職者、神学者のヒエロニムスによって訳された。

＊3　アラム語：古代シリア地方のセム語。キリストが用いたとされる言葉。

＊4　バビロニア：古代メソポタミア（現在のイラク）南部を占める地域、シュメール、アッカドの大部分の地域、都市バビロンとその周辺地域をさす。紀元前一九〇〇年頃、バビロン第一王朝が建国された。

＊5　ヒエログリフ：聖刻文字、神聖文字。いわゆる絵文字（象形文字）のこと。ヒエログリフは、ヒエラティック、デモティックとともに古代エジプトで使われた。

＊6　スタイラス：先の尖った棒状の筆記具。インクなどを使用せず、押しあてて筆記する。

＊7　インカ帝国：十五世紀に、ペルー、ボリビア、エクアドル、チリ、アルゼンチン周辺の領土を支配した大帝国。

＊8　キープ：結縄（けつじょう）。紐に結び目をつけて数を記録する方法。インカ帝国で使われた。ケチュア語で「結び目」を意味する。

＊9　星の動き：遠い昔、人々は星座の間を不規則に動き回る星を神々に見立て、特別な存在と考えていた。プラトンが記したとされる『エピノミス』では、水星はヘルメス、金星はアフロディーテ、火星はアレス、木星はゼウス、土星はクロノスと、神々の名が使われている。

＊10　星図：星図は天体の星座の位置や視等級と名称を平面で表した図であり、恒星図のこと。星図には天文学としての観測記録という側面のほかに、占星術に使用される側面もある。

＊11　アッシリア帝国：メソポタミア（現在のイラク）北部を占める地域、そこに興った王国（紀元前二五〇〇〜六〇五年）。首都はアッシュールで、のちにニネヴェに遷都した。バビロニアと南で接する。チグリス川とユーフラテス川の上流域を中心に栄え、のちにメソポタミアと古代エジプトを含む世界帝国を築いた。

＊12　太陽系儀：別名オーラリ。太陽系の惑星とその衛星の動きを説明する模型。

＊13　太陽系にある各惑星：太陽、月、地球、水星、金星、火星、木星、土星、天王星、海王星。

＊14　太陽系に存在する惑星は九個：ドロレスが記述した八〇年代は九個の惑星だと発表されていた。水星、金星、地球、火星、木星、土星、天王星、海王星、冥王星のこと。しかし、二〇〇六年に冥王星が準惑星と呼ばれる別類の天体に分類されたため、惑星の定義からはずれ、いまでは八個になった。

＊15　ローマ語の名前：ローマ語はローマの言語のこと。現代のギリシャ語民衆口語。東ローマ帝国のギリシャ人たちが「ローマ人」と称したことにちなみ「民衆語」を表す。イタリア語のローマ方言。またはラテン語。

＊16 ジュノー：太陽系の小惑星帯にある惑星。ローマ神話の女神ジュノーに因んで命名された。ラテン語ではユーノー。女性の結婚生活を守護する女神で、結婚、出産を司る。女性の守護神であるため月とも関係がある。

＊17 小惑星帯：英語名はアステロイドベルト、メインベルト。太陽系小天体で、星像に拡散成分がないものの総称。拡散成分がある場合は彗星と呼ばれる。

＊18 木星に衝突：一六九〇年一二月頃にジョヴァンニ・カッシーニによって描かれたスケッチに、小天体の木星への衝突の痕跡と思われる模様を発見した。スケッチには模様の変化を十八日間記録している。これは一九九四年のシューメーカー・レヴィ第9彗星の衝突と酷似しており、カッシーニのスケッチも小天体の衝突による痕跡と推定された。

＊19 カルー族：古代の賢人。失われた大陸アトランティスから来た古来人。カルー族が「エッセネ派」をつくったという説がある。世界各地を旅し、世界中にある知識や技術を収集したとされている。それらの知恵をエジプト、地中海周辺、イギリスのドルイドなどの選ばれし民族に伝授した。カルー族はエネルギーの使いかたのマスターであり、潜在意識や意識も自由自在に使いこなすことができた。天体望遠鏡にかぎらず、さまざまな先端技術の知恵を持っていた。

＊20 高度文明の時代：人間がつくり出した高度な文化あるいは社会。人知が進み、世のなかがひらかれ、すべてが豊かになった状態。さまざまな技術やテクノロジーの発展だけでなく、人々の精神性も高く、洗練された時代のこと。

＊21 アトランティス：失われた大陸。三万～一万二千年前、現代文明をはるかに凌ぐ「アトランティス」と呼ばれる超古代文明が大西洋に存在したと伝えられている。アトランティスについて最初に語った

のは、ギリシャの哲学者プラトンである。この伝説について『ティマイオス』と『クリティアス』に書き残している。プラトンによるとアトランティスは、現在のスペインおよびイギリス領ジブラルタルと、モロッコにはさまれたジブラルタル海峡のあたりにあり、その大陸で暮らしたアトランティス人は、非常に徳が高く、聡明でテレパシーを使っていた。文明も発達し、〈オリハルコン〉と呼ばれる超金属を自在に操っていた。ところが、大地震と大洪水が大陸を襲い、わずか一昼夜のうちにアトランティスは海中に沈んだ。

＊22 アストロン：古代ギリシャ語で「星」の意味。天体、星、宇宙に関するもの。

第8章 十二戒

この日登場したスディーは十二歳だった。まだ幼い年齢だったため、勉強しはじめてからそれほどの時間が経っていないように思えた。ところが、スディーは反論してきた。そして、永遠とも思える時間が経過している感じがするといった。

S 各学校によってちがうかもしれないが、クムランでは六〜七歳から教育がはじまる。ヘブライ系の子孫、シリア系の子孫、エジプト系の子孫もいる。いろいろな種族がいるといっていいだろう。我々の祖先はそれぞれちがうが、みな同じ思想と信仰を持っているのだ。だれもが神である「アバ」[*1]を信じている。このすっかり暗闇に覆われてしまった世界に光をもたらすために、みなクムランに集まってきているのだ。

聖書の箇所に「わたしは世の光である」[*2]というイエスの言葉がある。上記のスディーの声明と（イエスの言葉に）共通するものを感じざるをえない。これは注目すべき点であろう。

D　エッセネ派は宗教団体である、そういっているのを耳にしたことがあります。

S　神を信じているという点においては宗教団体なのかもしれない。が、我々の使命は宗教をつくることではない。宗教という表現からは抑圧の気配が漂ってくる。その点では、宗教ではない。もっと意義深いことをしているといっても過言ではない。我々の使命は古代から引き継がれている叡智を保護することである。その引き継がれた「知識」を人々に与える活動をし、さらにこの世に「光」をもたらす役割を担っているといってもいいであろう。

このとき、スディーは話をしながら「トーラー」の一部を複写していた。わたしはてっきり複写行為は巻物が劣化した際か、破損したときにかぎってするものだと思っていた。一応、巻物を包んでいる皮革はまだよい状態を保っているという。どうやら、書き写す作業をすることでトーラーの内容がより頭のなかに入ってくると父親から助言されたらしい。

S　もしかすると、複写は役に立つかもしれないと父親にいわれた。私は頭がものすごく固い。そして記憶力もすごく悪い。父親はいろいろ助言をしてくれているが。そろそろお手上げ状態なのかもしれないな。

どんな文字の書きかたをしているのだろうか、興味をそそられた。すると、文字の練習は「粘土板」の上に書いているという。練習用の文字は保存する必要がないからだそうだ。保存用の文章だけがパピルス紙の上に書かれると教えてくれた。

S 生徒にとっては、これが一番練習しやすい。粘土板の上で文字の練習をすると、その文字がどう書かれているのか……その形がはっきりとみえる。粘土板に書かれた文字を眺めていると、その文字にはどんな意味合いがあるのかも感じとることができる。粘土板はパピルス紙よりも安あがりだし、粘土や蝋のほうが紙よりも簡単につくれるからだ。また、なんども溶かして、やり直しもきく。反対に、パピルス紙は二度と修正することはできない。一度書いてしまえば、それが最後だ。

スディーは棒の先が尖った「スタイラス」を使って書いていた。スタイラスは粘土板の上に文字を書くときに使用する筆記具である。しかしながら、パピルス紙の上に文字を書くときは筆を使うか、もしくは、そのスタイラスをインクに浸けて書いているそうだ。また、大半は母国語であるアラム語で文章を書いていると教えてくれた。この当時、わたしは中東地域周辺で話されている言語の知識も情報もまったくなにも知らなかった。そこで、スディーが使っている言語の「アルファベット」を教えてほしいと尋ねた。すると、スディーは困惑してしまった。いったいなんのことをいっているのか、まるでわからないといった様子だった。わたしたちにとってごくあたりまえの日常的なものを、それをわからない人に対して、わかるように説明するのは至難の技である。まさかアルファベットの意味がわからない地域があるとは……。語学的にそこまでちがいがあるとは夢にも思わなかった。この退行催眠の数々のセッションは、わたしにとってもケイティにとっても、学ぶものが非常に多い場であった。スディーが話す言語はいわゆる「文字」ではなく、「音」によって形成されていると説明してくれた。が、それでもなにをいっているのか、チンプンカンプンでさっぱりわからなかった。結局、のちの調査で、スディーのいわんとしていることがやっと理解できた。その周辺地域で話されている言語とわたしたちの言語（英語）はすべてがことごとくちがう、かけ離れた言語であるということが判明したからだ。アルファベットではなく彼らの言語は、速記文字と似ている「記号のような文字」によって書き表され、それぞれの文字にそれぞれの「発音」があてられていた。やはり、スディーの説明は正しかったのだ。それでは、なぜあのときは意思の疎通がうまくいかなかったのだろう、なんだか不思議ではある。

その書き写している文章を読みあげてほしいと頼んだ。スディーが朗読していると、突然、外国語の言葉が飛び出してきた。そしてそのあと、まるで目の前に書かれている言語を頭のなかで翻訳するかのように、ゆっくりと英語で話しはじめた。

S モーセの戒律の一部だ。私は汝の神である、私のほかに神があってはならない、と書いてある。汝は石像をつくってはならない、いかなる神の像も崇拝してはならない。汝の父と母を称えよ。殺したり、盗んだり、姦淫をしてはならない、など、数々のことが記されている。モーセは戒律を与えた偉大な人物である。これらはあくまでも戒律の最初の部分だけだが、まだまだ、ほかにもたくさんある。

〈モーセの十戒〉*3を読みあげているのはあきらかだった。すると、続いて「十二の戒律だ」と衝撃的な一言を放ったのだ。しかし残念ながら、この日のセッションでは、これ以上追求することはできなかった。

のちのセッションで、残りの戒律について知る絶好の機会がおとずれた。それは、大人のスディーと話しているときだった。わたしが「重要なできごとがあった日へ行ってください」と誘導すると、スディーは四十歳くらいの年齢で、ちょうど日課の瞑想をしている場面だった。

「瞑想をしていると、とても気分がよい。地に足がつき、一日の基盤がつくられている感じがする」。この日はとても重要なできごとがあるため、自分の心を落ち着かせるために瞑想をしているらしい。

S 今日、試験がある。これから「青いはちまき」の階級に上がれるか、その資格があるかどうかが決まる。まさに、決断がくだされる日だ。

エッセネ派の間では、師匠のランクに上がった者だけが「青いはちまき」を額につける権利を持つことができた。(階級を上げるために)何年にもわたって勉強と努力を積み重ねなくてはいけなかった。そして、マスターに昇格するための最後の必須条件が、その昇格試験に合格することであった。

S とにかく、学生は多くの授業を受けなくてはならない。その後、長老たちからどれだけの「知識」が積み重ねられているかをテストされる。どのくらいの知識が蓄えられ、それらをきちんと理解しているかも探られる。たとえどんなに多くの知識が蓄えられていたとしても、真髄までも理解していなければ、知識などまったくなにも役に立たないからである。マスターになるためには、より多くの知識を持っているだけでなく、それらを十二分に理解していなくてはいけないのだ。それも全教科を理解していなくてはならない。律法であろうが、星の研究であろうがぜんぶだ。マスターに昇格するためには、学んだすべての教科を完璧に理解していることが必須条件である。したがって、長老たちから試験を受けなくてはならないのだ。学んだ知識をきちんと理解しているのかどうか、数々の質問が投げかけられてくる。

D 試験時間は長いのですか?

S (真剣な様子で)答えをまちがえてしまうと、試験は即終了だ。そうでなければ、けっこうな時間がかかる。まあ、試験に落ちることはないとは思うが。おそらく、自然と答えが出てくるであろう。

なんとなく「残りの戒律」について尋ねる最適な機会に思えた。もしかすると、昇格試験に出る質問のひとつではないのか、その可能性があるような気がしたからだ。すると、スディーはため息をついた。そして指折り数えながら、戒律を復唱しはじめた。

S まずひとつめは、私は主、汝の神だ、私のほかに神があってはならない。偶像をつくってはならない(大きなため息をつく)。父と母を敬え。安息日をおぼえて、これを聖なる日とせよ。盗んではならない。姦淫してはならない。羨んではならない、隣人のものをほしがってはならない。私はおぼえるのがゆっくりだ。これで七つめまでいったか？　邪神（バアル）[*4]を崇拝し、仕えてはならない。

スディーは苛々したのか、とうとう挫折してしまった。どうやら何番めの戒律まで復唱したのかを忘れてしまったらしい。すでに、わたしの知らない戒律がひとつあった。バアルに関することは聞いたことがなかった。そこでわたしは「復唱するのは長老との試験のよい予習になると思います」と伝えた。すると、スディーは深い深呼吸をした。「やれやれ、想像以上に緊張しているみたいだ」。

ここで唐突に、わたしをドキッとさせる質問を投げかけてきた。「君はいったい何者なんだ!?」わたしにとっては青天の霹靂（へきれき）だった。とにかく、すぐに〈答え〉を思いつかなくてはいけなかった。実のところ、それはわたしも常々気になっていることではあった。〈過去世の存在〉は、わたしをどういう風に知覚しているのか、それとも知覚することすらできないのかよくわからなかったからだ。彼らの立場からすると、わたしは〈生きている人間〉のように感じるのか、それとも〈頭のなかのささやき声〉のように聞こえるのか、まったく見当もつかなかった。たまに彼らの返答を聞いていると、わたしの姿形はみえてはいるが、赤の他人だと感じているような印象を受ける。ある存在は、その彼と同じ民族衣裳を着ている同族のようにみえたらしい。そうとはいえ、わたしがあまりにも多くの質問を投げかけたため、それはものすごく危険な行為だと忠告を受けてしまった。しかし大半は、わたしのことを単なる声に感じているような気がする。この発言が飛び出したとき、スディーはちょうど瞑想をしているさなかだった。そのため、いつもとちがうように知覚したのかもしれない。おそらく、わたしという存在をいつもより近くに感じたのだろう。これまで退行催眠中に、このような質問を問いかけられたとき、いつも自分は「友だち」だと答えていた。それだけで、その場を丸くおさめることができた。どうしてそれで十分なのかはわからないが。きっと、わたしが危害を加えるような人間でないことがわかるだけで一安心するのかもしれない。あらためて、わたしと話すことに不安を感じるかとスディーに訊いてみた。

S　不思議な感じがする。君はここに一緒にいるような感じもするが、いないような感じもするからだ。なんとなくだが、私と同じ時代に生きている人間ではない気がする。たぶん、君は、「魂」だけがここにいる存在だ。肉体を持たない霊（スピリット）であろう。

その瞬間、すごく奇妙な感覚に襲われた。なぜこのような現象が起きたのか、それはだれにもわからない。どうやらわたしは時間軸を遡って過去の世界へ行ってしまったようだ。どこからともなく現れて、スディーは困惑しているのだろう。なんだか申し訳ない気持ちになってしまった。よく考えると、わたしたちは同時に二つの場所に存在しているのだ。ましてや、本質的にはケイティもわたしたちと一緒に存在しているのではなかろうか？　冷静になると、なんとも奇妙で不思議な体験だ。とにかくここは、スディーを怒らせるようなことをいったり、心をかき乱すようなことをしたりしないように気をつけなければいけない。この退行催眠を続行させるためには、まず、スディーが感じている心の不安をすべて取り除かなくてはならなかった。

D　なんか変な感じがしますか？

S　少しだけ違和感がある。ところで君は私の「マスター」なのか？

D　まさか、そんなに高い位の者ではありません。しいていうならば、あなたを守るガイド（守護天使）のような存在です。あなたの人生にとても関心があります。あなたがどういう風に人生を送っているのか、とても興味があります。よろしいでしょうか？　いずれにしても、わたしは危険な者ではありません。

S　（疑い深く）危害を加えない者？　たしかに、君からなんだか温かいものを感じる。しかし、知識が豊富で博学な人間はいろいろな顔を持っている。さまざまな印象を醸しだせる能力を持っていることも知っている。

D わたしはあなたの生活やあなたの人生そのものに興味があります。だからたくさんの質問をしているのです。あなたが生きている時代、あなたが住んでいる場所にとても関心があるからです。わたしはより多くの「知識」を求めることに生きがいを感じているのです。

S それはよくわかる。君はとても好奇心旺盛な感じがする。そんな「幻影」が浮かんでくる。だが、ここにいないような感じも伝わってくる。(夢をみているような感じ?) わたしは霊(スピリット)と話すことに抵抗はない。が、すべての霊(スピリット)が善良な存在とはかぎらない。

ひとまず、スディーの頭のなかから〈わたしの存在〉を消さなくてはいけないと思った。ここで話題をもとに戻すことにした。すると、スディーはため息をついた。そして指折り数えながら〈十二戒〉を復唱しはじめた。新たな戒律が出てきたのはこのときであった。「自分にしてほしくないことは、ほかの人にもしてはならない」これは黄金律*5だ。通常、この戒律は十戒には含まれてはいない。そこで、この戒律について尋ねた。

S そのことが記憶として残るといわれている。自分が人にしてもらいたいと思うことを、人に対してもしなさいということだ。その記憶が持ち越され、次へと引き継がれていくからである。(カルマ［因果応報］のことをいっているのだろうか?・)

D そのとおりだと思います。でも、わたしが知っている戒律にはそれは加えられていません。

S なぜだ? 崇拝の戒律のうちのひとつ、偶像崇拝の戒律、もしくはバアルに関する戒律をはずそうとしたとは耳にしたことがある。モーセの時代、子牛(金の子牛)*6の事件が起きたときに、その戒律をはずすか否かを検討されたらしいが。しかし、この戒律「人に対してもしなさい」を除外しようとしたことは聞いたことがない。これをとりはずすのは、大きなまちがいだ。

スディーのいうとおりである。たしかに、よい戒律だ。これも「十戒」に加えるべきであろう。

次のセッションで、昇格試験の合否について尋ねた。すると、スディーは怒りをあらわにした。

S　この「青いはちまき」が目に入らないのか？　もちろん、マスターに昇格したに決まっているではないか。試験に落ちても、マスターになれるとでも思っているのか？

スディーは律法のマスターに昇格していた。いわゆるトーラーの師匠になっていた。このとき、スディーは四十六歳だった。が、もう自分は老人だといった。わたしはそうは思わないと伝えたが、スディーは強く主張してきた。「四十六歳はもう老人だ！　もっと若くして死を遂げた者は数多くいる。（ため息をつく）もう、爺さんだ」。

この時代、四十代の男性が年寄りだとすれば、イエスが十字架に磔になったときは、もうすでに青年ではなかったということになる。たしか、イエスは三十代であった。そうなると、少なくとも中年期を迎えていたということになるのだろうか。

訳注

＊1　アバ：もしくはアッパ。「お父さん」を意味するアラム語。聖書の神は父なる神であり、親近感や尊敬心で「アバ」と呼び、神への信仰を表現している。

＊2　わたしは世の光である：ヨハネ福音書　8：12

＊3 モーセの十戒：別名モーセの戒律・律法。モーセが神から与えられたとされる十の戒律のこと（出エジプト記　20：3～17／申命記　5：7～21）。モーセは紀元前十六世紀～十三世紀頃に活躍したとされる指導者で、多くの宗教（ユダヤ教・キリスト教・イスラム教など）においてもっとも重要な預言者のひとり。『トーラー（モーセ五書）』の著者であるともいわれている。

＊4 バアル：バアルは、カナン人が礼拝していた主神。このカナンは地中海・ヨルダン川・死海に挟まれた地域一帯の古代の地名のことでもある。聖書で「乳と蜜の流れる場所」と描写され、神がアブラハムの子孫に与えると約束した土地であることから〈約束の地〉とも呼ばれる。カナン人はノアの孫カナンから生じた民、フェニキア人のこと。（士師記　2：11～12）

＊5 黄金律：「他人にしてもらいたいと思うような行為をせよ」という内容の倫理命題。イエス・キリストの山上の垂訓でも知られる。（マタイ福音書　7：12／ルカ福音書　6：31）

＊6 金の子牛：『出エジプト記』第三十二章に登場する牛を模った黄金の像。

第9章
瞑想とチャクラ

「瞑想の実践方法」は二回にわけてスディーから伝授された。一回めは少年のとき、二回めは成人してからだった。クムランではだれもが日常的に瞑想を実践していた。もしかすると、イエスも瞑想法を知っている可能性があるのではなかろうか。あながち、まったくありえない話ではないだろう。

スディー少年は、毎日瞑想する時間をきちんと設けていた。

S じっと座り、決してその姿勢を崩してはならない。まず、呼吸している自分自身に意識を向け、しばらく呼吸だけに集中する。呼吸法が身につくと、自分で意識しなくても自然にできるようになる。次は、「なにか」に焦点をあて、そこに意識を集中させる。たとえば、なにか「物体」を選ぶのがよいだろう。そして、その物体の中心を凝視する。続いて、物体との一体感を感じ、よく観察する。できるかぎりの情報を吸収する。終了したら、すべてを解き放つ。物体と一体感を感じることができ、コツを掴むことができたのであれば、次の段階へ進む。続いて、中心にあった焦点をはずし、その全体像をぼんやりと眺める。「物体の中心」とともにいるという感覚から、それを「とりまく環境」を感じるようになる。すると、周囲にある「あらゆるもの」が呼び起こされてくる。自分の身体を囲みながら、その周囲全体も感じることだ。うまく説明できているかはわからないが。まあ、とにかく、クムランの生徒はこの瞑想法を三〜四歳から習っている。

このように、クムランでは幼少期から「マインドのトレーニング」をすでにはじめていた。このとき、別のセッションで年老いたスディーが登場した際に「ヘロデ大王（初代ヘロデ王）は近い将来死ぬ」といっていたのを思い出した。おそらく、スディーは「サイキック能力」を使って、その情報を入手したのではなかろうか。ほかのエッセネ派の人々も、このサイキック能力を持っているのかどうか訊いた。すると、スディーは驚きをあらわにした。

S あるかないかだと？「サイキック能力」を持っていない人間など私の周りには存在しない。たしかに一般社会の人間は、その能力がそれほど開花していないかもしれない。たぶん生まれつき天賦の才能のある人間だけにしか備わっていないであろう。しかし我々は幼少期から「目にみえない領域」に心をひらく鍛錬をしている。この能力を開花させるには、長年かけて鍛錬をしなくてはならない。だれもが、この能力を持って生まれてきているのだ。しいていえば、十三歳になる前に開花させることが鍵となる。それまでいっさい使われていなければ、サイキック能力は次第に退化し、やがて閉じてしまう。能力を取り戻すことも不可能になるだろう。多くの人は「感知する能力がない人間」ばかりに囲まれて生きている。世のなかの大半の人間は、相手の気持ちを汲みとることがぜんぜんできていない。また、相手の発言の真意を理解しようともしていない。そんな社会のなかで、自分の感覚がどんどん研ぎ澄まされてしまうと、かえって苦しくなる。そうして、その能力を自ら閉ざしてしまうのだ。閉ざしたまま人生の大半をすごすと、再び開花させるのは非常にむずかしくなる。

D　十三歳という年齢には、なにか特別な意味合いがあるのでしょうか?

S　その年齢は、身体に大きな変化が起きるときだ。心と身体はとても重要なつながりがあると伝えられている。実際に学んだわけではないので、あまりくわしいことはわからないが。男性性と女性性が開花するとき、ほかのすべての感覚も開花するときなのだ。己が開花させたければ、これまで以上に持っているすべての感覚がより一層研ぎ澄まされてくるともいわれている(どうも思春期と関係しているように思えた)。

D　ということは、やはり十三歳になる前までに「サイキック能力」は開花させたほうがいいのでしょうか？

S そうだ。その意識を持つだけでもよい。そうすれば、自分の感覚が研ぎ澄まされてきたときに、そこで恐れをなしてサイキック能力を閉じてしまうようなことにはならないであろう。集中力を強化させる多くの鍛錬法がある。もっとも簡単な方法は「なにか」を手に取り、その物体に焦点を集中させる方法だ。まず、その物体を目の前に置き、ぼんやりと眺めながら、それと一体感を感じる。その次は、一点に焦点を合わせる。そして一点に焦点を絞り込んだあとに、すべての意識を解放させるのだ（なにかを手放したような、または捨てたようなしぐさをした）。解放させた瞬間から、ほかの感覚が研ぎ澄まされているのに気づくだろう。自分をとりまいているすべてのものが知覚できるようになっているはずだ。そして感じていることとすべてを紙に書きとめることだ。練習するたびに、あらゆる感覚がより研ぎ澄まされてくる。それはまるで、「なにか」が君に話しかけているかのような感じだといってもいい。

D その練習法をやるにあたって、なにか注意事項はありますか？

S 大丈夫だ。危険な目に遭った者は、だれひとりとしていない。しかし途中でなんらかの理由で中断した場合は、それ以上続けないことだ。もしくはなにか嫌な気持ちが呼び起こされたときなどもやめるべきだ。瞑想にとりくむ時間の長さも決まってはいない。練習するたびに、あらゆるものが知覚できるようになる。そのうち、それぞれ自分にとって心地よい〈時間の長さ〉がわかってくる。

わたしはなんども瞑想中のスディーと対話をしてきた。わたしと対話中に彼はよくぼんやりとしながら、右の親指の横側で額の中心をこするしぐさをした。あたかも、その箇所をマッサージするかのように。わたしは常々、なぜいつも同じ場所をこすっているのか不思議に思っていた。というのも、そこはちょうどサード・アイ（第三の目）、またはブラウ・チャクラ（第6チャクラ）がある位置だからだ。再びその箇所をこするしぐさをしたため、とうとうスディーに訊いてみることにした。

「これは癖だ。ある意味、集中力を高める方法でもある。自分の思考やエネルギーをこの箇所に集中させている。エネルギー・ポイントがあるからだ」。

形而上学を学んだ人間であれば、スディーの説明を容易に理解することができるだろう。エネルギー・ポイントとは「チャクラ」のことである。チャクラのことをうまく表現しているといえる。そもそもチャクラの本質は身体の各所に所在しているエネルギー・ポイントのことだ。チャクラを活性化させることで、感情面や精神面のバランスを調整できるうえ、身体の健康を保つことができる。それだけでなく、サイキック能力を高めたり、知覚を研ぎ澄ませたりすることも可能になる。現代の教えによると、人間の身体にある主要なチャクラは七つあるといわれている。

［第7チャクラ］クラウン・チャクラ：頭頂部にある。高次のエネルギーが体内に入ってくる箇所。

［第6チャクラ］ブラウ・チャクラ、またはサード・アイ：第三の目。眉間の中央にある。

［第5チャクラ］スロート・チャクラ：喉の中心にある。

［第4チャクラ］ハート・チャクラ：胸の中央にある。

［第3チャクラ］ソーラー・プレクセス：みぞおちや胃の中心にある。

［第2チャクラ］スプリーン・チャクラ、またはセイクラル・チャクラ：ヘソの下、丹田の中心にある。

［第1チャクラ］ルート・チャクラ、またはベース・チャクラ：両足の間、会陰のあたり（肛門と性器の間）の近くにある。

高次のエネルギーはクラウン・チャクラから入ってくる。そこからエネルギーを通し、そのほかの各チャクラを活性化させていく。万一、余分なエネルギーがあれば、それらはすべて足の裏から放出される。
スディーは「チャクラ」とはいわず、「エネルギー・ポイント」という言葉を使った。そこでわたしも同じ言葉を使用することにした。スディーは瞑想中にエネルギー・ポイントを軽く揉むことで、その箇所を刺激していると教えてくれた。が、わたしはてっきり瞑想中は座ったまま、指一本も動かしてはいけないものだと思っていた。

S いろいろな瞑想法がある。すべての瞑想の基礎は集中力だ。ここに(額の中心を指して)意識を集中させようが、自分以外の箇所に意識を向けようが、自らを内観していようが、すべて同じことだ。重要なのは、どんな瞑想であれ、全意識とエネルギーを「一箇所」に集中させることである。

身体のほかの箇所にも「エネルギー・ポイント」はあるのかどうか訊いた。すると、スディーは主要な七つのチャクラを指した。加えて、主要なチャクラ以外の箇所も指した。両側の胸の上部にも二つのエネルギー・ポイントがあると教えてくれた。また、両ひざにもエネルギー・ポイントがそれぞれあるという。そこで、胸の上部にあるエネルギー・ポイントについて尋ねた。

S　ひとつはハート（心臓）のあたりにある。そして、もうひとつは右胸の同じ位置にある。だが、このエネルギー・ポイントがひらいている人間はあまりいない。長らく、ここにあることすら忘れられている。人によっては少し端のほうにあるらしいが、私の場合は胸の上部にある。また、後頭部にもエネルギー・ポイントがある。ちょうど後頭部の下部のあたりだ（後頭部と頚椎のつけ根を指した）。このエネルギー・ポイントを活性化させるのは非常に危険だ。さまざまな問題が生じてくる可能性があるからだ。とはいえ、エネルギー・ポイントがあることには変わりはない。とにかくそっとしておくのが賢明だ。そこが活性化すると、あまりにも強烈な刺激のため、多くは堪えることができないであろう。実際、後頭部のエネルギー・ポイントがひらかれている人物をひとりだけ知っている。その人物は強靭な精神力の持ち主であり、神秘界に精通したマスターでもある。（もしや、偉大なる水晶にエネルギーを注入し、対象物に対してめがけることができる〈あのマスター〉のことだろうか？）。しかし多くの場合、その圧倒的な威力に打ち負かされてしまう。

頭頂部のエネルギー・ポイントである「クラウン・チャクラ」について訊いてみた。

S　そこはエネルギーのポイントというよりは、高次のエネルギーが身体のなかに入ってくる箇所だといっていい。また、足の裏もエネルギー・ポイントではない。足の裏は体内に入ったエネルギーが、体外へ放出される箇所である。

ほかと比べて重要なエネルギー・ポイントはあるのだろうか、そんな疑問が湧いた。

S すべて同じくらい重要である。どのエネルギー・ポイントを活性化させたいのか、どのような人生を生きたいと思っているのかにもよる。知識を高めたいのであれば、このエネルギー・ポイント（額のチャクラ）を活性化させるとよい。各エネルギー・ポイントは、それぞれ身体や精神の健康上の問題を扱っている。喉の箇所は、身体のエネルギーを上げたり下げたり、そのバランスを整える役割がある。ハートは純度の高いエネルギーを放つ。ハートのエネルギーが全身にわたると、身体全体から輝きを放つことができる。胸の上部にあるエネルギー・ポイントは「もうひとりの自分」（高次の自分）のエネルギーを司っている箇所である。いいかたを変えると、もうひとつの意識（高次の意識）とつながっている場所だ。ふむ、どう説明すればいいのだろう？　ここのエネルギー・ポイントが活性化されると、未知なる情報を入手することもできるといわれている。なにもしなくても知りうることができるようになる。テレパシーによるコミュニケーションとでもいうか。しかし残念ながら、多くの場合、この能力は完全に閉ざされてしまっている。

なんとなくサイキック能力、もしくは直感力と深いかかわりがあるように思えた。というのも、この世の多くはすでにそれらの能力を失ってしまっているからだ。カルー族の時代にはひらかれていたチャクラがあるというが、この箇所のことなのだろうか？（第十五章参照）

S（第3チャクラのあたりを指して）ここは本来の自分と一体となる箇所だ。このエネルギー・ポイントのバランスを調整することはとても重要だ。ここは肉体とハイヤーセルフ（高次の自分）がつながる箇所でもある。肉体とハイヤーセルフをしっかり結合させ、一体化させる重要な場所だ。（お腹にある二つのチャクラ、スプリーン・チャクラとルート・チャクラを指し）これらのエネルギー・ポイントは女性性と男性性に関係している。男性か女性によっても問題は変わってくる。そして、どのエネルギー・ポイントが強いかにもよる。女性であるにもかかわらず、男性性のエネルギー・センターが活性化されすぎていれば、その女性は情緒的な問題を抱えている。その逆もまた然りだ。男性であるにもかかわらず、女性性のエネルギー・センターが活性化されすぎていれば、自己の確立ができずに苦しむ。あげくの果て、自分が何者かさえもわからなくなっていく。そうした自我の確立に関する諸々の問題が起きるはずだ。

もしや、これは「同性愛」のことを仄めかしているのだろうか。これらのチャクラのきちんと機能しているか否かが、なにかしらのかかわりがあるのだろうか？　続いて、ほかにもチャクラを活性化させる方法はあるか、と訊いた。

S　各エネルギー・ポイントを活性化させるさまざまな方法がある。まず、その箇所に意識を集中させながら、自分自身が光に包まれている姿を想像する。そして、そのきらめく光が活性化させたいエネルギー・ポイントに入ってくるのをしっかり感じる。エネルギー・ポイントのいくつかは、これをするだけで活性化することができる。おそらく、これがもっとも簡単に活性化させる方法だ。もっと難解な方法もあるが、それは何年も修行しなくては習得できない。簡単に説明すると、高次のエネルギーを頭頂部から入れ、そのままエネルギー・ポイントへ流し込む方法だ。エネルギーを送った箇所にうずきを感じたら、そこが活性化されたということだ。感じ終わったら、その箇所からエネルギーを外へ放出する。しばらくの間、頭頂部からエネルギーを入れ、各エネルギー・ポイントへ流し込む行為を繰り返す。何回か繰り返したあと、足の裏からエネルギーを放出する。最終的に、頭頂部にあるエネルギーの入り口と足の裏にあるエネルギーの出口を閉じる。

D エネルギーを外へ出さず、体内に取り込んだままの状態でいたら、どうなってしまうのですか？　なにか害はあるのでしょうか？

S 刺激が強すぎる。身体に大きな悪影響をおよぼしかねない。精神的にも肉体的にもそれだけのエネルギーを取り込む準備の整っていない人間にとっては、エネルギーの大量投与は害にしかならないからだ。万が一、不注意で大量のエネルギーが入り込んでしまった場合、そのエネルギーを必ずほかの箇所へ移動させなくてはいけない。

D そのエネルギーをほかの人に与えることはできますか？

S もちろんだ！　そのエネルギーを使って「ヒーリング」を行うことができる。エネルギーを与えたい相手に「エネルギーを送る」と思うだけでよい。相手側は、そのエネルギーを受けとることも拒否することもできる。それは受けとる人しだいだ。求めていない人に対し、エネルギーの押し売りはしてはならない。ただ「与える」ことだけしかできない。万一、エネルギーの受けとりを拒否された場合は、そのエネルギーを必要としている別の人へ向かうか、足の裏から放出される。どちらにしろ、必ず別の場所へと移動していく。

D 身体のなかにエネルギーを溜め込みすぎると危険だということですが、どんな悪影響を身体におよぼしてしまうのですか？

S　身体の外へ放出しなければ、心臓が停止してしまう可能性がある。または、ほかの機能も止まってしまうかもしれない。したがって、絶対に遊び心でやってはいけない。決して、軽く扱ってはならない。

D　それでは子どもには教えないほうがいいのでしょうか。やはり子どもには危険すぎますか？

S　大丈夫だ。子どもは「感じる能力」に長けている。万が一、量が多いと感じた場合、彼らは、自発的にほかの人間や場所へ移動させる。子どもたちは状況に応じて臨機応変に対応する能力を持っている。また、エネルギーの扱いかたも容易に習得できる。

D　わたしはやっと「エネルギー・ポイント」のしくみが理解できたような気がします。わたしが教わった先生よりも、はるかにわかりやすかったです。わたしたちが暮らす社会では、アルコール度数の高い飲みものを飲んだり、とある「植物の物質」などを体内に取り込んで、普段とはちがう態度でふるまったりする人たちがいます。クムランの共同体でも、このようなことは起きていますか？

S　もしや、ワインを飲みすぎてしまうことか？　我々の共同体では欲望のおもむくままに行動はしない。いっさいお酒を飲んではいけないというわけではないが。無論、ワインを飲むことは一向にかまわない。だが、なにごとも過剰な行為はよろしくない。自分という主体性が奪われてしまうからだ。自分の意思決定の権利を他人や物に委ねてしまうと、人間というものはいとも簡単に支配されてしまう。（お酒の）過剰摂取は血液の循環や呼吸にも影響をおよぼす。なにを摂取したのか、体内にある酸素の量にもよって引き起こされる問題も異なってくる。これらが引き金となって「人格の変化」が起きる。その結果、平常心の自分では絶対にしないような言動や態度をとってしまうのだ。

D みんなで建物のなか、たとえば寺院やシナゴーグに集まると「神の声」を聴く能力がさらに高まったりするのでしょうか？

S なかには大勢でいるほうが「神の声が聴こえた」と信じる勇気を持てる人間もいるのかもしれない。神の存在を信じ、信仰があるのであれば、ひとりでいるときでも「神の声」は聴こえる。それどころか、大勢といるときよりも神の声を聴きとることができるであろう。しかしなかには、共有する場が必要な人間もいる。神の声を聴くためには十分に心をひらかなくてはならない。共有する場が必要な人間は、単にそのほうが安心して心の扉をひらくことができるからである。

D （神の声を聴くために）寺院やシナゴーグは必要だと思いますか？

S まったく必要ない。だが、なかには必要とする人間もいる。必要としている人間は「神の存在」を信じきれていないだけである。

D 建物のなかにも、人間の「波動のエネルギー」が溜め込まれ、それが蓄積されたりするのでしょうか？

S 溜め込まれる。ポジティブな波動のエネルギーも溜めるが、ネガティブな波動も同様に溜め込まれる。悪いことばかり起きる建物にはネガティブなエネルギーが溜まり、悪い波動が蓄積される。喜びや幸せの波動がいっぱい詰まっている建物には、ポジティブなエネルギーが溜まっている。建物というものは、良きにつけ悪しきにつけ人間に影響を与えている。ときとして、建物自体ではなく、そこの土地に問題がある場合もある。生き生きとした地球のエネルギーが土地に流れていれば、そこの土地は活性化している。すると、その土地にいる人間の心はひらき、さらに能力も活性化する。その反面、敏感すぎる人間や無防備な人間にとっては危険な目に遭うこともある。そのような事態に陥らないよう、身を守る術を身につけなくてはならない。

D そのような場所は、どうやってみつけることができるのですか？

S エネルギーに敏感な人間と一緒に行くことだ。そのような人と一緒に行けば、みつけることができるだろう。

D 家を建てるとき、その土地が良いか悪いかをどうやって判断すればよいのでしょうか？

S まず、自分が住みたい町を選ぶことだ。その町を歩き回ると、その「場所」を探しあてることできる。よいエネルギーを発している場所があれば、自然とそこへ導びかれていく。感受性が研ぎ澄まされていれば、必ずピンとくる。心の深いところで、感じとることができる。その「場所のエネルギー」が、自分のなかへ流れ込んでくるような感じだ。心の平安や幸福感の気持ちがあふれ出てくるはずだ。

D ところで、「ピラミッド」のことを知っていますか？

S ピラミッドはエジプトにある。積み重ねてつくられた建造物だ。側面があって、上の部分はこんな感じだ（手を動かし、三角形の頂点の部分を指でつまむ動きをする）。ピラミッドには四つの側面がある。それぞれの側面が天辺まで積み上げられている形をしている。また、一定の高さと長さにつくられている。完璧な寸法というわけではないが、その距離間が重要なのだ。うまく説明できているかはわからないが、四つの側面は均等でなくてはいけない。底面も同様だ。ぜんぶの側面は均等の高さと長さでなくてはならない。

D ピラミッドの「目的」はなんですか？

S ピラミッドは叡智の宝庫だ。エネルギーの焦点を合わせることが目的のひとつだといわれている。ピラミッドの高さと長さは地球と星や太陽との間の距離を表しているらしい。この世には、私の想像の域を超える未知なる知識がたくさん潜んでいる。（このとき「ピラミッドは王の墓ではない」と断言した）だれかが君に嘘をついたのだ！　真実を知られたくないがために大嘘をついただけだ。ピラミッドは「叡智の宝庫」だ。ピラミッドの存在自体が「記録そのもの」なのだ。巻物などを保管する場所はほかにある。ピラミッドの建造方法やその方程式が叡智そのものなのだ。

スティーは「モーセの戒律や教え」についてくわしかったため、モーセの時代にすでにピラミッドが存在していたのかどうか訊いた。

S モーセの時代にピラミッドの建築がはじまったと伝えられている。が、その真相はわからない。私自身は、エジプトのどんな小さな王国よりも、さらに古い時代、はるか昔から存在しているのではないか、と思っている。ピラミッドに詰まっている叡智ははかりしれない。どんなエジプトのファラオ*1ですら、足元にもおよばないであろう。

D どうやって建造されたのか知っていますか?

S いろいろな方法を聞いている。奴隷につくらせたと聞いたことがあるが、それは絶対にありえない。その時代、ピラミッドを建造するために必要な数の労働者に食べさせる食料はエジプトにはなかったからだ。石を運んだのではなくその現場で建造されたと聞いたこともある。その場所に型を置き、なかに泥を入れ、それが固まったあとに型をとりはずす方法らしい。このやりかたはありうるかもしれない。だが、非常に時間がかかる建築方法だ。それ以外にも、音楽を奏でながらピラミッドの石を引き上げたという説も耳にしたことがある。たしかに音楽には物体を上昇させる力はある。しかしあれほどの大きな石が、音楽によって引き上げられたのを私はみたことがない。真相はいまだに闇のなかだ。ひょっとすると、この三つの方法を組み合わせてつくられたのかもしれないが。

あきらかに、この時代においても「ピラミッド」は謎に包まれている建造物であった。音楽を奏でて物体を上昇させる現象があることをはじめて聞いた。もしや、あの「音」を使ってクムランを守る撃退法となにかしらの関係があるのだろうか？　このほかにも、ピラミッドに関する知見をいくつか述べてくれた。けれども、確固たる答えは得られなかった。ピラミッドの謎を解明できるのは専門的な知識を持っている人だけにかぎられるのかもしれない。

S　この世にある「知識」をすべて知り、それらを理解するには何年もかけて学ばないといけない。ピラミッドに関する知識を持つ人間は存在するといわれている。いまでもなお、彼らはそれらの知識を次世代に受け継がせようとしているそうだ。

D　そもそも「ピラミッドの知識」を考えたのはだれなのでしょうか？

S　ピラミッドを建造したのは「ウル」*2の人間だと伝えられている。

ハリエットは読んだ数々の本から書き写した、さまざまな引用や名称が記載された〈リスト〉を持っていた。紙切れに書かれた落書きのようなものにすぎなかったが。そのリストをみながら、「スフィンクスのことを知っていますか?」とスディーに訊いた。するとスディーは、「スフィンクスは知識の守護神である」と答えた。さらにハリエットは。「アモンのアーク*3について、知っていますか?」と尋ねた。

唐突に、英語ではない言語でスディーが話しはじめた。まず、ハリエットの発音を正した。そしてそのあと「知っている。それは生命の象徴である」と答えた。もっとくわしく説明してほしいとハリエットが頼むと、スディーの顔色が変わった。「こんなことも知らないとは、まったく無知もはなはだしい。とはいえ、見識の深さが伝わってくる質問をするときもある。いったい、どうなっているのだ?」

「エッセネ派にとっても象徴的な意味合いがあるのかを知りたいだけです。エッセネ派にも生命の象徴のようなものはあるのでしょうか?」とハリエットが訊くと。なんとなく「アークだ」といったような気がした。わたしはもう一回いってほしいと頼んだのだが、また同じようにしか聞こえなかった。結局、いったいなんのことをさしているのか、皆目見当もつかなかった。

H　クムランには、なにか「ホルス」[*4]に関する記述は残されていますか？

S　ある。ホルスは、地球が創造されたとき「最初に現れた神」だ。エジプト人の間ではそう語り継がれている。説明するのはむずかしい、ホルスが地上に降り立ったあと、エジプト人の女性と一緒になった。そしてそれがきっかけとなり、エジプトが建国されたと伝えられている。

D　それはカルー族が放浪してきた時代よりも、ずっと前の話なのでしょうか？

S　果てしなく遠い昔の話だ。あまりにも昔すぎて、いつの時代かも調べようがないくらい、はるか昔の話だ。それは「時間」という概念すら存在しない時代のことだ。

訳注

＊1　ファラオ：古代エジプトの君主の称号。当時のエジプトのファラオは、民が崇める神に匹敵すると考えられていた。

＊2　ウルの人間：いわゆるシュメール人のこと。シュメール語でウリムともいう。ウルは、古代メソポタ

ミアにあったシュメール人の都市国家で最古の古代都市とされている。場所は、イラクの首都バグダットの南東約三百キロメートル。旧約聖書の『創世記』にあるアブラハムの故郷「カルデア人のウル」として知られている。

＊3 アモンのアーク：古代エジプトの太陽神アモンのことではないかと推測される。アモンは羊のような渦巻き状の角を持っているという。渦巻き状の角は「アモン角」とも呼ばれている。実際、羊の角は「円弧」の形をしている。

アモンとゼウスは同一人物という説がある。ゼウスはギリシャ神話の主神である全知全能の存在。人類と神々双方の秩序を守護する天空の神といわれ、全宇宙を破壊できるほど強力な雷を武器とし、多神教のなかにあっても唯一神的な性格を帯びるほどに絶対的で強大な力を持つ。

＊4 ホルス：エジプト神話に登場する天空と太陽の神。

第10章
外界への旅立ち

スディーは防塞に守られた「クムラン共同体」のなかで生まれ育っていた。そこは死海に囲まれ、人里離れた塩の崖の上にあった。しかしながら、一生涯をクムランですごしたわけではないことをわたしは知っていた。最初の出会いの場面で、ナザレにいる従兄弟に会いに行く途中だといっていたからだ。共同体を出たあと、いったいどんな体験をしていたのだろうか。外界の最初の印象や外界で暮らす人たちのことをどう思ったのか、訊いてみることにした。そこでわたしはスディーが「外の世界」へ出発する日まで時間を遡った。そうすると、ラクダがひく幌馬車でナザレの地へ向かう旅の準備をしていた。このとき、スディーは十七歳だった。この日までクムランを一度も出たことがなかった。まさに共同体での生活しか知らなかったのだ。本音をいえば、ナザレよりもクムラン近郊にあるエルサレム*1のようなもっと大きな町に行ってほしかった。とはいえ、ナザレの地についてもなにも知らなかった。ナザレの地はイエスが成長期をすごした場所だと聖書に記されている。それはそれでおもしろそうだと思い、ナザレの地に関して尋ねてみることにした。すると、スディーは海沿いに馬車を停めていた。そこは海辺で塩を集めるために馬車が頻繁に停まる場所だといった。

S ここはいままでとはまるでちがう世界だ。馬車も通常より長い。ここにはラクダが二十頭もいる。ラクダたちが音を立て、キーキーと鳴き声もあげている。いろいろなことがすべて同時に起きている。少し不安はあるが、とてもワクワクしている。

D 荷物はなにか持っていますか?

S 少しだけある。衣類や食料などが入った袋を持っている。まあ、その程度の荷物だ。

そういえば、エッセネ派が共同体の外へ出るときはだれにも気づかれないように普段とはちがう格好をしていると以前スディーがいっていた。外界の人間は「白いローブ」を着ていなかったからだ。

S いま、着ている服装は(外国語の単語、なんとなく「シャードム」と聞こえた)。それと、アラブ人たちが着るバーヌース(ゆったりしたフードつきのマント)を着ている。バーヌースは熱風や太陽を避けることができる。着心地は悪くない。バーヌースは外套のようなものだが「かぶりもの」がついている。その部分がゆらゆらとなびいている。なんだか不思議な感じもするが、まあ、いやではない。むしろ、おもしろく感じている。大冒険に出ている感じだ。新鮮な刺激にワクワクしている。

スディーはひとりで旅に出ていた。ナザレにある親戚の家、まだ会ったことのない従兄弟に会いに行こうとしていた。その親戚は長い間ナザレで暮らしているという。そこで数週間はすごす予定だと教えてくれた。「外の世界での暮らしに慣れるためだ」。(海辺で集めた)海塩を売るために幌馬車が停まる広場で従兄弟と待ち合わせをしているといった。そこでわたしはスディーが旅路を終えて、ナザレの地に到着した時間まで場面を進めることにした。そしてまず、ナザレの地の最初の印象について尋ねた。すると、スディーは少しがっかりした様子で答えた。「ものすごく小さな町だ」「旅は楽しめましたか?」「馬車の乗り心地の悪さを除けば、とてもおもしろい体験だった。ラクダは気性の荒い動物だ。まあ、しかたがないといえばしかたがない。だが、なんだかんだいっても楽しい旅だったよ」。

ナザレに到着するまでの旅は二~三日かかった。途中、数カ所の井戸に停まった以外はいっさいどこにも立ち寄らなかった。わたしは聖書に記されている「町」の名前をいくつかおぼえていた。そこで、それらの町に関する質問を投げかけてみることにした。それらがどこにあるのか知りたかったからだ。「カペナウム*[2]という町が、どこにあるのか知っていますか?」「う〜ん、正確な場所はわからないが……、ガラリヤ湖の北岸にあるはずだ」。のちに聖書に載っている地図をたしかめてみた。案の定、スディーの答えは正しかった。ここまでくると、もう驚きもしなかった。わたしはケイティが持っている「能力」を十分確信しているからだ。なんども正しいかどうかを確認する必要もないように思えるが、わたしはリサーチをするのが大好きだ。その探究心を満たすために調査を続けているだけだった。

D　ガリラヤ湖は、ナザレに近いですか?

S　だいぶ離れた場所にある。

D　エリコという町*[3]が、どこにあるかわかりますか?

S　クムラン共同体から北部の位置にある。

D　ヨルダン川*[4]のことを知っていますか?

S　知っている。死海へと続く川だ。

D　旅へ出発したとき、その川の方角へ向かったのですか?

S　いや、山と丘を越えてきた。

D　マサダの町*5を知っていますか？　聞いたことはありますか？

S　南の方角にある。そこは町ではない。要塞だ。まだイスラエルの勢力が強かった時代、堅固に防備を固めた場所だ。でもいまとなっては、もはや廃墟と化しているらしい。

D　ナザレ周辺の土地は、クムラン周辺と似ていますか？

S　似ていない。この周辺は緑が多い。町の中心から離れると、丘の上には木がたくさん茂っている。そして農作物も取れる。クムラン周辺よりも山や丘が多い。死海近辺はあまり緑がない。灌木がところどころに生えているくらいだ。ナザレ周辺の丘の上には果樹園が広がっている。そうはいっても、ナザレはちっぽけな町だ（とても残念がっているように感じた）。

D　クムラン共同体と同じくらいの大きさですか？

S　もしかすると、そこまで大きくないかもしれない。う～ん、むずかしい質問だ。土地の広さは同じくらいかもしれない。が、人の数も建物の数もクムランよりも少ないような印象を受ける。

考古学者たちが発掘した領域よりも、クムラン共同体の領域は広かったことを仄めかしているような発言である。おそらく、住居区域と天文台もクムランの敷地内として捉えているからではなかろうか。

D ナザレはもっと大きな町だと思っていました。

S だれがそんなことをいった？ ナザレは、米粒のように小さい。べつにどうってことない町だ。

D 馬車に乗ってはるか彼方にナザレの地がみえたとき、どんな町だと思いましたか？

S とても埃っぽい町だと思った。

D そういう意味ではなくて、町は壁に囲まれていますか？ あるいは、なにかほかの特徴はありますか？

S 壁はない。ひらかれている村だ。ここはとても町とは思えない。町と呼べるほどの価値もない。

ナザレの町に失望をしているのが伝わってきた。いざ、大冒険へ出発だと意気込んでいただけに、よけいにナザレにはがっかりさせられたのだろう。きっと、スディーはもっと壮大で華美な町を想像していたにちがいない。

クムランにある建物はレンガでつくられていた。けれども、ナザレの建物はちがう材料で建てられていると教えてくれた。

S ほとんどの建物は四角い形をしている。だいたいが一階か二階建てだ。天井には穴があけられ、星空を見上げながら眠りにつくこともできる。クムランとのちがいは、それぞれの建物が個性的であることだ。ひとつひとつがちがう表情を持っている。想像力豊かな子どもが自由気ままに積み上げてつくった建物のような感じとでもいうか、そんな印象を受ける。それがクムランとの大きなちがいだ。一応、ぜんぶ四角い建物だけれど、なんだかバラバラな印象だ。まとまりのない建物が並んでいる感じだ。

クムランの建物はぜんぶ連結され、整然とした外観をしていた。ナザレの建物のなかにも「中庭」があるのだろうか。クムランのように壁で仕切られた個々の中庭があるのかどうか訊いた。

S もちろん、中庭がある家もある。あるかないかは個々の家庭の金銭的な事情による。金持ちの家には中庭がある。ものすごく貧しければ中庭はない。当然だ。広い土地を所有していないと中庭はつくれないからだ。貧しければ、そんな金銭的な余裕はない。広い土地を持っていなければ、中庭をつくることも、部屋を増やすことさえもできない。

D ナザレに大きな建物はあるのでしょうか？

S ナザレには大きなものはなにもない。

D 「水」はどこからきているのでしょうか？　水の供給がどこからきているのか知っていますか？

S 噴水がある。噴水というか、壁に丸い穴があいている。その壁の穴から水が流れ出ている。それが湧き水かどうかはわからない。でも、常に水は流れているようだ。あと（言葉を探すのに苦労して）、その壁の前に桶が置かれている。水を貯めるための桶だ。その桶のなかに壺を入れて水を汲みとる。しかし、その水がどこから流れているのかはわからない。おそらく、どこかで水道管がつながっているのではないか。みるところによると、水があふれ出ている様子はない。水道管がつながっていないと、水をぜんぶ使いきってしまうのかもしれない。水はものすごく勢いよく流れ出てくる。ということは、水はここにとどまっていないということだ。どこかほかの場所へと流れているのだろう。

のちに調べてわかったことだが、いまもなお、昔と変わらずナザレは小さな町であった。現在のナザレの町から、さらに丘を登ったところに古代の村の廃墟が存在している。ワーナー・

ケラー著『歴史としての聖書』のなかにクムランとナザレを比較した文章が記載されている。「ナザレはエルサレムのように丘に囲まれている。クムランとナザレ、この二つの地域はまったくちがう個性を持っている。外観も雰囲気もすべてがちがっている。ヨルダン山脈地帯にあるクムランには脅威と陰気な雰囲気が漂っている。けれども、ナザレはクムランとは対照的な町である。ナザレの町の周囲一帯は平穏で可愛らしい魅力を放っている。農民や職人が暮らす小さな村の周辺には庭園や草原が広がっている。その丘をとりかこむようにナツメヤシの果樹園やイチジクやザクロの木々の緑がみずみずしく茂っている。ナザレ近郊の草原には小麦と大麦もいっぱい生え、ぶどう園には美味しい果物がなっている。街道や横道の周辺一帯までもが色彩豊かな花々が生き生きと咲き誇っている」。ケラー氏いわく、ナザレの町の北側にはローマ軍がたどってきた道がまだ残されているという。そして、ナザレの町からそれほど遠くない南側には隊商がたどった道もまだあるらしい。また、クムラン周辺にも隊商がたどった道筋の残骸がいまも残されているそうだ。

ナザレにあるアイン・マリアム、別名「マリアの井戸」[*6]についてもケリー氏は記している。その井戸は丘の下にあった。小さな泉から、その井戸まで水が流れていた。イエスの時代と同じように、現代の女性たちも壺を手に持ち、水を汲みにきているそうだ。大昔の時代から、その湧き水はマリアの井戸と呼ばれていた。その周辺一帯に暮らす人々が水を確保できる唯一の場所だった。しかし現在、マリアの井戸は丘の下には置かれていない。十八世紀に建てられた「聖ガブリエル教会」に祭られている。

スディーの証言とケリー氏の記述には驚くべき類似がある。注目すべき点だ。

D その場所から「市場」はみえますか?

S (苛々しながら)いま、市場にいる。ここが待ち合わせ場所の広場だ。ここには噴水がひとつあるだけだ。君にはみえないのか? たったひとつ噴水があるだけだ!

D (笑いながら)そうですか。もっと大きな町かと思っていました。市場もてっきりほかの場所にあるものだと……。

S いったいだれが君にナザレの情報を与えているのだ? それとも私をからかっているのか?

D そんなまさか。もうしばらく辛抱して話を聞いてください。いまいるその市場は、人で賑わっていますか?

S 数匹のヤギと小さな男の子たちが走り回っている。何人かの女性が町角で立ち話をしている。もしこれが賑わっていると思うのであれば、賑わっているのかもしれないが。私にはとてもじゃないが賑わっているようには思えない。ちょうど昼下がりの時間帯だ。それを考えると、多くの人は昼寝か食事のために帰宅をしたのかもしれない。しかし、暑すぎる。もしかすると、あまりにも暑すぎて外出する気にならないのかもしれないが。

市場で売られている商品を傷めないための対策、太陽光を遮る工夫は凝らされているのかどうか訊いた。

S 富める者は陽よけ用としてテントの屋根をとりつけている。屋根を支えるための柱まで設置されている。しかし、貧しい者はなにもしていない。

D ところで、従兄弟は迎えに現れましたか?

S まだだ。もうすぐ到着するとは思うが、早く迎えにきてくれないかとやきもきしている。お腹がグーグー鳴って困っている。一応、旅用に持参した食料はまだ残っているが、もっとまともなものを食べたい。

D お金は持っていますか?

S 父親からもらった銀貨を数枚持っている。ベルトにつけられている袋のなかに入っている。

D たしか、クムランでは「お金」は使わないといっていたような気がしますが。

S　クムランでは必要はない。いったい、なにを買うのだ？　なにも売られていないではないか。

D　そのお金は、どんな姿形をしているのでしょうか？

S　丸くて、銀色だ。上の部分に穴があいている。その部分から、革紐を通すことができる。財布から落ちないようにするためだ。

すべての通貨に穴があいているわけではないらしい。だれかが意図的に穴をあけたのではないかとスディーは推測していた。あとでたしかめるためにも、もっとくわしい描写がほしかった。そこで、なにか「絵」は描かれているのかどうか訊いた。

S　絵が描かれているものもある。しかし、なにが描いてあるのかどうかわからなくなっているものもある。ひとつは飛んでいる鳥が描かれている。もうひとつには、男性の顔が描かれている。残念ながら、その絵は消えかかっている。したがって、本当に男性の顔かどうかは定かではない。ほかの通貨はなにが描かれているのかさえもまったくわからなくなっている。銀貨の横側の触り心地はザラザラしている。もしかすると、なにかが描かれていたのかもしれないが、摩耗されて消えてしまったのであろう。

D　お父さんがどこで銀貨を手に入れたのか知っていますか?

S　さあ、それはわからない。父親にそのことを聞いていない。また、父親からもなにもいわれていない。賢くお金を使うようにとだけ告げられた。だれかにお金を盗られないようにしっかりと守るようとの助言もあった。たとえ少ない銀貨であっても、狙われたら殺される危険もあるらしい。

D　たしかに。その銀貨をみて、お金持ちだと勘ちがいする人もいるかもしれませんね。

S　それは心配ない。まちがっても、お金持ちだと勘ちがいされるようなことにはならない。

D　話は変わりますが、「外の世界」の第一印象はどうですか?

S　やはり、共同体での生活が一番だ。

D　外界の人間とエッセネ派の人々にちがいはありますか?　あるとすれば、どんなちがいなのでしょうか?

S　人はみな同じだ。あえていうならば、外界の人間の考えかたや世界観は狭い感じがする。日々の生活で起こるさまざまなできごとや状況についても、一抹の疑問すら抱いていない。

D　その周辺に兵士はいますか?　だれかひとりでもみあたりませんか?

S　なぜ、兵士がいる必要がある?　ナザレには駐屯地がない。駐屯地のない場所に兵士がいるはずがないではないか。ましてや、ここには兵士が生活できるような場所の余地すらもない。ナザレではローマ軍との対立は起きていないうえに、ナザレの人々は不安や心配などみじんも感じていない。同じ民族同士で一致団結していることを知っているからだ。ローマ軍の駐屯地はほかの場所にある。そもそもなぜナザレに兵士をおく必要がある？　まったくといっていいほど、ナザレにはなにもない。守備隊というものは、もっと大きな町、もしくは問題を起こす地域に駐留させるものだ。ここではなんの騒ぎも起きていないではないか。わざわざそんな場所に駐留させる必要はない。

D　ローマ兵をみかけたことはありますか？

S　数日前、旅の途中で遭遇した。馬に乗ったローマ兵たちが幌馬車を追い越していった。

D　ローマ兵のことは、どう思っているのですか？

S　直接、会って話したことは一度もない。だから、勝手な憶測で答えることはできない。唯一いえるとすれば、彼らはヘルメットをかぶり、光り輝く剣を持ち、革の服を着ていた。みるからに暑苦しそうだったということくらいだ。

従兄弟がなかなか迎えにこないので、どうやらいいかげんに待ちくたびれてしまったようだ。そんなスディーの心情がひしひしと伝わってきた。ナザレの親戚の家にはスディーと同じ年頃の息子がいると教えてくれた。

D その親戚の家に泊まっている間、一緒に遊べるかもしれませんね。

S そうだな。でも、どうなるのかはわからない。

D 親戚の家にいる間、なにか仕事はするのですか？

S あたりまえだ！　生きるためには、仕事をしなければならない。仕事をするのは当然だ。仕事をしないで、どう生きていくのだ？

従兄弟がなかなか現れないので、これ以上待つのをやめることにした。そこでわたしは親戚の家に到着した時間まで場面を進めた。町の中心から数マイル離れた丘の上にある従兄弟の家に到着すると、スディーのナザレに対する失望感は消え失せていた。その様子から、満足感を得ているのが伝わってきた。ナザレの親戚の家はそれほど大きな家ではなかった。

S 中くらいの大きさの家だ。いくつか部屋がある。なによりも、ここは広々としている。ひらけた空気感が漂っている。すてきな雰囲気だ。家は丘の上にあるので、とても自由な気持ちになれる。ここには「こうしなさい、ああしなさい」と指図する人はだれもいない。だれにも邪魔されずに、自分と向き合うことができる。ほかのだれかが決めるのではなく、すべて自分で決めている。最高にいい気分だ。なぜなら、クムランではいつもだれかが必ず周りにいるからだ。

親戚の家に到着するなり、心から安心している様子が伝わってきた。従兄弟たちとは出会った瞬間からすぐに打ち解けることができた。まるで昔からの友だちのように親しみを感じていた。ナザレの親戚の家族構成は、スディーの家族の従兄弟であるサハド、その妻のトレスマント、そして息子のシブであった。ナザレの親戚はぶどう園を所有していた。ワインをつくったり、ぶどうを売って生計を立てていた。ぶどうだけでなく、オリーブやいろいろな果実も育てていた。自分たち家族の食料はきちんと手元に残しており、自分たちで飲むワインまでしっかりつくっていた。羊毛を収穫するため、羊も数匹飼っていた。ぶどう園のさまざまなことを手伝う使用人の男性もひとりいた。

スディーはほとんど屋根の上で寝泊まりしていた。なんとなく屋根の上のほうが気温も涼しく、落ち着けるらしい。そこで星空を見上げながら、眠りにつくのが好きだという。スディーの寝床はイグサでつくられていた。その上に数枚の毛布をかけて寝るだけだった。ナザレの親戚の家には食料は豊富にあった。いままで食べたことのないような新しい食材も知ることができた。とくに新鮮に感じたのは「キャベツ」で、はじめて体験する野菜の味だと教えてくれた。

S　イチジクもある。ここには米もある。でもいつも食べているものとはちがう味がする。米よりも、キビや大麦のほうが好きかもしれない。

D　そこで、どんな仕事をしているのですか？

S　手伝えることがあれば、なんでもしている。家事の手伝いだけでなく、農園での仕事もしている。まあ、なんだかんだうまくいっているよ。

D　ホームシックにかかっていませんか？

S　いや、とても楽しい時間をすごしている。ここでも十分学ぶことはある。巻物の研究をしているわけではないが、それとは異なる勉強に励んでいるといえるだろう。

スディーはここで二カ月間すごすといっていた。たしかにエッセネ派の若者が共同体を飛び出し、その最初の旅先として最適な場所である。ナザレは静寂な小さな町であった。エルサレムのような大きな町に出ていたら、あまりにも強すぎる刺激に耐えきれなかっただろう。たしかに、隔離された環境で育った青年であるがゆえ、取り返しのつかない事態を引き起こしていたかもしれない。

D　どうやって月日の経過がわかるのですか？

S　カレンダーから、すぎた日を消していく。そのカレンダーには、その日の「月の形」が描かれている。一日が終わるごとに、ひとつひとつ消去していく。そうすることで、次の月に変わったのがわかる。月の満ち欠けの様子をみて、月日の経過を判断している。

カレンダーは粘土の板に描かれていた。暦は十二カ月でおかれていた。その理由はイスラエルには十二種族いるからだという。各月は二十九日間で構成されていた。それはまさに月の満ち欠けの周期である。わたしは各月の「名称」を訊き出そうとした。ところが、その質問にスディーは困惑し、どう答えていいかわからない様子だった。スディーは悩んだ末、六つの単語を発した。しかし、それは英語の単語ではなかった。わたしはなにをいったのかぜんぜんわからなかったため、それらの単語を書きとめることさえもできなかった。

S　十二カ月あるのは知っている。だが、どのような方法で日付を消去しているのかまではわからない。それはラビの仕事だ。我々には祝祭の日がおとずれたときだけ告げられる。

のちに、またもやスディーの証言は正しかったことが判明した。エルサレムにいるサンヘドリン*7が祝祭の日を宣告する役割を担っていた。その旨をサンヘドリンの使用人たちがラビたちに告げていた。ユダヤ暦は月の満ち欠けをもとになりたっていた。月の満ち欠けの周期は約二十九・五日である。そうすると、新月の日は約二十九日に一度おとずれることになる。古代の時代は月に名称はついていなかった。その代わりに数字がつけられ、一月、二月……と呼んでいた。

スディーは「ウィーク（週）」という単語を知っていた。それは安息日から次の安息日までの期間をさし、その期間は七日で構成されていた。わたしが「日にち」の名称を教えてほしいと尋ねると、スディーはまたもや困惑してしまった。わたしがなにをいっているのか、まるで理解していない様子だった。が、一日、一日をカレンダーから消していくため、いつが安息日なのかはわかっているといった。

いまでもなお、ユダヤ歴には「日にちの名称」は記されていないことがわかった。その事実が判明し、わたしは驚きを隠せなかった。実際、ユダヤ歴には数字だけが明記されている。日曜のことを「最初の日」、月曜のことは「二日め」等々。しかし安息日だけに名称*8がついていた。安息日のことを「七日め」と呼ぶこともあるらしい。これらの情報は、わたしを含むプロテスタント教のアメリカ人のだれもが思いつきもしないような内容である。わたしたちは月日に名称がついているのがあたりまえだと思い込んでいるからだ。またもや、ケイティにはきわめて正確な答えを導く能力があることが証明されたといえる。しかし、これはほんの一例にすぎない。続けて、もっと深くほりさげて訊いてみた。「時間という言葉の意味がわかりますか?」

S　それは縄時計のひとつの結び目から次の結び目に移動することだ。その縄時計に火が灯され、ひとつめの結び目が燃え尽きると、次の結び目に灯火が移動する。灯火が結び目を移動すると、一時間が経過したことがわかる（なにをいっているのかさっぱり理解できなかった。そこでもっとくわしく話して説明してほしいと伝えた）。その縄時計は丸い形をし、太い縄でつくられている。（手の動きで縄の太さを表した。三インチ〔約七・六センチメートル〕以上の太さの縄らしい）印がつけられたロウソクの時計もある。ひとつのロウソクが燃え尽きると、一時間が経ったことになる。

D　その「縄時計」は家のなかにあるのでしょうか?

S　裕福な家には縄時計が置かれている。が、そういう人ばかりではない。町にひとつしか時計がないこともある。町の住人たちが時間帯を把握できるように一個だけ設置されている。しかし時計がひとつもない町もある。時計がなければ、人々は太陽の位置で時間帯を把握することになる。

この旅は、ナザレの親戚の家を訪ねる最初の旅であった。スディーは生涯を通じて、なんどもナザレの地を訪れることになる。今回の旅を最後に、スディーは幌馬車を使うことはなかった。これ以後は、食料・水・テントをロバに背負わせ、ナザレの地まで歩いていった。クムランからナザレまでは歩くと最低でも二日はかかると教えてくれた。どうやら、二晩は野宿をしなくてはいけないらしい。（歩くよりも）ロバの背に乗っていくほうが早くナザレに到着するのではないだろうか、そんな疑問を投げかけると次のように答えた。「たしかに、そうかもしれない。しかしそうすると、荷物の置場がなくなる。荷物を乗せるロバをもう一頭用意しなくてはならない。しかし、それはできない。ということは、歩いていくしかない。もちろん、歩くのは疲れる。けれども、自分の魂の成長をさせるためには役立っている」。

ナザレの地はスディーのお気に入りの旅先となった。勉強をしたり、授業を教えていないときはいつもナザレの地を訪れたりしていた。そして、ナザレの親戚の家にいるときはだいたい丘の上で瞑想に耽り、宇宙と交信していると教えてくれた。「宇宙との一体感を感じるように努め、自分の人生の意義について深く考えている。また、自分自身と向き合い、自分自身について学んでいるといえるだろう」。

ナザレの丘は静寂な空気に包まれていた。その空気感がたまらなく好きだとスディーはいった。しかし年老いてからは、クムランとナザレを行ったりきたりする気力も体力もすっかり失ってしまった。その後、健康を損ねてしまってからは、安住の地としてナザレの丘の上を選んだ。そして、最後の息を引きとるまで、この平穏なナザレの地ですごすことになる。

訳注

＊1 エルサレム：イスラエルの東部にある都市。イスラエルの首都と主張され、ユダヤ教、キリスト教、イスラム教のそれぞれの聖地。エルサレムは紀元前四千年頃に築かれたといわれている。紀元前千年頃、ダビデ王が古代ユダヤ王国の聖都とし、その後イエスの処刑と復活の地としてキリスト教徒の聖地となった。

＊2 カペナウム：新約聖書に記されているガリラヤ湖の北西岸にある町で、今日のイスラエルのテル・フームにあたる。イエス・キリストの公生涯の宣教のうちもっとも重要なガリラヤ伝道の本拠地。

＊3 エリコという町：別名ジェリコ。パレスチナの古都。死海の北東約八キロに位置する。旧約聖書にも登場する九千年前から存在する世界最古の町。エリコの壁（要塞の壁）は、聖書の故事で「絶対に崩れないもの」の喩えとされている。

＊4 ヨルダン川：四百二十五キロメートルのパレスチナ最大の川。洗礼者ヨハネがイエスに洗礼を受けたのがヨルダン川で、ヨハネはこの川のほとりの荒野で「悔い改め」を人々に説いて洗礼活動を行っていた。

＊5 マサダの町：第一次ユダヤ戦争の遺跡。イスラエル東部、死海西岸近くにある岩山の上にあり、世界遺産にも登録されている。マサダとはヘブライ語で「要塞」を意味する。ユダヤの人々にとって一生

に一度は訪れたいと願う聖地。

紀元前一世紀、ローマ帝国の支配下にあったユダヤ王国は、紀元前六十六年にローマの圧政に対して反乱を起こし、最後の砦となったのがこのマサダだった。三年間女性や子どもを含む千人が立てこもり抵抗を続けた。紀元七十三年、要塞は打ち破られ、ユダヤの民は、集団自決の道を選び九百六十人が犠牲となった。その後、ユダヤの民は離散し、現在の歴史へとつながる。

＊6　マリアの井戸：アイン・マリアムは現地の呼び名。ナザレにある聖ガブリエル教会の地下にある井戸のことで、大天使ガブリエルから、マリアが受胎告知を受けた場所であると伝えられている。受胎告知の場面を描いた絵画に出てくる。

＊7　サンヘドリン：ローマ帝国時代にユダヤを治めていた宗教的・政治的自治組織。イスラエルのエルサレムにあった。ユダヤ教のラビ伝承ではモーセが神の命令によって召集した七十人の長老と（民数記11：16）、神殿内に召集される七十一名の議員で構成されていた。議長は、世襲制の大祭司が就いた。議員は、サドカイ派出身の祭司、パリサイ派（書記、賢者などと呼ばれた人たち）、一般の三グループがあった。サンヘドリンは裁判権を行使したほか、直属の警察を持ち、刑の執行を行うことができた。ただし、イエスが裁判にかけられた頃には、死刑宣告をする権限はローマによって剥奪されていた。ほかに、神殿祭儀の指導監督、祭司や裁判官の任職権、新月とうるう年を宣言して、ユダヤ人祝祭日を決定する権限がある。最高律法教育機関でもあった。

＊8　安息日の名称：安息日のことを英語ではSabbath（サバス）と呼んでいる。ヘブライ語はシャバットという。

エルサレムへ向かう隊商

第11章 妹のサラ

クムラン共同体ではほとんどの人たちが顔見知りだった。外界の人間が訪ねてくることもきわめて少なかった。

D 砂漠を放浪している人たちが、たまたまふらっと立ち寄るようなことはありますか? 少しの間だけ、そのような人たちをクムランに宿泊させたりはしないのでしょうか?

S だれも共同体のなかに入ることはできない。とはいえ、長老が宿泊の許可を与えれば、その可能性もなきにしもあらずだが、そのようなことはめったに起きない。(共同体の門先で)食料や衣服を与えることはあるが、宿泊させるようなことはない。

スディーが「エッセネ派の秘密」を執拗に話したがらない理由のひとつがわかった気がする。なんだかんだいっても、わたしは外部の人間であるからなのだ。これほどの長い期間、一緒にすごしてきたのにもかかわらず、スディーの身体に染みついている心の防護壁を崩すのは容易なことではなかった。

「外の世界」から訪れてくる人たちのほとんどは、クムラン共同体への入門希望者だった。額に赤いはちまきをつけている人たちだ。外界の人間がクムランの生徒になるのはラクダを針の穴に通すくらいむずかしいらしい。まず、面接で長老たちから志望動機を訊かれる。次に、試験を受けなくてはならない。そして最終的に、その試験に合格しなければ、クムランの生徒になることはできないという。スディーは外界の人間ではないため、外部の者が受ける入門試験の内容についてはさっぱりわからないといった。スディーと妹のサラを含む、ほとんどの生徒はクムランで生まれ育っていたからだ。

このとき、スディーの妹のサラはもうすでにクムランにはいなかった。サラはエルサレム近郊にあるベセスダで暮らしていると教えてくれた。エッセネ派の人間が共同体以外の場所で暮らしていることにわたしは驚いた。どうやら共同体以外の場所で暮らしてもいいらしい。

S　あたりまえだ！　ここは監獄ではない！　外の世界で暮らすのが、サラの望みだった。

彼女の天命として定められていなかっただけだ。今回の人生はエッセネ派の道ではなく、別の人生が用意されていた。サラは、クムランで知り合った男子生徒と恋に落ちた。互いに生涯をともにすごしたいと思い、二人は結婚した。やがて、二人はクムランを出ていくことを決断した。

D　ということは、生涯にわたってクムランで暮らさない人もいるのですね？

S　この世のなかにはいろいろ人間がいる。クムランで生まれ育った人間全員が一生ここで暮らしたいと思っているわけではない。当然のことだ。しかしその反面、外界の人間がクムランでの暮らしを願う者もいる。結果として、互いにもちつもたれつの関係にあるといえる。サラの結婚相手はクムランの生徒ではあったが、ここで生まれ育った人間ではなかった。外部からきた人間だ。エッセネ派の生きかたや教えを学び、我々の「知識」を世間に広めたいと志願してきた者のことだ。エッセネ派の教えに賛同はしているが、もともとエッセネ派の人間ではなかった。我々のもとで学ぶことが、彼の父親の強い希望でもあったと聞く。息子にエッセネ派の体験を通して「学び」を深めてほしいと送り込んできたのだ。

サラの結婚相手は額に「赤いはちまき」をつけた生徒であった。スディーによると、彼が入門する際、もしかすると共同体にお金を少し支払った可能性もあるという。しかし、ことの真相はわからないといった。結局、その男子生徒はクムランで五年間学び、サラと結婚したあと、ベセスダに引越していった。このようにクムランを五年で卒業することも可能らしいが、ほとんどの生徒はもっと長い年月がかかった。生徒個人の学習意欲や理解力、それぞれの能力の差によって、卒業できる時期が早まったり遅れたりするからだそうだ。サラの夫はベセスダでどんな仕事をしているのだろうか。そのことをスディーに訊いてみた。「仕事はなにもしていない。彼は富裕層だ」。

サラがいなくなってスディーは寂しく感じているような気がした。それだけでなく、遠い場所へ引越していったことに怒りさえ感じているようにも思えた。そんな心境が声に表れていた。これ以上、この話題に触れないでほしいと思っている気持ちがひしひしと伝わってきた。

S 彼の一族がとても裕福なのだ。彼らはサンヘドリンの議員でもある。それはイスラエルの議会のことだ。いうならば、ローマの議会と同じようなものだ。

D たしか、エッセネ派は「物」を所有してはいけないといっていました。が、裕福な外界の人間がクムランで学ぶ場合、彼らは所有物を持ち込んでもよいのでしょうか?

S その人物が生涯を通じて「エッセネ派」として生きたいかどうかによる。クムランで学んだあと、去っていく者もいるが、エッセネ派の一員になるのを望む者もいる。一員になる場合は、自分の所有物はすべて共同体に寄付しなくてはならない。それは生徒自身が決めることだ。そして彼らが持ってきた所有物は全員で共有して使うことになる。我々は、すべてのものをわかち合うからだ。そうすることで、必要なものが必要な人に与えられることになる。一員にならないのであれば、自分の所有物を人とわかち合う必要はない。サラの夫はクムランで一生涯すごす気はもともとなかった。したがって、自分の所有物を手放す必要がなかった。結局、エッセネ派の一員にもならなかった。すべての所有物は倉庫のなかに保管されている。なにか必要なものがあれば申請すればよいだけだ。しかし必要だと判断された場合のみ、それを得ることができる。すべての所有物を共有し合うことで、有無相通じることができるからだ。

はじめてナザレを訪れたとき、スディーが銀貨を持っていた理由がやっとわかった。おそらく、銀貨を「必要なもの」として申請したから得られたのだろう。

D（エッセネ派の一員になったあとで）それらの所有物や金銭が持ち主に返却された例はありますか?

S 返却された例は聞いたことがない。エッセネ派の一員になるか否かはじっくり時間をかけて決断がくだされる。長老やマスター、そして生徒も熟考した末の決断だ。そういう背景があるからこそ、エッセネ派の一員になる決断がくだされたあとで脱退したいと申し出た生徒はいままでひとりとしていない。そう簡単にエッセネ派の一員になる許可はおりないからだ。互いに深く考え、瞑想に耽り、神に尋ね、宇宙と交信し、長い期間考えた末の決断なのだ。もちろん、長い時間をかければいいというものでもない。直感で決める者もいれば、決めるのに時間がかかる者もいる。それは人それぞれだが、決断するのに十分な時間は与えられる。ただ単に考える時間の長さというのではなく、己の魂の声に耳を傾け、徹底した自己省察を行わなくてはならない。気持ちを決めるのにかかる時間はそれぞれだ。なかには最初から、エッセネ派としての生涯を送る覚悟が決まっている者もいる。まるでエッセネ派の一員になるのが天命かのように。しかし多くは長い時間を費やし、エッセネ派になるか否かの決断をくだしている。

D マスターに昇格できなかった生徒は、その後どうなってしまうのでしょうか?

S マスターに昇格できなかった生徒でも、やるべきことはまだまだたくさんある。人にはいろいろな使命がある(妙な発音でいった)。おそらく、一般社会の日常で生きる使命なのであろう。この世にはさまざまな仕事がある。マスターに昇格するのがすべてではない。人はそれぞれ適材適所というものがある。

D 共同体のなかで知り合った男女が結婚した場合、その二人の子どもが大人になったときはエッセネ派の一員にならないといけないのでしょうか?

S 子どもにも選択の余地が与えられる。私の妹が選択したように。サラは愛する人と一緒に歩む人生を選んだ。それは彼女自身の決断である。すべての男女に選択する権利が与えられている。共同体に残るか否かの決断はそれぞれが決めることだ。通常はバル・ミツワー、もしくはバト・ミツワー後でないと選択はできない。しかし何年も前から、エッセネ派の道を歩まない覚悟が決まっている者もいる。そのような生徒は、ほかの人生を自分で選択していくことになる。この世には多くの「道」がある。どのような道を歩もうが、最終的にたどりつくところは同じである。すべては同じ道に通ずるがゆえ、結局のところ、どの道を選んでもいいのだ。

当時のわたしはユダヤの文化について、まったくといっていいほど知らなかったため、このスディーの話の一節に重要な意味合いが含まれていることにすぐに気づくことはできなかった。のちにわかったことなのだが、バル・ミツワーは少年が青年になるときに祝う儀式のことである。アラム語で「バル」は息子という意味をさし、そして「バト」は娘という意味をさしていた。(女の子の成人式である)バト・ミツワーは近年にはじまった儀式である。女性解放運動がはじまったことがきっかけだといわれている。しかし、わたしの知り合いのラビは「このバト・ミツワーの儀式は禁止すべきだ。どうやって女の子が青年に成長するのだ?」と懸念していた。このバト・ミツワーは近年にはじまった儀式とされているが、エッセネ派がこの女の子の成人式を行っていた可能性はある。なんといっても、エッセネ派は自由な発想の共同体である。当時のクムランで、バト・ミツワーの儀式をやっていた可能性は大いにありうるだろう。なぜなら、エッセネ派は男女平等を重んじていたからである。その資格さえあれば、女性も先生の職やそのほかの重要な役職に就くことができたからだ。スディーがこの両方の儀式について話したことに重要な意味があるように思われる。もしかすると、これは男女両方を対象にした成人の儀式なのかもしれない。

なぜスディーは一度も結婚しなかったのだろうか。ふと、そんな疑問が頭に浮かんだ。たしか以前、男女の出生図の相性が合っていないと結婚することはできないといっていた。ひょっとすると、これが結婚しなかった理由なのだろうか？　スディーと相性の合う女性に出会えなかったからなのだろうか？

S　結婚を望んでいなかった。べつに結婚を拒否していたわけではないのだが。今回の人生では結婚する運命が定められていなかっただけだ。（ため息をつく）実は、自分の結婚相手として相性のよい出生図を持っていたのは妹のサラだった。

D　（びっくりして）ほかの人と結婚することはできなかったのですか？

スディーの苛立ちが募っていくのがわかった。これ以上、このことについて話したくないという感じがありありと伝わってきた。

S おそらく、結婚できたであろう。しかし今回の人生では結婚という道を選ばなかっただけだ。自分の将来を決める際に長老やマスターたちとたくさんの議論を交わし合った。十分に考慮されたうえで、今回の人生は「先生」として生きる道を歩むのが最適だと判断がくだされたのだ。

聖書と関連している場所であるがゆえ、エルサレム近郊にある「ベセスダ」という町をみつけるのは簡単だと思っていた。アメリカのメリーランド州にもベセスダに因んで命名された有名な町がある。だが、よく調べていくうちにイスラエルにベセスダという町は存在しないということがわかった。勝手な決めつけや思い込みは誤判断のもととなることがある。聖書のなかにもベセスダという名称は一回しか言及されていない（ヨハネ福音書　5：2）。ベセスダはエルサレム近郊の「プール」だと記されている[*1]。とはいえ、スディーの話だとベセスダは町のように聞こえた。スディーがいうように、やはりベセスダは〈町〉なのではないだろうか。なぜなら、名前に「ベセ」がつくものは〈～の家〉という意味があることがわかったからだ。翻訳すると、ベツレヘムは（パンの家）、ベサニーは（イチジクの家）、ベセスダは（慈悲の家）という意味があると考えることもできる。

調べたかぎりでは、「水」と関連する接頭辞はどこにもみあたらなかった。水と関連している記述が残されているのは聖書だけだった。エルサレム旧市街の城壁の外側に「プール」はあったと聖書には記されている。現在はエルサレムの城壁の内側にある。その周辺地域は「ベゼッタ」、もしくは「ベセザータ」という名称でさまざまな地図や本に記載されている。そこは現在のエルサレムの郊外と同じ場所ではないかと思われる。スディーの話も含めて考えると、これらはすべて同じ場所のことをさしているのではないだろうか。スディーの奇妙な発音のしかたは非常に聞きとりにくい。なにをいっているのかわからないため、わたしは正確な発音を書きとめることができなかったことが多々あるからだ。やはりおそらくベセスダはエルサレムの近郊にあったのだろう。スディーの妹のサラの嫁ぎ先となる家はサンヘドリンの議員をしているといっていたからだ。サラの義父はサンヘドリンの議員で、そのサンヘドリンの法廷がエルサレムに所在していたからである。このサンヘドリンという議会が、イエスの裁判の判決や最期の磔刑死にいたるまでの重要な鍵を握るといわれている＊2。

訳注

＊1　聖書のなかのベセスダ：日本語の聖書にはベセスダは「池」と訳されているが、英語の聖書には「プール」だと記されている。（ヨハネ福音書　5：2）

＊2　サンヘドリンが鍵を握る：サンヘドリンは最高法院、長老会などの訳で新約聖書に登場する。イエスの逮捕はこのサンヘドリンによる陰謀であると福音書に記されている。

第12章
ベセスダを訪ねて

この退行催眠のセッションを行っている間、年老いたスディーが登場したセッションが一回ある。その日、老いたスディーは妹のサラに会うためにベセスダへ向かっていた。スディーいわく、サラには二人の子どもがいるらしい。息子の名はアマレ、娘の名はザラだと教えてくれた。このとき、スディーは徒歩ではなく、ロバに乗って旅に出ていた。いままでのスディーであれば楽に歩けた長距離の旅だ。しかし徒歩旅行するには、もうあまりにも年をとりすぎていた。険しい顔をしながらも、決然とした様子で旅に出ていた。態度は毅然としているが、スディーの苦しみが痛いほどに伝わってきた

S (哀しそうに)サラから……どうしても会いたいといわれた。私に別れを告げたいそうだ。(重々しく繰り返した)……最後の別れの挨拶がしたいと告げられた。彼女は近々、旅立たなければならない。だれもがいつかは迎える旅立ちの時がきてしまった。

わたしはどう受けとめていいのかわからなかった。妹のサラがもうすぐ死ぬといっているのだろうか？　それとも、病気に冒されているのだろうか？　スディーは「そういう意味ではない。サラはこの世から旅立つ時がきたと感じているのだ」といった。これはどう考えても一般的な旅行のことではなく、〈死の旅立ち〉のことをさしていた。この悲しい知らせを受け、最後にもう一度だけサラに会いたいと願っていた。たとえその状況を受け入れていたとしても、彼の心のなかの深い悲しみが切々と伝わってきた。

D　サラは……死に対して恐怖心を抱いているのでしょうか？

S　なにも恐れていない。なぜ、死を恐れる必要があるのだ？　サラは私に別れの言葉を伝えたいだけだ。いつかは我々も旅立っていく。そのことも十分に承知している。死を恐れる必要はない。死に恐れを抱くのは、愚か以外のなにものでもない。人間の一生なんてあっという間にすぎ去っていく。まるでなにごともなかったかのように、一瞬のうちに。そして、本来の肉体を持たない状態に戻っていくのだ。いうならば、肉体から自分の意識を離脱させた状態と同じになる（体外離脱のこと？）。肉体から離れても、自分自身はいっさいなにも変わってないことに気づくであろう。少しだけなにかがちがうと感じるかもしれない。しかし、ほとんどなにも変わっていないはずだ。ただ単に次の段階へと移行しただけなのだ。

D　多くの人間は死を恐れています。未知なるものに畏怖の念を抱いているからだと思います。

S　その人たちは二日後になにが起こるかわかるとでもいうのか？　それも未知なるものには変わりはないではないか。たとえ予言者や賢者からなにが起こるかの予言を聞いていたとしても、実際に起こってみないとわからない。そう思わないか？　なにが起きたのかはっきりわかるには、その未知なる世界へと通じる扉を抜けたときだけなのだ。

D　肉体を離れたあと、次はどんな世界が待ち受けているのでしょうか？　それに関する記述はなにかクムランに残されていますか？

S　多くの書物のなかに記されている。肉体を離れた直後から、平穏な気持ちで満たされるといわれている。そこから、自分の元の肉体を見下ろすことができるとき、新たな世界へと通じる扉を通り抜けたことに気づくのだ。もはや、自分は肉体を持つ存在ではない。完全なる「魂」、または「霊（スピリット）」の状態になったと実感するはずだ。（死んだあとで）ときおり、その状況に困惑する者がいる。そんなときは、だれかが必ず迎えにくる。これはだれもが通らなければならない関門だ。新たな世界へとなめらかに移行する助けが必ず現れる。みな好意的な存在で助ける役目を担っている。恐れを抱く必要はない。安心して大丈夫だ。

D　それらは「トーラー」に記されているのですか？

S　いや、トーラーではない。賢者が書いた書物に記されている。あのカルー族が書いたものだ。

D　わたしが読んだ本や巻物のなかに、死んだあとに奈落の底のような、ものすごく恐ろしい場所があってそこへ連れていかれることがあると書かれているものがあります。

S　それはおそらく、その人物が「恐ろしい場所」を信じていたから現実となっただけだ。死んだあとで、おぞましい場所にいくことを想定していたからだ。そこには自分がつくりあげた世界しかない。自分の心が信じているものがそこに投影されているだけだ。すべてにおいて思考や信念は大きな影響をおよぼすのだ。

D　突然死の場合、たとえば唐突に悲惨な死を遂げてしまう人はどうなるのでしょうか？彼らが体験する死後の世界は、なにかちがいがあるのでしょうか？

S　ちがいはない。だが、なにが起きたのかわからず困惑するかもしれない。そのような場合は、必ず「助け」が現れる。

D　それでは幼くして死んだ子どもたちは、どうなるのでしょうか？

S　子どもは〈魂そのもの〉だ。生まれる前の状態にとても近い存在である。子どもたちは「あちらの世界」の記憶がまだ残っているため、たとえ幼くして死んでも、移行をすんなりと受け入れることができる。長い人生を送ってきた大人たちよりも、さらっと移行することができるのだ。年齢を重ねた大人ほど元の生活を懐かしく思い、この世に戻りたい願望があるものだ。だいたいにおいて、子どものほうが大人よりも感受性が高い。そして子どもの心はひらかれている。環境や状況に合わせて自分を順応させる能力も高い。

D　いつ頃から「心」は閉ざされるのですか？　肉体的な変化が影響を与えているのでしょうか？

S　多くの場合、成人したあとに閉ざされる。しかしほとんどの子どもの心は、子どもたち自らが閉ざすのではない。また、彼らの肉体の変化の影響でもない。例外なく、大人が心を閉ざすのだ。大人から受ける抑圧や厳しい支配下におかれ、子どもの心は閉ざされていく。子どもを愚か者扱いしてはならない。子どもに対し、彼らをバカにしたような言葉を投げかけてはいけない。これは最悪だ。大人が一番してはいけないことである。「バカだ、バカだ」といわれて育った子どもは、本当に自分はバカな存在だと思い込んでしまう。子どもはとても素直だ。すべての言葉を「真実だ」と受けとめてしまうからだ。自己肯定感の高い子どもに育てることが大切だ。大人が抑圧を与えた結果、子どもの心が閉ざされてしまうだけなのだ。

D　悪霊や魑魅魍魎（ちみもうりょう）などに関する記述が書かれているものはありますか？

S　悪霊などは存在しない。この世に「絶対的な悪」は存在しない。生きとし生けるすべてのものに必ずなにかよい面がある。それはものすごく微量かもしれないが、すべての存在に良心というものがある。おそらく、君がいっている悪霊とは、巷でいわれている「悪魔」と呼ばれる存在のことであろう。わざわざ問題を起こしたり、世のなかが苦しみ喘ぐ姿を喜んでいたりする。そのような悪意ある存在はたしかにいるかもしれない。しかし彼らは……変形してしまっただけなのだ。なんといえばいいものか。そのような存在は……さまざまな体験をした結果、歪んでしまっただけなのだ。悪魔のような存在であっても、愛と導きによって正しい道を歩みはじめることはできる。ところが残念ながら、悪魔という存在は、我慢することができない。そして、いまだに恐怖心に駆られている。そのあげくの果て、永遠に彷徨い続ける存在となってしまったのだ。

D　人間に取り憑こうとした悪霊の話が伝えられています。

S　たしかに、取り憑かれてしまうことはある。そういうときは、その人間に悪霊が入り込む「隙」があっただけなのだ。または、自分の肉体から離れたいという願望を持っていたから起きたのだ。この世から消え去りたいという思いがあると、悪霊どもに取り憑く隙を与えてしまうからだ。

D　悪霊を恐れるあまり、彼らに必要以上の力を与えてしまっているのでしょうか？

S　そのとおりだ。悪霊どもに力を与えないためによい思考を持ち、よいエネルギーに囲まれる生活を送ることだ。品格や霊格の高い人たちと付き合うことが大切だ。

D　そのことに気づいているのはエッセネ派だけなのでしょうか？　ほかのユダヤ人やローマ人も気づいているのでしょうか？

S　ローマ人たちにはどんな〈感知する能力〉もいっさい備わっていない。彼らはロバにお尻を思いきり噛まれたとしても、この世の真実に目覚めることは決してない（ここで全員が爆笑した。真剣な議論が続くなか、おかげで場の空気が和んだ）。そして、シナゴーグにいる多くのユダヤ人たちは勝手な思い込みで律法を解釈してしまっている。彼らもそのとらわれから抜け出せないでいる。頭でっかちになりすぎて、この世での生きる喜びを感じることができていない。また、死に対しても深く考えようとしていない。

D　それではエッセネ派と同じ考えというわけではないのですね。エッセネ派の教えのなかに「輪廻転生」という概念はありますか？　エッセネ派は〈魂の生まれ変わり〉を信じているのでしょうか？

S　生まれ変わり？　もちろん、信じている。当然、それは真実だ。だれもが知っていることだ。浅はかで無知な人間だけが輪廻転生の思想に恐れや不安を抱いているのだ。

アラム語の専門家であるロッコ・エリコ博士いわく、アラム語圏の人たちは話を誇張して話す傾向がある。そして、話に尾ひれをつけることも多いという。しかし、話すときに「確実に、当然、よく、よくよく」といった単語をつける場合には、誇張しているのではないということを聞き手に知らせ、この話を真摯に受けとめるようにと告げているらしい。ましてや、先生や師匠のような立場の人間の発言であればなおさらであり、その話を確実に信頼してよいことを知らせているそうだ。たしかに、聖書のなかでイエスは頻繁に「よくよく」という言葉を話の最初につけている。その言葉を使っていた理由が、これで説明される。とるにたらないほど些細な情報かもしれないが、この情報は注目に値する。なぜなら世間一般の人は、それらの言葉をつけることが「地域特有のもの」だとはだれも知らないからである。いまの時代でも、聖書の時代でも、その地域と関係のない人間が普通に生活していては、そのような詳細な情報はなかなか知ることができない。

D　この世の多くの人間は、一度きりの人生だと思っています。そして、死ぬのも一度だけだと。

S　亡骸が地面に埋められたあと、虫とともに腐敗し、すべてが消滅すると思っているのだろう。しかし、それは真実ではない。人は死んだあと、または肉体から離れたあと、いままで生きてきた自分の人生をふりかえらなくてはならない。これまでの人生を回想したあと、まず、とりくむべき課題を選択する。そして、その抱え込んでしまった業念の返済にとりかかっていく。それから「あちらの世界の学校」へと向かっていくのだ。なかには、すぐに生まれ変わってくる者もいる。しかし、それはあまり感心しない。あまり早く生まれ変わってきてしまうと、人生をふりかえる時間が短かすぎるからだ。前の人生が辛く苦しい人生であればあるほど、余計にふりかえる時間が必要になる。どんなまちがいを犯してしまったのか、なにがいけなかったのか……など。自分と向き合う時間を十分とらなくてはならない。したがって、すぐに生まれ変わってくるのは芳しくない。これは私だけの意見ではないはずだ。おそらくほかのマスターたちも同じことをいうであろう。

D 過去世の記憶を残すことは可能なのでしょうか?

S もちろん、可能だ。我々のなかにも過去世の記憶がある者はいる。記憶に残したほうがいい過去世はある。しかし過去世の記憶がないほうが断然生きやすい。多くの場合、記憶に残っていると激しい罪悪感に苛まれてしまうからだ。おぼえている必要性があれば、過去世の記憶は残っている。その記憶がないということは、おぼえていないほうがいいということだ。我々エッセネ派のなかにも過去世の記憶が残るよう鍛錬している者はいる。たしかに過去世の記憶を残す道を選ぶ者はいるが、それは決して楽な道ではない。普通の人間は記憶に残さないほうがいいのだ。もし、過去世を知りたいなら、長老に聞けば教えてくれるはずだ。マスターのなかにも過去世の記憶がある者はいる。彼らは自分たちの記憶だけでなく、ほかの人間の過去世の記憶を蘇らせる手伝いもしている。例外なく、おぼえている必要性のある者だけが、過去世の記憶が残っているのだ。通常、ヤハウェが過去世の記憶を残す人物を決め、その運命を授けている。そうして、その使命を持つ者として生きる道がひらかれていくのだ。

わたしはクムラン近郊の色彩画が載っている本を図書館から借りていた。この色彩画をスディーにみせたらどういう反応をするのだろう。みおぼえのある場所はあるのだろうか。わたしはワクワクしながら「この本をみていただけますか?」と訊いた。すると、スディーは「サダット」という言葉を発した。なんとなくそう聞こえたような気がした。そこでわたしは「目をあけてみてください」とお願いした。そうすると、ケイティの目があいた。そしてぼんやりとした目でその色彩画を眺めた。それは荒涼とした山の風景画であった。

S ここから、南の方面にある谷間だ。この丘から、その谷間を見下ろすこともできる。この「ワジ」[*1]は……あっちの方角へと流れている。

スディーは風景画の上を指でなぞった。それは谷間、もしくは丘の間のようにも思えた。「ワジ」には谷間、または峡谷という意味がある。が、雨季の時期以外は、乾燥している谷間のことをさしていた。ということは、雨期になるとそこは勢いよく水が流れるということでもある。続いて、スディーはとなりのページの画を眺めた。みていたのは上の画であった。それは遠くから眺めて描いた都市の廃墟の画だった。

S なぜわざわざ遠く離れて描くのだ？　こんなに遠い場所からでは、なにがなんだかわからないではないか。さきほどの風景と似ているが、ここは知らない場所だ。この部分をみよ、この谷には水が残っている。不毛な丘が近くにあるにもかかわらず、このように水が残っている谷は稀にある。だが、このようなワジは非常にめずらしい。

それは遠い距離からみた、川の跡地、または道の跡地のような風景の画だった。おそらく、道の跡地なのだろう。しかし、スディーにはそれが「ワジ」にみえたようだ。もしかすると、古代の時代にはこのようにはっきりとわかるような道がなかったのかもしれない。わたしはケイティの手から色彩画集を取りあげた。そして再び目を閉じてもらった。あの風景画に描かれている場所の近くにスディーは住んでいるのだろうか。もしそうだとすると、ものすごく乾燥している不毛地帯で暮らしているということになる。「そうだ。ここはものすごく乾燥している。この地域はめったに雨は降らない」。

スディーいわく、あの風景画に描かれている丘よりもずっと大きな丘だという。クムランからナザレの地へ向かうとき、その壮大な丘になぞられた隊商の通った道の跡をたどっていくと教えてくれた。そんな壮大な山を越えていくよりも、谷間をたどっていくほうが楽なのではないだろうか。そんな気がしてならなかった。どう考えても、山を越えていくほうが大変そうに思えたからだ。結局、わたしはその地域の慣習や風土のことをあまりよくわかっていないのだ。それは火をみるよりもあきらかだった。「谷間は通らない。万が一雨でも降れば、水に流されてしまう恐れがあるからだ」

なぜスディーはエルサレムに一度も行ったことがないのだろうか、そんな疑問が頭をよぎった。エルサレムはナザレよりもずっと大きな町だ。そして、ナザレよりもクムランに近い場所にある。その疑問をスディーに投げかけてみた。「エルサレムに行く用事がないうえに、興味もない。正直なところ、大きな町には魅力を感じない。騒々しく、無礼な人間だらけだ。そんな混沌とした世界にわざわざ行く必要などない」

いろいろ調べていると、『死海文書』の一部が載っている本をいくつか探しあてることができた。古文書に書かれている文章をスディーは読み解けるのだろうか。これはおもしろい実験になるかもしれないと思った。実際、ケイティは完全にスディーの人格になりきっていたからだ。読み解く可能性は大いにありうる。そのひとつに六行の文章が書かれていた。みたところ、各行に書かれた文章はそれぞれ多少のちがいがあった。きっと、その時代に使われていた書体なのだろう。古代の言語を読み解くことがどれほどむずかしいことなのか、このときはまだわかっていなかった。これについては、十四章に記してある。わたしは再びケイティに目をあけてもらった。すると、ぼんやりとした表情で古文書が載ったページをみつめた。

D このなかで、馴染みのあるものはありますか?

S (文字を目で追いながら、長い沈黙が続く) おそらく、これは二人の人物が書いたものだ。

そして、さらに長い沈黙が続いた。スディーは一番下の文章から上の文章までざっと目を通した。次に、視線を右から左へさっと動かした。

S たぶん、ここに書かれているのはヘブライ語だ。(ある行を指す) しかし、これはちがう。この二つはちがう言語だ。(別の行を指す) この二つの行に書かれている文章は同じ言語だが、こっち行の文章はちがう言語だ。定かではないが、さっきの行と同じ言語のような感じがする。まるでだれかがシンボルを描いているようにも思える。うまく説明できていない気がするが。これはなんらかの形状を描く練習をしているのだろう。だが、同じ人物が描いたものではない。表現のしかたがまったくちがっている。

ここでわたしはスディーから本を取りあげた。どうやら、この文章はちがう人物が文字を書く練習をしたものらしい。それがわかっただけでも、聞いた甲斐があった。

わたしは友人からノーラ財団*[2]の古い会報冊子を二冊もらっていた。それは二つに折られたレターサイズの会報だった。その会報の表紙には聖書の一節がアラム語で書かれていた。それはヨハネによる福音書のイエスに関する記述だった。わたしは「ここに書かれている言語を理解できるかどうかはわかりませんが」といって、その会報をスディーに手わたした。すると、数分間もの間、満面の笑みを浮かべながら、熱心に読み耽っていた。

S うまく訳せているかどうかわからないが、この文章は「人の子」*[3]について書いてある。(そのことがわかって喜んでいる感じがした)これはウルガタ訳の書からの一節だ。ここに民衆の言語*[4]が綴られている。まあ、アラム語ともいわれているが……。どうもこの文章には妙な訛りがある。さて、ちょっと試しに読んでみるか。(長い沈黙のあと)……ここには救世主（メシア）のことが書かれている。

そして、その文章の最後に記されている〈ある文字〉を指した。それはあきらかに、ほかの書体とは形状がちがっていた。スディーは戸惑いを隠せなかった。そして眉をひそめて考え込んでしまった。

S　なんだ、これは？　この最後の文字はどう考えてもほかの言語だ。アラム語ではない。これはもっと古い時代の文字だ。しかし、なぜこんなところに。ここに記されていることに妙な違和感をおぼえる。

わたしはほかの似たような形状の文字を指し、さきほどの文字と同じかどうか訊いた。すると、スディーは「なんとなく似ている」と答えた。その会報には、それらの文字に関する記述はいっさいなにも書かれていなかった。たしかにどうみても、本文に書かれている文字とはまるっきりちがう形状をしていた。

＊

S　（訛った発音で）これはアラム語ではない。絶対にちがう。あえていうならば、メシアのことが書かれているのかもしれない。しかし、それも定かではない。（話すのをやめて、指先で紙を触った）……ん？　なんだか妙な触り心地がする。これは、いったいなんだ？

D　（不意をつかれて驚いたが、早急に対応した）ああ……それですか。それは木の皮からつくられているものです。ほかの国では……。

S　（わたしの言葉を遮って）どうやって、そんなことができるのだ？　木の皮だと……？

その会報の紙をスディーはなんども触った。なんどもひっくり返しては眺めて、その紙の触り心地を味わっていた。あまりに興味津々にみているので、その冊子をひらくのではないかとわたしは気が気でなかった。そのなかに書かれている文字が、表紙に書かれている文字とちがうことに気づくのではないかとハラハラドキドキした。目新しいものばかりを体験しすぎた結果、スディーがどうなってしまうのかまったく予想がつかなかったからだ。もしかすると、カルチャーショックを受けているのだろうか？　とにかく、早急に話題を変えることにした。

D　それは……複雑な工程を経てつくられています。わたし自身もどうやってつくられるのかくわしいことはわかりません。

S　（まだその紙に魅了されている）これはパピルス紙よりも高品質な仕上がりだ。そして厚さもある。まるで、本物の木の皮のようだ。

D　パピルス紙は、それよりも薄いのでしょうか？

S　もちろんだ、ずっとずっと薄い！　薄すぎるくらいだ。書くのに一苦労している。しかし、これはものすごく書きやすそうだ。写し書きをする際にぜひ使いたい。

わたしはその冊子をスディーの手から取りあげた。ひとまず、この紙の存在を忘れさせなければいけない。話題を変えるため、わたしはちがう本を取り出した。その本のなかに『死海文書』の一部の写しが載っていた。それははっきりと書かれた文字の写しだった。となりのページにはクムラン周辺の写真も載っていた。その写真はカラーではなく、白黒の写真だった。どちらかといえば、〈文字の写し〉のほうに関心を持ってほしかった。わたしは本を大きくみひらき、スディーがみやすい位置に掲げた。そうした理由は、スディーにページをめくらせたくなかったからだ。そのページ以外のものに興味関心を持ってほしくなかった。どんな本なのか、どうやってつくられたのか、など。余計な考えを巡らせてほしくなかったのだ。スディーは「これはヘブライ語だ。ものすごく古い時代のヘブライ語だ。私自身は文字の書き写しは得意なほうではないが、これはヘブライ語だといいきれる。ここをみよ。この文字と、こちらの文字も……（それらの文字を指して）律法に関することが書かれている。実のところ、ヘブライ語はあまり得意ではない。苦手だといっていい」と語った。わたしが、これはアラム語だと思っていたというと「だれがそんなデタラメをいったのかわからないが、これは絶対にアラム語ではない！」といって、となりのページに載っている白黒の写真に注目した。それは死海の写真だった。そこにはゴツゴツした岸の一部も映っていた。「これはなんだ？　私が暮らしている地域とそっくりだ。ここに湖も塩の崖もある。どうだ、あたっているか？　どうみても、私の地元だ！」スディーは〈写真〉という言葉の意味を知らないだろうと思い、「これは絵画のようなものです」と答えた。「そんなまさか、こんな絵画をみたことはない」

わたしはすばやく本を閉じた。またもや、スディーは興味津々になりすぎていた。

好奇心を持ってしまうと、返答に困るような質問を投げかけてくる。その時代から、もう二千年以上の時が経過しているため、わたしはどう答えていいのかわからない。いやはや、困ったものだ。そうすると、ケイティは再び目を閉じた。わたしはスディーにお礼を伝えた。

D 資料をご覧いただき、ありがとうございます。

S （目を擦りながら）長い時間、〈なにか〉を近くでみるのは非常に疲れる。

D もしかすると、年をとったからですか。年齢を重ねて、目が悪くなったのでしょうか？

S あるいは、腕が短くなったかのどちらかだ。どちらのせいかはわからない。しかし、だれが君にアラム語だといったのかわからないが、いまさっきの文章はアラム語ではない。最初の文章はアラム語だ。それはまちがいない。もしかすると……方言であるサマリア語*5なのかもしれない。なんとなくその特徴があったような気がする。あと、最初の文章の最後に記されている記号のような文字もアラム語ではない。あれは、あそこにあるべきものではない。途方もなく古い時代の文字だ。

訳注

＊1 ワジ：アラビア、北アフリカ、中東などの乾燥気候地域の枯れた川、枯れた谷のこと。

＊2 ノーラ財団（Noohra Foundation）：非営利で、どこの派閥にも属さない、精神性を高める教育組織。東アラム圏の見解から、すべての信仰や宗教の人たちが、聖書を理解できるように援助している団体。

＊3 人の子：聖書のなかに出てくる「人の子」とはイエス・キリストのこと。救世主の称号であり、イエスがメシアであり、本当に人間でもあるということを示している。

＊4 民衆の言語：イエスが使った言語はヘブライ語ではなく、主にアラム語であったというのは今日の定説になっている。イエスが弟子たちに教え、民衆に語りかけた言葉は、ヘブライ語ではなく、同じ北西セム語派に属するアラム語であったと伝えられている。

＊5 サマリア語：アラム語の方言のひとつ。サマリア人が彼らの神聖で学術的な文献で使用している言語のこと。

第13章
質疑応答

この退行催眠のセッションも終盤に近づいた頃、わたしは本格的な情報収集を開始した。とにもかくにも、ケイティから入手した情報があまりにも正確なことに度肝を抜かされた。まず、考古学者たちが残した数々のクムラン遺跡発掘の報告書から「クムラン共同体」に関するスディーの証言の裏づけを取ることができた。『死海文書』が現代語に翻訳されたことで、さまざまなエッセネ派の信条や儀式の詳細も実証されていた。調査を進めるなかで、矛盾する情報もいくつかみつかった。そこでわたしは「質問リスト」を作成し、最後のセッションのときに尋ねてみることにした。わたしたちは長い期間をかけ、この調査にとりくんできて、すでに広範囲にわたる膨大な量の情報も集まっていた。そろそろ誘導尋問的な質問を投げかけてもいいのではなかろうか。とりあえず、わたしが読んだ数々の本から入手した情報が正しいのかどうか確認してみようと思った。

エッセネ派は契約した人々、もしくは契約者たちという名称で学者から呼ばれていた。わたしが〈契約〉という言葉とエッセネ派はなにか関係があるのかと尋ねた。すると、スディーは眉をひそめ、怪訝そうな表情を浮かべて、そもそも契約という呼称はエッセネ派とは関係がない。しかもなぜわざわざ契約者とつける必要があるのか理解しかねる。我々はエッセネ派という名称でしか知られていないはずだ、と述べた。「契約という言葉は二人以上の当事者同士が合意のもとで交わす約束という意味があるからだ」。

わたしは「ツァドク」[*1]という名前を聞いたことがあるかと訊いた。このツァドクという名の男の熱狂的な信者がエッセネ派の起源だという説があるからだ。すると、スディーはわたしの発音を正した。そして最初の「ツ」を強調して発音させた。

S (ため息をつく) ツァドクは先導者だ。彼には多くの信者がついている。彼らは人生の生きかたを教える師匠だと慕っている。だが、ツァドクは戦争挑発者でもある。この世にあるすべての抑圧を一掃しようとしていると聞く。

D ツァドクと信者は、エッセネ派となにか関係があるのでしょうか?

S いっさい関係ない。彼らはエッセネ派の一員ではない。ツァドクの狂信的な信者は丘の上で暮らしている。とても破天荒なやつらだ。ほとんどの連中は月に憑かれている[*2]と影で噂されている。我々と同じように、彼らもメシア到来の予言を信じている。しかしそれだけでなく、戦争をも予言することができると豪語している困った連中だ。この世に救世主が到来し、メシアの王国を築きあげるためには戦争に勝たなければならないと勝手に思い込んでしまっている。実際、ツァドクの狂信的な信者によって、多くの血が流された。残念ながら、彼らは予言の意味を深く理解できていない。というのも、メシアが地球上に王国を築くとは予言では伝えられていないからだ。予言を深く読み解けば、彼らもその事実に気づけるはずである。だが、そのことを伝えても無駄骨に終わるのは目にみえている。そんなはずはない、と異議を唱えてくるに決まっているからだ。そんな終わりのない論争が延々と繰り返されるだけだ。

D それでは、ツァドクの狂信的な信者とエッセネ派はなにか関係があるという説は誤りなのでしょうか?

S 少なくとも、その情報を怪しいところから得ているにちがいない。なぜそのようなことが起きるかといえば、自分に都合のいいように話を捻じ曲げ、伝える際に勝手に話をつくりかえてしまう人間が多いからだ。

死海文書のなかで〈ヨベル〉*3は聖なる日だと言及されている。が、スディーは「それは初耳だ」といった。たしか以前「エッセネ派は気むずかしい種族ではない。我々は生きる喜びを感じて生きている」といっていたのを思い出した。もしかすると、エッセネ派の人たちは休日のことをちがう名称で呼んでいるのかもしれない。

『死海文書』のなかに「光の息子たちと闇の息子たちとの戦い」[*4]という題名の巻物がある。発見された『死海文書』のなかでも、それは破損のない数少ない巻物のひとつだった。大変重要視され、慎重に翻訳されたといわれている。その巻物に記されている内容は象徴的に解釈すべきか、それとも文字どおりの解釈をすべきなのか、数々の論争が巻き起こった。どうやら、その巻物にはこれから恐ろしい戦争が起きるとの予言が記されているらしい。その戦争が起きた際にどう対処すればいいのかが書かれているという。このことをスディーに伝えると、なんのことだかまったくわからないといった様子だった。

S たしかに「戦争」に関する記述が書かれている巻物は多くある。だが、まだ起きていない戦争？（眉をひそめて）それはおそらく、だれかの幻想だろう。そうでなければ、なんのことなのかさっぱりわからない。我々が保管している巻物には、地球上に起きた多くの事象が記録されている。我々も力を尽くして情報を集めているが、その戦争については知らないな。どう考えても、本当に起きる事象というよりは、だれかがつくりあげた幻想のように思える。直感でなにかを感じただけで、感じたものすべてをつぶさに語り、それらを記述として残す者もいるからだ。

D 「光の息子たち」とは、いったいだれのことをいっているのでしょうか?

S さあ、だれのことかはわからない。その巻物を読んでいないからだ。しかし、だれもが光の息子になりうる。読んでもいないのに、勝手な憶測で決めつけるのは愚か以外のなにものでもない。

『死海文書』に正義の教師[*5]と呼ばれる人物が記されている。この正義の教師とイエスの間には共通点が多いため、混乱を招き、二人はよく混同されてきた。その「正義の教師」とはいったいだれなのか、その正体を巡って多くの議論が交わされてきた。

S その名は聞いたことがある。たしか、長老で「正義の師匠(マスター)」と呼ばれていた人物が過去にひとりいる。だが、その長老はずいぶん昔に亡くなっている。遠い昔の時代に生きていた人物だ。

D その人は重要な人物だったのでしょうか?

S 伝説によると、重要な人物だった。しかしまた、再び生まれ変わってくるらしい。その時期がいつなのかはわからないが、この地球上に転生してくると伝えられている。

D　その正義の師匠はエッセネ派の書物に残されるほど特別な人というわけですが、いったいなにを成し遂げた人なのですか?

S　非常に答えるのがむずかしい質問だ。だれよりも先を行く先駆者だった。真相を見抜き、真偽を判定ができる能力を持っていた。それこそ、彼がマスターと呼ばれたゆえんだ。

D　その正義の師匠とメシアは同一人物なのではないか、と思っている人がいると聞きます。

S　同一人物ではない。メシアは我々の王子だ。しかし、正義の師匠は王子ではない。単に〈マスター〉なだけだ。

『死海文書』の一節に正義の教師と邪悪な司祭*6に関する話が記されている。しかしながら、これまでだれひとり、この二人の人物の正体をあきらかにすることができなかった。

S　邪悪な司祭?　さあ、そのような人物の話は聞いたことがない。いままで読んだ書物のなかに、その話は記載されていない。だが、邪悪な司祭と呼ばれる人物がいなかったといっているわけではない。すべての書物を読破したわけではないからだ。

その(『死海文書』に記された)正義の教師は磔刑されたと伝えられている。おそらく、これが正義の教師とイエスが混同されるゆえんのひとつでもあるのだろう。わたしは、（エッセネ派の）正義の師匠はどのような亡くなりかたをしたのでしょうか、と訊いた。

S　くわしいことはわからない。正義の師匠に関する話は、実はそれほど読んでいない。ここには一生かかっても読みきれないほどの書物がある。すべての巻物を読破するのは不可能だ。

D　その人はクムラン共同体の創設にかかわっていたのでしょうか？

S　さあ、それも定かではない。語り継がれてきた伝説によると、たぶんかかわっていないだろう。

『死海文書』のなかに「感謝の聖歌編」[*7]という巻物がある。

S　（顔をしかめて）それも初耳だ。単にその用語を知らないだけかもしれないが。もっとくわしく説明してくれないか。なんのことをいっているのかさっぱりわからん。聖歌には神へのメッセージが込められている。自分の心をひらいて神と直接対話をしているのだ。もしかすると、それらの対話記録が残されているのかもしれない。その可能性は大いにある。

その時代、ヒレル[*8]という名の賢者がいたと伝えられている。ヒレルには〈ヒレル派〉と呼ばれるヒレルの教えを支持する多くの信者がいたという。イエスもヒレルから学んだ可能性が示唆されていた。ヒレルの名前をスディーに伝えると、スディーは「聞きおぼえのある名だ」と答えた。そして、スディーは「ヒイ」と発音させた。とくにイを強調させ、わたしの発音を正した。「同一人物かどうかはわからないが、たしかにヒレルという名の賢者はいた。また、彼の信者たちはヒレル派と呼ばれていた」。

D ヒレルについて、なにか知っている情報はありますか?

S あまりくわしいことはわからないが、平和のために尽くした人物だと伝えられている。だが、ヒレルの信者のなかには戦争の道を進んでいった者もいたらしい。外界の人間についてくわしい情報を知らないが、ヒレルは真実の言葉を伝えた人物だった。しかし、彼の信者はヒレルの教えを心で聴かず、頭で理解しようとした。そして、ヒレルの教えを自分たちの都合がいいように解釈してしまったのだ。

D ヒレルは、まだ生きているのでしょうか?

S もう、生きていないであろう。とっくに地球から旅立っているはずだ。

マカベア家（マッカビーズ）*[9]はユダヤの歴史上の重要な一族である。スディーは再びわたしの発音を正し、正確な発音は「マッキビーズ」だと教えてくれた。

S　よくは知らないが、マカベア家の名は聞いたことがある。彼らは富と権力を支配した一族だ。マカベア家のいうことに、多くの人々が耳を傾けていたと伝えられている。富というものは、たくさんの友人や知人を惹きつけることができるからだ。

D　そうなんですか？　てっきり賢明な一族だと思っていました。

S　もちろん、賢明な者もいた。どの一族にも、賢明な者もいれば愚か者もいる。

D　彼らはクムランの近くに住んでいたのでしょうか？

S　それは定かではない。だが、たしかエルサレムに拠点を持っていたと聞く（ヘルサレムと発音した）しかし、それが正確な情報かどうかはわからない。そのようなことを耳にしたことがあるだけだ。

『死海文書』の翻訳者たちの報告書に『エノク書』*[10]についての言及がたくさんある。しかし、現代版の聖書にはエノク書の内容は記載されていない。エノク書は多くの聖書研究者たちの間で重要な書物として扱われていた。また、多くの論争を巻き起こしている書でもある。

スディーにエノク書のことを知っているかと尋ねた。

S　もちろん、知っている。教わる書物のひとつだ。

D　エノク書の評判はどうなのでしょうか?

S　それは人によってちがう。いろいろな意味で人の感情を揺さぶる書だ。書かれていることをまるごと信じている者もいれば、狂気じみた書だという者もいる(どうやらこの時代でも論争が起きていたようだ)。個人的には、なんとも思っていない。エノク書こそ真実の書だと信じている者がいる反面、まったくのデタラメだと思っている者もいることはたしかだ。私の意見を含め、賛否両論の意見がある書物である。そこに書かれている内容を信じようと信じまいと、それはそれぞれの自由なのだ。

話を聞くと、エッセネ派の間で『エノク書』の評判は比較的よかった。なかには重要な書物として扱っている人もいるという。スディー自身はエノク書に書かれている内容は、だれかの幻想である可能性が高いと考えていた。

D　エノク書はどこから入手したのですか?　それはあとから追加されたものなのでしょう

か？

S エノク書はカルー族から受け継がれた書物のひとつだ。あとから追加されたもの？　どこに？　君がなにをいっているのか、さっぱりわからん。

しまった、つい口が滑ってしまった。スディーが現代版の聖書のことを知らないことをすっかり忘れていた。わたしにとってはあたりまえすぎて、そのことをうっかり忘れてしまった。「エノク書はトーラーに追加されているものなのでしょうか」と訊いてみた。彼らが日常的に使っていた書物が〈トーラー〉であるからだ。わたしはトーラーになにが書かれているのかも知らずに適当なことをいってしまった。スディーは「エノク書とトーラーはまったく別の書物だ」といった。

わたしは『エノク秘蹟書』[*11]も読んでいた。その内容は、聖書の外典を載せた『失われた聖書』という本に記されていた。もしかすると、スディーはこのエノク秘蹟書について言及しているのだろうか。いずれにせよ、エノク秘蹟書は非常にわかりにくく、複雑怪奇な書であった。大半は天文学に関する話だったが、象徴的な意味合いのものも書かれていた。どう考えても、隠された暗号のようなものが記されている書物だった。ひょっとすると、エノク書について言及したほかの書物があるのかもしれない。

聖書に記されている、さまざまな派閥の名称がわたしの頭をよぎった。それらの派閥に関して、どう思っているのだろうか。スディーの見解を訊いてみることにした。

D ファリサイ派*[12]を知っていますか？（スディーは険しい顔をした）もしくはサドカイ派*[13]を知っていますか？（これら名称の発音がむずかしい）

S ファリサイ派はわりと裕福な階級の者たちだ。彼らは立法者（法律を制定する人たち）でもある。ファリサイ派もサドカイ派もサンヘドリン議会の議員をしている。両派は、ふてぶてしく椅子に座ったまま一日中口論を続けているだけだ。そんなことをしているから、なにも問題を解決できないでいる。サドカイ派は寺院の運営と法を取り決める権力を持ち、自分たちが可決したい法を通すためにヘロデ王と論争を起こすこともある。ファリサイ派とサドカイ派は常に対立している。ファリサイ派は「富をみせびらかし、まったく信心深くない人々」だと批判され、サドカイ派は「深い後悔の念に駆られている人々」と批判されている。

D サマリア人*[14]のことを知っていますか？

S サマリアからきた者のことか？　知っている。（早口で〈サマリア〉といったため、非常に聞きとりにくかった）。サマリア人たちはヤコブ*[15]の末裔にあたる。くわしい理由はおぼえていないが、血みどろの戦いがあったといわれている。ほかのユダヤ民族から迫害されている人々だ。一時は、同民族として扱われていたのだが、いまでは低級で卑しいものとしてみくだされており、軽蔑の対象になってしまった者たちだ。

質疑応答の時間は順調に進んでいた。ところが、いい雰囲気で進んでいると思っていた矢先、うかつにもまた地雷を踏んでしまった。それはクムランに関する質問を投げかけたときだった。わたしは「クムラン」の名称の由来を知りたかっただけなのだが、その質問にスディーは過剰な反応を示した。この予期せぬ事態にうろたえた。スディーは興奮した様子で、外国語の単語をいくつか発した。

S 由来の意味だと? 君に説明する義務はない。その知識がないということは、知る必要がないからだ。君には関係のないことだ。

D 「光」という意味だと耳にしたことがあります。

S 「光」という単語には多くの意味が含まれている。どの光の意味にあたるのかもわからないのであれば、知る必要がないということだ。君にとって必要な情報であるならば、すでに知っているはずだからだ。

もどかしい気持ちで一杯になったが、わたしはどうすることもできなかった。スディーに「答えたくない」とはっきり意思表示をされてしまったからだ。のちに調べたら、エッセネ派はローマ帝国に征服されたことがわかった。ローマ人たちに捕獲され、死にいたるまでの残虐な拷問を受けても、自分たちに関する秘密の情報を決してあかすことはなかったという。わたしにとっては些細な質問だとしても、スディーにとっては重要な意味合いを持っていた。当然のことながら、わたしはそのことに気づかなかっただけの話である。あいかわらず、どの質問が地雷を踏んでしまう危険性があるのか、わたしはぜんぜんわかっていなかった。

D 塩の崖の近くにクムランをつくったのは、なにか重要な意味合いがあるのでしょうか？

S 塩の崖自体はあまり関係ない。だが、この周辺地域に重要な意味がある。この周辺はエネルギー・ポイントだ（ケン・エネルギーといったような気がしたがはっきり聞こえなかった）。ここに入口がひらかれている。地球上にあるエネルギー・ポイントのひとつでもある。

D 共同体をつくるには妙な場所だといっている人たちがいます。人里離れた場所にあるからです。

S それが、利点のひとつだ。

D あんな人里離れた場所に人間が住めるわけがないといっています。

S　〈皮肉っぽく〉それでは、サハラ沙漠に人間が住めないとでもいうのか。実際には住んでいるではないか！

D　クムランがものすごく孤立した場所にあるからです。死海の水はそこまで届かないといっています。

S　ここにも水はある。使用できる水も、飲める水もある。必要なものはすべて揃っている。

D　「エッセネ」という言葉の意味を教えてもらえますか？

S　聖なる者という意味だ。

どうして「エッセネ」の意味をサラッと答えることができたのだろう。わたしにはまるで見当がつかなかった。それなのになぜ「クムラン」の意味を断固として教えてくれなかったのだろう。スディーは答えたくない質問に関して、ときには矛盾をはらむこともあった。

ここでふたたびハリエットが〈質問リスト〉から質問を投げかけた。「ミドラーシュ[*16]、もしくはミシュナー[*17]という言葉にはどういう意味があるのでしょうか？」。どうもこの質問はスディーの癇に障ったようだ。また、憤慨した様子で外国語の単語をいくつか連発した。このように、なんども感情をあらわにする場面があった。こんなとき、スディーはいつも古代の言語（彼の母国語）で感情を爆発させていた。「なぜ、そんなことを訊く？」

D ミドラーシュについて書かれた書物がクムランにあるのか知りたいだけです。

S （ものすごく機嫌が悪くなった）君にいう義務はない！

D ここで質問をするしか、ほかに答えを知る術がないからです。

S どうして君たちはあいまいな知識、断片的な情報しかないような質問をしてくるのだ？

D それは小耳に挟んだ程度しか知らない情報だからです。わたしたちの情報が正しいかどうかの確認をとりたいのです。わたしたちの知識を深めるため、力を貸してほしいからです。残念ながら、断片的な情報しか入手できないこともあるのです。

S （わたしの言葉を遮って）中途半端な知識というものは、へたをすれば身を滅ぼすことになりかねない。

D （予想外の返答に驚いて）こういう情報は知らないほうがよいということなのでしょうか？

S そういうことだ。気をつけなければならない。中途半端な知識をいい加減に語ってはいけない。言葉の持つ力は非常に大きい。たとえ断片的な知識しかしない情報であっても、その言葉に秘められた力を呼び起こしてしまうからだ。したがって、自分が扱える以上の知識を持っているのはとても危険な行為なのだ。

予想外の発言に驚いた。まさか、このような素朴な疑問を尋ねる行為に危険が潜んでいるとはだれも想像すらしていなかった。ここはひとまずスディーの判断に従うことにした。スディーに、ではわたしたちはどうすればよいのかと尋ねてみた。

S　これ以上中途半端な知識を軽々しく話さないほうがいい。とにかく、十分な知識を蓄えてからのほうが賢明だ。話す相手をまちがえると、反対に騙されてしまうこともある。自分たちの都合のいいように利用しようとする人間もいる。そうなると、それこそ大変な事態を招きかねない。

D　質問が許されないのであれば、わたしたちは「知識」を得るためにどうすればいいのですか？　知識を求めることも許されないのでしょうか？

S　求めてもよい。だが、非常に慎重になる必要があるということだ。

D　このような情報や知識を与えてくれる人とはなかなか出会うことができません。

S　当然だ。知識を求めてもいいが用心するに越したことはない。人を騙す人間は存在する。うかつに話してしまった場合、逆に根ほり葉ほりいろいろなことを訊いてくるような人間には特に気をつけたまえ。そのような人物に決して多くは語ってはならない。

D ということは、この「知識」は求めないほうがいいのでしょうか？

S そんなことはいっていない！　勝手な解釈をしてはいけない。気をつけるようにといっているだけだ。知識を共有する相手を厳選することだ。たとえ知識を与えても、見返りを望まないことだ。また、お礼になにかを受けとる場合は、ほんの少しだけにしなさい。

D わたしは知識だけで十分です。

S なにをいっている！　知識を持つということは、非常に危険な行為でもあるのだ。人間というものは、なまじ知識を持つと使いたくなる誘惑に駆られてしまう。その中途半端な知識によって、自分の危険もさることながら、ほかの人の身も危険にさらしかねないからだ。

警告してくれたことに対して、わたしはスディーに感謝の気持ちを伝えた。この突発的な感情の爆発は予想外のできごとだった。いつもの穏やかなスディーの性格に反していた。以前にも、わたしの質問に答えるのを拒否する場面はあったが、こんなにも強く主張したのははじめてだった。わたしたちの質問内容のいったいなにがいけなかったのだろうか。どの部分に対して感情を揺さぶられたのだろうか。それはいまだに謎のままである。わたしは気を取り直して、質問を続けることにした。今度はもっと慎重に進めていくことにした。

D　カバル、もしくはカバラ[*18]という書物を知っていますか？

S　知っている。カバラを読んだことがある者はいる。ここにはカバラの内容について記された巻物もある。

D　複雑な内容の書物なのでしょうか？

S　どんな書物であれ、複雑に捉えようと思えばいくらでも複雑にすることができる。それは自然の法則や自然の摂理について解説している書物だ。どうすれば自然の摂理や法則を扱えるようになれるのか。どのような方法を使えば、自分をとりかこむこの世界に心をひらくことができるのか。ほかの次元界に対して、どうすれば自分自身を解放させることができるのか、などが記されている。

スディーは『カバラの書』を記述した人物がだれであるのかはわからないらしい。が、クムランの図書館のなかに保管されているどの書物よりも古い時代に書かれている書だと教えてくれた。

さらなる調査を続けた結果、あのときなぜハリエットの質問に対してスディーはあんなにも感情を揺さぶられたのか、その理由がやっとわかったような気がした。ヘブライ神学で学ぶ律法は三つにわかれていた。一、イスラエルの子どもたち全員が学ぶ律法。二、ミシュナー、または魂の法。これはラビや師匠たちだけにあかされる律法である。三、そして、カバラ、それは超越した魂の律法であった。カバラには秘密の奥義が記されているため、もっとも地位の高いユダヤ教徒たちだけにあかされた。どうやらミドラーシュにはさらにくわしい律法の内容、もしくはもっとわかりやすい律法の解釈も言及されているらしい。まさかミドラーシュやミシュナーが、スディーやエッセネ派が秘密にしている教えの領域だとはつゆ知らず、わたしたちはうかつにも入り込んでしまったのだ。なぜスディーがあんなにも感情を爆発させたのかは、これで説明がつく。スディーが「言葉が持つ力」に気をつけなければならないといった理由、そしてろくに知りもしない知識を軽々しく語ってはいけないという忠告の意味もこれでなんとなくわかった気がした。

『死海文書』の翻訳者たちは『ダマスコ文書』[*19]についても言及している。もしかすると、エッセネ派の共同体はクムラン以外の地域にもあったのではないか。そのひとつはダマスカス周辺ではないかと推測している。そのことについてスディーに質問してみた。ところがどうやら、再び地雷を踏んでしまったようだ。また、あのさんざん耳にした言葉が返ってきた。「それについて、答える気は毛頭ない!」。ある質問に対しては頑なに答えないのにもかかわらず、なぜ似たような質問に難なくスラスラと答えることができるのだろうか。なんだかとても不思議に感じた。

D　（エジプトの）アレクサンドリア[*20]にもエッセネ派がいたと聞いています。彼らについて、なにか知っていますか？

S　（長い沈黙が続いた）アレクサンドリアとは聞いてはいないが、過去にエジプトへ旅立っていった師匠たちがいる、と父親が教えてくれた。だが、くわしいことはわからない。（スディーが父親に聞いたのだろうか？）ほかの地域にも多くのエッセネ派はいるらしい。唯一聞いたのがエジプトにわたった師匠たちの話だけだ。イスラエル周辺にエッセネ派の共同体がいくつかあると聞く。たしか、ユダヤの……（国の名前をいったような気がしたがよく聞きとれなかった。なんとなく「トード」といったように聞こえた）……にもあったような。とにかく、ほかの地域にも多くの共同体は所在している。おそらく、このクムラン共同体がもっとも大きい規模の共同体のうちのひとつだろう。しかしながら、クムラン以外の場所にもエッセネ派の共同体が所在していることはたしかだ。

なぜダマスカスにある共同体に関してだけ、スディーは口を閉ざしたのだろうか。なんとなくひっかかるものを感じた。スディーによると、ほかの共同体もクムラン同様に孤立した場所にあるという。そして、同じ原理や原則である「知識の蓄積と維持」に基づいて活動していた。まったくもって、エッセネ派は孤立した単独の共同体ではなかった。

S　よく考えてみよ。この単独の孤立した小さな共同体だけで「知識」を維持し続けることができると思うか？　だれとも共有せず、我々だけで保護し続けることができると思うかい？　当然、ほかにも仲間がいるに決まっているではないか。

D　エッセネ派は単独の孤立した団体であるといっている人たちがいます。蓄えられた知識も共有せず、だれともかかわりを持たなかったと。

S　そんなことをいう人間は、はなはだ無知な愚か者である。

多くの考古学者やアラブ人が『死海文書』に関連する巻物やその断片を求めてクムラン周辺の洞窟を探索した。やがて、瓦礫にまみれた陥没した洞窟のなかで希少価値の高い巻物を発見することができた。それは二つの「銅の巻物」であった。通常の巻物はパピルス紙、または皮革に記されていた。ゆえに、これは非常にめずらしい巻物だった。銅の巻物はもともと大きな一枚の細長い（長さ八フィート〔約二百四十三・八センチメートル〕×幅一フィート〔約三十センチメートル〕）巻物だったらしいが、その巻物はバラバラになった状態で発見された。しかし、どういう理由からそうなってしまったのかはだれにもわからないらしい。その銅の巻物には「シンボル」も刻み込まれていた。考古学者いわく、シンボルが刻まれた巻物は非常にめずらしいものだという。しかしながら、銅の状態はひどく酸化していた。ちょっと触れただけでも、壊れてしまいそうなほどもろい状態だった。おそらく、さまざまな気候の変動や時間の経緯によって、その銅の巻物は破損されてしまったのだろう。あまりにももろく、広げることすらもできなかったそうだ。考古学者たちは四年もの間、銅の巻物を安全に広げる方法を研究し続けた。ようやく英国のマンチェスター工業大学のH・ライト・ベイカー教授が銅の巻物を短冊状に切断させる巧妙な方法を思いついた。そのおかげで、巻物の断片をひとつも失わずにすんだのだ。

わざわざそこまでする価値があったのだろうか？　その価値は銅の巻物が翻訳されたのちに判明することになる。そこにはトレジャー・ハンター（財宝の探索家）が喉から手が出るほどほしい情報が記されていた。銅の巻物には「財宝の在り処」の一覧表が含まれていた。金や銀だけでなく、貴重な財宝の在り処も記されていたという。財宝を重さの単位で表すと合計百トン以上になった。一九五〇年代当初の貨幣価値だと千二百万ドル以上に相当した。現在の貨幣価値に換算すると、それ以上の金額になることはたしかだ。財宝が埋められている場所が六十箇所も明記されていた。また、財宝が隠された在り処へ行きつくための的確な道順までも記されていた。（クムランだけでなく）エルサレム市内とその周辺、ジュデアン砂漠のなかにも財宝は隠されていた。ジョン・M・アレグロ氏の著書“Treasure of the Copper Scroll”（銅の巻物の財宝）に翻訳された銅の巻物の内容、そして銅の巻物に関する解説が記されている。

アレグロ氏はその内容についてくわしく解説している。銅の巻物に記されているものは本物の財宝の一覧表である。きっと、そこに記載されている場所に埋められていたのだろう、アレグロ氏はそう確信していた。唯一不審な点があるとすれば、信じられないほどの量であった。もしかすると、情報はまちがえて翻訳されてしまったのではないだろうか、とアレグロ氏は疑っていた。そこにはあまりにも驚異的な量の財宝が記されていたからだ。銀の総重量が三千百七十九タレント[*21]、金の総重量が三百八十五タレントもあった。それだけでなく、金の延べ棒が百六十五個、銀の水差しが十四個、貴金属製の容器が六百十九個もあったのだ。銅の巻物には、それらが隠されている場所がはっきりと記されていた。たとえば「東側の城壁の下に位置した貯水池の凹んだ岩がある場所に、銀の延べ棒がある」などと刻まれていた。すべての財宝に対して、これと同じように隠されている正確な場所を詳細に説明していた。しかし、そのほとんどはローマ帝国による戦争の影響で荒れ果ててしまった地域に所在していた。それらの財宝をみつけることができなかったか、もしくは、実質的に不可能だったのではないかと、アレグロ氏は言及している。

なぜなら、それらの財宝をひとつも発見することができなかったからだ。その銅の巻物の一覧表の最後に、それとまったく同じ巻物の写本が隠されている場所も記されていた。そこにはこう刻み込まれていた「寺院の近くにある大きな排水管の北側にある洞穴のなかに隠されている」。残念ながら、この写本もみつけることができなかった。「銅の巻物はだれかが捏造したものである。財宝は最初から存在していなかった」、何人かの考古学者たちはそう結論づけていた。その理由は、エッセネ派は清貧の誓いを立てていたからだ。そんな誓いを立てていた人々が、どうやってこんなにも莫大な富を手にすることができたというのだ？　それらの財宝は、あきらかに捏造したに決まっていると力説した。しかしながら、銅の巻物は（薄い銅板に刻み込まれているため）どう考えても通常のパピルス紙よりも苦労して記さなければならない。そんな大変な作業をしてまで、人を騙すためにわざわざ捏造した情報を記した巻物を残すようなことをするだろうか。

その銅の巻物に記されているのは実際の財宝ではなく、なにかのシンボルなのではないか、まだ解明されていない秘められたメッセージが記されているのではないかという説もある。わたしはエッセネ派が莫大な富を築いた可能性はあると思っている。おそらく、長い年月をかけて富を蓄積したのだろう。または、ほかの理由で富の所有者になれたとも考えられる。

その周辺地域で暮しているベドウィン族*22は考古学者にとって恩人のような存在だった。彼らは砂漠の全域を隅々まで把握していたからだ。もしかすると、そのベドウィン族たちが二千年の間にそれらの財宝の一部をみつけてしまったのかもしれない。つまるところ、銅の巻物の写本も探しあてることができなかったからだ。あるいは、ほかのだれかが、考古学者が訪れる何年も前に銅の巻物の写本を発掘したのかもしれない。そして、そこに記されている的確な指示に従い、財宝をみつけ出すことができたのではないだろうか。たぶん、エッセネ派が隠していたものを発掘したのは、わたしたちの世代がはじめてではないのだろう。わたしにはそんな気がしてならなかった。

この最後のセッションで、わたしが事前に調べた内容に関する質問を問いかけるとき、この謎が解かれることも密かに期待していた。いったいどのように質問すればいいのだろう。誘導尋問のような答えを導く質問をすることなく、スディーから訊き出すことができるのだろうか？　ちょうどそのとき、スディーは図書館の上階で、ある巻物を勉強している最中だった。その銅の巻物に関する質問を投げかける絶好の機会だと思った。そこで「特定の巻物を勉強しているのですか？」と訊いた。すると、またあのお馴染みの言葉が返ってきた。「答える気は毛頭ない！」そういいながらも、それは「トーラーではない」とだけ教えてくれた。このようにスディーの防衛本能が発動してしまうと、彼から答えを導き出すことなど不可能だった。もしかすると、遠回しな方法でなんとか答えを導き出すことができるかもしれない。

D　革やパピルス紙以外の材料で「巻物」をつくることもあるのでしょうか？

S　ほかの方法でつくることもできる。だが、くわしいことはわからない。複写担当ではないからだ。しかし、ほかの材料でつくれることだけは知っている。

D 金属製の巻物をみたことはありますか？

S みたことはある。（再び疑心暗鬼の表情を浮かべた。禁じられた話題に触れたのがはっきりとわかった）なぜ、そんなことを訊く？

D 巻物を作成するには、非常にめずらしい材料だと思ったからです。ほかの材料にくらべて、作成するのに大変な時間と手間がかかりそうです。スタイラスを使ってパピルス紙に記載するほうが楽に作成できるような気がしますが。どうなのでしょうか？

S （冷たい口調で）ごもっともだ。（疑心暗鬼に）なぜ、そのような質問をするのだ？

D そんなに苦労する作業をしてまで、なぜ金属製の巻物をつくる必要があるのか。なんとなく不思議に感じたからです。

S 金属製の巻物には重要な情報が記されている。適正かつ厳重に保護しなくてはならない情報もあるからだ。

それ以上、スディーは語ることはなかった。話を聞くと、どうやら特別な価値のある内容を金属製の巻物に記していたようだ。重要な情報であるからこそ、なんとか永久保存させたかったのだろう。そのためにもっとも耐久性の強い材料を使用したのではなかろうか。これを念頭におくと、いくらなんでも銅の巻物に捏造した情報が記されているとは信じがたい。やはり考古学者らが、これらの貴重な財宝を発見するのが二千年ほど遅かっただけなのではないだろうか。

クムラン遺跡の発掘をした考古学者たちは「エッセネ派の住居区域」について言及していなかった。彼らは、エッセネ派の人々は共同体周辺にある洞窟のなか、もしくはテントか小屋のなかで暮らしていたのではないかという結論に達していた。『死海文書』を発掘した洞窟のなかから、陶器・ランプ・テント柱などを発見したからだ。おそらく洞窟のなかで暮らしていた時期があったのではないかと仮説を立てていた。あんなにも立派な水道システムを構築する能力を持つエッセネ派がわざわざ洞窟やテントのなかで暮らすだろうか。わたしにはとうていそうは思えない。考古学者がなぜそう考えたのか、不思議でしかたがなかった。このことについて、さらにほりさげて質問してみることにした。

D たしか、まだ少年だった頃、クムラン共同体から少し離れた場所……共同体の壁の外にある住処で暮らしていたと聞きました。そのクムラン近郊に「洞窟」はあるのでしょうか？

S 洞窟はたくさんある。

D エッセネ派の人々が、その洞窟のなかで暮らした時期はありますか？

S　聞いた話によると、一時期、暮らしていたこともあるらしい。しかしいまは、そこまで人が多くない。洞窟で暮らす必要はなくなった。まあ、私も子どもの頃はよく洞窟のなかで遊んだものだ。

D　昔はいまよりもクムラン共同体にもっと大勢の人がいたのですか？　もっと人口が多かったとき、その時代に洞窟のなかで暮らしていたエッセネ派もいた、ということなのでしょうか？

S　そうだ。創設して間もない頃の話らしいが。

それはまだ初期の時代、住居施設を建築中の時代の話だった。なんとなくわたしはそれがこの真相なのではないかと思った。クムランはとても前衛的な共同体である。その理由以外で、みずから身を落として洞窟やテントで暮らす必要性がまったくないからだ。

発掘の際、多くの硬貨や硬貨の詰まった袋もたくさんみつかった。その硬貨が発見されたことで、考古学者たちは年代を解明することができた。硬貨は、紀元前一三七年〜紀元前三七年のものだった。硬貨の年代は、ユダヤ国家独立の時代からヘロデ大王の時代にまでおよんでいた。ところが、年代によって発掘された硬貨の量に大きな隔たりがあった。紀元前三七年〜紀元前四年の間に発行された硬貨はごくわずかしかみつからなかった。それらはヘロデ・アーケレーアス*23王権の時代のものだった。しかしながら、紀元前四年～紀元後六八年の間に発行された硬貨は大量に発掘できた。その紀元後六八年はクムラン共同体が破壊された年*24でもある。

これらの発見された硬貨をもとに考古学者たちは推測した。紀元前三七～紀元前四年の間の硬貨が数枚しか発掘されなかったため、もしかするとその約三十年間、クムラン共同体は放置されていたのではないかと。しかし、その三十年間はスディーがクムランで暮らしていた時代だった。スディーいわく、エッセネ派の人々がクムランから離れたことは一度もないという。また考古学者も、エッセネ派がクムランを去らなければならなくなった理由をみつけ出すことはできなかった。唯一考えられたのは、地震の被害に遭ったのではないかということだけだった。それを裏づける痕跡が残されていたからである（三三〇ページ参照：クムラン遺跡の風呂場にある階段に亀裂が入っている）。おそらく、共同体は激震に襲われたのだ。そして、あまりにもその被害が大きかったため、三十年もの間、クムラン共同体を離れていたのではないかと推測されていた。しかし、それはあくまで憶測の域を出なかった。その時代の歴史を調査している古代の作家でさえ、エッセネ派がクムラン地域を一時的に離れたことがあるという説についていっさい言及していなかった。結局のところ、いずれも考古学者が発掘物を考察し、分析して立てた仮説にすぎなかった。もし銅の巻物が完全に消滅したのであれば、なぜ硬貨の詰まった袋も一緒に消滅しなかったのだろう？　その疑問を投げかけ、この話を締めくくろうと思う。実際、最終的にクムランはローマ軍によって侵略されている。その占領されていた間、くまなく物色され、価値のあるものはすべて略奪されていったと伝えられている。また、クムランが廃墟と化す前、ほかの民族がそこで暮らしていたという説もある。とはいえ、わたしはべつに考古学者の仮説を否定しているわけではない。それどころか、わたしとはちがうもののみかたや考えかたをしているといえるだろう。

余計なことをいわずにどう質問すればいいのだろうか。とにかく、慎重に言葉を選んでいかなければならない。

D　ちょっと訊きたいことがあります。クムラン共同体が創設されてから、エッセネ派の人々はずっとそこで暮らしているのでしょうか？

S　もっとくわしく説明せよ。

D　共同体を一度も離れずに、ずっとそこで暮らしていたのでしょうか？　または一時的にでも、共同体から離れた時期はありますか？

S　ああ、潜伏していた期間のことか。一時的にクムランを離れていた時期があったと聞く。たしか、そのような話は伝えられている。

それはスディーが生まれる前のできごとらしい。しかしながら、スディーがクムランで暮らしていた時代は、共同体を一度も離れたことはないという。

クムランの絵図をみると、地震による被害を受けているのがわかる。共同体の端側にある風呂場の箇所に大きな亀裂が入っているからだ。地震の被害を受けた箇所を修復した痕跡もあると考古学者は言及している。とくに塔の周辺に修復の痕跡が残されていた。それについて、もっとくわしい情報を訊き出そうと思った。ここは「地震」という言葉を使わずに、質問をしなければならない。

D あなたがクムランで暮らしていた時代、なんらかの自然災害が起きたことはありますか?

S (考えながら沈黙した) ああ! あのことをいっているのであろう。子どものとき……母親から聞いたおぼえがある。昔、崖が大きく揺さぶられたらしい。そのとき、クムラン全域が海に沈むのではないかという恐怖を感じたそうだ。私はまだ二歳……いや、三歳だったかもしれない。当時の正確な年齢もわからないくらい、あいにくすっかり記憶の片隅にも残っていないが。

D その影響で、共同体も被害を受けたのでしょうか？

S 手を広げた幅の隙間ができた。最終的に、その部分は崩れ落ちてしまったらしい。

あきらかに、これは亀裂といいたかったのだろう。続いて、「どこが崩れ落ちたのですか？」と訊いた。すると、身ぶり手ぶりを交えて説明してくれた。

S たしか……壁沿いを進んだところだ。（身ぶり手ぶりで）このような感じで壁がずっと続いている。すると、絶崖がみえてくる。そのあたりの壁沿いだ。集会場と風呂場に向かう途中の角の部分だ。その箇所から、斜めに崩れ落ちたらしい（斜めといったような気がしたが、ものすごく聞きとりにくかった）。

D その亀裂は風呂場にまでおよんだのでしょうか？

S 風呂場まで亀裂が入った。幸いにして、水漏れが起きるほどの大きな亀裂ではなかった。そして、その亀裂はすぐに修復された。その間、だれもが落ち着いてすごした。それもそのはず、その事象が起きることを事前に知っていたからだ。そのおかげで、だれひとり命を落とさずにすんだのだ。すべては、その「予言」があったからである（サイキック能力を使って知ったのだろうか？）。

D 共同体を離れなくてはならないほど、ひどい破損にはならなかったのですか?

S 修復されるまでの間、一時的に離れていたと聞く。一時的に避難できる場所はたくさんある。その間、住居施設のあたりだけで生活することもできる。あるいは、洞窟のなかですごしていたのかもしれない。いろいろな可能性が考えられる。当時の私はあまりにも幼かったため、その記憶はいっさい残っていないが。そんな話を耳にしたことがあるだけだ。だが、私自身は共同体を離れたという記憶はない。

D エッセネ派は何年間もクムラン共同体を離れていた、という話を聞いたことがあります。

S 世間にそう信じ込ませたのだ。我々の存在を忘れさせるためだ。そうすれば、我々のことを放っておいてくれると思ったからだ。

D 共同体が無防備に放置されていることが世間に知られたら、かえって強盗に入られてしまうのでは?

S そんなこと百も承知だ。無防備に放置されたことは一度もない。

またもや、秘密の防護方法があることを仄めかした。

第一部では、エッセネ派に関する情報はすべて詳細に記している。この神秘的なエッセネ派を念頭においておけば、よりイエスの生涯の内容を理解することができると思ったからだ。クムランで暮らすエッセネ派の人々の主要な目的は「知識の蓄積と保護」であった。そして、その知識を存続させることである。彼らは、その蓄えられた叡智を引き継ぐ資格のある者たちに教え、継承させることを目的として生きていた。また、エッセネ派は隔離された世界で暮らす、穏やかでおとなしい民族だった。このような隔離された世界で暮らすということは、まさに事実上の楽園で暮らしているのと同じである。彼らは完璧な世界で、完全に独立して生活していた。当時のイスラエルの人々と比較すると、エッセネ派の暮らしぶりは驚くほど現代的であった。エッセネ派の人々は外界へ出るたびに、愕然とした思いを抱いたという。自分たちの暮らしぶりと、外の世界の人々の暮らしはあまりにもちがいすぎたからだ。それゆえ、彼らは好んで隔離された世界で暮らしていた。一方で、エッセネ派は恐れられる存在でもあった。彼らのことが理解できない人間たちには怪しまれ、敵視されていた。そのため、外界へ出るときはいつも変装して出ていかなければならなかった。クムラン共同体は隔離されているだけでなく、しっかり防御もされていた。ごくわずかのかぎられた人間しか、その場所に共同体があることを知らなかった。幌馬車で通る人たちでさえも、その住処の真の目的に気づいていなかったのではなかろうか。部外者が入れる区域もかぎられ、部外者が絶対に立ち入れない禁止区域もあった。それでいて、エッセネ派の目的のひとつは蓄えられた知識を世間全般に伝えることであった。一般社会に「教え」を伝授するには、さりげなく伝えていくことが最良な方法だ。

おそらく、クムランを卒業していった「赤いはちまき」をつけた生徒たちがそれぞれの地元へ戻ったのち、エッセネ派の教えを伝授していったのだろう。とにもかくにも、第一部に描写されている情景が念頭にあると、イエスが人々に教えを説いている様子やとりまく環境を読者が想像しやすくなるのではないか、わたしはそう感じた。

この第一部にはケイティが持つ能力に関しても記してある。彼女は知る由もない文化について詳細かつ正確な情報を伝えることができる能力を持っていた。ケイティもわたしと同様にクムランやエッセネ派に関する本を精読したのではないか。わたしから投げかけられる質問に対し、用意周到に準備してからセッションに挑んだのではないか、と疑う人もいるかもしれない。だが、これだけははっきりいえる。ケイティは決して事前に調べるようなことはしていない。なぜなら、彼女はこれらの情報にぜんぜん興味も関心もなかったからである。そのうえ、どんな質問をするのかも、彼女にはいっさい知らせていなかった。しかも、どの本にも載っていないような情報や知識もたくさん出てきた。その記述は本書のいたるところにみつけることができる。この「質疑応答」の章からもわかるように、スディーでさえも知らない『死海文書』の内容も出てきている。それは当然のことだ。なぜなら、スディー自身も図書館にあるすべての巻物を読破していなかったからだ。もしかすると、スディーが生きた時代では『死海文書』は別の名称で呼ばれていたとも考えられる。もし、わたしを巧妙に騙そうとしていたのであれば、ケイティはすべての質問に正確に答えようと試みたにちがいない。また、すべての『死海文書』に関する質問に答えることができただろう。加えて、ケイティはものすごく深いトランス状態に浸っていた。そのような深い催眠下で人は嘘をつくことは不可能なのだ。ケイティは深い催眠状態へ導かれると、毎回すんなりとスディーの人格に入り込むこともできた。この「スディーとしての過去世」をたずねた三カ月間、ありとあらゆる面において、ケイティはこの古代の人物になりきっていたといっても過言ではない。

この話と若干の関係があるヨセフス*[25]の言葉の引用をここに記載する。「エッセネ派のなかには未来を予言できる者がいる。幼い頃から神聖な書を学び、常に浄化に努め、予言の教えを研究している。彼らの予言がはずれたことはめったになかった。エッセネ派はこの世にある苦しみを嫌った。彼らは不屈の精神で苦痛を乗り越える力を持ち合わせていた。尊厳のある死を迎えることができるのであれば、長生きよりも望ましいと考えていた。彼らの不屈の精神は、ローマ人たちとの戦争で十分証明された。ローマ人たちに囚われたのち、彼らは虐待され、吊るしあげられ、火炙りにされ、押しつぶされ、この世のすべての拷問にさらされた。また、律法を与えたモーセに対して冒瀆的な言葉*[26]を吐くように強制しようとしても、禁じられている食べものをむりやりに食べさせられても、絶対にローマ人たちに屈することはなかった。どんなに凄まじい拷問に遭っても、涙のひとつも流すことはなかった。ローマ人たちに優越感を与えるような姿をさらすことは決してなかった。それだけでなく、どんなに拷問に遭っても、ローマ人を嘲笑っていた。笑顔を浮かべながら、自らの魂を差し出した。まるで、すぐに苦痛から解放されることを知っていたかのように」。

エッセネ派はこのような誓いも交わしていた。「仲間との間に隠しごとはしない。たとえ自分の命が危険にさらされたとしても、部外者たちに機密を決してあかしてはならない。そして、人に教えを伝授するときは自分たちが教わったとおりに正確に伝えなくてはならない」。

まさに、わたしが情報を得るのに苦労したのは上記の理由だった。これで、まわりくどい質問のしかたをしなくてはならなかった理由が解明された。よくよく考えると、なにかしらの「答え」を得られたこと自体が奇跡なのかもしれない。わたしはスディーの人生における基本原則、厳しい誓いを破らせようとしていたということになる。しかしながら、これは催眠状態にいる人間が絶対にとらない行動や言動である。深い催眠に浸っている人間というのは、彼らの道徳に反するような行為をすることは決してしないからだ。だが、これらはケイティの道徳観ではなく、スディーの道徳観であった。それらを踏まえて考えると、どれだけケイティがスディーと密接に結合していたのかがわかる。ケイティとエッセネ派のスディー、この二人は完全に同一化されていたということだ。このことから、子ども時代のスディーから情報を入手するほうが容易だったことも説明される。まだ幼かったため、その「誓い」を交わしていなかったのだろう。子どもの無邪気さゆえ、禁じられた情報をあかしているとは思ってもいなかったのではなかろうか。なにはともあれ、わたしたちは情報を入手することができたのだ。たしかに、巧妙な手段で情報を入手しなければならないときもあったかもしれない。いずれにせよ、わたしたちは情報を入手できたこと自体に感謝の気持ちを忘れてはいけない。わたしとケイティの間に強い信頼関係が築かれていたがゆえ、このようなことを成し遂げることができたのだ。第一部に書かれていることは、あくまでその一例にすぎない。とにかく、これだけは確実にいえる。信頼関係ぬきにして、このような内容の情報を入手することは絶対にありえないということだ。

一八六四年に出版されたクリスチャン・ギンズバーグ著『エッセネ派とカバラ』に、彼らの秘密を守る姿勢はとくにめずらしいことではなかったと記されている。「ファリサイ派も宇宙起源論や神智学などに関する神秘情報を容易に提供することはなかった。これらの情報があかされるのは定期的に秘伝を伝授されている者たちだけにかぎられていた。ファリサイ派によると、それらの内容は天地創造の歴史と『エゼキエル書』におけるエゼキエル*[27]の幻視のなかにも密かに記されているらしい」。エッセネ派も宇宙起源論や神智学の教えに精通していた(第十四章・十五章参照)。ヨセフスは「エッセネ派は多大な苦労をしてまで古代の巻物を学んだ。また、魂と肉体の両方に有益でかつ最適な情報だけを選抜していた」といっている。

再びクリスチャン・ギンズバーグの言葉を記す。「あきらかにエッセネ派は魔術を使った治療法や悪魔祓いに関する古代の文書を研究していた。それらはソロモン王によって書き残されたとされる有名な文献である。そこには奇跡的な治療や悪魔祓いに関する内容が記されている」。

アレクサンドリアのフィロンの言葉を記す。「エッセネ派は神を愛し、美徳を愛し、人類を愛した。この三大原則と定義に基づいた教えをエッセネ派は説いていた」。この三大原則と定義はイエスの教えと類似している。ここも注目すべき点であろう。

一八〇〇年代の作家たちはエッセネ派について以下のように言及している。「エッセネ派の教えというのは旧約聖書のなかに記されている深い宗教的な意味合いから生じている。また、エッセネ派は終末論の教えの学派に属し、予言者の養成機関として古代予言の後継者を育てていた。彼らは古代の東洋思想、古代のペルシャ思想、古代のカルデア思想の影響も受けていた。それら思想といくつかの制度も採用し、ユダヤ教の思想と混合させていた。エッセネ派の目的は、科学と宗教を統合させることであった」。

訳注

＊1　ツァドク：ザドクとも呼ばれる。ダビデ時代のイスラエル王国の祭司。

＊2　月に憑かれている：これは英語のいい習わしで「頭が狂っている」という意味になる。西洋では月は「狂った」、「気が触れた」という意味がある。

＊3　ヨベル：英語ではジュベリーという。ヨベルは雄羊の角笛のことで旧約聖書の時代、人々は祝いや祭りなどの際、このヨベル（ラッパ）を吹いて喜びを表していた。このことから、ヨベルというのは喜びや祝いを表す語として、一般に使われるようになった。ユダヤ教では、五十年に一度の恩赦の年のことである。カトリック教会では二十五年に一度の聖年、特赦の年ともされている。（ヨシュア記6：4／レビ記　25：11）

＊4　光の息子たちと闇の息子たちとの戦い：『死海文書』で再発見された文書のうちのひとつ。光の王子である大天使ミカエルに率いられた光の息子たちと悪魔のひとりである堕天使ベリアルに率いられたキッテム（古代ローマ帝国のことだと示唆されている）の軍勢である闇の息子たちとの対立について記されている。彼らは数十年間、互いに戦争を続け、ついに光の息子たちが闇の息子たちの軍勢を打ち破り、平和が訪れる。武具、陣形、戦術などについての記述もあり、別名「戦争の巻物」とも呼ばれている。

＊5　正義の教師：もしくは義の教師。クムランの第一洞窟で発見された『死海文書』のダマスカス文書に出てくる人物。『死海文書』のもっとも興味深い文書のひとつといわれている。この文書にはエッセネ派の起源が書かれている。この正義の教師はイエスや洗礼者ヨハネのことではないかという説もあ

る。

＊6　邪悪な司祭（Wicked Priest）：『死海文書』のハバクク解説（ハバクク書注解）に四回登場する。詩篇の解説にも一回出てくる。詩篇では正義の教師の対戦相手のことをさしており、「大祭司」のことであるともいわれている。この人物の正確な身元確認は、議論の余地があり、『死海文書』のなかでもっとも厄介な問題のひとつとして扱われている。

＊7　感謝の聖歌（Thanksgiving Psalm）：『死海文書』の一部に感謝の詩篇と呼ばれる一篇がある。Psalmには賛美歌、聖歌、聖なる詩という意味がある。詩は詩でも聖なる詩のことをさす。『死海文書』の日本語訳では「感謝の詩篇」となっているが、スディーの話の内容を聞くと「感謝の聖歌」という訳のほうが適切であるため、この本のなかではあえて聖歌という語を使った。この感謝の詩篇は二十の章から構成され、そこには人類の終焉について鮮明に記されており、「滅びの矢が放たれて命中し、炎に襲われ地上は焼けつくされ、水を飲むものは消え失せ、地上の者は気が狂う」と終末地獄の様相が書かれている。このことから『死海文書』をすべての預言書・予言書の種本とする説もある。この謎めいた『死海文書』の内容は『新世紀エヴァンゲリオン』の原案になっているといわれている。

＊8　ヒレル：ユダヤ教のラビ。紀元前一世紀の律法学者、ユダヤ教の宗教指導者、ヒレル派の創始者。バビロン生れ。四十歳頃エルサレムに遊学し，パリサイ人の指導者となった。ヒレルはトーラー（モーセ五書）を徹底的に研究した偉大なラビであった。

ユダヤ教では基本的な神学のひとつである、「神への愛」と「隣人愛」を説いた。新約聖書では「善きサマリア人のたとえ」でヒレルの教えをイエスが語っている。

＊9　マカベア家（マッカビーズ）：旧約聖書外典である『マカバイ記』に登場する紀元前二世紀のユダヤ

の民族的英雄の一族。マタティアが父親でその三男にユダ・マカバイがいる。そのマカバイがシリアの支配下にあったユダヤの独立を達成することになるマカバイ戦争を指導した。

*10 **エノク書**：三種あり、第一エノク書はエチオピア語、第二エノク書はスラブ語、第三エノク書はヘブライ語の文献である。一般的に『エノク書』といえば第一エノク書のことをさし、紀元前一～二世紀頃成立と推定されるエチオピア正教会における旧約聖書のひとつである。エノクの啓示という形をとる黙示で、天界や地獄、最後の審判、ノアの大洪水についての預言などが語られており、天使、堕天使、悪魔の記述が多い。

*11 **エノク秘蹟書**：別名、第二エノク書。スラブ語の文献。内容は基本的に第一エノク書と変わらない。

*12 **ファリサイ派**：パリサイ人、ファリサイ人ともいう。イエスの時代、民衆の間でもっとも尊敬され、影響力をもっていたのがファリサイ派である。中流階級の商人、律法学者や最高法院（サンヘドリン）の議員もいた。口語訳聖書などではパリサイ人と表記されている。彼らはユダヤ教の律法（戒律）を厳格に解釈し、忠実に守った人々であり、復活、死後の霊魂の存在を信じていた。

*13 **サドカイ派**：紀元前二世紀から紀元後一世紀頃のユダヤ教の一派。もっとも保守的で、保守的特権階級を代表し、祭儀を司る役目を果たした。イエスの時代、イスラエルの社会の政治的、宗教的権力を握っていた。

*14 **サマリア人**：イスラエル人と異邦人との間に生まれた人々、その子孫。彼らの宗教はユダヤ教と異教とが混ざったものだった。サマリアはパレスチナのヨルダン川西岸地区北部一帯の呼称。「善きサマリア人のたとえ」が聖書に記されている（ルカ福音書　10：25～37）

*15 **ヤコブ**：旧約聖書の『創世記』に登場するヘブライ民族の祖のこと。別名イスラエル。ユダヤ人はみ

なヤコブの子孫を称する。

＊16 **ミドラーシュ**：ヘブライ語で「捜し求めるもの」の意味。紀元五〇〇年以前に最初に編集されたユダヤ教聖典の注釈書。聖書解釈法。

＊17 **ミシュナー**：繰り返しによる教えを意味し、ユダヤ教のラビの口伝を集成したもの。二世紀頃のラビであるユダ・ハナシがほかのラビたちとともに口伝律法を体系的に記述した書物のこと。ミシュナーに解説を付してまとめたものがタルムードで、ユダヤ教ではモーセの律法に次いで大切な聖典とされている。

＊18 **カバラ**：ユダヤ教の神秘思想。ユダヤ教の秘教的な教理のこと。聖書のなかではパリサイ派と呼ばれている。

＊19 **ダマスコ文書**：『死海文書』ではない文書。発見されたのはカイロのゲニザと呼ばれる会堂である。しかし『死海文書』に含まれる『宗規要覧』や『ハバクク書』註解と密接な関係があり、クムラン洞穴四、および洞穴六からも断片が発見され、『死海文書』と関連があると考えられている。

＊20 **アレクサンドリア**：カイロに次ぐ、エジプト第二の都市。紀元前三世紀に、プトレマイオス朝のファラオ、プトレマイオス一世によって建てられた図書館は、世界中の文献を収集することを目的とした、最古の学術の殿堂ともいわれている。ドロレスには、アレクサンドリア図書館の書籍や資料の保管を担当していた過去世がある。本人が講演でそう語っていた。

＊21 **タレント**：古代ギリシャ、古代ローマなど、古代地中海世界で使われた質量の単位。また、通貨単位としても使われた。

＊22 **ベドウィン族**：アラビア半島を中心に中近東・北アフリカの砂漠や半砂漠で遊牧生活をするアラブ系

民族のこと。ラクダを中心として羊・山羊を飼育している。アラビア語で「町ではないところ」に住む人々を意味するバドウに由来する。

＊23 ヘロデ・アーケレーアス：ヘロデ大王の長男。ギリシャ語でアーケレーアスは「人を導く者」という意味。父親のヘロデ大王の没後、領土の半分以上を支配した。

＊24 クムラン共同体の破壊：第一ユダヤ戦争で、古代ローマ帝国の軍隊によって紀元後六八年の六月に破壊されたといわれている。

＊25 ヨセフス：フラウィウス・ヨセフス。帝政ローマ期の政治家、著述家。ヨセフスはエルサレムの祭司の家系に生まれ、サドカイ派、エッセネ派など当時のユダヤ教の諸派を経て、ファリサイ派を選んだ。『ユダヤ戦記』を著し、そのなかでエッセネ派について言及している。

＊26 モーセに対して冒瀆的な言葉を吐く：エッセネ派はモーセの律法を厳格に守っていたからである。モーセ自身もエジプト王の拷問にあっている。赤い毛布を着せられ、杖を持たされて砂漠に追放された。十四年間の間に三回死のうとするが、そのたびに神に助けられた。やがて、シナイの山に登り、そこで神と出会うことになる。そして、神から「モーセの十戒」を授かる。

＊27 エゼキエル：ダニエル、イザヤ、エレミアとともに四大預言者のひとり。旧約聖書に登場する紀元前六世紀頃のバビロン捕囚時代におけるユダヤ人の預言者。

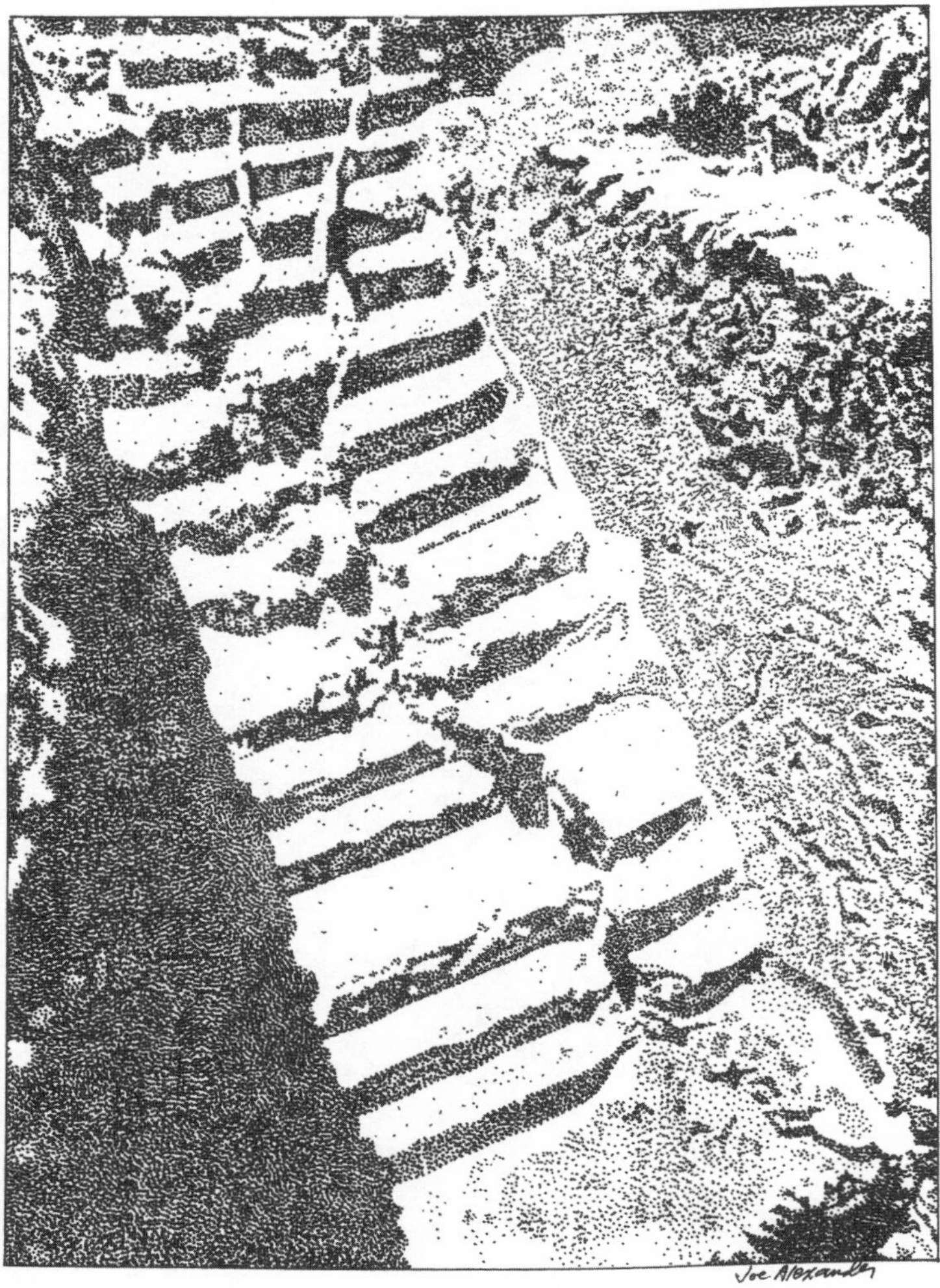

クムラン遺跡。 風呂場の階段に亀裂があることがわかる。

第14章 巻物と聖書物語

クムラン共同体の活動のひとつは巻物の執筆と複写であり、文献を世界中のさまざまな地域へ配布することだった。ある意味「出版社」であったのだ。

S 図書館での主な仕事内容は、貴重な知識を記録として保存することだ。すべては後世に残すためである。記録として残したあと、それらの巻物を保護するためにさまざまな国へ配布する作業もする。この世にひとつでも多くの巻物を生き残らせるためだ。そのためにはあらゆる場所で保管する必要がある。あとは少しでも多くの巻物が生き残ってくれることを切に願うばかりだ。この図書館のなかには膨大な量の資料や巻物がある。この世にあるすべての物語、さまざまな法廷でのやりとりの記録、歴史文献などもある。それだけでなく、なにげない日常のことが記録された資料もある。図書館のなかにあるすべての巻物を読み終える前に、だれもが老人になってしまうであろう。

D　（さまざまな地域へ配布された）それらの巻物がどこに保管されているのか知っていますか？　ほかの地域にも図書館はあるのでしょうか？

S　おそらく、ほかの地域にも図書館はあるはずだ。だが、私は知る由もない。（再び疑心暗鬼に陥って）なぜ、そんなことを知りたいのだ？

わたしはなんとか誤魔化してこの状況を切り抜けようとした。好奇心が旺盛なうえ書物を読むことが好きだからで、クムランの図書館でみつけることができない文献は、どこへ行けばみつけることができるのかを知りたいからだと、どうにか納得させようと試みたが、この策略はまったく通用しなかった。「君には巻物を読解できる能力があるのか？」。ここは、すばやく答えなくてはいけない。わたしは、わたし自身が読めなくても、だれかに翻訳を頼むので大丈夫、とすぐさま返答した。でもこれも、まるで通用しなかった。

S　巻物の閲覧許可が得られるのは、ごく少数の特定の者たちだけにかぎられている。また、正当な理由がなければ閲覧することも許されていない。

この発言に驚愕した。わたしはてっきり現代の図書館のように、だれでも巻物を閲覧できると思っていたからだ。

S まず、巻物の管理担当に閲覧する理由を聞かれる。というのも、巻物に記されている知識を得るだけで、だれかに危害を加えることもできるからだ。

その当時、話されていた言語についてこれまでなんども触れてきた。その時代、わたしはほとんどの人がアラム語で話しているものだと思っていた。

S アラム語だけではない。ヘブライ語、アラブ語、エジプト語、ロマニ語もある。多くの言語が存在する。

ロマニ語は意外だった。なぜなら、ロマニ語は現代のジプシーが使っている言語だからだ。

S ロマ人たちは放浪民族だ。彼らはイスラエルの失われた支族*[1]のうちのひとつだといわれている。しかし、その情報がどのくらい信憑性があるのかはわからないが。

D ローマ帝国の人たちは何語を話しているのですか?

S　民衆ラテン語[*2]を話している。なかにはギリシャ語を話す者もいる。数多くのアラム語の方言も話されている。それぞれの地域によって話されている方言がちがうからだ。それぞれに独特な特徴がある。私はガリラヤ[*3]（ガリラヤンとすばやく発音した）地方の方言のアラム語を話している。

スディーはなんとかほかの地方の方言も理解することはできた。が、ときどき大変そうにしていた。それぞれの地域の方言のちがいが、アラム語を読むのに苦労していた理由だったようだ。

S　表現の方法もかぎりなく豊富にある。また、文章の書きかたもそれぞれ微妙にちがうからだ。その地域特有の方言を熟知していないかぎり、勝手な勘ちがいを引き起こす可能性があるのだ。たとえば、私がひとつの言葉を「ある意味」として捉えているとする。しかし、君はぜんぜんちがう意味として捉えている可能性もある。また、文字の書体や発音のしかたもそれぞれ微妙にちがう。ひとつの言葉にたくさんの意味が含まれているからだ。ひとつの単語に五つ、六つ、七つもの意味が含まれているものもある。そのような単語は何個か存在する。それぞれ多種多様な意味を持っているのだ。

これは以前話してくれた内容と同じである。そのときスディーは〈文字〉ではなく、〈音〉によって言葉が形成されていると教えてくれた。おそらく、シンボルによって音を表す「速記」のようなものではなかろうか。多くの方言が存在するということは、たとえ同じ単語であっても、それぞれの地域によって「発音のしかた」がまったく異なるということだ。聞くところによると、文字を書いている人が、その発音のちがいを聞きわけ、シンボルのようなアラム語の文字を形成しているらしい。わたしはイラン出身の人にこのことを確認してみた。すると、それは正しい情報だと教えてくれた。彼らの言語（ペルシャ語）も、ひとつの単語にまるで異なる意味がたくさん含まれていることもあるという。たとえば、ある単語にはライオン・ミルク・蛇口の意味があるらしい。たしかに、それぞれまるっきり異なる意味である。そこでわたしは「どうやって、どの意味にあてはまるのかがわかるのでしょうか？」と訊くと、「その前後の内容によって、どの意味にあてはまるのかを判断する」と教えてくれた。しかし、むずかしさはそれだけではなかった。たくさんの意味が含まれているだけでなく、句読点も十五世紀になるまで存在しなかったからだ。それらを考慮すると、いかに翻訳作業が大変だったのか容易に想像できる。これらの言語の翻訳は、悪夢のような作業だったにちがいない。

D　あなたが記した巻物をほかのだれかが読んだとしたら、まったくちがう意味に捉えられてしまう可能性も出てくるのでしょうか?

S もちろん、その可能性は大いにありうる。当初の意図に反し、意味を完全にとりちがえられてしまうこともある。

たとえシンボルが同じであったとしても、読み手がその巻物に記されている「方言」を知らなければ、まるっきり異なる意味で捉えてしまう可能性もあるという。実際、巻物を書いた作者の意図を本当に理解できる人などいるのだろうか。そんな疑問が湧いた。

S まず、全体の内容を把握する必要がある。そして、この場合はどの意味が一番あてはまるのかを考えなくてはいけない。もしそのあてはめたものが、全体の文章と合っていなければ、ほかの意味を探りあてなくてはならない。

現代の聖書に記されている物語のいくつかが、聖書の「原典」の内容と異なってしまったのもしかたがないのかもしれない。なるほど、これですべては説明がつく。おそらく、なんども翻訳の過程を経てその内容が変わってきてしまったのだろう。その過程の途中で当初とはちがう意味に翻訳されてしまった場合、それはすっかり別の内容の話に変わってしまうからだ。そうなってしまうと、当初の話はいったいどのような内容だったのか、正確な内容を把握することすらむずかしくなる。

D ヘブライ語で記された巻物はありますか?

S もちろんある。この図書館には、この世にあるすべての言語の巻物がある。

D ヘブライ語でも、誤った解釈をされてしまうことがあるのでしょうか?

S ヘブライ語は、アラム語と同じくらい容易に誤解が生じる言語だ。ヘブライ語も、ひとつの単語に多くの意味合いが含まれているからだ。

ヘブライ語の文字も字体を使用する。が、母音記号は表記せず、子音のみを表記しているという。アラム語やペルシャ語と同じようにひとつの単語にいろいろな意味合いが含まれていることが確認できた。

たしかに、これらの言語を翻訳するのはかなりむずかしそうである。たとえ翻訳者に悪気がなかったとしても、たったひとつのまちがいを犯すだけで、物語の全体の流れや内容すらも変えてしまうことになりかねないからだ。

S　もしくは、なんらかの恐れを感じ、あえてそうしたとも考えられる。だが、私は学者ではない。なぜ人間がそのような過ちを犯してしまうのか。その根底にあるものまではわからない。

これらの情報をもとに、スディーの視点からみた「巻物とトーラー」に記されている話をここに記載する。その内容は現代版の聖書に記されているものと多くのちがいがあった。ひとつ忘れてはならない点がある。これらはスディーが師匠たちから教わった内容であるということだ。これはスディー自身が自分の目でみて体感した真実であるのだ。実際、スディーはそれらの原書が書かれた時代の頃に生きていた。当然ながら、このことはだれも証明することはできない。が、手がかりのひとつとして、参考にすることはできるだろう。

D　実は、いくつかの「エッセネ派の教え」が記されている本を持っています。どうやら、いろいろな人たちによって書かれているようなのです。それぞれの章にちがう名称がつけられています。そのひとつは〈イザヤ〉[*4]という名前がつけられています。

S　イザヤは知っている。彼は預言者だ。君は本だと思っているが、それは本ではない。それはトーラーの一部だ。トーラーには、イザヤの預言の内容が記されている。ほかにもエゼキエル、デボラ*5、ベニヤミン*6、モーセ、ルツがある。それ以外にも数多くの物語が記されている。（旧約聖書に登場するデボラのことはよく知らなかった）。デボラは、イスラエルの裁判官のひとりだ。そして、立法者でもある。イスラエルの民が女性に高い地位を与えるのは、これはある意味非常にめずらしいことであった。そのため、女性に支配されていることに腸が煮え繰り返っていた男たちも数多くいたらしい。彼女はとても聡明な女性だったと伝えられている。実をいうと、デボラの話はトーラーの一部ではない。彼女の話は、巻物に記されている。

聖書のなかで、デボラについてはほとんど言及されていない。旧約聖書の『士師記』第四章と第五章にかろうじて記されているだけだ。

わたしはスディーに「創世記という名称を聞いたことがありますか？」と尋ねた。すると、「その名称は聞いたことがない」と返答した。わたしはそこで創世記の意味をくわしく説明した。わたしは「この世界がどのようにしてつくられたのかがそこに記されています」とスディーに伝えた。「もしかすると、この世の基盤の話か？　その話には世界のはじまりが記されている」。スディーは『出エジプト記』*7という名称も聞いたことがないといった。だが、モーセているのか、と訊いてみた。

比べようがないが。とりあえず、スディーが知っているトーラーにはどんな内容の話が含まれ

た。正直なところ、わたしは現代のユダヤ教で使われているトーラーも読んだことはないので

のことは知っていた。モーセの物語は、エッセネ派にとってはとても重要な話だと教えてくれ

S トーラーには律法と預言が記されている。トーラーは基本的にアブラハム[*8]の時代の話からはじまっている。それ以前に起こった事象についてはほとんど書かれていない。それ以前の話は巻物に記されている。トーラーは、アブラハムの誕生の話からはじまる。そして、アブラハムがイスラエルの民の指導者であるという話になっていく。そこから、はじまっている。

D トーラーは「モーセの物語」で終わるのでしょうか?

S いや、預言で終わる。トーラーにも預言は記されているからだ。もちろん、ほかの巻物にも預言は記されているが。なにしろ、それらの預言をまとめるのが一番大変な作業だ。いま、約束されている預言を整理し、全体をつなげているところだ。

D トーラーに記されている最後の預言者はだれなのでしょうか?

S おそらく、ザカリア[*9]であろう。

死海

なぜすべての物語がひとつの巻物に記されていないのだろう。そのほうがずっと作業が楽になるような気がするのだが。そんな疑問を投げかけてみた。その疑問に対し、スディーの返答があまりに可笑しかった。その場にいた全員が爆笑した。

S　もしすべての物語がひとつの巻物に記されていれば、それはとてつもなく大きな巻物になる。そんなに膨大な大きさの巻物は、だれひとりとして持ち上げることさえもできないだろう。

まさかスディーが聖書に記されてい

る物語を語ることができるとは夢にも思わなかった。これはすべて偶然の産物だった。（この話が出てくるまで）このような情報をスディーに尋ねてみようという考えさえ思い浮かばなかった。こういう情報は、この退行催眠を実施している三カ月間、それぞれちがうセッションで登場した。文字起こしの原稿のところどころにも散在していた。それらの情報を寄せ集めてまとめたうえで、それぞれの物語別に区わけしてこの章に記載することにした。時代の移り変わりとともに、聖書に記されている話の内容が変わっていったことは周知の事実である。それゆえ、ここに真実の情報が含まれている可能性は十分ありうる。もしかすると、なかには認めたくないものもあるかもしれない。だが、ここはどうかひとつ、固定観念にとらわれない柔軟な心で読んでほしい。

ソドムとゴモラ

それは死海について質問しているときだった。スディーは「死の海」といっていた。死海の近くの断崖の上にクムラン共同体はあった。それまで、わたしが死海について知っていることといえば、死海の水は塩分濃度が高く、生きものが生息できないということだけだった。この特色だけでは死海についての情報がたりないと常々感じていた。このことを念頭におきつつ、死海になにかほかの特色はあるのかと訊いた。またもや、わたしはスディーの返答に腰を抜かしそうになった。

S ときおり樹脂や松脂の匂いが漂ってくる。どうも南の方角に行くと多くのヤニツボがあるらしい。それが要因のひとつだといわれている。ほかには、基本的に死海ではなにも育たないということだ。崖の端に植物が少しだけ生えているだけだ。

D それが「死の海」と呼ばれている理由なのでしょうか?

S そう呼ばれているのは、死海の岸沿いで「ゴモラとソドムの滅亡」*10が起きたからだ。そして、その事象が起きたことを忘れないようにするためである。

その瞬間、すぐさまハリエットの顔を一瞥した。やはり、彼女もわたし同様に驚いていた。これはまったく予想外な展開だった。わたしたちも聖書に記されている話の内容は知っていた。が、まさかあの悪名高いソドムとゴモラの町が死海と関連しているとは思ってもみなかった。ひとつ注目してほしい点がある。スディーはソドムとゴモラの名称を逆転させて「ゴモラとソドム」といっているところだ。ソドムの発音のしかたも、わたしたちが聞き慣れているものとはちがっていた。どう考えても、わたしたちの潜在意識のなかにある情報をスディーがテレパシーを通じて読みとったものではない。それは火をみるよりもあきらかだった。

D え……？　わたしはてっきり死海の名称の由来は、その場所でなにも育たないからだと思っていました。

S （わたしの言葉を遮って）ゴモラとソドムの滅亡があった場所であるがゆえ、ここではなにも育たないのだ！

D それらの都市は、どうやって滅んだのでしょうか？

スディーは涼しい顔をして「放射能だ」と答えた。またもや、衝撃的な返答に思わず言葉を失いそうになった。が、わたしは「もっとくわしい話を聞かせてください」とスディーにお願いをした。

S ヤハウエの逆鱗に触れてしまったからだ。ゴモラとソドムの住人たちは真実の道からはずれてしまったからである。いくどとなく、神から正しい道へ進むようにと警告があった。にもかかわらず、彼らは神の警告を笑い飛ばしたのだ。ところが（アブラハムの甥である）ロト*[11]もその町に住んでいた。そして、二人の天使たちがロトのもとを訪れた。「一家を守ってあげるからこの都市を出ていきなさい」と天使たちはロトに告げた。その知らせを聞いたロトは気が動転し途方にくれた。たとえどんなに悪事がはびこっていたとしても、そこはロトの地元であり、同郷の人たちだったからだ。しかし、天使たちから「ロト家以外の町の住人たちは助ける価値がない。ロト一家は新たな地で人生を切り拓いていきなさい」といいわたされてしかたなくロトは妻と二人の娘を連れて町を出た。町を出たのに、ロトの妻は自分たちの町をついふりかえってみてしまった。ふりかえったと同時にロトの妻は息絶えたのだ。滅びゆく町を目撃してしまったため、ロトの妻は死んでしまったと伝えられている。

ロトの妻が塩柱にされた伝説を耳にしたことがあった。ところが、ロトの妻の死は後ろをふりかえって町の滅亡を目撃した以外はとくに目立ったことはないとスディーはいった。そこでわたしは「町が滅ぼされた理由をもっとくわしく説明してください」と頼んだ。

S　都市があった場所には、松脂(まつやに)や樹脂などが溜まった窪みがある。そこから熱が上がった。すると、そこをめがけて天からの稲妻が落ちた。稲妻が落ちたことで、町は滅んだのだ。飛び火のように破壊がどんどん広がっていったからである（火の雨？　とも聞こえたような気がした）。やがて、大爆発が起きた。すべての建物は崩壊し、町の住人とともに、なにもかも消えてしまった。最後は跡形もなく、死海の湖底に沈んでいってしまったのだ。

D その町はヤハウェが滅ぼしたのですか？

S そうだ。ヤハウェが決断したことだ。

この話にかぎっては、早急に調べなくてはならない。わたしの好奇心は思いきりくすぐられた。おそらく、ソドムとゴモラの伝説に関する情報を調べても大丈夫だろう。これはエッセネ派の話とは関係がないうえ、エッセネ派に関する前知識を得るわけではないからだ。この伝説に関する情報は、簡単に入手できた。実際、求めている情報は百科事典に載っていた。ひとつ心にとめておいてほしいことがある。もともとわたしたちは、この物語に関する情報を調べようとは一瞬たりとも考えたことはなかったということだ。なぜなら、ソドムとゴモラの伝説と死海はまったく関連性のないものだと思っていたからだ。

ソドムとゴモラはシディムの谷にあった。そのシディムの谷には五つの町があり、ソドムとゴモラはそのうちの二つだった。考古学の資料にも、聖書にも、その証拠は残されている。ソドムとゴモラの町はヨルダン川（死海の谷）の南の端にある肥沃な土地だった。その地域を最初に侵略した者たちによって、そこの谷間に大量の土瀝青（アスファルト）があることが発見された。古い翻訳だと瀝青坑（ビチューメン）と記されている。死海の周辺、とくに死海の南側に土瀝青や瀝青の痕跡が残されていたと古代の作家や現代の作家は証言している。昔は「塩の海」または「アスファルトの湖」と呼ばれていた。その死海の南西の端に純度の高い岩塩の粒子で形成された低い山がそびえている。その山のことを、現代のアラブ人たちはソドム山[*12]、もしくはアラブ語でジェベル・ウスドゥムと呼んでいる。

近年、地質学者の調査によって、石油やアスファルトが漏出していた痕跡があることがあきらかとなった。ウランの漏出の痕跡もあったらしいが、ウランは採掘することができなかった。古代の作家たちによって、海から放出された悪臭や煤煙(ばいえん)に関する記述も残されている。彼らは「その匂いや煙があまりにも強烈だったため、金属まで錆びてしまったほどであった」と記している。しかしながら、現代の地質学者は「それらは天然ガス」と言及しており、古代の人は天然ガスの存在を知らなかったのではないか、と推測している。地質学者は、ソドムとゴモラの滅亡は、稲妻の落下の影響で石油とガス煙霧に火がついたか、大地震によるものなのではないかと仮説を立てた。その地震の影響で、町中の炉火が転覆して爆発した可能性も考えられると主張した。聖書には煙が燃え上がっていくのをアブラハムが目撃したと記されている。「その様子は、まるで溶鉱炉から出る煙のようだった」と。これは燃え上がる石油とガスを的確に表現しているといえる。たしかに、その状況は核爆発と酷似しているといえるかもしれない。

死海の水面は海面下千二百九十二フィート(三百九十四メートル)の地点にある。死海のある場所は地球上でもっとも低い地点である。また、死海の水深は最大千三百九フィート（四百メートル）まである。そして、死海の水はどの海の水よりも塩分濃度が高い。それは通常の六倍の濃度になる。死海は地球上でもっとも塩辛い場所でもあるのだ。これは非常にめずらしい地質現象である。実際、地球上には海面の海抜がマイナス三百フィート（九十一メートル）以下になる場所はほかにどこにも存在しない。唯一、この死海だけである。当然のことながら、そのような死海の水のなかではどんな生きものも生息することはできないといわれている。

ヴェルナー・ケラーの著作『歴史としての聖書』に、死海周辺を探索したおかげで、とてもめずらしい現象を発見することができたと記されている。「死海の深さは信じられないほどの深さがある。が、南側は五十〜六十フィート（十五〜十八メートル）の深さしかないことがわかった。また、死海に太陽の光があたると、森の輪郭が水面下に浮かび上がってみえてくる。死海の水は塩の含有量*[13]がものすごく多い。それゆえ、湖のなかに〈森〉を保存することができたのであろう」。この記述をもとに考えると、ソドムとゴモラの滅亡が起きる前、周辺地域は青々とした森や肥沃な土地だったことがわかる。実際、ソドムとゴモラの町は死海のなかに沈んだと信じられている。とすれば、死海の南側だけ浅瀬である理由の説明もつく。

死海周辺は吹く風にも塩気が含まれているため、（人間も含む）この周辺地域にあるものすべてが、あっという間に塩の粒子に覆われてしまうという。もしかすると、この塩の粒子の影響によって、ロトの妻は「塩の柱」と化してしまったのかもしれない。おそらく、大爆発が起きたとき、ソドムとゴモラの町の近郊にある塩の山から大量の塩の粒子が降り注がれたのであろう。

この事象に関するわたしの個人的な意見や結論も述べたいと思う。ソドムとゴモラの町はみる影もないほど荒れ果てた土地と化し、すべての生きものも死滅していった。そして最終的には、その二つの町は死海のなかへと沈み込んでしまったといわれている。それらを踏まえると、やはり自然発生的な核爆発が起きた可能性が高いのではないだろうか。死海の水深が並はずれた深さなのは、もしかするとそれが原因なのだろうか？　可能性は大いに考えられる。この周辺地域でウランや毒性の高い化学物質が検出されたからである。しかしながら、作家のエーリッヒ・フォン・デニケン氏によると、ガイガーカウンター（放射能計測器）を使って、死海周辺の放射能濃度の測定は実施されたことはないそうだ。

ロト一家にソドムとゴモラの町から脱出するよう警告しに現れた二人の天使の存在はどうなのだろうか。その天使の存在に関しては、説明が十分ではない。自然現象による災害であるとするなら、そのような自然現象を予知することなど可能なのだろうか？　また、こんな説もある。稲妻が落下して大爆発が起きたのではなく、地球大気圏外の宇宙船（ＵＦＯ）から光線で点火された可能性も示唆されている。正統な意見や考えだけに固執してはいけない。広い視野でものごとをみることによって、多くの可能性が浮かび上がってくるからだ。
この時代の研究に関する「新たな研究領域」が開拓されたといえるだろう。もしかすると、もっといろいろな聖書物語の話をスディーから入手することができるかもしれない。スディーならば、きっとわたしたちに新たな視点をもたらしてくれるにちがいない。

ダニエル

わたしが「燃え盛る炉の話」[*14]について尋ねてみると、スディーはその物語のことは知らないと答えた。そこで、ライオンの穴のなかに放り込まれた人の話を知っているかと訊いてみた。

S それはダニエル[*15]だ。ダニエルの話は巻物のなかに記されている。彼は賢者であり、預言者でもあった。(新バビロニア王国[*16]の)民衆は当時の王(ネブカドネザル王二世)に多大な影響力を持つダニエルのことを恐れた。ダニエルはユダヤ人であったからだ。つまりバビロニアの人々とはちがう信仰を持っていたからである。あげくの果て、ライオンがいる洞穴のなかにダニエルが投げ込まれてしまった。ところが、ダニエルはライオンの洞穴のなかから生還するという奇跡を成し遂げたのだ。それを目撃したバビロニアの民衆は、ダニエルが信仰している神こそが正真正銘の神であると悟り、戦慄が走った。伝説によると、天使が降りてきてライオンの口を閉ざしたそうだ。が、私自身はダニエルがライオンに語りかけたのではないかと思っている。実際、この世に動物と対話ができる人間は存在するからだ。動物も人間同様に神の創造物である。それを考えると、対話ができて当然だと思わないか？

ダビデ

以前、スディーが「自分はダビデ家の末裔である」といっていたのを思い出した。そこで、ダビデと巨人にまつわる話*17を聞いたことがあるかと訊いた。

S　その巨人とはゴリアテのことだ。ゴリアテは代表戦士であった。ペリシテ人の陣営の軍の一員だった。当時のイスラエルの王はだれだったかな？　ふむ、たしかサウル王だ。その時代、ペリシテ軍とサウル王率いるイスラエル軍の間で戦争がはじまっていた。だが、そのペリシテ軍の代表戦士であるゴリアテによって、多くのイスラエル軍の戦士たちは殺されてしまった。くる日もくる日も、ペリシテ軍との戦いに挑んではたくさんの命が失われた。されど、ゴリアテはたったひとりでイスラエル軍に立ち向かっていた。ゴリアテはひとりで戦いに勝ち続けたそうだ。

D ゴリアテはそんなに大きな巨人だったのですか？

S 普通の男よりも大きな身体をしていた。実のところ、ゴリアテはペリシテ軍の一員ではあったが、ペリシテ人ではなかった。要するに、ほかの場所からきた男だった。状況を打破するために、ダビデはゴリアテとの戦いに挑むことを決意する。そして「必ずゴリアテを倒す」といいきった。そして、ゴリアテとの戦いに本当に勝利した。ダビデは戦いに投石器を使った。彼は羊飼いであったからだ。いつもオオカミから羊を守るために投石器を使って追いはらっていたからである。オオカミやジャッカルに石を命中させることができるのは、投石器の名人だけだ。すべては羊の命を守るためにしていたことだが、当時、ダビデはまだ少年だった。たしかまだ十四歳だったはずだ。しかし、ゴリアテとの戦いに勝てると信じていた。ダビデは自分なら必ず勝てると信じて疑わなかった。悪を滅ぼすのは、そうむずかしいことではない。正義のためであれば、悪を滅ぼすことは可能だ。多くの命がこれ以上失われないためには、その原因であるひとりの男を殺すしか策がないこともある。ひとりの男によって多くの命が絶たれてしまうより、そのほうが賢明な判断だからだ。伝説にもそう記されている。

ヨセフ

S ヨセフ*[18]の話はトーラーにはない。ヨセフには多くの異母兄弟がいた。だが、同じ母親から生まれたのは弟（ベニヤミン）だけであった。もしかすると、ヨセフが末子だったかもしれないが。正直、その記憶は定かではない。この物語を読んでからだいぶ時間が経っているからだ。たしか、ヨセフは兄たちに嫉妬され、奴隷商人に売りつけられてしまった。ヨセフが一番父親の寵愛を受けていたからだ。いや、ちょっと待て……。やはり、ヨセフが一番末子かもしれない。ヨセフが生まれたときに母親が命を落とした*[19]ような気がしてきた。それはいいとして、とにかく、このヨセフの父親（ヤコブ）は、ヨセフの母親（ラケル）のことを深く愛していた。なんといったらいいのだろう？ そういうこともあって、まあ、いうならばヨセフはとても甘やかされて育てられたのだ。（愛妻から生まれた）ヨセフは多くのものを父親から与えられていたため、異母兄弟である兄たちは不公平だと不満を抱いていた。だが、父親はそんなこと気にもとめず、寵愛の証として、ヨセフに〈袖つきの長い上着〉を贈った。ヨセフは……。

いま、なんていった?! たしか聖書には「ヨセフに多色の上着を父親が贈った」と記されていたはずだが。わたしはスディーの言葉を遮って「いま、どんな上着といいましたか?」と訊いた。

S 袖つきの長い上着だ。いわゆる袖つきの外套(ローブ)のことだ。通常の外套には袖はついていない。ほとんどは袖なしだからだ。それは新しいだけでなく、とても豪華な上着だった。それを知った兄たちはものすごく嫉妬し、その上着をヨセフから奪い取ろうとした。すると、ヨセフは「やめてください! これは父から贈られた上着です」と抵抗した。やがて喧嘩になり、ヨセフは井戸に投げ込まれてしまった。くわしいことまでわからないが、ヨセフを貶(おとし)めるために井戸へ落としたそうだ。兄たちは「井戸からヨセフが出てきたらこのことを父に告げ口するに決まっている。絶対に父のもとに戻してはならない。だからヨセフを殺さなくてはいけない」とヨセフを殺す計画を立てた。ヨセフと同じ母親を持つ兄弟が「ヨセフを殺してはいけません。ヨセフも我々の兄弟です。お願いだから殺さないでください」と抗議した。ちょうどそのとき、エジプトへ向かう途中の隊商が通りかかった。そこで兄たちは、その隊商にヨセフを奴隷として売ることにした[*20]。奴隷として売り飛ばしてしまえば、もう二度とヨセフの顔をみないですむと思ったからだ。

D ヨセフがいなくなったことを兄たちは父親にどう告げたのでしょうか?

S　兄たちは、ヨセフの上着を父親のもとに持って帰った。たしか、その上着に羊の血をつけたはずだ。その羊の血がついた上着を持って帰り、「ヨセフは獣に襲われて殺されてしまった。その現場には、この上着だけしか残されていなかった」と父親に告げたそうだ。

D　それでは奴隷として売り飛ばされたあと、ヨセフはどうなったのでしょうか？

S　ヨセフの賢さに気づいた彼の主人（エジプトの上流階級の一族・ポテパル家）はヨセフに仕事を与えた。たしか……簿記係だったような気がする（発音が変だったので定かではないが簿記係といったように聞こえた）。やがて、彼の主人の全財産の管理をまかされるまでになった。ところが、その主人の妻がヨセフを誘惑*[21]するようになる。が、ヨセフは彼女の誘いを拒み、きっぱりと断ってしまうのだ。ところが、断られて怒った主人の妻にいいがかりをつけられ、ヨセフの主人に牢屋に放り込まれてしまった。さて、その続きはたしか……ああ、そうだ。ちょうどそのとき、ファラオ（エジプトの王）の怒りに触れたファラオの側近も牢屋に投獄させられていた。たしか、その側近が夢をみた*[22]のだ。ヨセフには夢を解きあかす能力があった。そこで、ヨセフは側近の夢を分析し、その夢の意味を伝えた。実際、その予言のとおりになった。ファラオの側近が牢屋から出るとき、ヨセフは「自分のことを忘れないでほしい」と告げた。やがて、その側近がヨセフのことを思い出すときがくる。ある日、ファラオが夢をみた。側近は、ヨセフに夢を解きあかせる能力があることをファラオに伝えると、ファラオはヨセフを宮殿に呼び「自分の夢を解きあかしてくれ」といった。当然ながら、ヨセフはファラオの夢も解きあかすことができた。「これから七年の大豊作と、それに続く大飢饉がくる」とファラオに告げた。その助言のおかげで、ファラオはエジプトを救うことができたのだ。(飢饉がおとずれたとき)近隣諸国は大飢饉に陥ったが、エジプトだけが準備できていたからだ。エジプトの近隣諸国(カナンの地)で暮らしていたヨセフの父親は、家族に食べさせるぶんの食料が途絶えてしまったため、ヨセフの兄たちを食料の買い出しにエジプトへ行かせた。エジプトを訪れた兄たちの存在にヨセフはすぐに気がついた。そこで、ヨセフは兄たちに盗みの疑惑をかけた*[23]。ヨセフは兄たちに向かって「おまえたちの一番末の兄弟だけをここに残していけ」といい放った。それは同じ母親を持つ兄弟(ベニヤミン)のことだ。しかしながら、兄たちはヨセフがあまりにも変貌していたため、この人物がヨセフだとは気がつかなかった。

D (最後に会ってから)だいぶ時間が経過していたのでしょうか?

S 何年も経っていた。そして……たしか兄たちは父親のもとに戻り、このことを報告した。その後、父親も一緒にエジプトへ行ったような気もするが、あまりよくおぼえていない。どちらにしても、やがて父親もヨセフと再会を果たすことになる。最終的にヨセフは自分の正体をあかし*[24]、兄たちも自分たちの罪を認めた。人格者であるヨセフは兄たちのことを許した。また、父親も彼らが犯した罪を許した。そうして家族はエジプトの地に迎え入れられることになった。ヨセフは父親と兄弟たちをエジプトへ移住させた*[25]。とても長い話ではあるが、これはエッセネ派の歴史にもかかわっている話だ*[26]。

アダムとイブ

以前、アダムとイブ*[27]の話に触れたことがあった。そこで「アダムとイブ」について質問してみることにした。

S 男と女を創造した話だ。この地球がつくられてまもなく、神は土の塵からアダムという名の男をつくられた。けれども、アダムは孤独だったので、神はアダムには伴侶が必要だと考えた。そしてアダムの肋骨を取り出し、伴侶となる女をつくった。しかしこれは本当かどうか定かではない。どうも信憑性に欠ける。なぜなら、人間の肋骨の本数は男女による差がないからだ。いずれにせよ、アダムから肋骨が取られ、女がつくられたと伝えられている。そうして神はアダムの伴侶となる「ソウルメイト」をつくられたのだ。

D　肋骨は、なにを象徴しているのでしょうか？

S　女は男の究極の伴侶であり、男の一部であるということを象徴している。それだけでなく、人間がこの世全体の一部であるということも表している。

D　これは架空の話なのでしょうか？　それとも実際に……。

S　（わたしの言葉を遮って）さあ、真相はわからない。実際にその現場を目撃していないからだ！

アダムとイブがいた場所は「楽園」という名称だと教えてくれた。そこで「エデンの園」*28という名称の場所を知っているかと訊いた。すると、その名称は初耳だと答えた。

D　アダムとイブは一生その楽園で暮らしたのでしょうか？

S　アダムとイブはその楽園から追放されてしまった。それは羞恥心を知ってしまったからだといわれている。そもそも羞恥心という概念は神だけが知る秘密にしておきたかった。神だけが知っている秘密を知ってしまったがゆえ、楽園を追放されたのだ。羞恥心を知った理由は、アダムとイブが（禁断の果樹である）知恵の木の果実を食べたからである。だが、私はなぜ彼らが知恵の木の果実を食べてしまったのか不思議でしかたがない。これは非常に興味深い部分だ。生命の木と知恵の木の両方があったにもかかわらず、彼らは知恵の木のほうを選んだ。なんだか不思議だと思わないか？　ほとんどの人間は永遠の生命を授かる木のほうを選ぶに決まっているからだ（いっている意味がよくわからなかったため、もっとくわしく説明してもらった）。その楽園には二本の樹木が生えていた。「知恵の木」と「生命の木」だ。二つの選択があったのにもかかわらず、彼らは「知恵の木」の果実のほうを選んだ。どうして知恵の木を選んだのか知りたいと思わないか？　普通に考えたら永遠の命のほうを選ぶと思わないかい？　このことは注目に値する。さしずめ、少々無知でいてもそれほど差し支えはないからだ。永遠の命があれば、知恵をつける時間はたっぷりある。それだけ時間があれば、知恵を身につけることは十分可能だからだ。

スディーの一風変わった考えかたに興味をそそられた。これはとてもおもしろい視点である。たしかにスディーのいうとおりだと思った。続いて、その二本の樹木はどんな形をしているのかと尋ねた。

S　とてもめずらしい樹木だった。樹木の大きさも、ものすごく大きかった。聞くところによると、それらはザクロの木だったらしい。一応、伝説ではそう伝えられている。

D　何者かに誘惑されて果実を食べたとか、そのようなことは記されていましたか？

S　ヘビが女を誘惑したと記されている。ヘビの誘惑に負けたことが原因で女性は出産の苦しみを負わされるようになったといわれている。だが、私はこの箇所に妙な違和感をおぼえる。なぜなら、女性は苦しまなくても子どもを産むことができるからだ。おそらくこの箇所は男どもによって、この話にあとづけされたのだろう。この世に生命を誕生させる行為が苦しみとつながるのはおかしいと思わないか？　当然ながら、まったく苦しみを味わう必要はないのだ！　母親である女性が痛みを感じることなく、子どもを産める方法はこの世にたくさんある。まず、浄化呼吸法や呼吸を鎮める方法を習得する必要がある。とにかく自分の身体の動きや感じているすべてのことから自分の意識の焦点をはずすことだ。そして代わりに、自分にとって心地のよいこと、気持ちのよいことに焦点をあてるのだ。母親の気持ちや身体が落ち着いていればいるほど、安らかに子どもを産むことができる（現代のラマーズ法のやりかたと似ている）。

D　女性は、その呼吸法をひとりでできるように訓練するのですか？

S　ひとりでできるように訓練する女性もいる。なかには、立会出産を望む女性もいる。実際、出産時に伴侶が立ち会うことのほうが多いかもしれない。そうはいいながらも、私自身は一度も出産に立ち会ったことはないが。

D　「ヘビ」といいましたが、それは本物のヘビなのでしょうか?

S　そのヘビは「天界から堕ちた光の存在」だという者もいる。彼らは、その堕ちた光の存在の御霊がヘビに憑依したといっている。いろいろな説があるが、私はこの説を信じていない。アダムとイブが転落したのは、彼らが自ら招いたものだ。身から出た錆なのだ。人間が「強欲」や「情欲」の感情を抱いたことがそもそもの原因である。なにかを得れば得るほど、もっとほしくなるのが人間の性というものだ。人間が自分で自分の首をしめて、楽園から堕ちていっただけなのだ。おそらくヘビに誘惑されたと思い込むほうがずっと楽だからであろう。ヘビは自分自身の投影なだけだ。「卑しい自分がいる」ということを認めるのは、とても苦しいことだからだ。

D　それでは果実を食べたあと、アダムとイブはどうなったのですか?

S　楽園から追放され、自分たちがなにも衣服を身につけていないことに気づいてしまった。こうしてこの世に「羞恥心」という感情が現れたのだ。それ以来、彼らは自分自身の身体を布で覆うようになった。しかしながら、我々の身体は(神から受けて)自分の内に宿っている聖霊の神殿である。裸でいることに対し、恥や罪悪の感情を抱くこと自体がおかしいと思わないか。どうも釈然としない。人間の肉体は、その一生を送るために、神から与えられた神殿なのだ。我々は生涯にわたって、心身ともに健康にすごせるよう、自分自身の身体を大切に扱わなくてはならない。神からの贈りものに対し、罪悪感や羞恥心の感情を抱くこと自体が大きな罪である。

この「身体は（神から受けて）自分の内に宿る聖霊の神殿である」という表現は、新約聖書のなかに出てくるイエスの言葉と類似している。

D でも、いま、あなたも衣服で身体を覆っていますよね？

S べつに隠しているわけではない。子どものときはだれもが全裸で走り回っている。生まれたままの姿でいるのは、なんともいえぬ開放感があるからだ。裸でいることは、恥ずかしいことではない。裸の姿を他人にみられたからといって、逃げ回って隠す必要などまったくないのだ。

D 裸は恥ずかしいもの、蔑むものだといっている共同体もあります。

S そういう人間ほど、多くの悩みや問題を抱えているのが世の常である。

なるほど。これでクムラン共同体の浴場が男女混浴な理由がやっとわかった。クムランでは裸ですごすことを認めていたからなのだ。スディーが「天界から堕ちた光の存在」といったとき、まっさきに堕天使となった「ルシファー」[*29]のことが頭に浮かんだ。ところが、ルシファーの話は聞いたことがないらしい。しかし「大天使ミカエル」[*30]のことは知っているといった。

S ミカエルのことは知っている。神の右腕となる大天使がミカエルだ。唯一、地球での転生が一度もない天使である。ミカエルは常に神のもとにいる。ミカエルは神が天と地を創造したときから、いまも変わらず神聖な存在である。いわゆる「神の使い」ともいえる存在だ。神が地上のだれかと話をしたいとき、直接話すのではなく、代わりに大天使ミカエルか大天使ガブリエル[*31]を送り込むこともある(早口でガブリエルといった)。

D 神が話かけてくるとき、どういう風に話しかけてくるのですか?

S 我々の直感を通して話しかけてくる。それ以外の方法があるとでも?

D ということは、神を「みる」ことはできないのですね?

S なかにはみえる人間もいる。「神をみる」必要性のある人間には神は姿を現わすこともある。だが、神の声を聴くのに姿をみる必要はない。神が姿を現すにしても、人によって異なる姿で現れるからだ。神はいろいろな姿で現れてくれる。金色の光として現れるかもしれない。あるいは、太陽光線なのかもしれない。または、若い男性の姿と化して現れることもあるし、年配の男性の姿で現れたりもする。神は、その人間が抱いているイメージどおりに現れてくれるからだ。もしかすると、姿を現しているのは「ほかの存在」とも考えられる。実際、まだ地球に生まれてきていない存在は多くいる。地球での転生を思案中のため、この世をじっと観察している存在だ。その可能性もある。

ここで、再びアダムとイブの話に戻ることにした。アダムとイブの時代、多くの巨人が存在していたという話を耳にしたことがあるのですが、とわたしは新たな質問を投げかけた。

S たしかに、そのように伝えられている。伝説によると、神の理想とする男性像として、最終的に選ばれたのが「アダム」であった。その決断がくだされる前は、いろいろな姿形をした男性像がいくつもつくられたそうだ。しかし、どれもこれも神が理想とする男性像ではなかったため、変更された。はるか昔は、いまでは考えられないことが起きた時代である。したがって、巨人が存在していた可能性は大いにありうる。

D 怪奇生物に関する多くの伝説も残されています。もしかすると「巨人が存在した」という伝説は、そこからきているのでしょうか?

S そう聞いたこともある。それを考えると、その確率は高いといえるだろう。

この『創世記』にまつわる話は、第十六章にも記している。

ルツ

これは少年時代のスディーと話をしていたときのことだ。スディー少年に、どの伝説の話が一番好きなのかと訊いてみた。すると、意外な答えが返ってきた。「ルツの物語が一番好きだな」。通常、『ルツ記』[*32]は、少年が選ぶような物語ではない。これは非常にめずしい選択だと思った。聖書には、子どもの興味関心をひくような物語はほかにもたくさんある。そこで「どうしてその話が一番好きなのか説明してほしい」と頼んだ。すると、スディー少年は信じられないくらい饒舌になった。これは特異な現象である。往々にして催眠状態に浸っている人間(被験者)を話し続けさせるために、催眠療法士はたくさんの質問を投げかけていかなくてはいけない。なぜ質問し続けなくてはいけないかというと、そうしないと被験者たちはリラックスしすぎて、睡眠(すいみん)状態に陥ってしまうこともあるからである。いまのところ、わたしの被験者のなかで退行催眠中に眠ってしまった人はひとりもいないが、睡眠(すいみん)状態に陥ってしまう可能性はなきにしもあらずなのだ。催眠に浸っているケイティはおしゃべりだったため、まったくその心配はなかったが。とはいえ、このときスディーは七分半もの間一度も中断せずにルツ記の話をしゃべり続けたのだ。わたしは話の流れを止めないよう、いっさい質問もせず、意見も挟まず、とにかく聴くことに徹した。このような事例がほかでもあるのかどうかはわからないが、ある意味、「途切れずに催眠中しゃべり続ける」記録を樹立したのではなかろうか。これもまた、いかにケイティがスディーという古代の人物になりきっていたのかを証明する、事例のひとつである。

スディー少年は熱く元気いっぱいに『ルツ記』の話を生き生きと語りはじめた。その様子は、とにかく自分が知っている知識を話したくてしかたがないといった感じだった。

S この話は、ナオミとエリメレク夫妻が生活費を稼ぐために、二人の息子（マフロンとキルヨン）を連れてモアブの地*[33]に移り住むところからはじまる（一気に「モアブ」といった）。その後、二人の息子はモアブの地ですくすくと成長し、その地の娘と結婚した。でも、巻物のなかに「同民族以外の娘とは結婚してはならない」と記されているため、息子たちは聖職者に結婚の相談することにした。すると、聖職者から「その娘たちがヤハウェを自分たちの神として受け入れることができるのならば結婚を許す」と告げられた。許しを得た息子たちは、それぞれ結婚相手を選んだ。それぞれ選んだお嫁さんは、偶然にも姉妹だった。そのひとりがルツだ。もうひとりの名前*[34]がなんだったのか……ちょっと思い出せないな。

まあ、いいや！　とにかく、それから数年の月日がすぎた。すると、モアブの地で悪い病気が流行った。ナオミの夫のエリメクはその病気にかかって死んでしまった。そして、やがて二人の息子も死んでしまった。こうして夫と息子二人に先立たれたナオミは、わずかな荷物を持って自分の生まれ故郷のイスラエルの地へ帰ろうと決意した。そして息子のお嫁さんたちに「自分は同じ民族が暮らすイスラエルに帰るから、あなたたちはモアブに残ってモアブ人の男性と再婚しなさい」と告げた。ルツの妹はナオミの説得に応じて、実家に戻ることにした。でも、ルツは「わたしは嫁に出た身です。いまはもう両親の娘ではありません。自分の家族は義母さんだけです」と主張し、ナオミの説得に応じなかった。

ルツは「あなたの行かれるところに、私も一緒に行きます」とナオミと一緒にイスラエルに行くと告げた。でも、ナオミは「絶対に一緒にきてはいけません。あなたはイスラエル人ではないから、イスラエルの地では苦労してしまいます」と必死にルツを説得しようとした。でも、ルツは頑として「私の神さまもヤハウエです。同じ神さまを信じているから大丈夫です。そう思いませんか？」とナオミの説得に応じなかった。それを聞いたナオミは「たしかに、そうですね」とふと思った。そして、こんなやりとりが続いた。ルツ「私は律法も守っています」。ナオミ「たしかに」。ルツ「ということは、私もイスラエル人です」。ナオミもよく考えてみた。たしかに、イスラエルの地までの道のりは辛くて険しい旅となるから、ルツと一緒に行ったほうが心強いかもしれないと。こうしてナオミは説得され、二人で旅に出ることにした。厳しい旅の末、イスラエル（ベツレヘム）に到着できた。そして到着するなり、ナオミが未亡人になってしまったうえに、二人の息子まで失ったことを知った町の人たちは嘆き悲しんだ。その後、二人はナオミの実家へ向かった。ナオミの実家はそこまで貧しいわけではなかったけれど、お金も食べるものもあまりなかった。だから、ナオミとルツはしばらくの間、とても苦しい生活を送った。

ナオミにはボアズ*35という名前の従兄弟がいた。彼はダビデ家の出身で、町きっての有力者だった。地位があるだけでなく、正義感もある善良な男だった。裕福なボアズは畑もたくさん持っていた。そこで、ナオミはルツをボアズの畑へ「落ち穂拾い」に行かせることを思いついた。よその畑に入って、落ち穂を拾い集めることは許されていたからだ。そしてルツに「大丈夫だから、ボアズの畑へ落ち穂を拾いに行きなさい」と伝えた。これがボアズとルツの出会いのきっかけになればいいなとナオミは内心思っていた。自分たちがいくら貧しくても、同じ町に住んでいる親戚の畑の落ち穂を拾うのは、家名を汚す恥ずかしい行為だということを知っていたからだ。だから、ボアズの親戚のルツが畑で落ち穂を拾っていれば、きっとボアズの目にとまるだろう、と思っていた。これをきっかけに、二人の間になにかが起きるといいと密かに願った。でも、もしかすると、ルツとボアズの二人は結ばれる運命にあることをナオミはなんとなく感じていたのかも。だから、ルツだけ落ち穂拾いに行かせたのかもしれないね。

まあ、それはいいとして！　とにかく、ルツはボアズの畑に落ち穂拾いをしに行った。すると、それを目撃した畑の管理者に注意されてしまった。ルツは怯むことなく「落ち穂拾いをする権利は律法で認められています。この落ち穂はそのために残されたものです」と畑の管理者に反論した。このことが、ボアズの耳に入った。調べてみると、落ち穂拾いにきた女性は自分のはとこ*36と結婚していた女性だということがわかった。ということは、彼女は自分の親族ではないか。そして、ナオミとルツが生活に困っていることも知り、もう落ち穂拾いをしなくていいように大量の食料を送り届けた。でも、ルツにはボアズよりも近親の従兄弟がいた。もしルツが再婚を望むのであれば、一番近親の従兄弟と結婚しなくてはならなかった。二人の間に子どもがいなければ「亡くなった夫の一番近親の従兄弟と結婚しなくてはならない」と律法で定められているからだ*37。もちろん、一番近親の従兄弟が独身であればの話だけれど。でも、その一番近親の従兄弟はルツがモアブ人（モルバイトと発音した）なのがどうしても許せなかった。自分と同じイスラエル人でないのが嫌で嫌でしかたなかった。実は、彼はボアズがルツのことを好きなことも知っていた。ルツと一緒になりたいと思っていることにも薄々気づいていた。もしかすると、それも嫌だったのかもしれない。まあ、とにかく、この状況をどうすればいいものかと彼はものすごく悩んだ。

もし、ルツを自分のお嫁さんにもらえば、自分と同じ民族ではない者と親戚関係になってしまう。また、ボアズにルツを譲るとなると、ボアズの望みを叶えることにもなる。彼はなかなか決断できなかった。そうこうしているうちに、とうとう窮地に立たされてしまった。町の広場で、判事から「ルツと結婚をするか、自分のサンダルを脱がなければならない」といいわたされた。この自分のサンダルを脱ぐという行為は「この取引は終わった」ということを示している。そして「責任を他者へわたす」手続きでもあるんだ。よく考えた末、彼は(ルツとの結婚をやめて)自分のサンダルを脱ぐことにした。そうして、正式にボアズにサンダルが差し出されることになった。そうはいっても、公共の面前でこのような取引が行われることはとても恥ずかしいことだった。

それがどんなに恥ずかしいことであっても、その近親の従兄弟はどうしてもルツとは結婚したくなかった。単にボアズに意地悪をするためだけに、こんな大騒動を起こすような異邦人の女性と一緒になることはやはりできなかった。でも、そのおかげで、ルツとボアズは一緒になることができた。そして、二人は年を重ねていった。このルツとボアズの出会いがダビデ家*[38]のそもそものはじまりだ。ルツとボアズはとても重要な人物なんだ。彼らはエッセネ派の祖先であり、ぼくたちの家系のはじまりでもあるんだ。ルツとボアズの息子が……

たしか……名前はなんだったかな。とにかく、その息子（オベデ）の孫にあたるのがダビデだ。そこから、このダビデ家がはじまったんだ。

以上が、一度も中断することなく七分半もの間話し続けた全容である。

D どうして、この物語が一番気に入っているの？

S なぜって、これはぼくたちの家族の物語だからだよ。ぼくたちの家系図のはじまりの話だからさ（直系の祖先のこと）。

D ところで、ルツはその判定に満足していたの？ あるいは、ルツがどう思ったのか巻物に書いてありましたか？

S もちろん、満足している。ルツはボアズのもとへ行って[*39]自分の気持ちを伝えたといわれている。すでに「ボアズと一緒になることは自分の喜びである」という気持ちをうちあけていた。すべては、ここからはじまったともいえる。そして、二人は食事をともにし、もうそのときに一緒になることを心に決めていた。そのあとで、ルツの近親の従兄弟が持つ「買い戻しの権利」[*40]を公の場で譲ってもらったんだ。

D ナオミと一緒にイスラエルにきてよかったですね。もしイスラエルに行かなければ、ルツは一生ボアズには出会うことはなかったかもしれませんね。

S いや、出会っていたよ。このときに出会えなくても、必ず別の機会で二人は出会っている。

D このような出会いは「運命」で決められているということですか?

S カルマの負債がある相手とは、どう転んでも絶対に出会ってしまうんだ。それが良い縁だろうが、悪い縁だろうが。良いものも返ってくるし、悪いものも返ってきてしまう。いい意味でも悪い意味でも、「縁のある相手」というものは、それらを返すために出会っているようなものなんだ。だから、その相手やその状況から学ぶことがとても大切なんだ。その状況に逆らったり戦ったりしては絶対にいけない。そうすると、その状況は余計に悪化してしまうからだ。そして、余計に苦しめられ、傷も深くなる。どんな状況であれ、その状況を受け入れなくてはいけないんだ。とにかく真摯に受けとめ、自分なりにベストを尽くすことだ。そうしていると、輝かしい恩恵を受けることになる。

D 戦わないで、その状況を受け入れればいいんですね。

S そうだ。

訳注

＊１　**失われた支族**：旧約聖書に記されたイスラエルの十二部族のうち、行方がわからず失われた十部族のこと（ルベン族、シメオン族、ダン族、ナフタリ族、ガド族、アシェル族、イッサカル族、ゼブルン族、マナセ族、エフライム族）をさす。

＊２　**民衆ラテン語**：別名、俗ラテン語。ロマンス語の祖語。ローマ帝国内で話されていた口語ラテン語のこと。

＊３　**ガリラヤ**：現在のイスラエル北部の地域とガリラヤ湖を含むヨルダンの一部。聖書にナザレのイエスが宣教をはじめた場所と記されている。イエスが活躍したローマ帝国時代のユダヤ属州ではヘブライ語ではなくアラム語が普遍的に話されており、イエスもアラム語（のガリラヤ地方の方言）を話していた可能性が高い。イエスはヘブライ語を話したともいわれている。

＊４　**イザヤ**：旧約聖書に登場する預言者。ヘブライ語で「ヤハウェは救いなり」を意味する。最大の預言書とされる『イザヤ書』を残した。

＊５　**デボラ**：旧約聖書に登場する女性の預言者。ヘブライ語でミツバチの意味。「デボラのなつめやしの木」と呼ばれる木の下で裁きを行った。（創世記　35：8／士師記　4：4）

＊６　**ベニヤミン**：旧約聖書の人物。ベンヤミンともいう。ヤコブとラケルの末っ子。同じ母親を持つヨセフの弟。（創世記　35：16〜20）

＊７　**出エジプト記**：英語だとエクソダス。旧約聖書にて、『創世記』のあとを受け、モーセが虐げられていたユダヤ人を率いてエジプトから脱出する物語を中心に記されている。

＊8　**アブラハム**：ノアの洪水のあと、神による人類救済の出発点として選ばれ、祝福された最初の預言者。信仰の父とも呼ばれる。旧約聖書の『創世記』の第十二章～二十五章、大洪水やノアの箱舟の物語とバベルの塔の話のあとに書かれている。アブラハムの誕生は旧約聖書の『創世記』11：26に記されている。

＊9　**ザカリア**：旧約聖書に登場する紀元前六世紀後半ごろのユダヤ人の預言者。『ザカリア書』を書いた。ザカリアは「主が彼に目をとめた」という意味。

＊10　**ゴモラとソドムの滅亡**：旧約聖書の『創世記』の第十八章、第十九章に登場する話。天からの硫黄の火によって滅ぼされた都市。これらの都市は人々が神を冒涜するような悪事を繰り返したり、性的に堕落していたため神による裁きがくだり滅ぼされたと記されている。

＊11　**ロト**：旧約聖書の登場人物。『創世記』第十一章～十四章、第十九章に登場する。ロトはアブラハムの甥にあたる。

＊12　**ソドム山**：ロトの妻の塩柱のこと。旧約聖書の「ソドムとゴモラの滅亡」の話で、ロトの妻が神にふりかえるなといわれたのに、ふりかえったために塩柱にされた。その塩柱を現代のアラブ人たちはソドムの山と呼んでいる。

＊13　**死海の塩の含有量**：普通の海水の塩分濃度が3％であるのに対し、死海の水の塩分濃度は30％もある。

＊14　**燃え盛る炉の話**：ダニエル書　3：17～18／24～29

＊15　**ダニエル**：旧約聖書の『ダニエル書』「獅子の穴のなかのダニエル」（6：26～27）で知られる。

＊16　**新バビロニア王国**：紀元前六二五年～紀元前五三九年にカルデアの将軍ナボポラッサルによりメソポタミアに建国された。首都はバビロン。カルデア王国ともいう。カルデア人はバビロニア人のこと。

ネブカドネザル二世の治世時にもっとも繁栄し，当時のバビロンは世界の七不思議のひとつに数えられた。

＊17　ダビデと巨人の物語：ダビデは古代イスラエルの最初の王。ダビデが少年の頃に巨人戦士ゴリアテを倒す話で、小が大を倒す譬え話として知られる。（サムエル記　17：1〜58）

ダビデは羊飼いを生業としていたが、音楽や詩作に長けており、旧約聖書の詩篇の多くは彼の作によるものである。ダビデはミケランジェロの彫刻でも有名である。

＊18　ヨセフ：旧約聖書の『創世記』に登場する。イスラエルを大飢餓から救った。ヨセフはカナンの地で生まれる。父ヤコブの四人の妻のうちラケルから生まれた二人のうちのひとり。ヤコブは信仰の父といわれたアブラハムの孫。

＊19　ヨセフの母親の死：スディーの証言ではヨセフが一番末子なのか、ベニヤミンが末子なのかその記憶は定かではないといっている。スディーは話の途中で、ベニヤミンではなく、ヨセフが末子だといいかえるが、実際はベニヤミンが末子である。スディーの記憶が定かでないというところにリアリティがあるのかもしれない。これはスディーの人生の話ではないからだ。すべての細かな詳細をおぼえていないのが人間というものであるから。聖書にはヨセフの母親のラケルは弟のベニヤミンを出産している最中に亡くなったと記されている。（創世記　35：17〜19）

＊20　ヨセフを奴隷として売る：銀貨二十枚で、ヨセフを隊商人に売り飛ばしたと聖書に記されている。（創世記　37：28）

＊21　主人（ポテパル）の妻がヨセフを誘惑：ヨセフは大変美しく頭もよかったため、ポテパルの妻に誘惑されてしまう。（創世記　39：7〜12）

＊22　側近が夢をみた：創世記　40：5〜13

＊23　盗みの疑惑をかけた：これはドロレスの聞きちがいか、スディーの記憶ちがいと思われる（スディーも詳細はおぼえていないといっている）。なぜなら、日本語の聖書、英語の聖書にも「ヨセフはスパイ疑惑をかけた」と記されているからだ。スディーの記憶ちがいというよりは、英語でSpying（スパイをする）とStealing（盗みをする）は発音の響きが似ているため、ドロレスが文字起こしの際、聞きまちがえた可能性が高いのではないかと推測する。ドロレスはなんども「スディーの発音が聞きとりにくいときがある」といっている。その箇所は『創世記』の42：8〜17に記されている。

もしドロレスの聞きまちがいでなければ、スディーの記憶ちがいの可能性もある。詳細は『創世記』の第四十二章に記されている。

＊24　ヨセフ正体をあかす：創世記　45：3〜5

＊25　家族でエジプトへ移住：最終的にファラオの好意でたくさんの贈りものとともに、全家族をエジプトに呼び寄せた。（創世記　45：18〜20／46：6〜7）

＊26　エッセネ派の歴史：ヨセフの父ヤコブがイスラエル民族のはじまりであると伝えられている。イサクが生まれ、イサクに双子の男の子が生まれた。兄の名前はエサウ、弟の名前はヤコブ。このヤコブ（ヨセフの父）から、イスラエル民族が形成されていく。イスラエルという名は「神の勝者」を意味する。ヤコブ一族（ヨセフ族）はイスラエルの十二支族のうちのひとつである。ヨセフの父親のヤコブは途中から「イスラエル」と改名している（ヤハウェが変更した）。ヤコブ一族の移住がイスラエル人の移住のはじまりといわれている。

＊27　アダムとイブ：別名アダムとエバ。旧約聖書の『創世記』第二章に登場する、神がつくったとされる

最初の人間。アダムはヘブライ語で「土」「人間」の二つの意味を持つ言葉に由来し、イブ・エバはヘブライ語でハヴァという生きる者・生命の意味を持つ。人類最古の文明を生み出したといわれているシュメール人が書き残した天地創造の物語がヘブライ語に翻訳されたと考えられている。（創世記1：27）

＊28 エデンの園：旧約聖書の『創世記』に登場する理想郷といわれている場所のこと。楽園（パラダイス）、もしくは地上の楽園とも呼ばれている。

＊29 ルシファー：悪魔・堕天使と伝えられている。

＊30 大天使ミカエル：旧約聖書の『ダニエル書』・新約聖書の『ユダの手紙』・『ヨハネ黙示録』・旧約聖書外典の『エノク書』に登場する大天使。天使には階級があり、大天使は最高地位にあり、キリスト教・ユダヤ教で七人いる。その四大天使のひとりがミカエルで、神にもっとも近い存在とされている。

＊31 大天使ガブリエル：神のメッセンジャーの役割を担っている大天使のひとり。

＊32 ルツ記：旧約聖書にある。ヘブライ聖書におさめられたモアブ人女性、ルツの物語。『ルツ記』は旧約聖書でもっとも短く、姑と嫁の美しい物語である。

＊33 モアブの地：古代イスラエルの東に隣接した地域の古代の地名。死海の東岸、アルノン川（現ヨルダン・ハシミテ王国のワディ・アル・ムジブ）以南からゼレド川以北（現ヨルダンのワディ・アル・ハサ）の高原地帯に広がる地域をさす。

＊34 もうひとりの姉妹の名前：妹のオルバ。ルツは姉になる。

＊35 ボアズ：ナオミの親戚。町の裕福な有力者で、ルツが落ち穂拾いをした畑の所有者。ルツとボアズの出会いは『ルツ記』（2：1～23）に記されている。

＊36 **ボアズとルツははとこ：**ナオミの亡き夫エメリクは、ナオミの叔父という説（エメリクはボアズの叔父）、ボアズの父親の兄弟だという説（ボアズの従兄弟）、エメリクは自分の兄弟という説（ボアズの兄か弟）とがある。

＊37 **近い親族との結婚：**律法により定められていることが記載されている箇所。（民数記　27：6〜11）

＊38 **ダビデ家：**ダビデは古代イスラエルの王、イエスの祖先。新約聖書には十七箇所イエスを「ダビデの子」と呼ぶ箇所がある。（マタイ福音書　9：27）

＊39 **ルツがボアズのもとへ行く：**ルツ記　3：7〜13

＊40 **買い戻しの権利：**未亡人になった若い妻が、夫の弟と結婚するこの制度をレビライト婚という。（申命記　25：5〜6）

第15章 モーセとエゼキエル

モーセ

『モーセの物語』[*1]はよく知られた有名な話である。また、スディーにとってはもっとも重要度の高い話でもあった。なぜなら、スディーはトーラーに精通する律法のマスターであり、先生だからだ。そして「モーセの律法」[*2]もトーラーのなかに含まれているからである。実のところ、この物語に関する詳細な情報は三回のセッションにわたって入手している。わたしはこの話に関する情報をそれらのセッションから拾い集め、この章にすべてまとめた。話の断片を組み合わせてみると、ぜんぶがきれいにつながっていた。モーセの物語は、いままでスディーが語ったどの聖書物語よりも奇異な印象を受けた。しかし、奇妙な印象を与える反面、かなり説得力もあったといえるだろう。

話の語りはじめから、聖書に記された内容とはまったくちがっていた。わたしが知っている話だと、モーセはヘブライ人の母親のもとに生まれていた。そのヘブライ人の母親が生まれたばかりのモーセをパピルスで編んだ籠[3]のなかに隠したといわれている。そして、その籠をファラオの娘（エジプトの王女）がみつけ、赤ん坊のモーセを宮殿に連れていき、その王女がモーセを自分の息子のように育てた、と教会の日曜学校で教わっていた。以下は、スディーが語った『モーセの物語』である。

S モーセの産みの母親はエジプトの王女だ。

D モーセはヘブライ人の母親のもとに生まれたとわたしは聞いています。

S そうではない！ モーセの父親がヘブライ人だ（苛立った声をしていた）。その偽りの物語は後年になってからエジプトの王女を守るために意図的に世間に流したデマだ。モーセはヘブライ人の男性との間にできた子どもだったからだ。とにかく、ファラオの娘がモーセの産みの母親である。

D なぜ、隠蔽する必要があったのでしょうか？

S その当時、エジプトの奴隷は全員ヘブライ人だったからだ。そうはいっても、モーセは高貴な家柄の出身ではあった。モーセはヨセフの血をひく子孫[4]だからだ。とはいえ、たとえどんなに血筋がよくても、エジプトでは所詮、奴隷であるヘブライ人の血統にすぎなかった。赤ん坊のモーセを拾ったという説は母親であるエジプトの王女を守るために意図的につくられたものだ。（赤ん坊のモーセを）葦舟に乗せてナイル川に流し、拾われたという説は真実ではない。

D モーセはファラオの宮殿のなかで育てられたのですか？ 大人になったモーセになにが起きたのでしょうか。なぜモーセは王宮から出されたのでしょうか？

モーセが大人に成長してから、衝動的に殺人を犯してしまったといわれている*5。そのことがファラオの耳に入り、モーセを抹殺する策略が立てられた。ファラオの怒りを知ったモーセはエジプトから脱出し、荒野へ出ていったと聖書に記されている。ところが、またもやスディーはわたしが知っている話の内容に異議を唱えてきた。

S 王宮を出されたわけではない。モーセは自分の実の父親*6が奴隷である事実を知ってしまったため、自ら出ていったのだ。自分の実の父親が奴隷であるのならば、自分自身も奴隷であることに気づいてしまったからだ。モーセは同胞のヘブライ人たちと暮らすためにエジプトを出ていっただけだ。これはモーセが自分自身を強くするための特訓の一環だった。将来、自分の前に立ちはだかる大きな壁に打ち克つため、自分自身の心を強くするために出たのだ。

D わたしが知っている説とは少しちがっています。モーセは荒野へ出されたと聞いています。

S モーセが荒野へ出されたのは、のちにファラオの王妃となるネフェルタリのことを大胆にも愛してしまったからだ。荒野へ出されたのは、そのせいだ。だが、それはモーセが「自分も奴隷になる」と決心したあとの話だ。そうはいっても、そのときもしモーセがまだエジプトの王子であれば、荒野へは出されることはなかったであろう。実際、ネフェルタリもモーセのことを愛していたし、そのことをラムセス*7も気づいていた。だから、二人の関係に嫉妬したのだ。ラムセスはモーセを荒野に追放しようと企んだ。砂漠へ追いやってしまえば、やがてモーセは死に絶えるであろうと考えたのだ。荒野へ追放させたラムセスはモーセを完全に排除したと安堵した。ところが、このときすでにモーセはヤハウェの守護のもとにいた。そのことにラムセスは気づかなかったのだ。

D モーセはどのようにして荒野のなかで自分の運命を悟ったのでしょうか？（このとき「神が燃える柴を通してモーセに語りかける」*8という聖書の箇所のことが念頭にあった）

S そんなこと知る由もない！　その現場に居合わせていないからだ！　一説によると、天使たちがモーセを訪ねたそうだ。ほかの説では、自分の内なる声に耳を傾けたともいわれている。このように、さまざまな説が伝えられている。おそらく、モーセは同胞のヘブライ人たちが奴隷として扱われていることが許せなかったからではないか、と私は推測している。同胞の民族が奴隷として扱われているのに対し、自分は幸せで自由に暮らしているという不平等さに耐えられなかったのであろう。

D わたしが知っている話には「燃える柴」が出てきます。

S その話は私も聞いたことがある。神が燃える柴と化し、モーセの前に現れた話のことだろう。（ため息をつく）しかし、ずいぶん妙な話だと思わないか？ よく考えてみよ、人間の注意をひくためにわざわざ燃える柴と化し、神が現れる必要があるか？ ただ普通に「ヤハウエだ。話したいことがある」と語りかければいいだけの話だ。私が思うに、ヤハウエはモーセの魂に語りかけたのであろう。モーセは神の声に耳を傾け、心のなかで神と対話をしたのだ。なかには心のなかで「神の声」が聴こえるということが信じられない人間もいるかもしれない。そのような人間は、神が目の前に現れたり、実際に神の声が聴こえたりするかして、はじめて神と対話をしたと信じることができるのだろう。だが、神と対話をしたければ、自分のハートをひらけばいいだけなのだ。神は人間の心のなかにいる。どんなときも、いつでも神は我々の心のなかにいる。神の声を聴こうと意識すればいいだけの話だ。意識を向けていれば、いずれ神の声は聴こえてくるようになる。

当然ながら「心のなかで神と対話できる」と唐突にいわれても、多くの人にとってにわかには信じがたい話であることはわかっている。まあ、それはさておき、わたしは続いて「紅海の物語」*9について訊いてみることにした。わたしたちが知っている話と同じかどうかを確認したいと思ったからだ。

S なんのことだ？ もしかすると、あの紅海をわたった話のことか？ ある説によると、海が左右にひらいたということになっているが、その情報は嘘だ。実際は海をわたったといったほうが正しい。彼ら（モーセとヘブライの民）は海の上をわたる能力を持っていた。う～む、どう説明すればわかりやすいだろう？ いうならば、彼らは思考と信念の扱いかたを熟知していた。彼らの念力が大きなエネルギーと化し、浮上することができたのだ。足元さえも、水に濡れなかったそうだ。

D どういう意味ですか？ 彼らは水面を歩いたのですか、それとも水の上に浮いていたのでしょうか？

S そのとおり。海が左右にひらいたと伝えられているのは、彼らが足を一歩踏み出したのにもかかわらず、足先でさえも水に触れなかったからだ。（うまく説明できない自分に苛立っていた）水の上を歩けるように、エネルギーを水のなかに注入したといわれている。まあ、どういう言葉で表現してもいいだろう。とにかく、これは自然と共鳴している行為で、自然に逆らう行為ではないのだ。彼らは強力なエネルギーを水のなかに入れることによって水面を固めた。しかし、海を左右にひらくという行為は完全に自然に逆らっている行為だ。わかるかな？　エネルギーの法則の基本は、自然と調和し、決して自然に逆らわないことだ。自然の法則に逆らうと、すべてのバランスが崩れ落ちてしまう。すると、大きな被害を引き起こしたり、大きな損傷を負ったりすることになりかねない。クムラン共同体では、だれもがエネルギーを扱えるようになるための特訓を受ける。信念さえあれば、不可能を可能にすることができる。とにかく、「自分を信じる」ことがなによりも大切なのだ。

D　でも、ものすごい多人数が海をわたったと聞きます。その全員が「信念」を持っていたのでしょうか？

S　全員が強力な信念を持っていたわけではない。が、できるかもしれないという可能性は信じていた。それぞれ十分な信念を持ち、前を行く者たちのあとをついて行ったのだ。しかしながら、ファラオの軍隊はエネルギーを扱える能力を持っていなかった。そのうえ、信念のかけらもなかった。そのため、彼らが足を一歩前に出した途端に海の深底へと沈んでいったのだ。

スディーはこの話をあたりまえのできごとのように淡々と語った。しかし、わたしは完全には理解することはできなかった。ここはひとまず話題を変えることにした。モーセにかかわるもうひとつの謎「契約の箱」*[10]について訊いてみることにした。

S その話も知っている。それはモーセが神から授かった「神との契約の箱」のことだ。う～む、これもどう説明すればわかりやすいだろう? 簡単に説明すると、その箱はヤハウェと対話をするための回路だ。ヤハウェと対話をするひとつの手段なのだ。また、ヤハウェとエネルギー交換することもできる箱でもある。その箱のなかにはこの世と宇宙の叡智がぜんぶ秘められていると伝えられている。

D 箱のなかに「十戒」がおさめられていると聞いています。

S たしかに十戒が刻まれた石板も入っている。が、さきほどもいったように、その箱はヤハウェとつながる回路なのだ。かつて「契約の箱」は時空を超えた偉大なる存在の一部であった。ヤハウェはヘブライの民にその秘力の一部を保持する許可をくださったのだ。その契約の箱を持っていると、いずれすべての秘力を知りうることができるといわれている。レビ族*[11]が契約の箱の秘密を守っている。そのレビ族はアロンの末裔である。

D その契約の箱は、いまどこにあるのでしょうか? まだこの世にあるのですか?

S　厳重に保管されている。レビ族が子孫代々で契約の箱の秘密を守っている。ところが、その箱はバビロニア王国の時代の王*12、またそれ以後の王や皇帝たちにもなんどか獲られてしまった。彼らは契約の箱に秘められた力を私利私欲な願いを叶えるために利用したのだ。その結果、王国は崩壊していった。その都度、箱は隠された。それ以後も箱はなんども出されては隠されている。現在、契約の箱は再び行方をくらませている。その箱は神からの贈りものだ。ヤハウェが契約の箱を構築する知識をモーセとアロンに与えた。しかし、まだ人間にはこの叡智を扱える準備が整っていなかった。そのことをヤハウェは悟ってしまった。契約の箱に秘められているエネルギーは、まだ人間にはあまりにも強力すぎた。現在は（エネルギーの威力から）人間を守るために隠蔽されている。

D　その契約の箱は破壊することできるのでしょうか？

S　人間には絶対できない。箱を破壊できるのは神だけだ。もしくは神の意思によってのみだ。したがって、契約の箱はレビ族が守っているのだ。

D　前々から契約の箱は危険なものだと耳にしていました。

S　たしかに危険なものかもしれない。心が汚れている者たちや誠意のない者たちが契約の箱に触れるようなことがあれば、彼らは確実に命を失うだろう。契約の箱が持つエネルギーの威力が強すぎるからだ。そのあまりの衝撃に心臓が止まってしまうか、脳の機能も止まってしまうかもしれない。いずれにせよ、もうこの世にとどまることはできなくなる。

D 多くの人間の心は汚れているとヤハウェは思っているのですか。それが理由で、まだ人間はその箱を扱えないと思っているのでしょうか？

S 何年もの間、人間は自分たちの私利私欲のためだけにこの秘力を使ってしまった。その契約の箱を所持する者がこの世を支配できると伝えられているからだ。（悪用されないために）契約の箱は隠蔽されているのだ。

D 人間がその秘力を扱えるようになるときがいつの日かくるのでしょうか？

S さあ、どうだか……。それは私が決めることではない。しかし、いつかそのような日がくることを願うだけだ。いままで、多くの人間が契約の箱の持つ秘力の影響で命を落としてきた。一時、ソロモンの神殿*[13]の本堂のなかに保管されていたそうだ。が、契約の箱が持つパワーがあまりにも強力なため、ソロモンの神殿の本堂が破壊されそうになってしまった。その結果、ほかの場所へ移されたのだ。

D モーセたちが紅海をわたることができたのは、その契約の箱となにか関係があるのでしょうか？

S 紅海をわたったときには、まだ契約の箱は持っていなかった。彼らが四十年間放浪したあとで箱はつくられた。契約の箱は十戒が記されている石版やそのほかの律法が書かれたパピルス紙などを保管するためにつくられた箱でもあるからだ。モーセが箱の外観をつくり、カルー族が高次エネルギーの源を箱のなかに注入したと伝えられている。

D　わたしが知っているモーセの物語の話の内容と少しちがっています。物語が伝えられていく過程で勝手に内容が変更されている気がします。

S　そういうものだ。人間が物語を口頭で伝えるとき、その都度、だれもが多少脚色して話しているものだ。

現代版の聖書にはモーセとヘブライの民が紅海を横断したあと、昼間はもくもくとした雲が、夜間はものすごい炎が、彼らを導いたと記されている[*14]。そのことをスディーに尋ねてみると、どうやらこの話は聞いたことがないらしい。

S　モーセが持っていた杖の先には輝きを放つ「偉大なる水晶」がついていた。その水晶は、彼らが向かう方角を示す「道しるべ」となった。

またもや、予想外の情報が飛び出してきた。スディーの話によると、彼らが正しい方角に向かっているときはその水晶は輝きを増した。まちがった方角に進んだときは薄暗くなったという。

S モーセたちは旅路の途中、長らく荒野を彷徨った[*15]。それはモーセが自分の勘や判断力を信じられなくなってしまったからだといわれている。水晶に導かれた方角ではなく、民衆が望んだ方向へ進んでしまったからなのだ。モーセは自分を疑った。いままで、自分を信じることで偉業を成し遂げてきたのにもかかわらず、なぜだか自分自身のことを信頼できなくなってしまった。引き連れていたヘブライの民衆たちのなかに「向かっている方角がちがいます。あなたはまちがった方向へ我々を導いています。我々はこっちの方向へ行きたいのです。あなたは我々のいうことを聞いてください」とモーセの導きに反発する者たちが出てきた。その結果、荒野を彷徨ったのだ。その彷徨っている最中、自分の仲間であるヘブライ人たちが（食料や水不足で）苦しみもがき、どんどん死んでいった。それを目の当たりにしたモーセはようやく気づくことができた。あきらかに自分たちは迷子になっているという事実を思い知ったのだ。モーセはとうとう彷徨い続けることに耐えられなくなり、再びヤハウェに祈りを捧げた。自分の仲間を救うためにヤハウェの導きが必要だと必死に祈った。これからはヤハウェの導きに必ず従うことを約束した。すると、ヤハウェはモーセの願いを聞き入れ、再び道しるべを示しはじめたそうだ。

モーセたちが荒野を彷徨っている間、一時的な飢えをしのぐための食料や水を奇跡的に手に入れることができたという話がある[*16]。

S 樹木にマナが生っていた。マナはまるでパンのようだった。マナはパンだといわれている。荒野には種のなる樹木の茂みがある。その種を割るとなかには、どう説明すればいいのだろう？ ……そのなかにはなにかおいしい味がするものが入っている。それを食すと命をつなぐことができるのだ。この種のおかげで、彼らは荒野のなかを無事に生き抜くことができた。だが、私自身は樹木の茂みを砂漠のなかで目撃したことはない。そのため、真相はわからない。樹木が生えている側の地面を「モーセの杖」で叩くと、水が地面から湧き出てきた[*17]。よって、彼らは水を飲むこともできたのだ。

D モーセの杖は多くの奇跡を起こしたのですね。それはどんな特色があったのでしょうか？

S まず、その杖はモーセがみつけたものだ。その杖は水の在り処を捜しあてたり、さまざまなものをみつけ出すことができた。その杖にかぎらず、どんな杖であれ、正しい扱いかたさえ知っていれば奇跡を起こすことができるのだ。その杖についていた水晶は、最初はアブラハムが持っていて、以後、何世代にもわたって引き継がれてきたものだった。それをヨセフがファラオの領域であるエジプトに持ち込んだ。それ以来、その杖はエジプトの地で囚われ、エジプトの地で父親から息子へと引き継がれていったのだ。モーセのヘブライ人の父親が、モーセが成人になったときに水晶をわたしたそうだ。ある時期、モーセは水晶を首につけていたともいわれている。その水晶はもともとヤハウェの持ち物だった。したがって、大切に守らなくてはならないのだ。

D モーセはその水晶に大変な威力が備わっていたことを知っていたのでしょうか？

S さあどうだか、私はモーセではない。彼がどう思っていたのかまではわからない（現場にいる全員が爆笑した）。聞くところによると、ヨセフが最初にエジプトへわたったとき、ヘブライ人たちは大切に扱われていた。それ以後、多くのヘブライ人たちがエジプトへ移住した。だが、あまりにもたくさん移住したために、多くのエジプト人の嫉妬や妬みを買ってしまったのだ。その結果、多数のヘブライ人たちが牢屋に囚われた。その囚われたヘブライの子孫がモーセと一緒に紅海をわたったのだ。彼らはみなヨセフの血を受け継ぐ子孫だといってもいいだろう。

D モーセはいかなる方法でヘブライ人たちを解放させることができたのですか。ファラオをどうやって説得したのでしょうか？

S ファラオ（ラムセス）はモーセの兄弟だったからだ。二人は一緒に育ったのだ。モーセはさまざまな方法を使ってラムセスを説得した[*18]。モーセは魔術を使ったという者もいる。魔法をかけて、エジプトに災いをくだしたとも伝えられている。

小さい頃から、エジプトにもたらされた災いの話を耳にしていた。わたしは常々とても興味深い話だと思っていた。この災いに関する話は『出エジプト記』の第七章〜十二章に記されている。実際のところ、それはいったいどういう意味合いがあったのだろう。もしかすると、真相を知るいい機会かもしれない。この災いに関するスディーの見解を訊いてみることにした。聖書のなかにも「十の災い」[*19]が書かれている。

【第1の災厄】血の災い。ナイルの川の水が血に変る
【第2の災厄】蛙の災い
【第3の災厄】シラミの災い
【第4の災い】アブの災い
【第5の災い】家畜の伝染性の疾患の災い
【第6の災い】腫れものの災い
【第7の災い】火と雹(ひょう)の災い

【第8の災い】イナゴの災い
【第9の災い】暗闇の災い
【第10の災い】初子の虐殺（過越の祭りがはじまるきっかけとなる）

D 災いは本当に起きたのでしょうか？

S そうだ。モーセは非常に頭がよい男であった。まず、どうやって暗闇の災いと血の災いをモーセが起こすことができたのかを説明しよう。そのとき、彼らは川の上流にいた。実は、モーセは暗闇の災いが起きる前、近くにある火山が爆発したことを知っていた（爆発という言葉を探すのに時間がかかった）。モーセが空を見上げると、空がだんだん暗くなりはじめていることに気づいたからだ。そして、川の水が赤く変化する血の災い[*20]は……。その二～三日後に、その川が赤く変化するとモーセが察したからである。川の上流の地面の色が赤褐色をしていたからだ。その赤い色をした土が川に流れ込めば、血の色の川と化すことがわかっていた。モーセがそれを予測しただけである。あと、イナゴの災いが起きたといわれているが、十の災いすべてが本当に起きた災いかどうかは定かではない。だが、いくつかの災いはモーセの先見の明のおかげだ。その現象が起きる予兆を感じたため、あたかも神がくだした災いのように思わせたのだ。

D さすがですね。モーセはとても賢い人だったのですね。それでは、ほとんどの災いはヤハウエの怒りがくだしたものではない、ということなのでしょうか？

S 最後の災いだけだ。それ以外はちがうといってもいいだろう。過越の祭りがはじまるきっかけとなった最後の災いだけはヤハウエの怒りがくだしたと伝えられている。エジプト人の初子を皆殺しにするため、ヤハウエが死の使いを送り込むと告げたそうだ。が、しかし、あのヤハウエがそんな残酷なことをするだろうか。私が知っている神は復讐心に燃えるような神ではない。まあ、これだけではない、あの話もそうだ。神がノアに箱舟をつくらせ、地球上にいるすべての人間を全滅させたという話も信じがたい話だ。このどちらも、私が知っている神がするとはとうてい思えない。だが、このような伝説が代々伝えられているということは否めない。腫れものの災い*[21]も伝えられているが、それはそもそもネズミが運んできた菌で腫れものができたのだ。その病原菌が原因で死者が続出したといわれている。それを考慮すると、ヘブライ人たちが血を扉に塗ったのは*[22]、その菌から自分たちを守るためにした行為なのかもしれない。おそらく自分たちの健康を守ろうとしたのであろう。エジプト人の初子たちだけを殺させるためにしたことではないとわたしは考えている。そうすることで、ヘブライ人たちは自分たちの免疫を強くできる*[23]と思ったのではなかろうか。

D わたしもその話を知っています。（ヘブライの民衆は）血を扉に塗ることで死の天使を遠ざけたという話ですよね。

S 伝説では、そのように伝えられてしまっているが。ほかにも、さまざまなハーブ草を家中にぶらさげたという話も伝えられている。

D やはり、ネズミが運んできた病原菌が死因となったのでしょうか？ 腫れものは単なる症状のひとつだったということなのですか？

S まさしく。師匠たちから、そのように聞いている。おそらくその可能性が高いであろう。

D （エジプト人たちの）「初子」だけに病が襲いかかったと聞いています*[24]。

S いや、初子だけではない。初子も含む、エジプトの国民の半数以上に病は襲いかかった。だが、モーセがファラオに最後の災いを告げたとき、モーセは「エジプト中の初子がみな病に死す」とはひとこともいっていない。実際は「ファラオの初子は命を落とす」と告げただけなのだ*[25]。モーセは未来を透視しただけだ。べつに呪いをかけたのではない。単に予言しただけなのだ。

D ヤハウエがファラオにヘブライ人たちを解放させるためにその災いを起こしたと聞いています。

S もしかすると、ヤハウエが災いを起こしたのかもしれない。が、おそらくその災いが起きることをモーセが予知しただけだ。未来を透視する能力が備わっていると、人間は偉業を成し遂げることができるからだ。

D　たしか、モーセは魔術も扱えたといっていましたよね?

S　魔術といってもいいだろう。未来を透視する能力も魔術の範囲に入るからだ。

D　エッセネ派にはあらゆる魔術に精通しているマスターがいると聞きました。(エッセネ派のように)モーセもその能力を磨く特訓を受けていると思いますか。モーセは未来透視のマスターだったのでしょうか?

S　その可能性は大いにある。モーセの父親はヤハウェに仕える祭司だった。そして、モーセの母親はエジプトの王女だ。モーセはエジプト人とヘブライ人のハーフだ。ヘブライ人の祭司だけでなく、エジプト人の神官からも特訓を受けた可能性も考えられる。したがって、その両方から特訓を受けた可能性は高い。そう考えてもおかしくないと思わないか?

固定観念をはずして新しい思想を受け入れようという気持ちを持つだけで、どんどんおもしろいことが起きてくる。いままでわたしは聖書に記されている話を当然のこととして受け入れていた。が、このように先入観を持たないでいると、思いがけないことが起きてくるということなのだ。わたしはこれらの話をまったく新しい視点から捉えられるようになったといっても過言ではない。考えかたによっては、これらは過激な思想だという人もいるかもしれない。が、ひょっとしたら、上記の説が「エジプトの災い」が発生した本当の原因なのかもしれない。そう考えることもできるのではないだろうか？　スディーいわく、川の水が赤くなった原因は上流で起きた火山の爆発によるものだという。聖書には「川は悪臭を放ち、エジプト人はナイル川の水を飲めなくなった」と記されている。ということは、やはり、火山が噴火して、そこから噴き出した硫黄が川に流れ込んだことが、その悪臭の原因なのだろうか？　火山地域に住むだれもがこう証言するだろう、「硫黄が川に流れ込むと、井戸水は濁り、水はまったく飲めなくなってしまう」と。いうまでもないが、たしかに硫黄を含んだ水は堪えがたい悪臭を放っている。

（蛙の災いでは）蛙の群れが川から出て、陸地にはびこったといわれている。それも、火山爆発の影響で起きた現象と考えることもできる。なぜなら、動物は自然の変化にとても敏感だからだ。大量の蛙が死んだことにより、エジプト人たちは蛙の死骸を山積みにした。その死骸が悪臭を放ったのではないだろうか。また、アブの災いが起きたのは、アブは死骸に群がる習性があるため、それら蛙の死骸に群がっていたからなのではないか。さらにそこで、アブの大量発生が起きたのだろう。スディーによると、暗黒の世界は火山の爆発の影響だという。そうすると、雹（ひょう）と火が地上に降ってきた原因も解明される。これはそれほどめずらしい現象ではない。火山が噴火するときによく起きる現象だからだ。

スディーは「過越の祭り」がはじまるきっかけとなった最後の災いは、ネズミが運んできた病原菌によって多くの命が奪われたことだといった。おそらくシラミの大量発生が起きたからではなかろうか。なぜなら、ノミはペストの菌を運んでくることで知られているからだ。そう考えると、人間にできた腫れものと動物の病気は関連している可能性が高い。（イナゴの災いは）自然発生的にイナゴの大量発生が起きたという可能性も考えられる。または、火山が噴火したことで自然環境が大きく乱れたのかもしれない。こうやって考えてみると、不思議とすべては理にかなっているではないか。それなのに、スディーにいわれるまで、このことをだれも思いつきさえしなかった。

当時、ヘブライ人は奴隷だったため、エジプト人が暮らしている地区から離れた場所で暮らしていたそうだ。それを考慮すると、ヘブライ人たちは死の天使が通りすぎるまで、自分たちの家のなかに閉じこもっていただけなのではないか。たぶん伝染病から身を守るために自身を隔離していたのだろう。スディーがいうように、そうすることで彼らは病原菌を持つネズミや感染された人たちから、自分たちの身を守ることができたのかもしれない。その可能性はなきにしもあらずだ。これは非常におもしろい発想である。どんどん新たな発想やひらめきが生まれる可能性すら感じる。

D　モーセはいつ「十戒」を受けとったのでしょうか？　モーセが荒野を放浪したあとですか？

S　そうだ。（シナイ山の麓で）ヤハウェの声が聴こえてきた。すると、「シナイ山へ登りなさい」と神からのお告げがあった[*26]。モーセはシナイ山の頂上で神と対話したのだ。そのとき、神の掟である十戒を授かったのだ。

D　モーセは本当に神と対話したのでしょうか？

S　もちろん、対話した。山から下りてきたモーセはまるっきり別人に変わっていた。山に登る前のモーセと山から下りてきたモーセはまるで別の人間のようだったと。神と対話したことで、別人に変貌したのであろう。より多くの叡智を受けとれるようになっていたと伝えられている。

D　神はどのようにして、モーセに十戒を授けたのでしょうか？

S　さあ、それは定かではない。とにかく、十戒は記されていた。その十戒は神の指によって記されたものだともいわれている。おそらく我々が巻物を書くときと同じ方法であろう。巻物を執筆する人間に伝言が天から降りてくるといってもいい。巻物を執筆していると、降って湧いたように「巻物に記す内容」のひらめきがくる。いずれにしても、まったくなにも考えなくていい。すると、内容がすらすら出てくるはずだ。たぶん、モーセも同じ方法で十戒を授かったのではないだろうか。十戒は粘土板に刻まれていた（粘土板はクムランの生徒たちが文字を練習するときに使っているものである）。モーセが山から下りてくると、その（神が与えた）十戒が記された粘土板を手にしていた。そのときのモーセは光り輝いていたそうだ。モーセをとりまく周りの空気までもがキラキラときらめいていたと伝えられている。ところが、モーセが山から下りると（モーセのことを待っていた）ヘブライの民衆たちはバアル神*[27]とデュルー神*[28]の金の偶像をつくってしまっていた。そして、もうすでに十戒に記されている神の掟のほとんどを破ってしまっていたのだ。その様子を目撃したモーセは怒りを爆発させ、石板を粉々に叩き割ったそうだ。そのため、新たな粘土板に十戒を記し直すために、シナイ山へ再び登らなくてはいけなくなった。神と接触し、神の栄光を受けた直後だったため、あまりに低俗な民衆たちの発想に愕然としたのではなかろうか。モーセは理解に苦しんだあげくの果て、民衆たちは神の言葉をいただく資格はないとの判断をくだした。モーセは怒りっぽいことで知られているため、おおかたこの話は真実であろう。

D　なぜバアル神の金の偶像を民衆たちはつくったのでしょうか？

S　四十年もの間荒野を彷徨い続けていたせいで、少し気が変になってしまっていたからだろう。（モーセが山頂にいる間）突然、民衆たちはなにもすることがなくなってしまった。時間をもてあまし、どうしていいかわからなくなったのだ。そのとき、モーセの兄のアロンも民衆とともにいた。残念ながら、アロンは弟のモーセほどの精神的な強さを持ち合わせていなかったため、民衆たちはアロンにわがままをいえたのだ。

D 長い間、モーセは山の上にいたのですか?

S よくおぼえていない。たしか、山の上には一年ほどいたような気がする。が、正確な日数は定かではない。

モーセは民衆のとった行動に対し、怒りをあらわにし、石版を粉々に叩き割っただけでなく、怒り狂ったあげくの果て、何千人にもの同胞の民衆を殺害するよう命令をくだしたと聖書に記されている[*29]。しかしながら、スディーはこの説を否定した。スディーによると、モーセは激怒して石版を叩き潰しただけらしい。

S 民衆に対し、モーセは支配権を持っていたわけではなかった。彼らはみな個々が自立した存在だったからだ。モーセは再度「十戒」を石板に刻み込んだといわれているが、そのために再び山上へ登ったかどうかはわからない[*30]。とにかく、次にモーセが十戒を神から授かったときは、民衆たちは身を慎んだ態度で待っていた。その後、一団はようやく約束の地[*31]にたどりつくことができたのだ。しかし残念ながら、モーセは約束の地に入ることができなかった。約束の地を目前にして、モーセは命を落としたと伝えられている。モーセが約束の地に入ることができなかった要因は、モーセが自分自身のことを信じきることができなかったからだ。モーセは民衆の意見にふりまわされてしまったのだ。疑惑があったとき、モーセの心が揺らいでしまったことがそもそもの原因なのだ。ことの発端はヤハウェが授けた水晶の導きにモーセが従わなくなったからなのだ。おそらくモーセは約束の地に入る心の準備ができていなかったのだろう。モーセには、もう少し時間が必要だった。そしてそのことに神が気づいてしまった。約束の地に入っていけたのは次世代の若者たちだけだった。ともに荒野を放浪していた初代の年長者たちはだれも約束の地には入れなかったらしい。が、たしかアロンだけは約束の地に入っていけたはずだ*[32]。まあ、このようにモーセに関する話は数多く残されている。なにはともあれ、モーセはとても賢い男であったことはたしかだ。

エゼキエル

エゼキエル*[33]に関する書物は多く残されている。それだけでなく、エゼキエルがみた不思議な幻について記した書物もたくさんある。『エゼキエル書』はとても興味深い聖書物語のうちのひとつである。この機会に、エゼキエルに関する情報も訊き出してみようと思った。ところが、話を進めていくうちに「エゼキエル」と「エリヤ」[*34]の話がなぜか一緒になってしまっているような印象を受けた。この二つの物語はなんとなく似ている点があるからなのだろうか。もしかすると、原書に記されているこの二つの話は、さらにもっと共通点が多いのかもしれない。

S　エゼキエルも預言者のひとりである。エゼキエルに関する話はいくつかの巻物に記されている。エゼキエルは預言者であり、賢者でもある。そして、この世に現れた師のひとりでもあった。エゼキエルは変わり者だったといわれている。人生の大半を孤独に暮らし、教えた弟子もごくわずかだった。エゼキエルが晩年になると、神から「おまえは死を体験しない」と告げられた。神が直接エゼキエルを天界に引き上げると告げたらしい。私が思うに、これはエゼキエルの自惚れからでた発言だ。また、なんらかの存在[*35]がエゼキエルの前に現れ、彼らに連れていかれたとも伝えられている。が、まちがいなく、それらの存在は神の使いではない。

その「なんらかの存在」とは、いったいなんのことをさしているのかさっぱりわからなかった。

S この宇宙には人間と似ている「存在」がいる。しかし、彼らは人間とはまったくちがう存在でもある。その存在がエゼキエルの前に現れたのだ。彼らは、この地球に存在する生命体ではない。その存在はどこか別の場所から訪ねてきた。だが、どこからきたのかは我々には知らされていない。記録に残されているかぎりのはるか昔の時代から地球外生命体がこの世界を訪ねてきている。それらの存在は神聖な者たち、もしくは選ばれた者たちの前だけに現れているようだが。（存在が現れるためには）どんな条件が揃っていなくてはならないのかまではわかっていない。たいていは目の前に出現するだけのようだが、ときにどこかへ連れていかれてしまう場合もあるという。連れていかれず、この世に生存している者は、その体験談を人々に伝えるために残されたのだ。エゼキエルが連れていかれる姿を目撃した彼の弟子は「火の戦車のようなものに連れていかれた」と語っている。もしかすると、それは「戦車」のようにみえたのかもしれない。だが、おそらくそれは古代の空飛ぶ機械であろう。ひょっとすると、その機械から火花が散っていた可能性もあるが。実際、いろいろな種類の空飛ぶ機械が存在していると伝えられている。

もしかすると、エゼキエルがみた幻を「ＵＦＯ」だと推測した作家[*36]の仮説は正しかったのかもしれない。なんだかんだいっても、その仮説は真実にかぎりなく近かったということなのだろうか。それどころか、それは仮説ではなく真実の情報という可能性もないとはいいきれない。

S そのようにして、エゼキエルはこの世を去っていった。エゼキエル自身が彼らと一緒に行きたかったからなのか、彼らがエゼキエルを連れていきたかったのか、その真相は闇のなかだ。それ以来、エゼキエルは消息を絶ってしまった。エゼキエルがその後どうなったのかだれにもわからないらしい。私自身、この話にくわしくない。なぜなら、その巻物には律法がひとつも記されていないからである。子どものとき、この話を読んだり聞いたりしただけだからだ。

その「古代の空飛ぶ機械」とはいったいどういう意味でいっているのだろうか。わたしは興味津々で尋ねた。

S はるか遠い昔、空気中を鳥のように飛ぶ機械が存在していた。その空飛ぶ機械のつくりかたの知識は我々に伝授された。その昔、実際に使用もしていたらしい。が、聞くところによると、その知識の大部分は消滅してしまったそうだ。一応、我々の師匠のなかで、その空飛ぶ機械のつくりかたの知識がある者もいるのだが。その知識は、まったく活用されていない。つくりかたの知識は図書館のなかにおさめられている。それも「神秘学の教え」の一部だ。しかしながら、その知識は使わないほうが無難だといわれている。

D その「空飛ぶ機械」はどうやって動いていたのでしょうか？

S さあ、くわしいことまではわからないが、中心に焦点を合わせることで動く。だが、どうやってそうするのかまでは私には知らされていない。それ以外の情報は、図りかねる。神秘学は私の専門分野ではないからだ。だれかから話を少し聞いただけだ。当初、古代バビロニアの人々もその知識を持っていたらしい。が、本当のことかどうかはわからない。我々にその知識を授けたのはカルー族だ。これは叡智の伝授が断ち切られる前の話だ。まだカルー族に叡智を伝授する能力が備わっていた時代に我々は授かっている。カルー族はさまざまな並はずれた能力を持っていた。しかしながら、彼らは叡智を伝授する能力を失った。あるいは、伝授しないほうが賢明だと判断したのかもしれない。その知識を与えたことによって、この世にあまりにも多くの危害や破壊がもたらされてしまったからであろう。

D エッセネ派の師匠でその知識を持っている人がいるのであれば、いまでもその空飛ぶ機械をつくろうと思えばつくれる、ということなのでしょうか？

S　必要性に迫られれば、おそらくつくれるだろう。だが、本当につくれるかどうかは定かではない。私はその空飛ぶ機械をつくる技師ではないからだ。

ここで、スディーが描写しはじめた。「その空飛ぶ機械はさまざまな材料でつくられている。木製のものもあれば、金属製のものもある。銅や金、また、いろいろな金属が混ぜ合わさった一風変わったものもある。そして、ものすごく小さいサイズのもあれば、とても大きなサイズのものもある」。

空飛ぶ機械はてっきり旅する目的のための乗り物だと思っていたのだが、またもやスディーの奇想天外な返答にわたしは驚きを隠せなかった。それは「その空飛ぶ機械はいったいなんの目的のためにつくられたものなのですか？」と訊いたときだった。スディーは涼しい顔をして、こう返答した。

S　戦争のためにつくられたのだ。もちろん、旅にも使われことはある。その空飛ぶ機械ははるか遠方にいる敵をも撃破できるそうだ。それがもっとも優れた特徴だといっても過言ではない。そこに武器が装着されている。いわば、兵器なのだ。

D　敵も同じような機械を所有していたのですか？

S　いや、ほとんどは持っていなかった。

D　（空飛ぶ機械をつくる）知識を伝授しなくなった本当の要因はなんだったのでしょうか。そのことが記されている巻物はありますか？

S　（非常に冷静に）この世界が破壊されてしまったからだ。大変動が起きたからだ。どんな大変動だったのかまではわからない。まるで自然界の反発が起きたかのようだったと伝えられている。天変地異が起き、この地球は崩壊されてしまったのだ。

あいもかわらず、スディーとのやりとりは予想外の驚きに満ちている。毎回、意表を突かれるようなことだらけだ。

D　その空飛ぶ機械を使って戦争をしたことで天変地異は起きたのでしょうか。その影響で地球は崩壊させられたのですか？

S　さあ、真相はわからない。その現場に居合わせていなかったからだ。

スディーによると、カルー族もその戦争にかかわっていたという。が、そのほかにかかわっていた人たちがだれだったかはよくおぼえていないといった。その戦争は一部の地域だけで起きていた戦争なのだろうか、そんな疑問が頭をよぎった。

S いや、さまざまな地域で戦争が起きていた。世界は混沌とした闇に包まれていたといわれている。

突如、わたしは強い不安感に襲われた。それはいまの世のなかとまったく同じ状況だと感じたからだ。やはり、「歴史は繰り返す」ということなのか？ どうやら、その崩壊が起きたあとにカルー族は放浪しはじめたらしい。したがって、地球上のすべての人間が滅ぼされたわけではなかった。

S 全員は滅びていない。そのおかげといってはなんだが、生存者たちは多くの知恵を身につけることができた。彼らは「やってはいけないこと」を学んだのだ。知恵を得たことにより、空飛ぶ機械の製造知識を保持することは許された。しかし、この世を二度と崩壊してはならないと告げられた。この世界を滅ぼすような行動をとらないという条件のもとに知識の保持だけは認められたのだ。そうして、いつの日か安心して使える日がくるまで、その知識は大切に保管されるということになったのである。

D その生存者たちは、どうやって崩壊を免れたのでしょうか？

S それは知らされていない。この話には不明瞭な点があるのだ。地球が崩壊するという予言があったともいわれている。地球崩壊が起きる前に「遠くはるか彼方へ逃げろ」とのお告げがあったそうだ。

D 空飛ぶ機械は地球上のどこかに残っていると思いますか。（残っていれば）発見される可能性はあるのでしょうか？

S 可能性はある。金属は耐久性に優れているからだ。地球上のどこかに空飛ぶ機械の一部が残されているにちがいない。

D 崩壊を免れた生存者たちは、いつか自分たちの国に戻れると思いますか？

S さあ、それはだれにもわからない。そもそも生存者がだれなのか、彼らがどこからきたのかさえも知らされていないからだ。

聖書に記された『エゼキエル書』に関することだけを聞くつもりが、思いもよらぬ展開となった。その結果、当初の期待を上回る情報まで入手することができた。

訳注

＊1 モーセの物語： モーセはユダヤ教、キリスト教、イスラム教などで、もっとも重要な預言者である。紀元前十六世紀または紀元前十三世紀頃活躍したとされ、享年百二歳。エジプトで奴隷となっていたイスラエル人を救い出すよう神に告げられ、エジプトを脱出したときは八十歳だった。旧約聖書『出エジプト記』などに現れる。

＊2 モーセの律法： モーセ五書・モーセの十戒のこと。『モーセ五書』は旧約聖書に記されている最初の五つの書（『創世記』、『出エジプト記』、『レビ記』、『民数記』、『申命記』）のこと。トーラー、律法、ペンタチュークとも呼ばれる。

モーセの十戒

モーセが神から与えられたとされる十の戒律のことを「モーセの十戒」という。十戒は『出エジプト記』（20：3〜17）と『申命記』（5：7〜21）に記されている。戒めは十個あるが、はじめの四つは神に対する戒めであり、あとの六つは人間関係に関する戒めでる。律法全体も要約すると、神に対する戒めと、人に対する戒めの二つに要約される。

①あなたには、わたしのほかに、ほかの神々があってはならない。

②あなたは、自分のために、偶像をつくってはならない。それらを拝んではならない。それらに仕えてはならない。

③あなたは、あなたの神、主の御名を、みだりに唱えてはならない。

④安息日をおぼえて、これを聖なる日とせよ。

⑤あなたの父と母を敬え。
⑥殺してはならない。
⑦姦淫してはならない。
⑧盗んではならない。
⑨あなたの隣人に対し、偽りの証言をしてはならない。
⑩あなたの隣人の財産をほしがってはならない。

＊3 パピルスで編んだ籠：アスファルトとピッチ（土瀝青と樹脂）で防水された籠だったといわれている。なぜモーセを籠のなかに隠さなければならなかったかの理由は『出エジプト記』第一章に記述がある。

＊4 モーセはヨセフの血をひく子孫：モーセとアロンはレビの曾孫（孫の子）。レビはヤコブの息子、父ヤコブと母レアの三男になる。レビとヨセフは同じ父親を持つ異母兄弟で（ヨセフは父ヤコブと母ラケルの長男）ヨセフもレビもヤコブの血をひいている。モーセはヨセフの血をひく子孫ということになる。モーセとともにエジプトを出たヘブライの民は「イスラエルの十二支族」といわれている。彼らは全員ヤコブの息子たちの子孫となる。ヤコブには十二人の子どもがおり、彼ら全員ヤコブの子孫であるため、みなヨセフの血をひいているということになる。

＊5 モーセが殺人を犯す：モーセは自分と同じ民族、同胞であるヘブライ人がエジプト人たちに奴隷として働かされ鞭で打たれているのを目撃し、エジプト人を密かに殺害したと聖書に記されている。（出エジプト記　2：11〜12）

＊6 モーセの実の父親：アムラムという名のヘブライ人。エジプトではヘブライ人は奴隷として扱われていた。

＊7 ラムセス：ラムセス二世（紀元前一三一四～紀元前一二二四、または紀元前一三〇二～紀元前一二一二）のこと。エジプト新王国第十九王朝のファラオ。第一王妃ネフェルタリのほか、何人もの王妃や側室との間に、賢者カエムワセト、後継者となるメルエンプタハなど百十一人の息子と六十九人の娘を儲けた。

＊8 モーセと燃える柴：出エジプト記　3：2

＊9 紅海の物語：紅海をわたった話。『出エジプト記』第十四章に出てくる。モーセのエジプト脱出後、ファラオの軍勢の前に紅海が二つにわかれるという奇跡が起きた。

＊10 契約の箱：十戒が刻み込まれた石版をおさめた箱のこと。証の箱、掟の箱、聖櫃（せいひつ）、約櫃（やくひつ）とも呼ばれる。契約の箱はイスラエルが新バビロニアに滅ぼされる前にどこかに隠され、行方がわからなくなっている。失われた経緯もわからないため、失われた聖櫃（The Lost Ark）と呼ばれることもある。

＊11 レビ族：ヤコブの子ども「レビ」を祖先とするイスラエルの部族のひとつ。モーセと兄のアロンはレビ族出身といわれている。（出エジプト記　第二章）

＊12 バビロニア王国の時代：この場合、新バビロニア王国のことをさす。紀元前六二五年～紀元前五二九年。

＊13 ソロモンの神殿：紀元前十世紀にソロモン王が建設した神殿。イスラエルに建てられた最初の聖なる神殿といわれている。

＊14 雲と炎の導き：神がモーセとヘブライの民を導くために昼間は雲、夜は炎を使ったという記述。（出エジプト記　13：21～22）

＊15 モーセの彷徨い：民数記　14：30～34／申命記　34：1～5

＊16 **奇跡的に水と食料を手に入れる：**出エジプト記　第十六～十七章

＊17 **水が地面から湧き出る：**スディーは茂みのある地面を叩くと水が出てきたといっているが、聖書には岩を打つと水が出てきたと記されている。（民数記　20：8～11）

＊18 **モーセがファラオを説得：**モーセはファラオにヘブライの民を解放するように要求したが、ますます過酷な労役を強いられた。すると、十回の災いがくだされた。（出エジプト記　第一章～第十四章）

＊19 **十の災い：**エジプトの十の災厄。古代エジプトで奴隷状態にあったヘブライ人を救出するため、エジプトに対して神がもたらしたとされる十種類の災害のこと。

＊20 **血の災い：**スディーの説以外のものも記載する。その周辺地域は「赤潮」の現象があり、その可能性も高いといわれている。この現象はある種の「藻」が大量発生して毒素が生まれ、魚はその毒素で出血死し、川は赤く染まるという。このような赤潮現象は当時エジプトナイル川ではめずらしくなく、ファラオもそのような災いではまだ半信半疑だった。

＊21 **腫れものの災い：**聖書には腫れものの災いは第六の災いとして記されている。腫れものの災いでは皮膚が赤くただれ膿が出た。第十の災いは聖書には「死の天使（破壊者）が送り込まれ、エジプト人のすべての初子を皆殺しにした」と記されている。が、スディーはこのとき「ネズミが運んできた病原菌によって腫れものができただけでなく、それが原因で多くは命を落とした」といっている。第六の災いと第十の災いが混同されている。もしかすると、腫れものができ、時間が経過したのち、ネズミが運んできた病原菌が原因で死人が続出したというように、この二つの災いはつながっているかもしれない。

＊22 **扉に血を塗る：**扉に子羊の血を塗る話。自分たちの初子を死なせないために（死の天使から守るため）、

子羊の血を家の入り口の柱に塗るように告げられた。羊の血を扉に塗った家以外の子どもはみな死んだという。家の入り口の鴨居と柱に子羊の血を塗ることを命じられたヘブライの子の命は助かった。(出エジプト記　12：7、13)

＊23　免疫を強くする：スディーの話を推測する。「免疫」で中心的な役割を果たすのは、血液中の免疫細胞のひとつである白血球である。扉に血を塗ることで、ヘブライ人たちは「一家」の免疫力が強くなると思ったのではないか。

＊24　初子の死亡：実際、ラムセス二世の長男は死んでいる。

＊25　モーセの言葉：聖書にはモーセは「エジプト中の初子はみな死ぬであろう」と記されている。ファラオの初子、奴隷の初子、家畜の初子もみな死ぬと。しかし、スディーによると、モーセは「ファラオの初子だけが死ぬ」といったという。(出エジプト記　11：4〜6)

＊26　モーセがシナイの山に登る：モーセだけがシナイの山に登り、神に近づくことができた。最初の登頂は『出エジプト記』第十九章。十戒は『出エジプト記』20：1〜24に記されている。

＊27　バアル神：シリアやパレスチナにかけて信仰された嵐と慈雨の神。ウガリット神話に登場する。旧約聖書では偶像神として否定的に記される。全知全能の神であるヤハウェ以外の存在とされる。

＊28　デュルー神：ドロレスはDurueと記しているが、これはスディーの聞きとりにくい発音どおりに表記したもの。この名称に該当する神、天使、堕天使はみつからなかった。

＊29　モーセが何千人も殺害：『出エジプト記』第三十二章に記されている。

＊30　モーセ再び山に登る：モーセは再び山に登り十戒を神から授かったと聖書に記されている。(出エジプト記　34：1〜4)

＊31 **約束の地**：カナンの地。神がイスラエル（ヘブライ）の民に与えると約束した土地。約束の地はエジプトの川からユーフラテス川までの領域だとされている。

＊32 **アロンだけは約束の地に入れた**：聖書にはアロンは約束の地に入る前に死んだと記されている。スディーの記憶ちがいか（次世代ではないヨシュアとカレブは約束の地に入れたと聖書に記されている）、ドロレスの文字起こしの際に起きた聞き落としかもしれない。聖書の記述とは異なるが、もしかするとアロンも約束の地に入れたのかもしれない。

アロンが約束の地に入れなかったのはモーセと同様の理由、水を出すときに神の指示とはちがうやりかたで水を出したためだと記されている。神は自分以上の存在になろうとする者を傲慢とし、その行動は神への冒涜と受けとるからだ。アロンはホル山で生涯を閉じる（民数記　33：39）、約束の地に入れない。（民数記　20：24）

＊33 **エゼキエル**：紀元前六世紀頃のバビロン捕囚時代におけるユダヤ人の預言者で、旧約聖書『エゼキエル書』の著者。ダニエル、イザヤ、エレミアとともに四大預言者のひとり。『エゼキエル書』には天使・宇宙人・UFOに関連するような記述がたくさんある。

＊34 **エリヤ**：紀元前九世紀中頃の預言者。旧約聖書『エリヤ書』の著者。『列王記下』第二章によると、エリヤは死を体験せずに火の戦車に乗り竜巻によって天に昇った。新約聖書では、イエスの変容の際、モーセとともにイエスの前に現れる。（マタイ福音書　第二十七章）

＊35 **なんらかの存在**：エゼキエルがみた人間の姿をした四つの生きものと四つの車輪（エゼキエル書　第一章）とケルビムという天使のような存在のこと。（エゼキエル書　第十章）。

＊36 **エゼキエルがみたものがUFOだと仮説を立てた作家たち**：NASAの科学者であったジョゼフ・ブ

ルムリッチ。『エゼキエルの宇宙船』（１９７４年）、古来宇宙飛行説を唱えたエーリッヒ・フォン・デニケンの『未来の記憶』（１９６８年）など。

第16章 天地創造、破滅とカルー族

天地創造

スディーがアダムとイブに関する話を語っているとき、それとなく『天地創造』*[1]の話についても触れていたので、満を持して、この機会に訊いてみることにした。

S ああ、この世界が形成されたときの話か。それはトーラーに記されていない。そして、果てしなく遠い昔の話だ。まず、この世は暗闇からはじまったと伝えられている。あたりは漆黒の闇に包まれていた。そこにはボイド（虚空）しかなかった。あるとき、神は宇宙のなかのボイドに気づいた。そして、そのボイドは埋めなくてはならないと悟った。そこはまったくの無の状態だったからだ。空だった。そのボイドを神がみつめた。そのとき「ここにはなにかがなくてはならない。空な状態に残しておくということは己自身も空ということになってしまうではないか」と気づいた。それがそもそものはじまりである。いうならば、この宇宙は神自身が創造した世界なのだ。神が決断をくだした瞬間から、それは埋まりはじめた。それは一瞬にして、全宇宙の質量が一点に集まったといわれている。その様子はまるで壮大な雲が現れたようだったらしい。質量が集合して一体となり、だんだんとこの世界は形づくられていったのだ。長い間、作業は続いた。集合した塊は、やがて星や惑星の形に変化していった。そして明確な形となって、次々と形成されていった。星や惑星も、もともとは神の一部だった。そうして、あらゆるものが形づくられていったのだ。その様子をみて、神は満足感に浸った。しかし、これで終わりかと思いきや、まだ空虚感があった。全体感を感じられなかった。そこで、神は地上に「生きもの」をおくことにした。それらの生きものはどんな姿形にするのか、さまざまな案が検討された。試行錯誤の末、神自身が一番気に入った生きものを地上におくことにしたのだ。

D それは神の独断で行われたのですか？　それとも、そこには神の手助けをするほかの存在もいたのでしょうか？

S ほかの存在もいた。そこにはエロリがいた。それはぜんぶであり、全員という意味だ。うまく説明できていない気がするが。（ため息をつく）やはり、エロリではない。そこにはエロヒムがいた[*2]。エロヒムとは天空にいるすべての存在たちのことをさす。要するに、天界にいるすべての存在がそこに居合わせていたのだ。

D ヤハウェは個人、ひとりの存在だと思っていました。

S (言葉を遮って)ヤハウェは、我々の神だ。我々が敬う神はヤハウェだけだ。けれども、ほかの神なる存在たちもいる。おそらくそれらの神々を尊ぶ人たちもいるであろう。とにかくヤハウェは個人であり、ひとりの神だ。ヤハウェは我々のことを一番に気にかけてくださっている神である。だが、この宇宙には、ほかの神なる存在もいる。ほかの神聖な存在たちがヤハウェを助け、力を貸してくださったのだ。いわば、彼らはひとつの完全な存在であり、ひとつの統合された存在でもある。みなすべての一部でもあるが、個々の存在でもあるということだ。各々、気にかけているものはちがうが、なにごとかを成し遂げなければならないときは、神なる存在たち全員で一致団結する。そして一致団結したときは、そこにはすべてがある。完璧な世界が存在しているのだ。時と場合に応じて、彼らは一致団結して仕事をすることもある。そしてひとたび個々の担当領域が決まると、それぞれがよりいっそう自分の担当領域のみに専念するようになっただけだ。

唯一無二の絶対神という概念は、この世からなかなか消え去らないのが現状である。スディーいわく、ヤハウェはエロヒムの一部だという。また、エロヒムがヤハウェを支配しているわけではなかった。そしてだれもだれかの管理下におかれる必要もなかった。なぜなら、この宇宙を守っているのは「彼らみんな」であるからだ。ほかの神聖な存在も、それぞれが担当領域をまかされていた。必要に応じて、全員で一致団結した。なにかを成し遂げるときには一心同体となり、みんなで協力し合った。

D ヤハウェの一番の関心ごとは地球ですか。それとも、太陽系全体ですか。もしや、この地球にいる人間なのでしょうか?

S すべてだ。この銀河系全体に関心を持っている。

これはかなりむずかしい概念である。スディーのいわんとしていることをどうにか理解しようとしたが、わたしの頭はまだ混乱していた。ここはひとまず、ちがう話題にきりかえることにした。そこで、地上におく「生きもの」をどのような過程を経て決断にいたったのかと訊いた。

S 膨大な数の案が試され、変えられた。さまざまな生きものがおかれては、とりかえられた。宇宙全体と調和していなかったからだ。完全に調和するまで、繰り返された。生きものが宇宙と共鳴していなければ、却下された。ぴったりと合う「生きもの」がつくられるまで、試し続けた。とにかく、全体と完全に調和する生きものがつくられるまで、その行為は続けられた。

どうやら、これは実験のように聞こえた。しっくりとくる生きものがつくられるまで、さまざまな案が試されたという。おそらく、つくっては壊され、つくっては壊されていったのだろう。

S もしくは、とりかえられたといってもいいだろう。なかにはよいアイディアもあったのだが、まだ完璧な姿形ではなかった。そのたびに、ちがう生きものに変えられた。そうこうしているうちに、ようやく神のおめがねにかなった生きものを創造することができたのだ。するとこの神の子どもたちが地上界に関心を示しはじめた。この地上ではどんな体験や経験ができるのかと興味津々になった。そして、この世界を体験したいと望むようになったのだ。

D え、どういう意味ですか。神の子どもたちとは?

S (適切な言葉を選ぶのに苦労している様子)それは天使たちのことだ。(アン・ジェルズと発音した)神が宇宙を創造したとき、同時につくった聖なる存在たちのことだ。まだ無の状態で闇に包まれていたとき、実は、聖なる存在の本質的な要素もそのなかに含まれていた。

そして、神が宇宙を創造したとき、同時に天使も誕生した。すべては瞬時につくられたのだ。なにも存在しないボイドからすべては創造されたのだ。宇宙を創造するとき、とてつもないエネルギーの爆発が起きたという。そして、生気に満ちあふれたエネルギーの火の粉が散った。その火の粉が個々の「魂」となったのだ。そしてスディーがいうように、それらの光は「天使」と化したのである。それを踏まえて考えると、すべてはみな同時につくられたことになる。

S その天使たちのなかにとても好奇心が強い者がいた。彼らは地上での生活を体験してみたいと思い、この世に降りてきた。最初から、地球は不毛地帯ではなくて、さまざまな生命がすでに宿っていた。彼らが降りてくる前から、地球の土地は肥えていた。樹木は生え、水もあった……数えあげればきりがない。とにかく、どんどんいろいろなものがつくられていった。その当時は「いったいどんなものがつくれるのか、どれほど美しくすばらしい世界につくりあげることができるか」という勢いがあった。そういう時代だったのだ。そして、そのような状況がずいぶん長い間続いたと伝えられている。なにはともあれ、神の子どもたちが降りてくる前から、すでに地上の環境は整えられていたのだ。

どうやら天使たちは地上の環境が整ったあとで降りてきたようだ。すでにあらゆる生命も誕生していた。天使たちが地上界という新たな世界に興味を持ちはじめたときは、とっくに動物王国も完成され、原始人たちも存在していたらしい。

S 地球上に生きものは生息していた。すでに生存していた生きもののなかに魂が入り込んだのだ。魂が入り込み、それが成功したことで、ようやくこの世界が完成された。最初は好奇心旺盛で冒険心のある天使たちだけが地上に降りてきた。やがて、その数はどんどん増えていった。そうして、次第に地上は大混雑となっていった。しばらくすると、巨悪な存在が地上に登場するようになった。肉体に入り込んだことで、天使たちも心を歪めてしまった。完璧な聖なる存在ではなくなってしまったのだ。悪習や堕落な行為を身につけてしまったからだ。ほどなくして、地上にさまざまな問題が起きはじめた。

D エロヒムが地上にそれらの天使たちを送り込んだとき、彼らに許可を……。

S （わたしの言葉を遮って、力強く）エロヒムが天使たちを送り込んだわけではない。ただ、この地上に降りてくるのを許可しただけだ。彼らは自らの望みで地上界へ降りてきたのだ。いっさい強制はされていない。しばらくの間、ここはとてもすばらしい世界だった。だが、地上にとどまるようになってから、うまくいかなくなってしまったのだ。以前は、肉体から意識を自由自在に離脱させることができた。長い間、そうすることで、おかしくならずにすんでいた。そして肉体から意識を離脱させたあとでも、肉体は呼吸し続けることができた。人間の姿形をそのまま残し、地上で存在し続けることが可能であった。また、意識を肉体から離脱させたあと、天界に戻り、地上界を体験していないほかの聖なる存在たちと語り合うことができた。天界にいるほかの聖なる存在たちの美しさに触れることで、自分たちも同じように美しく清らかな存在であるということを、再び思い出すことができた。ところが、長い間この地上界にいることで意識を肉体から離脱させる能力を失ってしまった。天界にいるほかの聖なる存在とのかかわりを絶たれたあとから、彼らはおかしくなっていったのだ。自分たちの「本来の姿」を思い出せなくなり、変貌した。意識を肉体から離脱させる能力を失ってから、すべてが狂いはじめたといってもいいだろう。それをきっかけに、彼らもどんどん変形し、歪んでいってしまったのだ。

D 変形した身体になってしまうのは、彼らの肉体がネガティブなエネルギーの影響を受けてしまったからなのでしょうか?

S いや、そういう意味ではない。障害を持って生まれてきた者たちのことではない。たとえ障害を持っていたとしても、とても美しい心根(こころね)を持っている者たちがいるではないか。そういう人物は自分の霊性を高めるために、わざわざ障害を持った肉体を選んで生まれてきたのだろう。たとえば、障害があるがゆえに腕が使えなかったとする。その腕を補うために、頭を使って、より工夫をしなくてはならない。そして、そういう状況を乗り越えていくことで、尊敬に値する生きかたを見出すことができる。逆境を乗り越えようとしている者は、だれよりも美しく輝いているといっても過言ではない。五体満足の健常者のなかには「一応、腕はあるけど、なにもできないよ〜、助けてくれ〜!」と自分ではなんの努力もしないで、ただ叫ぶ者がいる。そんな不甲斐ない者より、はるかに立派な魂の持ち主であることはたしかだ。この真意が君に理解できるか?

D もちろん、理解できます。たしかにものすごい努力をしないといけないかもしれません。その逆境を乗り越えることで、その魂は成長することができている、ということですよね。

S そうだ。逆境を乗り越えることができたら、魂はものすごく成長を遂げることになるからだ。

やっとスディーの話を理解することができた。どうやら「変形」という言葉は身体障害のことをさしているわけではなかった。身体ではなく、変形した魂、もしくは歪んだ魂のことをさしていたのだ。

D　その創世の時代は、人の寿命は長かったのでしょうか？

S　当然だ。寿命が短いわけがないと思わないか？　その時代は、意識を肉体から離脱させることで魂を再充電できた。人間たちも（天界に戻って）聖なる光のエネルギーを魂に取り込んでから、地上界にある肉体に戻っていたからだ。また、その当時、肉体との決別も自分の意思で決めることができた。（これは死ぬ時期のこと？）

D　意識を肉体から離脱させたあと、わたしたちの身体は「寝ているとき」と同じ状態になっているのでしょうか？

S　そんな感じだ。たしかに寝ている間に意識を肉体から離脱させる者はいる。が、なかにはいつでも肉体から意識を離脱させることができる者もいる。これは傑出した才能を持っていることになる。これができたら最高だ。しかし、寝ている間に意識を離脱させる行為と似ているが、同じではない。意識を肉体から自由自在に離脱させるには、正しい鍛錬法を身につける必要がある。

おそらく、体外離脱のことをいっているのだろう。その時代、意識を体外離脱させることで、肉体をも若返らせることができたらしい。それゆえ、現代人よりも、ずっと長生きすることができたのだ。

D ヤハウェとエロヒムが宇宙を創造したとき、ひとつの惑星だけに生命をおいたのでしょうか、この地球だけに?

S (憤然としながら言葉を遮って)当然、ここだけではない! ヤハウェは幅広い領域を担当されている。ヤハウェとエロヒムはさまざまな場所に生命をおいたといわれている。以前は月も大気に覆われ、生命も存在していた。しかしながら、もはや月は崩壊し、生命も滅びてしまった。あまりくわしい話はわからないが、そう語り伝えられている。

D もし、ほかの生命もこの宇宙に存在しているのだとしたら、惑星間の移動をしている存在がいると思いますか?

S 惑星間の移動をすることで、有益な知識を得られるのであればありえない話ではない。たしかに星と星の間を移動することは許されている。だが、ほかの惑星にとってその行為が有害で危険な行為だと判断されたら決して許可はおりない。ふむ、どういえばいいのだろう? ああ、そうだ。決して「通信」することは許されない。

D それでは、どんなことが危険な行為と思われているのでしょうか?

S 自ら破滅を招くような者は、ほかの存在にとっても危険な存在であることはまちがいない。これは、人間のことだ! 人間は再三にわたり自ら破滅への道へ突き進んでいるではないか。さまざまな方法で、自ら破滅していっているのは人間だけだ。そしてあまりにも手に負えない危険な存在と化してしまった。だから、神は危うくこの世をすべて消滅させようと思ったそうだ。なぜなら、人間たちは殺し合いをするからだ。動物同士の殺し合いには必ず理由がある。だが、人間はむやみやたらに命を奪い合い、理由なき殺し合いをしているからだ。

D ヤハウェが人類を滅ぼしたという説を耳にしたことがあります。それは人間の行いのせいなのでしょうか？

S いや、神は審判をくだしてはいない。ヤハウェが罪のない純粋な存在までも滅ぼすと思っているのか？　そんなわけがあるまい。人間が自ら崩壊させたのだ。おそらく、そういう説が伝えられているのは、自分たちのせいにするより、神の仕業にし、責任転嫁するほうが楽だからであろう。そう思わないか？

D それでは、人間が自らこの世を崩壊した事例のひとつを教えてもらえますか？

S この世に天変地異が起きたことで、カルー族が放浪しはじめたと伝えられている。この世にはエネルギーと力を活用する方法はたくさんある。それ以上のことはわからないが、これだけはたしかな真実である。ところが、人間たちはそのエネルギーと力を自分たちの私利私欲のために使ってしまったのだ。悪い影響を与えるかもしれないと思いながらも、自分たちの利益や快楽だけを追い求めてしまった。そうして人類は自滅していったのだ。その結果、この世は破壊された。自分が扱える以上のエネルギー量を用いるのはものすごく危険な行為である。悪用すると、自然界全体の秩序や調和が崩れてしまうからだ。巡り巡って、再びボイドもできてしまった。行動を起こせば、必ず結果は出る。因果応報というやつだ。すべては人間たちが奪って奪って奪いまくったからである。その反動で、それを制御する力が作動したのだ。地球が自身のエネルギーを抑えてしまうと、この世に甚大な被害が起こる。この原理により、この世界は破壊されてしまったのだ。

D 神が地球を破滅させたのではなく、自然現象によって引き起こされたと思っているのですか?

S そうだ。人間が自ら破壊したのだ。自業自得な結果である。そのような破滅的な行為を続けていると「この世は崩壊する」と神からの警告はあった。それにもかかわらず、人間は聞く耳を持たなかった。人間は、自ら墓穴をほって自滅していったのだ。

大崩壊が起きた要因は、生態系への影響や自然環境問題となにかしらの関係もあるのかもしれない。これはあらためて、考えさせられる点である。

ノア

旧約聖書の『創世記』に記されている「ノアの方舟」*[3]の話は、昔から聖書物語のなかでもわたしが一番好きな話である。ノアの方舟の話について、スディーはいったいどう思っているのだろうか。わたしは好奇心いっぱいに尋ねた。

S ああ、その話も知っている。あの大洪水が起きたときの話かい？　ノアの方舟の話は人々に大きな希望を与えてくれる話だ。だから、おそらく君も一番好きな話なのだろう。あの話は、どんなに先行きが暗かろうとも希望を持ち続けなくてはならない、ということを伝えているのだ。ノア*[4]は人格者だった。本当に善良な男だったし、清く正しい心で生きている人間だった。その様子をみて、神はとても喜んだ。ノアだけでなく、彼の息子たち*[5]もヤハウェの教えを忠実に守っていた。したがって、神は彼らのことを誇りに思っていた。

D なぜヤハウェは大洪水を起こしたのでしょうか？

S さきほどと同じ理由だ。大洪水も、自然の理に反する行動を人間が取り続けた結果なのだ。これは地球環境が整う以前の話だともいわれている。けれども、あのエネルギーの大爆発が起きたのと同時期だという説もある。エネルギー制御の反動で大洪水が引き起こされる可能性があると考えられているからだ。海が変化すると、水の流れはいたるところへ向かい、雨が降り、さまざまな影響を与える。大雨が四十日四十夜降り続いたことが、大洪水の要因だとされている。が、それだけが大洪水の要因ではない。それだけでは大洪水などは起きないからだ。四十日四十夜もの間、大雨も降ったかもしれない。しかし、洪水発生の主な要因は地層に変化が起きたからだと私は推測している。おそらくなんらかの要因で地層が盛り上がり、その歪みで地層が崩れ落ちたのではなかろうか。大洪水の原因は大雨だけでないはずだ。そのような地層の変化の影響も受け、大洪水が引き起こされてしまったのだろう。たしか、ノアは清い動物を七つがいと清くない動物を二四、方舟に乗せたとも伝えられていたような。そうだ、まちがいない。ノアは清い動物を七つがい、そして清くない動物をひとつがい、彼らと一緒に連れていった。いわゆる清くない動物とは食用に適さない動物のことだ。つがい（雄と雌）にしたのは、のちに子どもを産むことができるからだ。

D　清い動物と清くない動物とはいったいどういう意味なのでしょうか。もう少しくわしく説明してもらえますか?

S　ふむ……。清い動物とは偶蹄類の反芻動物*6のことだ。しかし、そのひとつしかあてはまらない場合は、その動物は清くない動物*7ということになる。例をあげると、たとえば豚などは偶蹄類だが反芻はしない。そのため、清くない動物となる。雄牛は両方にあてはまるため、食用動物になる。また、雄の子牛も食することができる。羊も両方に属するため食することは可能だ。一応、ラクダも偶蹄類の反芻動物にあてはまるが、ラクダの蹄の裏側には肉厚のクッションがつき、蹄の形がまったくちがう。だから、ラクダは食してはならない。馬やロバは奇蹄類であり、蹄もわかれていない。したがって、馬とロバも清くない動物にあてはまる。ノアは清い動物を七つがいずつ、一緒に連れていくよう神に告げられた。それは食料確保のためだ。七つがいもいれば、それらの清い動物たちが繁殖できるからだ。そうすれば、彼らも餓死することはない。ノアはとても大きな（正しい言葉を探すのに苦労している様子）方舟を用意した。神から、その方舟の寸法*8も告げられた。残念ながら、正確な寸法はおぼえていないが。完成後、動物たちを呼び、選別され、動物たちも方舟に乗り込ませた。ところが、その様子をみていた町の人々はノアのことを嘲笑した。ノアはとてつもなく大きな方舟を砂漠のどまんなかで建設していたからだ。みな口を揃えて「あいつらは気が狂った」とノアたちを小馬鹿にした。しかし、ノアはそんな揶揄をものともせず「神は激怒しておられる。これから大洪水がくるんだぞ。そのようにヤハウェから警告があった。おまえたちも用心しておけ」といい放った。それでも人々はノアのことを信じなかった。そして「そんなのおとぎ話だ。おまえの妄想に決まっている」と冷笑した。

このように町の人々は事態の重さを把握できていなかった。まさか、自分たちのせいで

「大洪水が起きるぞ」とノアがいっているとは思いもしなかった。それが自業自得の災いだとはだれひとりとしてみじんも察していなかった。たとえ神からのお告げがあったとしても、いくらなんでも大洪水が起きるとはとうてい思えなかったからだ。「そんなことはありえない」とノアの警告を無視し、だれも信じようともしなかった。彼らが信じようと信じまいと、ノアは警告を発してから方舟に乗り込んだ。続いて、ノアの妻、ノアの息子たち、そしてそれぞれの息子たちの嫁と孫たちも方舟に乗船した。全員乗船したあと、ノアは方舟に乗せられるだけの物資も乗せた。穀類など、そのほかのさまざまな食料も保管し、すべての準備は整った。大洪水がおさまったのは、満月が二回巡ったあとだった。六十日間……いや、五十八日間もの間ノアたちは漂流していたことになる*9（再び太陰暦を使って表現した）。まず、大洪水が本当におさまったのかどうかを確かめてみることにした。とりあえず、一羽の鳩を放ってみた。すると、その鳩が船に戻ってきた。次にカラスを放ったが、そのカラスは船に戻ってこなかった。おそらく、そのカラスは「なにか」をみつけたため、船に戻らなかったのであろうと推測した。そこで、再び鳩を飛ばした。すると、その鳩はくちばしに「葉っぱ」をくわえて船に戻ってきた。なんの葉っぱだったのかはおぼえていないが、その鳩は葉をくわえて仲間のもとへ舞い戻ってきた。こうして、ようやく陸地の存在を確認できたのだ。その場所は山の頂上だった。ノアたちは方舟から出て、その陸地におりたった。

その後、彼らはその地で文明を発達させていくことになる。ノアたちが陸地におりたち、最初に気づいたことは、見渡すかぎり、いたるところが破壊されていたということだ。それをみたノアたちがまずしたことは、ヤハウエに感謝の念を捧げることだった。彼らは「ヤハウエのおかげで命が助かりました。本当にありがとうございました」と、神に感謝の気持ちを伝えた。

この物語には重要な意味合いのある「虹」が登場するはずなのだが。なぜ、スディーはその虹について、まだなにもいわないのか不思議に思った。

D ノアたちが陸地におりたあと、ほかになにか起きませんでしたか?

S たしか、ハムの息子たちがその地を追放された*10。くわしいことまではおぼえていないが。なにかやらかしてしまったらしい。なんだかよくわからないが、そんなことになってしまったのはノアを怒らせてしまったからだと伝えられている。

わたしは「そこに虹はありましたか?」と、さりげなく仄めかしてみた。その虹はヤハウエが「もう二度とこの世に大洪水を起こすようなことはしない」とノアたちに誓った約束の徴(しるし)だったといわれているからだ[*11]。しかしながら、スディーは虹の話は聞いたことがないといった。やりとりがまどろっこしいので、この際、はっきりと訊いてみることにした。

D　そうですか。わたしが知っている話と内容が少しちがいます。その場所に〈虹〉が登場したと聞いています。彼らが陸地に到着すると、ヤハウェは空に虹をかけて「これが契約の証だ。もう二度と大洪水を起こすようなことはしまい」との誓いを交わしたと。

S　それはとても美しい話だが、その話は聞いたことがない。

D　その虹の話を、まったく聞いたことがないのですか?

S　(笑いながら)もともと空に虹はかかっていた! なぜそこに虹かかっていたのか疑問に感じたことすらない。どうしてそこに虹がかかっていたのか、その真相は定かではない。が、その虹をみて「ヤハウェが微笑んでいる。神が喜んでいる証をくれた」と喜んでいる者がいたとは伝えられている。たしかに美談ではあるが。

　あ、そうだ。なぜあの大洪水が起きたのか、その理由をようやく思い出した。その時代、人間に備わっていた「能力」を神が封印してしまったからだった。それまで、神と人間は一対一で対話をすることができた。しかし、神は人間に備わっていたその能力を封印してしまったのだ。そして、その叡智は失われていった。そのせいで、この世は混沌とした世界へと変貌していったのだ。その能力を封印される前は、頭に浮かんだ思考はぜんぶ相手に伝わってしまうため、人間は互いに尊重し合っていた。だが、人間たちは自らの不道徳な行動や悪習のせいで、その能力を神に封印されてしまったと伝えられている。その当時、人間は互いに「我々はすごい能力を持っている。我々もヤハウェと同等に偉大な存在になれるかもしれない。いや、神よりも偉大な存在になれるぞ。もっとすごい力をつけることもできるぞ」と鼓舞しあった。そんな勘ちがいをしたため、人間たちはその能力を失った。その結果、この世は混沌とした世界と化してしまったのだ。ヤハウェが能力を封印したことで、人間は愚か者になりさがってしまった。人間が自分の本音や気持ちを相手に伝えるのが苦手なのは、以前は言葉を使わなくても、以心伝心で相手に気持ちを伝えることができたからなのだ。それ以外のコミュニケーション能力を身につけていなかったからである。これは非常に大きな損失だった。そのことが原因で、人間は言葉を使って会話をする方法を身につけなくてはならなくなったのだ。それまでは、言葉を使って会話をする必要性はいっさいなかった。

これはどこか聞きおぼえがある話だ。もしや、あの『バベルの塔の物語』[*12]はこの話からきているのだろうか。あの話はひょっとするとこのことについて言及していたのかもしれない。人間が自分たちの能力を悪用した結果、その能力を失ってしまったということを。

D　その能力を人間が失う前は、遠距離にいる人たちとも対話することができたのでしょうか？

S　そのとおりだ。まるで一緒の場所にいるかのように対話ができた。しかし、人間は傲慢な自己過信に陥った。そして、どんどんやってはいけないこともするようになってしまった。自然の法則を乱し、その秩序を破壊していったのだ。その影響で、この地球に大崩壊が起きてしまった。人間が超能力を失ったため、大破壊が起きたといっても過言ではない。地を震撼させ、地上では爆発が起きた。その様子は、まるで地上にいるすべての人間を吐きだすかのようだったと伝えられている。

この地球が破滅していった話は、前にスディーが話してくれた「カルー族の放浪」となにか関係しているのだろうか。

S　さあ、それは定かではない。我々は叡智を断片的に与えられているからだ。情報は少しずつなので、自分でつなぎ合わせなければならないのだ。「これはいったいなんの意味だ？」と思った場合、ほかの情報とつなぎ合わせてみるとその全貌がわかってくる。我々は、それらの断片的な知識を組み合わせたり、つなぎ合わせたりする作業をしているのだ。与えられた叡智の内容をそれぞれ完結させ、完璧に仕上げる役目が我々にはあるからだ。

D 断片的な情報をつなぎ合わせて、つじつまがあっているのかどうかをたしかめる作業をしているのですね。たしかに話の全体像をつかむことは大切だと思います。だから、わたしもすごく関心を持っているのです。どんな本であれ、ひとつの言語からほかの言語に変更されるたびに、もとの情報が削除されたり、別の情報が新たに加えられたりすることもあると聞きます。

S ときとして、それは意図的にしている場合もある。

D だから、あなたの話にとても好奇心をそそられているのです。わたしたちが持っている本は、あなたが話す言語とはちがう言語で書かれているからです。

S それは、どういう意味だ? 持っている本とは……どの本のことだ? もしトーラーのことをいっているのであれば、トーラーは我々とちがう言語になるはずがない。なぜなら、トーラーは神業であるからだ。そんなことはありえない。どうやってちがうものになりうるのだ?

D (間をおかずに答えた) なんていったらいいんでしょうか。いま、この時代、わたしたちが生きている時代は、あなたが生きている時代とはちがう言語を話しているからです。ある言語からほかの言語へと変更されるたび、文章の文言や意味合いまでも変わってしまうこともあると聞いています。そうですね……翻訳という言葉の意味がわかりますか？　これはひとつの言語をほかの言語に変えるという意味になります。そして……。

S　（わたしの言葉を遮って）ああ、ひとつの言語をほかの言語に変えるということか。君のいっていることはわかる。だれが書いているのかによって、その内容が変わってくるということか？

D　たぶん、そうだと思います。あなたが生きている時代にも、ほかの言語があるから理解できるのですね。

S　よくわかる。そのようなことが起きてしまうのは、この世の人間が共通の言語で話せなくなってしまったからなのだ。しかしながら、それは人間が自ら招いた災いである。

D　わたしたちが生きている時代にも思いちがいをしている人たちはいます。

S　それはしかたがないことだ。物語や話というのものは、尾ひれがついて広まっていくといわれている。

D　語り継がれるたびに、その内容が大幅にくいちがってしまうのもしかたがないことなのかもしれませんね。まだまだ、学ぶべきことはたくさんあります。そう思いませんか？

S　学ぶことをやめたら、人は死んだも同然だ。

ウォッチャーズとカルー族

エッセネ派は謎に包まれた「カルー族」から多くの叡智を受け継いでいるという。もしかするとほかの情報源から得た知識もあるのではなかろうか。これはハリエットがどうしてもスディーから訊き出したいと思っていた内容であった。しかし、気がかりな点がひとつある。スディーは困ったことに、クムラン共同体の機密情報に少しでも触れると、守りの態勢に入ってしまい、いっさい情報を提供してくれなくなってしまうという点だ。ゆえに、なにも情報を得られない可能性も大いにある。だが、試してみる価値はあるとわたしも思った。このセッションに登場したスディーはもう年老いていた。

H　エッセネ派はほかの次元からきた存在、またはほかの惑星からきた存在たちと直接交流を持ったことはありますか？

S　ある。

スディーの返答に衝撃を受けた。なんとなく試しに訊いてみただけだったからだ。実は、これと同じ質問をスディー少年に尋ねたとき、彼は「あの星の光のなかから、なにかの存在が現れるなんてあるはずがないよ」といっていたからである。

S　この世には我々のことを見守っている存在「ウォッチャーズ」*[13]がいる。我々がこの世に平和をもたらし、宇宙の叡智を必死に守ろうとしていることを彼らは誇り高く感じてくださっている。

実に曖昧模糊ないいかただった。だが、さまざまな方法でウォッチャーズと接触することはできると教えてくれた。ときとして、ウォッチャーズと対面することもあるらしい。わたしが「クムラン共同体に〈彼ら〉が現れたことはありますか?」と尋ねると、またもや警戒心が強くなってしまった。（猜疑心に満ちて）「その質問に答える気は毛頭ない！　これ以上、君に答える義務もない！」

こういう状態になると、もうどうすることもできなくなる。この話題に関する質問を続けても、無駄骨に終わることは目にみえている。ケイティがわたしの質問に答えたいという思いよりも、スディーの秘密を守ろうとする強固な思いのほうがいつもはるかに上回ってくる。往々にして、ちがう単語を使ったり、遠回しに質問したりすることで「答え」を入手できるときもある。だが、こうなると、もう二度と答えてはくれないだろう。それは明々白々だ。少なくとも、スディーがまだこの世に生存している間は。

実のところ、被験者が過去世の生涯を終え、死後の世界で「霊（スピリット）」の状態になったときのほうが多くの情報を入手することができる。死後の世界に関する詳細はわたしのほかの本に記してある[*14]。したがって、この章ではこの本の内容と関連のあることだけを記すことにした。スディーとしての生涯を終え、死後の世界に上がったときに「ウォッチャーズ」に関するさらなる情報を訊き出そうと思った。死後の世界は（過去世を体験している間に）答えてもらえなかった質問をする絶好の機会だからだ。霊（スピリット）の状態となったスディーは秘密主義に徹することはなかった。わたしは霊（スピリット）となったスディーに「エッセネ派でいたときは話すことが許されなかった内容の質問に答えてほしい」と伝えた。

K　［スディーの霊（スピリット）・魂・超意識］いまでも、多くは語れない。語れない事柄はたくさんある。

D　それらは絶対にあかすことはできないのでしょうか?

K　できないものはある。まだ、いまは。これからも叡智は蓄え続けなくてはならないからだ。だれにもあかすことのできない「教え」はある。

D　その気持ちはわかります。でも、後世に伝えていく必要のある「教え」もあると思いますが。

K　（優しく）それは君が決めることではない。だが、差し支えのないものであれば、答えることはできるだろう。

エッセネ派として生きていた間は「秘密を守る契り」を交わしていたため、スディーが頑なに秘密保持の姿勢を貫こうとするのは理解できた。しかし、まさか死後の世界に上がっても、その守備態勢を崩さないとは思ってもみなかった。

K　こちら側の世界で「叡智」を共有し合うのは、ときに危険な行為になる。地上界の狂った人間たちより、こちら側にいる存在たちのほうが侮れない場合もある。

D　「ウォッチャーズ」という用語を耳にしたことがありますか？

K　知っている。ウォッチャーズは、別の世界、または別の次元界からきた者たちのことだ。この地上界が誕生したときから、彼らも地上界に存在しているといわれている。彼らは人類全体のことを観察し、人間界のことを研究している存在だ。ウォッチャーズは人間の幸せと成功を望んでいる。そして、全人類が正しい道を歩むことを願っている。道を逸れてしまわぬよう、人間の側で見守り続けている。万が一、人類が正しい道をみつけることができなかったときのために、彼らは存在しているといってもいいであろう。

D　ということは、別の次元界にも生命がいるのですか？

K　当然だ。まさか、いないとでも？　うぬぼれてはならない。この壮大な宇宙を創造した神がこの世界だけに生命を宿したと本当に思っているのか　神はすべての天界*15をつくられた。神はこの全宇宙を創造されたのだ。そのときのちょっとした気分で、この地上界だけに神が生命を宿したとでも思っているのか？　君の思いあがりもはなはだしい。

ここはひとまず、感情の高ぶりがおさまるのを待つことにした。霊となったスディーが平常心に戻ってから、わたしは「あのウォッチャーズの話を続けてもらえますか？」と訊いた。すると、今度はゆっくりと慎重に話しはじめた。

K　ウォッチャーズは人類にもっとも好意を抱いている存在だ。彼らは、この世の人間、だれひとりとして傷ついてほしくないと願っている。しかしながら、ほかの好意的な存在がいないといっているわけではない。もちろん、ほかにもいる。が、ウォッチャーズは、この地上界を見守る存在だ。まあ、この世の安全と秩序を維持するために存在しているといっても過言ではない。いうならば、この世界を完全崩壊させないためにここにいるのだ。万一、そのような事態に陥ったら、どんな手段を使ってでも、全力で阻止しようとするだろう。この地球を破滅させてしまうと、崩壊の余波が宇宙全体にも広がってしまうからだ。わかるかい？　ひとつの世界が破壊されると、別の世界や別の次元界も、その余波の影響を受ける。しかも、永遠に……。

D　ウォッチャーズはこの地球の人間として生まれてきたり、ほかの惑星に転生したりすることもあるのでしょうか？

K　転生することもある。人間と化し、この地球にいくども転生してきている。しかし、特別な才覚がなければ、その人間が「ウォッチャーズの生まれ変わり」だとはだれも気づかないであろう。心がものすごくひらいている人間だけが、ウォッチャーズの発する高い波動を感じることができる。しかし、細心の注意をはらわなければならない。なかには「ウォッチャーズもどき」のような存在もいるからだ。ウォッチャーズだと思っても、それは偽者の可能性もあるということだ。ウォッチャーズは人間の波動と同じではない。一見、普通の人間と同じような感じがするかもしれない。彼らがこの世に転生したときは、エネルギー体だけの存在ではなく、外見は人間と同じように肉体に魂を宿している。しかし、この宇宙にはウォッチャーズではない霊(スピリット)たち、いわゆる常にエネルギー体だけの霊(スピリット)たちも存在している。

D　ウォッチャーズは、人間の「赤ちゃん」として生まれてこないということをいっているのでしょうか？

K　いや、ウォッチャーズのなかにも人間の赤ちゃんとして転生してきた者たちはいる。彼らは普通の人間とまったく同じだ。外見は君となにも変わらない。なにかちがう点があるとすれば、普通の人間より、高潔で品格があるという印象を受けるかもしれない。

D　さきほど「エネルギー体だけの霊（スピリット）たち」といっていましたが、彼らはいったいどんな存在なのでしょうか?

K　もう肉体に魂を宿す必要のなくなった存在のことだ。

もしかすると、それは光の存在のことなのかもしれない。数々の本のなかで「光の存在」という用語を目にする機会が多いからだ。

K　彼らのことを「光の存在」という呼びかたをしてもいいだろう。その霊（スピリット）たち、もしくは光の存在たちのなかには、神がこの宇宙を創造したときから、ひとときも神のもとを離れたことのない存在もいる。また、(生まれ変わる必要のない)完璧な存在となった光の存在や別の次元界からきている霊（スピリット）もいる。この宇宙には人間の思考ではとうてい理解できない次元の世界が広がっている。この人間界よりも、はるかに高度な文明が浸透している世界もある。まるで人間がアメーバを観察するように、彼らも人間界を観察しているといってもいいであろう。

D　わたしたち人類の文明も、それくらい進化を遂げることができると思いますか？

K　（ため息をつく）このままでは無理だ。

D　その存在たちも、みなヤハウェのことを崇敬しているのでしょうか？

K　すべての存在がヤハウェを崇敬しているに決まっているではないか！　この世はみな神の世界だ！　すべての存在は神の化身だといっても過言ではない。

D　それでは、どのような方法でウォッチャーズはわたしたち人間の手助けをしてくれるのでしょうか？

K　ウォッチャーズはたったひとりの人間によい影響を与えるだけでいい。そうすれば……（百匹目の猿現象のように）国全体に影響をおよぼせる可能性があるからだ。それだけで、ウォッチャーズの使命は達成したことになる。こういう方法で、彼らはこの世に平和をもたらしている。手助けは……。ふむ、どういういいかたをすればいいだろう？　とにかく、この世界は絶妙なバランスでなりたっている。彼らはその完璧なバランスを保つための手助けをしているのだ。

D　わたしたちのように、彼らにも「魂」はあるのでしょうか？

K　すべての存在に魂はある。

D　ウォッチャーズは、どの異次元界からきているのでしょうか?

K　この宇宙にはいくかのグループがある。そのどれかだ。しかし、詳細は教えることはできない。それは伝えてはいけない叡智のひとつだ。

死後の世界でも、あいかわらず秘密を守りとおそうという思いに駆られていた。そうはいいながらも、「ウォッチャーズも同じ銀河系の存在だ。が、この太陽系ではない。この世界に人間が創造されたときから、ウォッチャーズは地球を観察している」と教えてくれた。この太陽系にある、ほかの惑星にも生命は存在しているのでしょうか、と尋ねた。

K　生命は存在している。だが、この地球と同じ生物形態とはかぎらない。霊(スピリット)しかいない惑星もある。また、生命が創造されたばかりの惑星もあるといわれている。

次回のセッションでは、紀元後七十年の時代まで遡ってみようと思った。その時代まで遡れば(スディーが亡くなったあと)クムラン共同体がどうなったのか、その様子がはっきりとわかるかもしれない。紀元後六十八年にクムラン共同体は破壊されたといわれている*16。その後に起きたクムラン共同体の運命をたしかめることができると思ったのだ。その時代に遡ると、スディーの魂は「魂の休息所」にいた。過去世の記憶をすべて忘れ去ろうとしていた。

過去世の生涯が終わり、死後の世界にわたると、たいていの魂は「霊界の学校」に行くことを選択する。しかし、この世で辛く苦しい生涯を送った魂は、すぐには学校に行きたがらない。そのような魂は、しばらくの間、その「魂の休息所」に身をおくことを選択する。その休息所にいるときは、眠たそうな気だるい感じになり、ほとんどあまり話をしなくなる。この魂の休息所に関する詳細は、わたしの著書"Between Death and Life"に記している。この休息所にいる魂は、過去世の疲れを癒し、すべてのわずらわしいことから解放され、静かに眠ることだけを望んでいる。二~三年の間、そこですごす魂もいれば、もっと長い期間すごす魂もいる。なかには数百年もの間、その休息所に滞留した魂もいた。滞留年数は、過去世の生涯がどれだけ波乱万丈だったたか、過去のできごと（辛く悲しい思い出）をどれだけ早く忘れることができるかによって変わってくる。滞留する期間は、人それぞれだ。そこは時間という概念が存在しない世界だ。魂の休息所がある世界も、霊界の学校がある世界も、時間の経過という概念はないからである。だが、魂の休息所にいる間は、なにを訊いても、なにも答えてはくれない。質問すること自体が、無駄な行為なのだ。

したがって、わたしは「ほかの方法」を使って質問することにした。クムラン共同体はその後、いったいどうなったのだろう。わたしはどうしてもその後の運命を知りたかった。そこで、わたしはスディーの魂が「魂の休息所」に入る直前の時間まで遡ることにした。ときに、亡くなったばかりの魂は未来のできごとを透視することができるからだ。もちろん、その魂が望めばの話だが。もしかしたら、スディーの魂、およびスディーの超意識であれば、未来を見据えることができるかもしれない。

D　いま、その視点から、これから起きる「未来のできごと」を透視することができます。あなたは長い間クムラン共同体と密接なかかわりを持っていました。共同体のその後の様子を教えてください。あれからどうなったのかわかりますか?

K　多くの仲間が殺されている。ローマ人たちに侵略され、共同体が略奪されている。あの共同体は、もう過去のものとなってしまった。

D　エッセネ派の人たちは、そのような事態が起きることを予測していたのでしょうか?

K　当然、予測していた。それでもなお、彼らはクムランに残る選択をした。実は、蓄えられた数々の知識を隠蔽する作業は何世代も前からはじまっていた。いまでは、ほとんどの叡智は隠されている。いつの日か、その叡智の数々が掘り起こされる日がくるであろう。それまでは、だれにもみつかってはならない。やがて、その時期がおとずれる。それらの知識は掘り起こされ、必ず発見される。

たしかに（『死海文書』の）巻物は数々の洞窟のなかから発見されている。まさに、スディーがいったとおり、知識は「掘り起こされた」のだ。しかし、巻物以外のほかの重要なものはいったいどうなったのだろうか？　あの図書館のなかにあった神秘的な置物〈模型・望遠鏡・水晶〉などはどこへいったのだろう？　「あの〈模型〉はどこかに隠されている可能性は高い。しかし、真相はわからない」とスディーがいった。

おそらくあの模型は解体されたのだ。解体された模型であれば、一見単なる銅製の玉と棒にしかみえないからだ。そうすれば、たとえだれかがみつけたとしても、いったいなんの目的で使われた模型なのか、だれにも予想がつかないと思ったのではなかろうか。模型を壊すのは、それはもう断腸の思いだったはず。さぞかし心が痛んだと察する。いったん、壊してしまえば、模型の組み立てかたはだれにもわからないと推測し、壊す決断をくだしたのだろう。たぶん彼らはローマ人たちの手にわたってしまうよりも、模型を壊して隠蔽したほうが、まだしも救われると判断したのだと思う。模型は、悠遠の昔、カルー族から受け継いだものだという。模型のつくりかたは決して口外してはならない、彼らの間で「守秘の誓い」を交わしたもののひとつでもあった。いずれにせよ、自分たちの共同体が終焉を迎えつつあるということを悟るのは、とても辛かったにちがいない。クムラン共同体の閉鎖を予知し、決断をくだすのは容易なことではなかったはずだ。そして、彼らが思いついた唯一の解決策はすべての貴重品を隠蔽することだった。隠蔽された貴重品の価値がわかる人が、いつか必ずみつけ出してくれることを願いながら。エッセネ派にとって、どれほど貴重で大切なものだったのか。その価値をわかってくれる人に発掘してほしい、そんな思いで隠したのではないだろうか。とはいえ、彼らにとってもこれは大きな賭けであった。なぜなら、自然災害による損失や、略奪者たちに貴重品を掘り起こされる可能性もなきにしもあらずだったからだ。

続いて、「あの偉大な水晶はどうなったのでしょうか」と訊いてみた。すると、ケイティの全身が痙攣し、震えが止まらなくなった。なぜケイティの全身が痙攣したのか、その理由はわからなかったが、やがて、スディーの超意識はこういった。「もうここにはない！　どこかほかの場所に移された。光の源に置かれている」。その光の源はいったいなんなのか、まったくわからなかった。そのうえ、つい訊き返すことも忘れてしまった。いま思い返してみると、もしやあの偉大な水晶はほかの惑星へ移されたのだろうか？　別の機会に「以前、あの偉大な水晶はどうなったのかと尋ねたとき、なぜあのような反応を示したのですか？」と訊いてみた。すると、長い沈黙があった。なんだかその様子はまるで〈だれか〉の話を聞いているようだった。

K　〈彼ら〉は、まだそれを伝える時期ではないといっている。

D　そうですか。なんとなく思ったのですが、もしかするとウォッチャーズが貴重品の一部をどこかへ移動させたのでしょうか。その可能性もあると思いますか？

K　その可能性はあるかもしれない。

D　たしかに、その方法なら貴重品を完全に隠蔽させることができますね。でも、この世からすべての貴重品や叡智を消滅させていいのでしょうか。もしすべてがこの世から消えてなくなってしまったら、クムランがいかに高度な文化生活をおくった共同体であったのか、未来の人たちが、その事実を知る術がすっかりなくなってしまうと思いませんか？

K　いつの日か、世界が耳を傾ける準備が整ったときに知ることができる。

D　クムランが破壊されたあと、エッセネ派で生き残った人はいるのでしょうか？

K　生き残った者はいる。彼らはほかの場所へ移動した。いくつかの知識を所持して生き残れた者たちもいる。だが、記憶のなかに知識がしまわれたまま生き残った者たちもいる。そのような者たちは、その知識を必要とする時期がおとずれたとき、必要な情報を思い出すしくみになっている。

いったい、どういう意味でいったのだろう。「知識を必要とする時期がきたとき、必要な情報を思い出すしくみになっている」とは、今回の退行催眠のことを示唆しているのだろうか？

ここで、質問の内容を変えることにした。あの謎めいたカルー族に関する情報を知りたいと思った。カルー族について、さらなる質問を投げかけた。

K　カルー族はまさに君が考えているような謎に包まれた人たちだ。彼らは「アトランティス」からきた人たちだ。いま、君が生きている時代では、そのような名称で呼ばれていると思うが。アトランティスに関して、少し誤解が生じているようなので説明しよう。実のところ、アトランティス大陸は単一の国ではない。アトランティス大陸のなかにはたくさんの国が含まれていた。また、それぞれの国に政府機関も設けられていた。カルー族の全員がアトランティスからきたわけではない。一部のカルー族だけがアトランティスからきている。

D　カルー族はその後、どうなったのでしょうか？

K　いまでも、この地球に生存している者たちはいる。彼らはこの世における秘儀を守護している。また、それだけではない。カルー族たちは計り知れないほどの範囲にわたる秘密も守護しているといっても過言ではない。やがて、カルー族に関する情報も明るみに出てくるであろう。

D　「彼らの国」はどうなったのですか？

K　その国にも大崩壊が起きてしまった。自然の法則に従わなかったからだ。幸いにして、その大崩壊を予知していた賢者がいた。彼らが「カルー族の叡智」が失われることのないよう、しっかり保護したのだ。そのため、貴重な叡智は失われずにすんだと伝えられている。

D その大崩壊は自然現象だったのでしょうか?

K 自然現象でもあるが、人類が起こした災いでもある。その両方の組み合わせによって起きた。人類の酷い行動や言動に、自然が嘆き悲しんだからだ。その結果、大崩壊が起きてしまったのだ。

D スディーは生前、そのとき「爆発が起きた」といっていました。

K 一部、爆発も起きた。それも自然界の均衡を悪用したがゆえ、起きた現象なのだ。自然界から奪うだけ奪い、補充もしないでいたからだ。最終的に、自然界のバランスが崩れ、大崩壊が起きてしまった。多くの者たちは早い時期から警告されていたため、その地を離れることができた。飛行船で脱出した者もいるが、なかには生き残りをかけて海岸地帯に残った者もいる。

D 最終的な大崩壊に「水晶」はかかわっていたのでしょうか(作家たちがアトランティスの崩壊に「水晶」がかかわっていたといっていたため、その真相をたしかめたかった)。

K たしかに、かかわっている。アトランティスはいくどか崩壊しているからだ。そのうちのひとつは、水晶がかかわっている[*17]。過剰にエネルギーを使用しただけでなく、エネルギーの悪用やエネルギーを乱用したせいで大崩壊が起きたのだ。水晶が持つパワーを悪用し、むやみやたらに乱用したことがそもそもの原因だ。そのあげくの果て、またもやふりだしに戻ってしまった。すべての結果には原因があり、すべての原因には結果がある。この因果応報の法則を考慮しなかった結果なのだ。

D　その当時、戦争があったとスディーから聞きました。そして、戦争に飛行船も使用したとか。

K　たしかに戦争はあった。それが終焉のはじまりとなったのだ。しかし、スディーが言及していた戦争は、実をいうと、まだ起きていない。

この想定外な発言に、心臓が口から飛び出るかと思った。一瞬、ぞくっと身の毛がよだった。テープ起こしの最中でさえも、戦争の話題が出てくると胸騒ぎが止まらなくなった。スディーが語った、当時の世界情勢の様子と現代の世界情勢は非常によく似ていたからだ。やはり、歴史は繰り返されているのだろうか。とにかく、戦争関連の話題はわたしを落ち着かない気持ちにさせた。いまの発言で、わたしが感じていた不安はよりいっそう強まってしまった。

D　それでは、なぜ生前のスディーは、すでに終わった戦争だと思っているのでしょうか？

K　彼のなかで「情報」の混乱が起きているだけだ。

D　そうですか。たしかに情報は断片的に入ってくるといっていました。あと、スディーは古代の飛行船についても言及していましたが。

K　たしかに、古代の飛行船はあった。それは正しい情報だ。しかし、彼がいっている戦争はまだ起きていない。彼がいうように古代の飛行船は存在していた。しかし、それとは別に、彼は「これから起こるとされている戦争の予言」について言及しているのだ。断片的に情報を入手すると、どうしてもこうなってしまうのだ。博識高く、物事を判断する立場の人間というものは偏った考えに陥ってしまうときがある。すると先入観で物事を判断してしまいがちになる。したがって、そのような誤報はきちんと正さなければならない。

D　公言できるかどうかわかりませんが、その「予言されている戦争」はいつ起きると伝えられているのでしょうか?

K　多くは予言について勘ちがいをしている。予言は予言にすぎず、絶対ではない。いくら予言されていたとしても、その戦争が起きないようにすることはできる。それは単なる予言であり、その予言はいくらでも変えることができるからだ。たくさんの人間が平和を望み、そうありたいと思えばいいだけの話だ。そうすれば、その戦争は起きないであろう。どんな未来も確定されているわけではない。それが起こる瞬間まで、未来というものは決まっていないからだ。

D　ウォッチャーズが助けに現れる可能性もあるといっていました。

K　おそらく手助けはしてくれるだろう。だが、人間の数に比べて、ウォッチャーズの数は圧倒的に少ない。その何倍もの数がいる人間相手に、彼らだけでは対応しきれない。まずは、この世に生きる全人類が、そのような大惨事が起きないように強く願うことだ。その予言が成就されてしまった場合、いったいどんな事態になるのか。いつのときも戦争は起こりうる可能性がある、と常に念頭においておくべきだ。この情報が正しく伝われば、その戦争は起きずにすむかもしれない。そうすれば、やがて平和の種が芽を出し、それらの芽がすくすくと育ちはじめるであろう。少なくとも、まだその可能性は残されている。

D　スディーから正確な情報を訊き出すのが、どうしてこんなにむずかしいのでしょうか？こんなに重要な情報ならなおさら、もっとわたしたちに協力してくれてもいいと思います。

K　人の個性というものはそれぞれだ。その生涯を生きている間の個性にもよるからだ。彼の日頃の習慣が、そうさせたのだ。習慣として身体に染みついてしまっているだけだ。たとえば、だれかが君に「なにか」を要求してきたとする。それが君のモラルや道徳に反することであれば、君もその要求に応えることはしないはずだ。いいか、もう無理な要求をしないことだ。彼との間に築きあげられた信頼や信用を踏みにじるようなことをしてはならない。無理な要求をしていると、せっかく築いた信頼関係は壊れ、君は彼の信頼を失うことになる。

訳注

＊1　天地創造：旧約聖書『創世記』の冒頭には以下のような天地の創造が描かれている。

一日目、神は天と地をつくられた（宇宙と地球を最初に創造した）。暗闇があるなか、神は光をつくり、昼と夜ができた。

二日目、神は空（天）をつくられた。

三日目、神は大地をつくり、海が生まれ、地に植物を生えさせた。

四日目、神は太陽と月と星をつくられた。

五日目、神は魚と鳥をつくられた。

六日目、神は獣と家畜をつくり、神に似せた人をつくられた。

七日目、神はお休みになった。

＊2　エロヒム：古代ヘブライ語で「天空から降りてきた存在たち」という意味。Elohim の El は天空の意味で、im は存在（生きもの）の複数形。ヤハウェだけ、複数の神々、また、天使たち、偽りの神々を表すこともある。書によって意味が変わってくる。

＊3　ノアの方舟：旧約聖書の『創世記』（第六～九章）に登場するノアとその家族、多種の動物を乗せた方舟の話。創造主なる神が、古代の邪悪な人々を大洪水によって滅ぼしたとき、方舟に入ったノアとその家族、および動物たちだけが生き延びた、というもの。

＊4　ノア：聖人エノク（『エノク書』の著者）の孫にあたる人物。大洪水伝説の主人公。

＊5　ノアの息子たち：ノアには三人の息子がいて、世界のすべての民族は三人の息子ヤペテ（長男）、セ

ム（次男）、ハム（三男）、からわかれ出た。セムはユダヤ人や中近東の諸民族の先祖。ハムはアフリカ大陸や中近東の諸民族の先祖。ヤペテは欧米人やインド人等の先祖。『創世記』の第十章に系譜が記されている。

＊6 清い動物・偶蹄類の反芻動物：反芻し、ひづめがわかれたり裂けたりしている動物は指数が偶数のため、食用にできる清い動物とされていた。（申命記　14：4〜6）

＊7 清くない動物：らくだ、岩だぬき、野うさぎ、豚など。これらの動物は反芻しても、ひづめがわかれていないから。（レビ記　11：4〜8、26）

＊8 ノアの方舟の寸法：方舟全体の外形寸法は、長さ三百キュビト（約四十五センチ×＝百三十五メートル）。幅は五十キュビト（二十三メートル）。高さは三十キュビト（十三・五メートル）と記されている。

＊9 大洪水の期間：大洪水は五十八日間続いたとスディーはいっている。しかし聖書には一年と十日続いたと記されている。ノアが六百歳のときにはじまり、ノアが六百一歳のときに終わった。

＊10 ハムの息子たちが追放された：聖書にはハムの息子のひとりであるカナンにノアが呪いをかけたと記されている。ドロレスは原文で“cast out”と記している。これは追放・追い出すという意味になる。呪文をかけるは“cast a spell”になるので、もしかすると、テープ起こしの際にスディーの聞きとりにくい発音で聞きまちがいを起こした可能性もある。しかし、これもまた聖書とはちがう内容なのかもしれない。

＊11 神の約束：神はノアたちにもう大洪水は起こさないと誓いを交わす。そして、虹を空にかけた。それが大地との間に立てた契約のしるしと伝えた。（創世記　9：12〜17）

＊12 バベルの塔の物語：別名は天国への階段。旧約聖書『創世記』第十一章に出てくる。ノアの大洪水の

のち、人々はバビロンに天に達するほどの高塔を建てようとしたが、神はその高慢な態度に怒り、それまでひとつだった人間の言葉を混乱させて互いに通じないようにした。バベルはヘブライ語で「混乱」という意味。

＊13 **ウォッチャーズ：**地上の天使・見張りの天使・見守る者・番人・見張りの者・観測する者・地上におちた堕天使という意味がある。ヘブライ語の聖書の原書に記されている「Iyrin」という単語はヘブライ語ではなく、実はアラム語で、目覚めた者・覚醒した者という意味になる。

＊14 **死後の世界に関する詳細：**死後の世界に関するくわしい情報はドロレス・キャノン著 "Between Death and Life" に記されている。

＊15 **すべての天界：**アブラハムの宗教（ユダヤ教・キリスト教・イスラム教）の天国にあるとされる七つの階層のこと。なおここでの天国とは、死後の世界というよりは天使の住処という意味合いが強い。

＊16 **クムラン共同体の破壊：**古代ローマ軍によって、紀元後六八年に破壊されたと伝えられている。ローレンス・F・シフマン教授の著書に「紀元後六八年にクムランはローマ軍によって破壊された」と記されている。"Reclaiming the Dead Sea Scrolls" 参照。

クムランでの主要な発掘調査は、ヘブライ語聖書の専門家であるドミニコ修道会の神父ローラン・デ・ヴォー（Roland de Vaux）によって一九五〇年代に行われた。

＊17 **アトランティスと水晶：**チャネラーのエドガー・ケイシーいわく「アトランティスの人たちは大きな水晶で発電所を建造していたという。それがもとで、大崩壊が起きた」と著書で記している。ケイシーによると、アトランティスは三回崩壊しているらしい。エドガー・ケイシー他著『エジプトからアトランティスへ』（二〇一九年、たま出版）参照。

第二部　イエスの生涯

第17章
予言

この退行催眠の試みはいろいろなやりかたで記すことができただろう。実は、キリストの生涯にかかわるできごとや情報は、スディーが登場してからの三カ月の間、あらゆる場面に散りばめられていた。たしかに、スディーの生涯を年代順に記し、その文脈のなかに入れてもよかったのかもしれない。しかしながら、この膨大な情報のなかに「イエスの生涯」の話が埋もれてしまうのはとても残念に思えた。イエスの生涯の話は文脈のなかに混ぜ込んでしまうにはあまりにも重要な話であると思ったからだ。したがって、この話は単独で記すべきだと判断し、イエスにかかわるすべての情報をこの第二部に集約することにした。

このイエスの生涯の話は単独の本にすることもできた。しかし、イエスの生涯の話を単独の本にしてしまうと、本来の趣旨からはずれてしまうような気がした。はじめに、隔絶された共同体のなかでエッセネ派の人々がどのような暮らしをしていたのかを読者に知ってほしかったからだ。その過程で、エッセネ派の一員であるスディーの賢明さや個性にも触れてほしいと思った。これらを先に記すことで、イエスの生涯の話の背景にあるものがはっきりとみえてくると思ったからだ。イエスが育ち、学んだ環境はどんな場所だったのか。イエスがまだ若く、無邪気で傷つきやすかった頃、彼はどんな信条や知識にさらされていたのか、それらも浮き彫りにすることができると思ったのだ。イエスの生涯には失われた歳月がある。エッセネ派の背景を伝えずに、イエスの前半生に新たな意味を与えることはできない。また、エッセネ派のことを知らずに、イエスの話を新たな視点で捉えることもできないと思ったからである。したがって、この流れで記すことにした。あとは、イエスがどれほど偉大な人格者だったのか、それが伝わることを願うばかりだ。

これまでの章で説明したとおり、いくつかのキリスト教の信条や儀式はエッセネ派の影響を直接的に受けている。そのなかでも「洗礼の儀式」と「聖杯を回す儀式」は確実にエッセネ派の影響を受けているといえる。『死海文書』にもこれらの儀式はエッセネ派が日常的に行った慣習であると記されているという。『死海文書』を研究した多くの著者がこのことについて言及していた。キリスト教とエッセネ派の教えに類似点があることに驚かされた。それだけではなく、ケイティが蘇らせた過去世の記憶の内容にも意表を突かれた。まさかこんな展開になるとは、わたしはまったく予期すらしていなかった。ケイティがスディーとして生きた過去世を通じて入手した情報をのちに調べてみると、その情報の正確さに、またもや驚愕させられた。

ギンズバーグ氏の著書*1には「エッセネ派の人々はそれぞれの成長段階に応じた学科を共同体内で学び、それぞれ上へと進んでいった。それぞれの能力に応じ、それぞれ発達できるかぎりのレベルまで上がった。ある時期、彼らは聖霊の寺院*2のレベルにまで到達した。そして、神からの予言を伝えることができるまでになった。予言の才能は、賢明で信心深い者だけに付与される最高の贈りものだと考えられていた。そこから、エッセネ派はさらなる飛躍を遂げ、数々の奇跡的な治癒を起こし、死者を生き返らせることができるまでになった」と記されている。

これはイエスがどこで自身の才能*3を磨いたのかが明白にわかる記述だ。おそらくこれらの才能は神秘学のマスターに就いて学んだのだろう。スディーは主にトーラーや律法を教えていたため、ほかの分野の学科に関しては必要最低限の内容しか知らなかった。だが、イエスは、すべての教科それぞれを各学科の指導者たちから学ばなくてはならなかった。

いまでもなお『死海文書』の研究は続いている。とにかく『死海文書』が翻訳された直後からさまざまな憶測が飛び交いだした。なぜ書かれたのか？　その古代の文書にはいったいどんな内容が書かれているのか。世間に知られたくない内容が書かれているのか？（この退行催眠で）わたしが発見した情報と同じ内容が『死海文書』にも書かれているのだろうか？　キリスト教が「イエスの公生涯」からはじまっていないということを敬虔なキリスト教徒たちに知られたくなかったのだろうか。実際は、この世に生きる人たちのために、全生涯を捧げた自己犠牲を惜しまない男女たちから発祥した教えであるということ。そして、彼らが未来の人類のために叡智を守り続けていたという事実を知られたくなかったのだろうか？　この本のなかに記されている情報はわたしが最初に発見したわけではない。予想に反して、多くの作家もさまざまな証拠資料を検証した結果、わたしと同じ結論にたどりついていたからだ。

その作家のうちのひとりはディーン・プリドー氏*4である。一六〇〇年代に“The old and New Testament Connected”（旧約聖書と新約聖書とのつながり）を書いた人物である。プリドー氏いわく、当時の聖職者たちはキリスト教とエッセネ派の資料を読み比べ、「イエスとその弟子たちはエッセネ派から独立した宗派にすぎない」という仮説に合意をしていたという。

ハインリヒ・グレーツ氏も一八六三年に出版した著書“Geschite der Juden von den Anfängen bis auf die Gegenwart”（全十一巻、第二版）の第三巻に「イエスはエッセネ派の本質的な教えを〈自分自身の教え〉として説いただけである。したがって、原始キリスト教はあくまでもエッセネ派から分岐した宗派である」と記している。

重ねて、一八六四年に出版されたクリスチャン・ギンズバーグ氏の著書からの引用も記載する。「福音主義*5のキリスト教徒たちは、エッセネ派の教えとキリスト教の間にあるあらゆる類似性をどうにか消滅させることができないものかと案じていた。それはエッセネ派の教えがキリスト教を引き起こした、などといわれるようなことがあってはならないからだ」。

『死海文書』に関する本を書いた作家たちによって、このような意見は日に日に増していった。彼らは口々に「エッセネ派の教えとキリスト教の教義は非常によく似ている。それは火をみるよりもあきらかだ」と語っていた。ある作家は「ほとんどの神学者たちはこの事実を知っている。そのことを平信徒たち*6だけが知らないということなのだ」と記している。

一九五八年一二月のナショナル・ジオグラフィック誌*7にも『死海文書』の発見に関する内容、そしてその翻訳について深くほりさげた記事が載っている。その記事からの抜粋を以下に記す。

「エッセネ派と初期キリスト教の信念と慣習には著しく似た点がある……全宗派の学者たちはエッセネ派と初期キリスト教の類似点を認めている。これはまぎれもない事実である」。

これまでは、この魅惑的な共同体に関する情報はすべて古代の作家たちが書いた資料やクムランの発掘調査の資料にかぎられていた。今回の退行催眠の試みで、わたしが発見した情報は、新たな扉をあけることができたかもしれない。そして、エッセネ派の人々の暮らしぶりや信条をはじめて垣間みさせることができたといってもいいだろう。このような情報は、どんなに慎重に歴史的遺物の日付を調査しようが、決してみつけることはできない。静かな廃墟となった洞窟のなかでみつかった歴史的工芸品をくまなく調査してもみつかるものでもない。この神秘的な共同体の素性やイエスとのかかわりを知る有益な情報源として、わたしが発見した情報も、学者たちの参考資料として扱ってくれることを切に願う。ついにイエスの全貌をあきらかにすることができたといっても過言ではない。退行催眠を通して現れたイエスは、いままで以上に鮮烈な輝きを放っていた。慈愛に満ちた恩師の目を通して伝わってきたイエスはひとりの生身の人間であった。この本を通じて、わたしたちはその様子を味わい愛でることができる。

D 以前、予言を明確化させることに時間を費やしているといっていました。それについて、もっとくわしく説明してもらえますか？

S さまざまな予言がトーラーに記されている。この世に救世主（メシア）が生まれてくると予言されている。ほとんどの予言はメシアの誕生にかかわるものだ。我々はメシアが生まれてくる時期をきちんと把握しなければならない。メシアがだれであるのかがはっきりわかる印（しるし）が必要だからだ。博識な未来の人たちと共有する日がくるまで、我々はこの叡智を保持しなければならない。あることははっきりした……メシアがどの家系から生まれてくるかまでは解っている。彼は「ダビデの血統」[*8]から生まれてくる。いわば、私の家系ということだ。彼はダビデの町に生まれ落ちる。それはベツレヘムのことだ。だが、多くの人間はメシアのことを拒絶するだろう。それは彼がナザレからきた者であるからだ。ナザレから出てくるもので、なにひとつよいことはないといわれているからである*9。

D なぜですか？　ナザレのなにがいけないのでしょうか？

S 一時期、ナザレにはどうしようもないろくでなしと人殺ししかいなかったからだ。そのため、ナザレの地から出てくるもので、なにひとつよいことはないといわれているのだ。

D それなのになぜ、その町からメシアが現れると思うのですか？

S 予言が、そう伝えているからだ。

D その予言では、いつメシアが出現すると伝えているのでしょうか？

S 近々現れると伝えられている。いよいよ、もうすぐだ。

D メシアは生まれてくるのですか。それとも突然現れるのでしょうか？

S 女から生まれてくる。

D 両親の情報はなにかありますか？

S 母親は〈出会えばすぐにわかる〉と伝えられている。

D それでは、父親は？

S 伝えられているのは、ダビデの血統の男だということだけだ。

D 話しても大丈夫な情報は、ほかになにかありますか？

S エリヤも現れる。メシアのために道をひらくため、その先陣を切るために現れてくると

伝えられている

D　それは、いったいどういう意味なのでしょうか？

S　エリヤも生まれ変わってくる。先に道を切り拓くために生まれてくる。聞く耳を持つ者たちに、メシアの出現を知らせるためだ。

D　エリヤは「だれに」生まれ変わってくるのでしょうか？

S　それは知らされていない。

D　それでは、メシアはだれの生まれ変わりなのでしょうか？

S　おそらくモーセかアダムであろう。まあ、どちらでも同じことだが。

D　エッセネ派の共同体がその場所にきてから、どのくらい時間が経過しているのでしょうか？　いつ創設されたのですか？

S　この場所に最初にきたのはユダヤ人ではなく、ウル出身*[10]の者だ。これははるか昔のことだ。いくつかの予言と彼らのシンボルである十字架を持ってきたと伝えられている。

D　その十字架は、エッセネ派も使っているシンボルのひとつなのでしょうか？

S　そうだ。

D　それはどんな十字架なのですか？　これまでいろいろな形の十字架をみてきました。いろいろな形の十字架がありますよね。

S 二つの短い腕がつき、上部はループ形状になっている。そして、まっすぐ下へとおりていく。

D （棒の長さが）ぜんぶ均等な長さの十字架もあります。

S これは均等な長さではない。（なんだか古代エジプトの生命の象徴である〈アンク〉*14のように聞こえた）

D どんな象徴的な意味合いがあるのでしょうか？

S これは「救済」のシンボルである。

D もっとくわしく説明してもらえませんか？

S 予言が果たされたあとに、その意味があかされるといわれている。

D わたしにとって「救済」はなにかを救うという意味になりますが。「なにを」救うのですか？「だれを」救わなければならないのですか？

S ともかくもメシアの宿命と密接に関係している。わかっているのはそれだけだ。それ以上のことは知らされていない。

訳注

＊1　ギンズバーグ著書："The Essenes : Their History and Doctorines and The Kabbala : Its Doctorines, Development and Literature"（エッセネ派：その歴史と教義・カバラ：その教義と発展と文献）

＊2　聖霊の寺院：自分の御心や身体をすべて神に捧げること。自分の心や身体自体が「神のための寺院」であるという意味。

＊3　イエスの才能：イエスは神の預言を伝えることができ、数々の治癒を施し、死者を生き返らせることができた。（ヨハネ福音書　11：38〜44／9：1〜12、ヨハネ福音書　11：38〜44／9：1〜12）

＊4　ディーン・プリドー：Dean Prideaux（ディーン・プリドー）とドロレスは記しているが、Humphrey Prideaux（ハンフリー・プリドー）のこと。ハンフリー・プリドーは、十七世紀〜十八世紀ノーリッチ大聖堂の首席司祭（通称：ディーン）で、"Old and New Testaments Connected"（旧約聖書と新約聖書のつながり）を書いた人物。

＊5　福音主義：キリスト（イエス）の伝えた福音にのみ救済の根拠があると、宗教改革の立場をとる。律法主義や儀礼・制度・伝統などを重んずるのではなく、聖書にもとづく信仰のみを尊ぶ、プロテスタントの思想的支柱。

＊6　平信徒：聖職者ではない一般の信徒たちのこと。

＊7　ナショナル・ジオグラフィック誌：絵や写真を起用したさまざまな分野のアメリカの学術誌。一八八八年創刊。

＊8　ダビデの血統：羊飼いだったダビデは初代イスラエル王サウルに仕えたのち、二代目の王となり、ペ

リシテ人を撃破し要害の地エルサレムに都をおき四十年間、君臨した。旧約聖書の『サムエル記』および『列王記』に登場し、『詩篇』の作者のひとりとされている。ダビデの死から千年ほど経って、ダビデの故郷ベツレヘムで、ダビデの血縁の者としてイエス・キリストが誕生する。

＊9 **ナザレからなにもよいものが出ない**：ヨハネ福音書　1：46〜47

＊10 **ウル出身**：ウルは古代メソポタミアにあったシュメール人の都市および都市国家、またはその遺跡のこと。旧約聖書のアブラハムはこの地に生まれ、カナンの地へ旅立った。

＊11 **アンク**：古代エジプトで用いられた象徴図像。エジプト十字とも呼ばれる。

第18章 ベツレヘムの星

これまで「ベツレヘムの星」*1は多くの議論や論争の的となってきた。十中八九は「ベツレヘムの星」は実在しない架空の星のことであり、それは単なる神話や伝説だと思っているだろう。あるいは、超新星と惑星の会合によって起きた特異な現象だと思っている人も少なくない。星同士の会合（コンジャンクション）は、二つ以上の星が空の上で重なり合ったときに起きる現象である。地球から観測したとき、星同士が重なった瞬間、大きなひとつの輝く星にみえることをいう。実際、このような現象は歴史上なんどか起きている。しかし、聖書に記されているような超常現象はめったに起こるものではない。ヴェルナー・ケラー氏の著書『歴史としての聖書』に「おそらく紀元前七年に魚座付近で起きた土星と木星の会合がもっとも有力な説であろう」と記されている。紀元前六年の中国で、きらめく新星（はるか彼方の星が爆発し、その光が何万光年もかかって到達した現象のこと）が観測されたとの記録も残されている。

それらと同時期に地中海近辺でまばゆい彗星の光が観測されたとの古代の記録も残されてい

る。代表的なものだと、紀元前一二年に現れたハレー彗星がある。この天文現象について、これまで途方もなく多くの説が論じられてきた。その星の光は、実は宇宙人が乗った宇宙飛行船だという説まで飛び出している。西暦紀元の最初の年、紀元元年にイエスは生まれていないということはだれもが知る周知の事実である*2。歴史のはじまりの日付を正確に定めること自体が不可能だといわれているからだ。唯一、たしかなことは、ベツレヘムの星の真相はだれにもわからないということだけである。その星の正体だけでなく、いつどこで起きたのかさえもいまだに謎のままだ。

ケイティと退行催眠の試みをはじめた当初は、まさかこのような情報が飛び出してくるとは、予想すらしていなかった。実のところ、このベツレヘムの星に関する話は、スディーが登場してきた最初のセッションに出てきた内容だ。それはスディーに関する情報をもっと入手しようとしているときだった。この偉大なる事象の観測にわたしたちもともに参加できたことはこのうえなく光栄なこととして受けとめている。これらの情報はわたしがいつものごとく「あなたにとってもっとも重要なできごとが起きた日に行ってください」とスディーに伝えたあとに出てきた情報だ。これは過去世の平凡な日常を排除し、その生涯で起きたもっとも重要な事柄に集中させるために使う基本的な退行催眠の手順である。もっとも重要な日へ行かすことで、その過去世の人生物語を早送りさせることができるのだ。ひとりの人間にとって重要なことが、ほかの人間にとって重要だとはかぎらない。このようなことが退行催眠から入手する情報の信憑性を高めているといっていいだろう。しかし、いくらなんでもわたしが「あなたにとってもっとも重要な日に行ってください」とスディーに伝えたとき、まさかこの現象が起きる日になるとは思いもしなかった。わたしは数を数え、その日まで遡った。そして、いま、なにをしているのか、とスディーに問いかけた。

スディーは、父親と一緒に星を眺めている、と答えた。星を眺める行為はとくにめずらしいことでもない。が、わたしはケイティの声色に変化を感じた。なにかがいつもとちがっていた。ケイティの声に静かな興奮を感じとった。彼女の声が畏怖と驚きに満ちていることに気づいたからだ。すぐに、これは通常の夜でないと直感し、注意をはらった。

スディーは深い呼吸を数回繰り返してから語りはじめた。「これがすべてのことのはじまりである。私は首を長くして、ずっとこの日を待っていた。ようやく予言が果たされる日がきた。これ以上、もう望むものはない。やっと予言の成就を見届けることができるのだ」。（催眠に浸りながら）ケイティは興奮している様子を身体で表現した。自身の手を胸もとで合掌し、全身を興奮に震わせていた。スディーは続いて、こういった。「今宵は、四つが引き合わされる夜だ」。

スディーは父親から、メシアが誕生するときは天からの合図がある、と教えを受けていた（第三章四九ページ、参照）。「空の四方から星が出現し、それらの星々がともに上昇していく。その四つの星が重なり合ったとき、メシアが生まれる」。
そのとき、スディーはたくさんのエッセネ派の仲間と一緒だった。一同は丘の上にある集合所で、その現象を観測しようとしていた。きっとそこはクムラン共同体より上にある場所なのだろう。すると、スディーは興奮を抑えきれない様子で、ささやくように「まるで荒唐無稽な夢のようだ！」とつぶやいた。このとき、スディーの声色は畏敬の念に満ちあふれていた。続いて、「いま、なにをみているのですか。その状況をくわしく教えてもらえませんか」と尋ねた。

S まるで天国の扉があいたようだ。あたかも天国の光が我々に降り注がれているみたいだ。なんて眩しいんだ！ なんとも真昼に輝く太陽のような明るさだ！ 四つの星は……重なり合おうとしている。が、まだ重なり合ってはいない。おそらく四つの星が合体したとき、いま以上にこの輝きは増すであろう。

スディーは親指と人差し指を合わせ、大きな輪をつくった。それぞれの星が現れ、それらの星が重なり合う様子を表現しているようだった。スディーが世にもめずらしい現象を目撃しているということはあきらかだった。その興奮がわたしにまで伝染した。熱意のこもった声に、思わず鳥肌が立ってしまった。わたしもスディーと一緒にその現象を目撃したい気持ちでいっぱいになった。わたしがそのような気持ちになったのは今回だけではない。いままでに何回もあった。残念ながら、わたしたちは次善の策である、その現象を実際に目撃しているスディーの実況に満足するしかない。どうやらちょうど四つの星がひとつに重なり合おうとしている瞬間だったようだ。

S 四つの星が重なり合い、星の光がひとつになったときにメシアは生まれてくる。ひとつになった瞬間、彼が最初の息を吐くときだと伝えられている。

D メシアは、どの土地に生まれ落ちるのでしょうか？

S 彼はベツレヘムで生まれる。予言でそう伝えられている。

D あなたと一緒にいる仲間は、その現象をどんな様子で目撃しているのですか？

S みんな喜びに満ちた顔をしている。そして……だれもが我を忘れている。みな歓喜に満ちあふれ……その喜びに満ちたエネルギーが我々を包み込んでいる。同時に、あたりは、しんと静まりかえっている。まるで世界中が息を凝らして、メシアが生まれてくるのを待っているかのようだ。

スディーの声は感極まったかのように震えていた。やはりどう考えても、前代未聞の超常現象を目撃しているようにしかみえなかった。それだけは疑いようがなかった。

D　いまから、どうしようと思っているのですか？　これからメシアを探しにいくのですか？

この稀代な天文現象の本当の意味合いがわかる人であるならば、当然ながらメシアに会いにいきたいだろうと思ったからだ。この誕生秘話を入手することによって「イエスの生涯」の話に新たな突破口をひらくことができるかもしれない。まだこの時点では、まさかこれからメシアに関する情報がたくさん出てくることになるとはわたしはみじんも思っていなかった。

S　我々は探しには行かない。彼らが我々のもとにくる。

D　予言では、だれが「メシアをみつける」と伝えられているのでしょうか？

S　異邦人たちがみつける*3。その後、彼らは去っていく。予言では、そのように伝えられている。

D　ということは、あなたはベツレヘムに行かないのですね。自分でメシアをみつけようとは思わないのですか？

S　いや、思わない。まずはこれから暗黒の時代がやってくるからだ。その後、彼が我々のもとにやってくる。それまでには、我々も彼を迎え入れる準備が整っているであろう。

D　予言で、エッセネ派の人々のもとにくると伝えられているのでしょうか？

S　そうだ。そのように予言で伝えられている。

D　エッセネ派の人たちから学ぶためにくるのでしょうか？

S　我々から学ぶためというより、すでに彼のなかに潜んでいる能力を目覚めさせるためにくるといっていいであろう。

D　彼の潜在能力を目覚めさせることができるのですか？

S　できるかぎりのことはするつもりだ。我々は人事を尽くすだけだ。

もしかすると、スディーはわたしたちにイエスに関する直接情報を提供することができるかもしれない。それが垣間みえた、最初の兆しだった。これがどれだけ重要かつ貴重なことなのか、わたしは直ちに理解した。この退行催眠の試みがどの方向に向かおうが、とにかく導かれる方向へとことんついていこうと思った。すると、ここでケイティが大きな深い呼吸をした。それは星が接近している様子をちょうどスディーが眺めているときだった。そのあと、わたしは「いま、その年のいつ頃ですか？」と訊いた。

S　年のはじめだ。新しい年が……幕をあけたばかりだ。

これは憶説にすぎないが、ひょっとするとスディーは秋にあるユダヤ暦の新年祭「ロシュ・ハシャナ」のことをいっているのかもしれない（以前スディーは「ロシュ・ショファー」と発音していた）。これは非常に興味深い発言である。専門家たちいわく、紀元前七年に土星と木星の三連会合[*4]があったという。彼らは多数の不確定要素も考慮し、紀元前七年の十月三日に起きた「土星と木星の会合」がベツレヘムの星の正体なのではないかという仮説を立てた。考えてみれば、その時期はちょうどユダヤ暦の新年祭の直後だ。当然のことながら、わたしがこの質問を投げかけたとき、彼らの新年とわたしたちの新年[*5]がちがうことにまったく気づいていなかった。わたしはなんの気なしに「それは春の時期にあたるのでしょうか？」と尋ねた。すると、スディーは「そうだな。もうすぐ成長の季節がやってくる」と返答した。

D　ヘロデ朝[*6]のいつ頃になるのですか？

S　たしか二十七年になる。おそらく……。

なんだかスディーはわたしたちに少し黙ってほしいと思っているように感じた。自分に話しかけるのをやめて、いましばらく放っておいてほしいと思っているような気がしたからだ。スディーは目の前で起きている現象に没頭しているようだった。わたしが次々と質問を投げかけるため、どうやら彼の心はかき乱されてしまったようだ。「君にはこの光景がみえないのか?! この光景は……息をのむほどの美しさだ!」。その言葉にはありったけの感情が込められていた。わたしたちにその光景がみえないなんて信じられないという表情を浮かべていた。

D それらの星が接近して重なり合ったとき、あなたはなにか特別なことをするのですか?

S 我々はずっと眺め続けるだけだ……。そしてメシアに敬意をはらう。彼は我々の王だからだ。

どうやら星はゆっくり接近しているようだ。これはかなり時間がかかりそうだと察した。そこでわたしは時間を早送りし、話を先に進めることにした。四つの星がちょうど重なり合った瞬間の場面まで時間を進めた。そして、「いま、なにをしているのですか」とスディーに訊いた。

S ヤハウェに賞賛の言葉を捧げている。この場所にいる機会を与えてくださったことを讃えているところだ。すべての予言が遂行されるときと同時期に生きているということは大変光栄なことだ。これほど名誉なことはない。それを我々は知っている。我々は最善を尽くし、この日まで準備を整えてきた……とヤハウェに告げている。ヤハウェは我々に大きな名誉を授けてくれた。しかしながら、その名誉にふさわしくないことも十分に承知している。とにかく、我々はヤハウェの期待に応えられるように精一杯努力をするだけだ。

スディーは手を合わせ、合掌していた。さきほどのつぶやきは、まるで祈りを捧げているかのようだった。その瞬間、四つの星はちょうど重なり合った。わたしはその状況をもっとくわしく説明してほしいとスディーに伝えた。

S　光線がみえる……。光の尾のようなものが出ている。星々の光のなかから、光の尾がひいてている。星の中心から光線がまっすぐ下に落ちている。おそらく、その光が落ちる場所でメシアは生まれる（もしかしてborn［生まれる］ではなく、bore［穴をあける］といったのだろうか。なんとなくそんな風にも聞こえた。ちょっとしたちがいで、まるっきりちがう意味になってしまうではないか。この二つの単語の意味はおもしろいほどちがいがあるため、多くの憶測を呼び起こすことができる）。

スディーによると、彼らはベツレヘムから約五十マイル（約八十・四キロメートル）も離れた場所にいるため、あの光線が落ちた正確な位置情報を把握することはできないそうだ。

D 星々が重なり合って、これまで以上に星は光り輝いているのでしょうか？

S 光の焦点はぴったりと合わさっている。光はあちこちに散らばってはいない。星の光は一点に集められている。しかし、その輝きは大きな満月と同じくらいの輝きを放っている。

次の質問を投げかけようとしたとき、ケイティの唇がまるで祈りを捧げているかのように微かに動いていることに気づいた。スディーが星に向かってひざまずきながら合掌し、魂を込めて祈りを捧げている姿が脳裏に浮かんできた。

D もっと大きな声で祈りを捧げてもいいですよ。わたしたちもあなたと一緒にこの時間を共有したいので……。

S （力強く）ダメだ！　自分の魂の声を他人に聴かせるということか？　己の魂の声はヤハウェだけに聴かせるものだ。

わたしは敬意を表し、数分の間沈黙した。スディーの祈りが終わるまで、静かな時間を十分に与えた。次の場面へ、スディーを急かすつもりはなかった。このドラマチックな瞬間を思う存分に味わってほしいと思ったからだ。

D　エリヤも再来してきたのでしょうか？

S　エリヤも生まれ変わってきた。彼は二～三カ月前に生まれている。すでに父親となる人物がだれになるのかは知らされていた。父親は我々の仲間だ。

このようにして、メシア誕生の予言だけでなく、エリヤが再来するという予言も成し遂げられた。実際、この「エリヤが再来する予言」は新約聖書にも記されている。その当時、洗礼者ヨハネがエリヤの生まれ変わりだと広く信じられていた。イエスが群衆に向かって洗礼者ヨハネについて語っている箇所を抜粋引用する。「みよ、わたしは使者をあなたの先につかわし、あなたの前に道を整えさせるであろう、と書いてあるのは、この人のことである……。そして、もしあなたがたが受け入れることを望めば、この人こそは、きたるべきエリヤなのである」。（マタイ福音書　11：10～14）

次は、天使がザカリアにヨハネという息子が生まれると伝えている箇所を記す。「彼はエリヤの霊と力とをもって、みまえに先立って行き、父の心を子に向けさせ、逆らう者に義人の思いを持たせて、整えられた民を主に備えるであろう」（ルカ福音書　1：17）

D　とてもワクワクする瞬間ですね。その瞬間をわたしたちと共有してくださったことに心からお礼を申し上げます。このような美しい光景を目撃できるのは、まさに一生のうちに一度起こるか起こらないかの確率ですね。

S　一生に一度どころではない。永遠に一度だけだ。

D　ごもっともです。あなたがこの話をわたしたちと共有してくれなければ、わたしたちは永遠に体験することができなかったと思います。

これはあまりにも感動的な体験だったため、もしかすると退行催眠から目覚めたあとでもケイティに多少の記憶が残っているかもしれないと思った。ところが、ケイティを催眠から目覚めさせ、時間軸を現在の日時に戻してみると、残念ながらスディーとして体験した記憶はいっさい残っていなかった。そのことに、わたしはなんともいえないもの寂しさを感じた。そのとき、退行催眠から目覚めたあとも「過去世の体験の記憶が残るようにしないか」とケイティに提案をしようと思った。ふとそんな誘惑に駆られたが、この退行催眠をはじめる前にわたししたちの間で決めた規約のことを思い出し、寸前で思いとどまった。二人で話し合いをし、このような記憶は「過去の時間」にとどまらせておくことが望ましいと決めていたからだ。普段生活しているときに、さまざまな時代の過去世の記憶が残っていたとしたら、どれだけ混乱するか考えてみてほしい。そのような状況を想像できるだろうか？　おそらくだれもが普通に生活できなくなるはずだ。ケイティによると、退行催眠から目覚めたとき、走馬灯のように過去世の場面を思い出すときがたまにあるらしい。だが、そのような記憶の残像というものは、わたしたちが眠りから覚めたときに断片的に残っている「微かな夢の残像」と同じようなものにすぎないのだ。

訳注

＊1　ベツレヘムの星：東方の三博士にイエス・キリストの誕生を知らせ、ベツレヘムに導いたベツレヘムの星は八芒星（オクタグラム）で表現される。（マタイ福音書　2：1～10）

＊2　イエスが生まれた本当の年：現在、紀元前三年という説が濃厚。紀元前三年の九月一一日に生まれたのではないかといわれている。（ヨハネ黙示録　12：1～5）

＊3　異邦人たちがみつける：この異邦人はマギ、東方の三博士のこと。『マタイ福音書』（2：1～13）に

博士たちについて記されているが「占星術の学者たちが東のほうからきた」としか書かれておらず、イエスが誕生した際、その場に現れ、最初に祝福した人たちだといわれている。

＊4 **土星と木星の三連会合**：紀元前七年に木星と土星がうお座で三回連続して会合を起こしている。両惑星が合体してみえるほどの接近を三回繰り返したことをいう。

＊5 **わたしたちの新年**：アメリカの元旦は日本と同じ一月一日である。ユダヤの新年は秋の九月にはじまる。ロシュ・ハシャナ、もしくはロシュ・ハッシャーナーという。

＊6 **ヘロデ朝**：ヘロデ大王は三十四年間王位に就いていた。紀元前三四年〜紀元前四年まで。

第19章
東方の三博士と赤ちゃん

わたしたちはどんどんスディーの人生の時間軸を先へ進めていった。すると、従兄弟を訪ねてナザレの地にいる場面が出てきた。スディーは広場に座り込み、噴水のなかで子どもたちが遊ぶ様子を眺めていた。そのとき、あの「ベツレヘムの星」に関するもっとくわしい情報を訊き出したいという気持ちに駆られた。わたしはあの現象についてさらなる理解を深めたかったからだ。うまくいけば、「イエスの誕生」に関する情報も訊き出すことができるかもしれない。

D 以前話をしたとき、あなたは救世主(メシア)を探し求めているといっていました。そして、メシア誕生に関するすべての予言も知っていると。どうしてそんなにも重要な人物なのでしょうか?

S メシアが重要なのは、彼がこの世に明かりを灯す「光の使者」であるからなのだ。彼は喪失感に浸っている人々に生きる希望を届ける役割を担っている。そして、どのようにすれば人は魂を成長させ、進化することができるかを我々に示すこともできる人物であるからだ。

D　たしかに、とても重要な人物ですね。

S　いまはまだ子どもだが、特別な人物であることはまちがいない。

D　メシアに会ったことがあるのですか？

S　一回だけある。彼の両親が我々に助けを求めにきたときに一度会っている。ヘロデ大王の策略を知り、我々のもとへ逃げてきた。ことが落ち着くまでの間、すなわち安全に旅することができるまでの間、彼らは我々のもとで身を潜めていたからだ。

D　ヘロデ大王はどんな策略を立てたのですか？

S　ベツレヘムにいる二歳以下の幼児をひとり残らず殺す策略だ。メシアがこの世に誕生したことを知ってしまったからだ。たぶん、その赤ん坊を捕らえて殺してしまえば、メシアの存在に脅かされずにすむと思ったのだろう。

D　メシアが誕生したことを、どうして知ったのでしょうか？

S　博士たち（マギ）が宮殿を訪ねてきたからだ。マギは「メシアがユダヤの王[*1]であるならば、おそらく宮殿に生まれてくる」とまちがった予測をしてしまった。マギが宮殿を訪ねたことにより、ヘロデ大王はメシアの誕生を知ってしまったのだ。マギから「その赤ん坊はいつの日かユダヤ人の王に君臨する日がくる」と告げられたからだ。それを聞いたヘロデは赤ん坊に将来自分の王座を脅かされるのではないかと脅威を感じた。そしてマギが立ち去ったあと「ベツレヘムにいる二歳以下の幼児をひとり残らず殺せよ」と命令した。その当時、ヘロデはユダヤの王として知られていた。この世にユダヤの王となる赤ん坊が誕生したのであれば、いつの日か自分はユダヤの王でいられなくなるであろうと懸念したからだ。

D そのような事態に陥ることを予知できていれば、マギは宮殿には行かなかったと思います。

S (ため息をつく)これは宿命だ。このことが予言に記されていなかったとでも思うのか?これも遠い昔にすでに決まっていたことだ。我々の仲間で知らぬ者はいない。この事態に備えて準備を整えるようにとのお告げもあった。前々から、このことが起きることは我々に知らされていた。マギは、自分たちの天命を果たしただけだ。我々もこれから自分たちに託された天命を果たさなければならない。

D ヘロデ大王のところへマギが訪ねてきたときは、すでにメシアが誕生してからだいぶ日数が経っていたともいわれています。

S いや、その情報はまちがっている。マギがメシアを探しあてたとき、彼はまだ出生の場所から移動していなかった。

D マギは、何人訪ねてきたのでしょうか?

S　三人だ。ウルの男たちだ。

D　それはバビロンの町のことですよね？

S　バビロンは、バーシャビア（発音どおり）とも呼ばれている。どちらかといえば「ウル」は国や町の名称というよりは、種族や血統のことをさす。

D　そうですか。わたしはいままでいろいろな説を耳にしてきました。でも、あなたもその場に居合わせていたのであれば、おそらくそれが真相なのでしょう。

S　マギがヘロデ大王を訪ねたとき、私はその場に居合わせていない。が、そのような事態になるという告知をとうに受けていた。したがって、これが真相であることはたしかだ。

D　マギはどうやってメシアの誕生を知ったのでしょうか？

S　彼らは「メシアが到来する」という予言を天から授かった。そして天体を観測し、星や惑星の動きを調べたのだ。彼らは天体の動きを分析し、やがて該当する星を探しあてた。彼らはその星をみつけた瞬間、すぐにそれが「メシアの星」であることに気づいたと伝えられている。

D　メシアが誕生した夜に、あなたも「その星」をみたといっていましたよね？

S　（感慨深く）たしかにみた。

D　マギもあなたと同じ「星」を目撃したのでしょうか？

S　だれもが同じ星を目撃している。あたりまえではではないか！

いったいどの天体がベツレヘムの星を構成しているのだろうか。できればその情報を入手したいと思った。もしかするとスディーならそれぞれの星の名前を知っているかもしれない。わたしはスディーに、どの天体がベツレヘムの星を構成しているのか、と尋ねた。

S　それぞれの星に名がついている。また、それぞれの……（言葉を探りながら）星座にも名がついている。ベツレヘムの星という名称は個々の星に名前がついているように、この現象にも名がついただけだ。ベツレヘムの星を構成した星々にも名はついているらしいが、それ以上くわしいことはわからない。（天文学は）私の専門分野外だからだ。

D　それらの星は通常の夜空にも輝いているのでしょうか？

S　輝いている。それらの星がともに成長し、それぞれの星の軌道がまさに天空で交差したのだ。

D　ベツレヘムの星はいままで天空に存在しなかった「めずらしい星」なのではないかといっている人たちもいます（このときわたしは〈新星〉のことを述べていた）。

S　それはまちがっている。それらの星は、この現象のために誕生した星ではない。あの現象に関しては、いろいろな説が流れている。神がローマの陥落を警告したとか、あれは彗星だとか、天がひらいたときに差し込んだ閃光だとも。さまざまな憶測が飛び交っているが、あの星の光は神が「これは自分の息子だ」と我々に表明したものだ。

たしかに、そんなことが起こるはずがない、という者たちは多いかもしれない。が、すべては信じることからはじまる。信仰なくしてはなにごとも成し遂げられない。決して疑ってはいけないのだ。私はこの目でしっかりと目撃した。それらの星が合わさったとき、ものすごく眩しい光が放たれた。まさに影をつくるほどの明るさであった。それは一刻たりとも、みつめ続けることができないほどの強烈な光だった。人類史上、だれも体験したことがない現象であったことはたしかだ。神はこの方法で我々に表明したのだ。私は何者でもない、神のやりかたを批判することはできない。そう思わないか？　マギのことだが……実際は四人いたらしい。四人がそれぞれひとつの星をたどり、あの地点で合流したとも伝えられている。

D　ベツレヘムに到着するまで、彼らは一緒にいなかったということですか？

S　ベツレヘムが近くなってから一緒になった。四方から出現した星々が交差する直前に彼らは合流した。それぞれの地点から、各々ひとつの星を追ってベツレヘムに向かってきた。けれども、ひとりだけベツレヘムにたどりつけなかったらしい。

D　その四人めのマギがどうなったのか、彼らはわかっているのでしょうか？

S 彼らは知っているのかもしれないが、私にはわからない。

D マギはそれぞれちがう国からきたのでしょうか?

S それぞれ異なる地からきた。はるか遠くの国からきたといういいかたをしてもいいだろう。

D 彼らはどの国からきたのでしょうか

S そのことは予言に含まれていない。

D 遠く離れた国にいるマギがたとえ星をみつけたとしても、同じ星をたどり続けるのは不可能なのではないか。彼らがベツレヘムにたどりつく頃には「その星」を見失ってしまう可能性が高いといっている人たちもいます。

地球表面が湾曲しているため(遠く離れた地点にいるマギが)ひとつの星の光をみつけることなどできるはずがないという説がある。これもベツレヘムの星を巡る論争のひとつだ。

S いっている意味はわかる。どうやら話に尾ひれがついて広まっているようだ。まず、マギはそれぞれともに成長している星をみつけた。その星をみつけたとき、彼らは即座に理解した。彼らは何百年もの間、星を観測し、あの瞬間がくる日を待っていたからだ。また、それらの星が合わさったときの「星の光」は、実際さまざまな場所でも目撃されている。

D もしかすると、マギも予言のことを知っていたのかもしれません。少なくとも星の読みかた（占星術）は知っていたのでしょう。

S 多くの予言は、ウルの人々から教えられたものだ。彼らは我々にアブラハムも与えた[*2]。

ベツレヘムの星の現象が起きたその夜、合わさった星々はまばゆいほどの光を放っていた。その後、一カ月もの間、夜空で輝き続けていたらしい。が、日中は星の光をみることはできなかった。

S 一夜かぎりの、焦点だった。ふむ……どう説明すればいいだろう？　星は同じ輝きをずっと放っていたわけではない。星の明かりは徐々に薄くなっていき、やがて消えていった。それらの星はそれぞれの地点から現れ、またそれぞれの別の場所へ移動したかのようだった。たしか、星の光が完全に消滅したのは一カ月くらい経ってからだ。

ヘロデ大王はなぜ「二歳以下の全男児を虐殺しろ」と指令を出したのだろうか。これは多くの人が抱いている疑問だった。マギは遠い国からきているため、ベツレヘムにいるイエスのもとにたどりつくのに時間がかかってしまったのではなかという説がある[*3]。遠い国から星を追跡していたため（その間にイエスは幼児に成長してしまった）それこそが、ヘロデが「二歳以下の男児を虐殺しろ」と指令した証だという学者たちもいる。しかし、スディーによると、真相はそうではないらしい。マギが赤ん坊をみつけたとき、彼はまだ出生の場所から移動していなかったそうだ。

聖書は多様な捉えかたや解釈をすることができる。わたしが思うに、ヘロデ大王はマギが「赤ちゃん」の場所を突きとめたあと、その情報を自分のもとへもってくると思ったのではないか。そして、マギが戻ってから兵士たちを送り出そうと思った。おそらくこれが長い時間を要した理由なのだろう。しかし、マギの出国がヘロデの耳に入り、マギに裏切られたことを知ったヘロデは怒り狂った。その果てに「二歳以下の男児を自分の縄張りから逃すな」と命令をくだしたのだと思う。

D　メシアのことを、なんという名前で呼んでいるのですか？

S　（躊躇して）名前は呼ばない。

D　え、名前はまだついていないのですか？

S　名前は授けられているが、それはあかすことはできない。彼の名を告げることは、彼を死にいたらしめるのと同じことだ。したがって、彼の名はあかさないということは厳守しなければならない。

これは予想に反した答えだった。が、たしかに世間にメシアの名前が知れわたってしまえば、だれかがヘロデ大王か兵士たちの耳に入れる可能性もなきにしもあらずだ。そして、だれを探し、どこを探せばいいかわかってしまう。ヘロデ大王は二歳以下の全男児を虐殺するまで、安心できないため、エッセネ派の人たちはメシアの名前をあかせる日まで、彼の名を隠すべきだと思っていたようだ。この警戒心は、わたしがイエスに関する情報を入手するのに大きな障害となりうるかもしれない。なんとか聖書に記されている内容と似たような情報を入手できないだろうか。そこで、わたしは、メシアが誕生したときの話はなにか知っているか、と尋ねた。

S 彼の誕生秘話は入手している。メシアはベツレヘムに生まれた。いまはまだこの情報しかあかすことはできない。とにかくこの予言は果たされた。いつかそのうち、再び別の予言が成し遂げられる日がくる。大人になり、彼が世間の前に現れたときになんの予言かわかるはずだ。あげくの果て、多くの人々は彼に対して疑惑の目を向けるだろう。しかし、これ以上のことを伝えることはできない。多くの情報をあかすのは愚か者だけだ。

どうやらスディーは以前いっていた「ナザレからなにもよいものは出ない」という予言について言及していたようだ。わたしはさらなる情報を入手しようと差し迫った。ひょっとすると、スディーは処女懐胎説*4を聞いたことがあるかもしれない。これはメシアの命を危険にさらすような情報ではあるまい。このことを尋ねても、なにも問題ないはずだ。わたしは「メシアが生まれたとき、なにか変わった特徴はありましたか」と訊いた。

S メシアは洞窟のなかで誕生した。これが変わっているかどうかはわからないが。

なんだか妙な感じがした。だが、たしかに数々の失われた聖書の本のなかには「イエスは洞窟のなかで誕生した」と記されている。実際、ベツレヘムにある聖誕教会*5は聖なる洞穴もしくは洞窟の上に建てられている。そこはキリスト誕生の地として広く知られた場所だ。当時、洞窟は馬小屋としても使われていたらしい。

S メシアの誕生については多くの説が語られている。今後、さらに多くの説が世に出てくるであろう。メシアに関する情報はいずれあかされる。メシアの出生場所をあきらかにすることは、両親の名をあきらかにすることと同じだ。人間を追跡するのは容易だ。情報が十分にあれば、彼らを追跡することは可能になるからだ。

たしかにスディーの話は理にかなっている。とはいえ、さらなる情報をなんとか入手できないものかと思案した。彼らがクムランに逃げ込んだのであれば、もうすでに国から脱出している可能性は高い。彼らにとって、もっとも安全な道は出生の地から離れることだ。しかし、スディーは「それが安全な道だ」とわたしの言葉を繰り返しただけだった。当然ながら、これ以上スディーに無理強いさせ、半ば強引に名前を訊き出すつもりはなかった。そこで、わたしは次善の策をとった。メシアの両親について訊いてみた。

S 母親は、まだ十六歳の少女だ。それ以上ではないことはたしかだ。まばゆいばかりの美しさと落ち着きのある不思議な魅力の持ち主だ。父親は年配の信心深い男だ。そして妻のことを深く愛している。だれがみても、それは一目瞭然だ。彼らはなんども一緒に生まれ変わってきている。

D その赤ちゃんに、なにかめずらしい特徴はありますか?

S (崇敬の念が込められた声で)それはそれは美しい瞳をしている。これほどまでに深く落ち着いている赤ん坊はいない。その瞳にみつめられると、だれもがその瞳の虜になってしまうだろう。まるで宇宙のすべての秘密を知っているかのような瞳をしている。

D やはり普通の子どもとはちがうのですね？

S 私が普通の子どものことを知っているとでも思うのか？（スディーは独身であるため、これは自然な返答である）赤ん坊はみな乳をほしがり、オシメを変えてほしいと泣きじゃくる。それ以外に、なにかあるとでも？　だが、この赤ん坊はこの世のすべてを見通しているようだった。そして……吸収できるかぎりのことを吸収しようとしていた。まるですべてのことをいっぺんに体験しようとしているかのようだった。

スディーがメシア本人と出会ったとき、おそらく言葉にならないほど感動したにちがいない。ありとあらゆる事柄の細部までおぼえていても不思議ではない。

D とても美しい瞳の持ち主なのですね。何色の瞳をしているのですか？

S いつも同じ色ではない。グレーにみえるときもあれば、青にみえるときもある。また、緑にみえるときもある。その時々でちがう色にみえる瞳をしている。

D 髪は何色をしていましたか。もしくは髪の毛はありましたか？

S 明るい赤毛をしている。色褪せた赤毛といったほうがいいかもしれない。

この描写はなんだか不思議な感じがした。一般的なキリストの少年時代の描写とはちがっていた。多くの場合、イエスの髪の色は濃茶か茶髪だったと記されているからだ。しかしながら、ジェス・スターンがテイラー・コールドウェルのことを書いた“Search For A Soul”（魂の追跡）とエドガー・ケイシーが書いたキリストに関する本[*6]にスディーと同じ描写が記されていた。匿（かくま）ってもらうためにメシアがクムランへきたときは、彼はまだ小さな赤ちゃんだった。にもかかわらず、スディーは「メシアと再会するのは運命で決まっている」と確信に満ちあふれていた。あまりに確信に満ちているため、もしかしたら、いまならイエスに関するなんらかの情報を得られるかもしれないと、ふとひらめいた。

ここで、わたしは作戦を変えることにした。洗礼者ヨハネについて訊いてみることにした。ヨハネに対しては、それほど厳重に注意する必要がないような気がしたからだ。ひょっとしたら、イエスに関する情報も間接的に訊き出すことができるかもしれない。

D 以前、メシア誕生の数カ月前に「エリヤも再来する」予言が伝えられていることを教えてくれました。そして、父親となる人物を知っているともいいました。父親はあなたの仲間だと（スディーが頷く）。わたしが知っている情報だと、どの宗派かわかりませんが、父親は祭司だと聞いています。

S　ローマ帝国にはいくつかの宗教がある*7。だが、ローマ人たちは自分たちにとって都合のいいものを信じているだけだ。しかし、彼の父親はこの世の創造主である神（ヤハウエ）に仕える祭司である。いうならば、これ以外の宗教はすべてまやかしものである。彼の父親はラビではないが、寺院の祭司をしていたといっていいだろう。

このとき、わたしは寺院とシナゴーグにちがいがあることを知らなかった。聖書には両方の名称が言及されている。だが、それらがちがう場所で、異なる目的があることまでは教わっていなかった。いままで、それらはてっきり同じ場所のことだと思っていた。このことに関しては、第五章にスディーがそのちがいを説明している。

D　ところで、その赤ちゃん（ヨハネ）はどうなったのでしょうか？

S　赤ん坊と母親（エリザベト）は我々と一緒にいる。いま、赤ん坊の命は危険にさらされている。ヘロデ大王が虐殺したい子どもの年齢にあてはまるからだ。人口調査が執行されたあとに、この命令がくだされたため、赤ん坊の情報が彼らの耳に入ってしまった。その結果、父親（ザカリア）は殺されてしまった*8。彼らが暮らしていた家に兵士たちが訪れ、「赤ん坊はどこにいる？」と問いただした。すぐさま父親は「赤ん坊など知らない」と答えたのだが、兵士たちはそれが嘘だと見破ってしまったのだ。

D 赤ちゃんもその場所に一緒にいたのですか?

S いや、もうそこにはいない。いま、母親はたいそう悲しんでいる。夫も一緒にくるように、もっと強く説得すべきだったと深く後悔してる。だが、父親の意思は固かった。断固として「もう老人だから一緒には行かない」と拒否した。そして「最期は神に仕えて死ぬのが本望だ」といった。それが彼の望みだった。

D 父親は、妻と赤ちゃんがどこへ逃げたのか知っていたのでしょうか?

S だれのところへ行くのかは知っていたが、その場所がどこにあるのかまでは知らなかった。

D たとえ知っていたとしても、きっと彼はあかさなかったでしょう。

S 当然だ。自身の命をひきかえにしても、決して口を割ることはなかっただろう。実際、自分の命とひきかえに天に逝ってしまった。

ケイティの証言の真否を吟味し、その内容をたしかめるにしても当面は聖書しかない。いまのところ「キリストの生涯」のもっとも完全な記録は聖書だけだからだ。しかし、わたしは聖書に記された内容ではものたりないと感じていた。内容が中途半端だったり、たりない箇所があったりすることに気づいたからだ。そのことにわたしは驚きを隠せなかった。そのうちのひとつが、ザカリアに関する記述である。聖書には「ザカリアがヨハネの父親だ」とは記されているが、ザカリアの宿命に関することはいっさい書かれていない。わたしが調べたところ、ザカリアの殺害に関する記述は『宝瓶宮福音書』[*9]と聖書の外典のひとつである失われた聖書ともいわれているヤコブの『原福音書』に載っていた。

それらの書物には「母親のエリザベトは赤ん坊のヨハネを連れて丘の上へ逃げた」と書かれていた。それを読んだとき、わたしは脳天を撃ち抜かれた。そして「もちろん、彼女は丘の上へ逃げるに決まっている」とひらめいた。わたしは「赤ちゃんと一緒にいる女性が荒野のなかを彷徨いながら歩くわけがない。荒野を彷徨ってどうするの？ 彼女はどこへ行くのか最初からわかっていたのよ。だからエッセネ派の共同体がある丘の上へ向かったんだわ。そこに行けば安全を確保できると確信していたのよ」と思いを巡らせた。またもや深いトランス状態に浸っているケイティの証言は、ちゃんと筋が通っていることに驚いた。いくつもの聖書物語の抜けている箇所や欠けている部分をしっかり埋めているではないか。わたしはあらためて彼女の能力に感心した。

現段階では、まだスディーはだれの名前も口にしていない。その赤ちゃんがエリヤの生まれ変わりであるということしかあかしていない。そこで「赤ちゃんの父親はとても勇気のある男性だと思うので、ぜひ、その人の名前を教えてほしい」と訊いてみた。

S　まだ名をあかす時期ではない。その赤ん坊の命もまだ危険にさらされているからだ。そんな状況下で、あかせると思うかい？　父親の名を告げることは、息子の名を告げるのと同じことだ。

わたしが禁じられている話題に少しでも近づくと、決まってスディーの恐怖心が現れる。そして、頑なに秘密を保持しようする。面目にかけて、なにがなんでも秘密は守らなければならないと思っているようだった。そのようなことがいくつもあった。いったいどうすればスディーから情報を訊き出すことができるのだろう。その警戒心は習慣としてスディーの身体に染みついていた。その様子は前章でも垣間みることができる。スディーはメシアとヨハネのことを全力で危険から守ろうと必死になっていた。ここまでくると、まるで強迫観念に駆られているかのように感じる。

D　彼らはもう「赤ちゃん」ではないんですよね。それともまだ赤ちゃんなのですか？

S　いまはまだ子どもだ。青年になるまであと数年はかかる。

D　たしか、そのうちのひとり（ヨハネ）はあなたと一緒にいるといっていました。その子は、ほかの子どもたちとのなにかちがうところはありますか？

S　まるで怖いもの知らずのライオンのようだ。ものすごく強い少年だ。なにごとにも物怖じせず、だれに対してもはっきりと自分の意思を伝えることができる。だが、相手に同意を求めているわけではない。彼がいいたいことは、一発でわかるといっていい。

D　（思わず笑ってしまった）彼はいたずら好きなのでしょうか？

S　いや、とてもよい子だ。従兄弟（イエス）とよく似ている。ちがいがあるとすれば、彼（ヨハネ）のほうが熱血な気質だ。あと、彼は父親（ザカリア）と同じ強さを持っている。反して、従兄弟のほうは冷静沈着だ。そして、洗練された雰囲気を醸し出している。

D　その少年の髪の毛の色は、従兄弟と同じ色をしているのですか？

S　深紅色の赤毛をしている。それは赤々と炎のように輝いている。

D　あなたの国で暮らしている人たちは、みな褐色の肌と黒髪だと思っている人たちがいます。

S　その人たちは、おそらく南部の人間、またはほかの地域の人間にしか出会ってないのだろう。ナザレ近辺の人間はほとんどが色白の肌だ。そして、明るい色の髪と明るい色の瞳をしている。しかし最近は南部の人間と異民族間の婚姻の影響で、赤毛や金髪の子どもは少なくなっている。いまでは、黒髪や濃茶色の髪をした子どもが多く生まれてきている。

D メシアに関する予言はほかになにかありますか。これからその子はどんな人生を歩むことになるのでしょうか。今後の行く末の予言は伝えられているのでしょうか?

S 彼はこの世に教えを広めることになる。そして、この世にある苦しみをすべて背負い込むことになるであろう。彼の苦しみを通して、人類は救われるのだ。

前々から「我々は救われる」[*10]という言葉を耳にしている。いったいわたしたちはなにから救われるのだろう。その意味がまったくわからなかった。とくにスディーの時代の人々にとって、いったいどんな意味があるのかを知りたいと思った。

D わたしたちは、いったいなにから救われないといけないのでしょうか?

S 自分自身だ。我々は常に成長し、精進し続けなければならない。自分だけの力で魂の段階を上がっていかねばならないと思っているかもしれないが、実際は神の計らいや協力、そして天からの恵みを受けとることでより早く上へいける。なんだか下手な説明で申し訳ない。このことに関しては、私よりも父親のほうがうまく説明することができるだろう。

D 救われる、もしくはその段階を上がるというのは、輪廻転生や生まれ変わりのことを

いっているのでしょうか

S そのとおりだ。生まれ変わりのことだ。完璧な魂の状態に到達するには、人間は生まれ変わりを繰り返さなければならない。このことも予言に記されている。

D 生まれ変わりは完全な魂になるために必要なことなのでしょうか？

S 天国に到達するためだ。

D これはわたしが耳にした話なのですが、あなたの意見を訊いてもいいですか？「わたしたちが救われる」という意味は、わたしたちが自ら犯した罪から救われて地獄へ堕ちないことをさしているといっている人たちがいます。

S （わたしの言葉を遮って）この世に地獄は存在しない。人間が自分で勝手につくりあげた妄想上の地獄だけだ。それは自分自身の心の投影にすぎない。地獄があると思っている人間は、おそらく地獄のような世界を心のなかに描いているのだ。これはだれもが知るところだ。本当の苦しみがある場所はこの地上界だ。ほとんどの苦しみはこの世界にいるときに体験する。死んだあとで苦しみを体験した場合、その当人が「苦しみを体験したい」と思っているか、罪悪感があるため自分自身を罰しているだけなのだ。完璧なものしか創造しない神が、わざわざ酷く恐ろしい場所を創造すると思うかい？　まったく道理に合わないではないか。

D　人間を罰するために、神が地獄をつくったと伝えられています。

S　そうではない。自分以外は、だれも罰することはできない。自分を罰するのは自分自身だけだ！「人を裁くな、あなたがたも裁かれないようにするためである」[*11]という言葉を聞いたことがないか？　人を裁くなとはいっているが、自分自身を裁くなとはいってはいない。人間は自分で自分を罰するだけなのだ（スディーは確信に満ちていた）。

D　そうですか。わたしも神は「善なる存在」だと思っています。そして、この世の生きとし生けるすべてを愛していると。わたしも神が人間を罰するとは思っていません。でも、神は人を罰する存在だと思っている人たちもいるのです。

訳注

＊1　メシアがユダヤの王： 聖書に「イエスはユダヤ人の王である」と記されている。「INRI」はラテン語の「IESUS NAZARENUS REX IUDAEORUM」の頭字語、日本語では「ユダヤ人の王、ナザレのイエス」と訳される。（ヨハネ福音書　19：19／マタイ福音書　27：37）

＊2　アブラハムも与えた： ウルはアブラハムが誕生した土地。

＊3　マギの到着に時間がかかった： 聖書には赤子ではなく「幼子」と記されている。ヘロデが「二歳以下

の幼児を虐殺しろ」という指令を出したのは、もしかするとそのときはすでにイエスは赤ん坊ではないことがわかっていた可能性がある。博士たちがイエスをみつけたときは馬小屋（洞窟）ではなく、家のなかにいたと聖書に書かれている。（マタイ福音書　2：9～11）

＊4　処女懐胎説：または処女受胎。男女の交わりなく処女のまま子を宿すこと。聖母マリアによるイエス・キリストの受胎というキリスト教における概念をさす。

＊5　聖誕教会：聖母マリアがイエスを産んだ地に建つ教会。千七百年の歴史を誇る世界最古の教会のひとつで、現在も多くの信者が訪れる聖地である。洞窟の上に建てられている。

＊6　ケイシーのキリスト関連の本：リチャード・ヘンリー・ドラモンド著『エドガー・ケイシーのキリストの秘密』（二〇〇二年、たま出版）。

＊7　古代ローマ帝国の宗教：キリスト教が国教とされる前のローマ帝国には、古代ローマの神々を信仰する宗教、ギリシャ系の神々を信仰する宗教、エジプト系の神々を信仰する宗教、パルティアなどのオリエントの神々を信仰する宗教、ヘレニズム系のグノーシス的考えかたをする宗教、ケルト系の神々を信仰する宗教、ギリシャ哲学を基礎とするオルフェウス教などがあった。その当時、もっともローマ帝国内で信仰されていたのはミトラ教である。

＊8　ザカリアの死：ザカリアは聖所と祭壇の間で殺された。（マタイ福音書　23：35）

＊9　宝瓶宮福音書：アメリカ人のリバイ・ドーリングの一九〇八年の著作（日本語版は、一九七六年、霞ヶ関書房）。イエスの公生涯前の十七年間の失われた記録を著者がアカシックレコードを読んで手記として記したもの。

＊10　我々は救われる：使徒行伝　15：11

＊11　**人を裁くな**：『マタイ福音書』第七章に出てくる。日本語のことわざの「人を呪えば穴二つ」や「他人を批判するより自分を省みよ」と同じ意味。（マタイ福音書　7：1〜6）

第20章 イエスとヨハネ　クムランの生徒たち

　ある日、スディーが生徒たちに教えている場面が出てきた。一見、いつものごとくなんの変哲もない日常の場面のはずである。が、その場面が登場したや否やスディーは口ごもってしまった。わたしは瞬時に、この場面にはなにか特別なことがあると直感した。なんとなくそこには秘密が隠されているような雰囲気が漂っていたからだ。それは、これまでなんども感じてきた空気感だった。しかし、ここからが問題である。例によって、スディーの心の防護壁を刺激しないように質問しなければならない。とりあえず、スディーには、二人の生徒がいる、ということだけはわかった。スディーの答えかたがものすごく慎重だったため、その生徒たちが「だれ」なのかはすぐに察しがついた。とにかく、ここは情報を入手するために、ことを慎重に進めていかねばならない。さりげなく、生徒たちになんの教科を教えているのか、と訊いた。

S　律法を教えている。（一呼吸おいてから、温かい微笑みを浮かべた）私が彼に律法を教えているのは、とても不思議な感じがする。自分よりもはるかに知識が豊富な人に対し、いったいなにを教えればいいというのだ？（優しい笑い声をあげた）

D 生徒たちのことをいっているのですか？

S そうだ。そのうちのひとりのことだ。

その瞬間、その生徒が「だれ」であるかをわたしは確信した。さて、スディーはそれが「だれ」であるのかをうちあけてくれるだろうか。どのようにすれば教えてくれるのだろうか？

S 二人とも、とても賢い生徒だ。ひとりは熱血で気性が激しいところがある。が、もうひとりのほうはただ黙って座っている。そして、じっと私の目をみつめてくる。彼が意見を述べると、これまでにない発想に驚かされる。その都度、いかに自分が無知であるかを思い知らされるが。そのことに対して、いままでとはぜんぜんちがう捉えかたができるようになっているから不思議だ。

わたしはこのことにとても驚いた。子どもが先生に対していったいなにを教えることできるのだろうか。その旨をスディーに伝えた。

S　子どもは大人にたくさんのことを教えることができる。彼らは我々に愛しかたや心のひらきかたを教えてくれる。それだけでなく、見返りを求めない無償の愛も教えてくれる存在だ。

その生徒からいったいなにを学んだのか、一例をあげてほしいと頼んだ。すると、スディーは以下のように答えた。

S　彼は観察力がとても鋭い。この世にあるすべてのものを観察し、まるでそのすべてを吸収しようとしているかのようだ。これは彼から教わったことなのだが、植物は新たな枝や葉を出すちょうどいい頃合いがわかるらしい。それだけでなく、いつ花を咲かせるのか、いつ種を蒔くかまでも知っているという。植物はそれらのすべてをだれからも教わらずに感知することができるそうだ。だれにいわれるでもなく、どこからともなく生じているらしい。ということは、人間も同じくすでに心の奥底ではいろいろなことをわかっているはずなのだ。植物は基本的なことしかわからないが、人間は高等な生きものである。したがって、人間はもっと高度な事柄を潜在的に知っているはずだ。その潜在的に備わっている「知識」に導かれながら、人間は自分の人生を自分で切り拓いていくことができるのだ。私は彼ほどうまく説明できないが。とにかく彼は語彙が豊富で、うまく表現する能力に長けている。

D その生徒にいわれるまで、そのことを知らなかったのですか？

S なにも知らなかったというわけではない。だが、完全には理解しきれていなかった。彼に説明された途端、まるで春の大掃除が起きたかのようだった。溜まっていた埃や蜘蛛の巣がとりはらわれたときのようにすっきりとした気分になった。まさに目から鱗が落ちたかのようだった。はじめて、その真意がわかったといってもいいであろう。

D やはり、異色な子どもですね。その生徒たちはもう青年になっているのでしょうか？

S いや、まだバル・ミツワーを終えていない。年齢は十二歳半だ。

当初、わたしはユダヤ人の風習についての知識がまったくなかったため、てっきりバル・ミツワーは十二歳に到達した男児が祝う儀式だと思っていた。スディーいわく、十三歳になったときに祝う儀式だという。ところで、スディーはいったいどんな内容の授業を彼らに教えているのだろうか。律法ということはトーラーを教えているのだろうか？

S トーラーの一部を教えている。律法は律法でも、モーセから与えられた戒律を教えている。これは日常を生きるうえで必要な知識だ。人生の指針となるものだ。神聖さを保ちながら、正しい道を歩むために必要なことが戒律に記されている。モーセの戒律もトーラーの一部に含まれているからだ。

D 簡単でけっこうですので、律法のなかでも「重要な掟」をいくつか教えてもらえますか？

S まず、食事規定*[1]が重要だ。当然ながら、モーセの戒律も重要である。汝の父と母を敬え、安息日を心にとめこれを聖別せよ、姦淫してはならない、罪を犯してはならない、盗んではならない、隣人のものをいっさい欲してはならない、どれも重要な掟である。これらもすべて律法の一部だ。そのほかには、ともに働く者たちに対して敬意を持って接し、彼らの労をねぎらうこと。あとは……女性が未亡人になった場合、次にだれの妻になるのか、などの規定もある。それだけでなく、日常の些細なことや奴隷制度についても記されている。いつまで奴隷を保有していいのか、また解放奴隷についての掟などもある。このようにまるで役に立たないような掟までも書かれている。

D なぜ、それらは役に立たないのですか？

S ここには奴隷はいない。そんな掟は不要だ。

たしかに、そのとおりだ。なぜなら、クムランには奴隷がいなかったからである。スディーによると、たとえ役に立たない掟であってもすべての律法を学ぶ必要があるという。それがクムランのしきたりなのだそうだ。というのも、クムラン共同体の壁の外に住んでいる人たちにとっては知る必要性がある掟だからだ。続いて、奴隷と解放奴隷の掟について説明してほしいと頼んだ。

S　ヘブライ人の奴隷は七年めには自由の身となることができる。そのように律法で定められている。特別な理由がないかぎり、保有者は奴隷を必ず解放しなければならない。七年以上保有する場合もあるかもしれないが、それはきわめて稀な事例だ。そこには複雑な事情が入り組んでいる。これが奴隷と解放奴隷の掟のもっとも基本的な概念だ。

D　トーラーの内容と「エッセネ派の掟」ではなにかちがいがあるのでしょうか？

S　これがエッセネ派の掟とは思えないかもしれないが。この世には自然の法則がある。そして、引き寄せの法則もある。なにかを望むとき、自分の願いは必ず叶えられる、自分の必要なものはすべて与えられると信じきること。それがとても大切なことなのだ。これは自然界のもっとも基本的な法則だ。我々はこれらの法則についても教えている。我々以外の者たちも、これらの法則を教えているところもある。また、それぞれの人生の目的を達成するにはどうすればいいのか。そのためには自分のなかに潜むありとあらゆる力を開花しなければならない。その方法なども教えている。この人生で最終的に到達したいところはどこなのか。

とにかく、それをみつけることが大切なのだ。そうすれば、生まれてきた使命を果たすことができるからだ。

D それらのエッセネ派の掟や信念は、トーラーのなかには記されていないのでしょうか？

S 記されていないわけではない。すべてはトーラーに記されている。探せばみつかるだろうが、とりわけ強調されていないだけだ。

D たしかに、ほとんどの人にとっては「ただ言葉が並べられている」ようにしかみえないかもしれませんね。どちらにしても、それらがなにを意味しているのかまったく見当がつかないと思います。

S これは我々の神の言葉だ。とても神聖な言葉なのだ。これらの言葉は……どうしたものか。この世の多くの人間は「神の存在」を否定しながら日々の生活を漠然と生きているというではないか。なぜそんな風に生きることができるのか、私にはさっぱり理解できない。彼らが不憫に思えてならない。この世の多くの人間は全盲の人間よりも暗闇のなかで生きているからだ。彼らにはなにもみえていない。まるで「魂の目」を完全に閉じてしまったかのようだ。

ここでまたその生徒たちの名前を訊き出してみようと思った。一瞬、躊躇はしたが、ようやくスディーは口をひらいてくれた。「まだ若いベン・ヨセフとベン・ザカリアだ」。

試行錯誤の末、やっとなんとか訊き出すことができた。スディーはわたしの〈ひっかけ質問〉にひっかかったことに気づいていなかった。頑なに救世主と道の準備者*2の名前には口を閉ざしていたが、どうやら生徒の名前には油断したようだ。きっと生徒の名前なら教えてもいいと思ったのかもしれない。まさかわたしが気づくとは思いもしなかったのだろう。この名前だけでは「だれ」なのか特定することはできないと思ったのではなかろうか。しかし、これだけで十分だった。わたしにとっては願ってもない情報だった。名前の前につく「ベン」は「だれかの息子」という意味があるからだ。ということは、これらの名はヨセフの息子とザカリアの息子ということになる。ゆえに、「イエスとヨハネ」のことをさしていることは明白だった。おそらく彼らの父親の名前の重要性をわたしが知っているとは考えなかったのではなかろうか。その名前を聞いただけで、それらが救世主と道の準備者の名前であることにわたしが気づくとは夢にも思わなかったのだろう。これをきっかけに厳重な秘密保持の壁を突破することができるかもしれない。自分が秘密をあかしているとは気づかずに、気兼ねなく生徒たちのことを話してくれる可能性が出てきた。

続いて、スディーは、これらは彼らの父親の名前だ、といった。どうやら彼らには名前が二つあるらしい。「いうならば、これはセカンド・ネーム（第二の名前）だ」。スディーはファースト・ネーム（第一の名前）を告げるのを拒んだ。どうやらまだ教える気がないようだ。まあ、いいだろう。彼は気づいていないが、わたしにとってはそれらの名前だけで十分だったからだ。

D　この二人の生徒たちは、あなたのもとでずいぶん長い間勉強しているのですか？

S　そうだな、おそらく八歳のときからだ。もう四〜五年になる。

スディーはベン・ヨセフのことを難なく話してくれた。これで生徒のことなら話してくれるということが判明した。ベン・ヨセフとメシアが同一人物だということにわたしが気づいていることを知らずに、これからいろいろな情報を話してくれるかもしれない。このやりかたはとても効果的なのだと証明できた。

D　あなたのところにくる前、ベン・ヨセフはどこで暮らしていたのでしょうか？

S　しばらくエジプトに滞在していた。彼は遠くの地から学びを深めるためにここにやってきた。

D　子どもにはまだ自分で考える能力が備わっていないから、若いうちにいろいろ教えても無駄になるといっている人たちがいます。

S　それは大人が子どもを知的な存在として扱っていないからだ。そのような扱いを受ければ、子どもも自分に考える力や理解力があることを彼らに示す必要もない。だから、そういう事態に陥ってしまうのだ。生まれてから最初の七年で基本的な人間性がつくりあげられるといわれている。ベン・ヨセフは非常に稀有な生徒だ。クムランへくる前、彼は従兄弟と旅に出ていたそうだ。さまざまな遠くの土地へ行っていたらしい。おそらく、従兄弟や旅先で出会った人たちからもいろいろなことを教わったのだろう。だが、くわしいことまではわからない。ベン・ヨセフから直接聞いていないからだ。よく知りもしないのに、これ以上私が話すわけにはいかない。

D　どの従兄弟と一緒に行ったのか、知っていますか？

S　母親側の従兄弟だ。たしか、その従兄弟の名も同じくヨセフだったような気がする。彼の母親がはるか遠くの地へ子どもたちだけで行くことを許したことに驚いた。スディーによると、母親も一緒に旅に同行したらしい。

D　彼の母親も、そこに一緒にいるのですか？

S　いや、母親は自宅へ帰った。彼女もこの共同体で一緒に暮らしていた時期がある。しかし、ほかの子どもたちの面倒をみるために戻らなければならなくなった[*3]。雑務や家事があるからだ。彼の両親は、我々が教える「知識」が将来ベン・ヨセフの役に立つと思い、ここへ連れてきたそうだ。とはいっても、両親は頻繁に訪ねてきている。そして、ベン・ヨセフもナザレの実家へしょっちゅう帰っている。彼らの自宅はナザレにある。ナザレまでの旅は数日かかるが、月に一度、互いに行ったりきたりしている。家族との連絡が途切れているわけではない。

D あなたは彼らに律法だけを教えているのですか？

S そうだ。律法だけを教えている。しかし、ほかの先生たちから各教科を学んでいる。数学、占星術、予言や神秘学なども勉強している。我々に教えられるかぎりのことをすべて教えている。

D 彼らはまじめで賢い生徒ですか？

S そうだな、とても賢くまじめな生徒たちだ。

スディーが「イエスとヨハネ」について話しているとき、いつもその声には真心（まごころ）がこもり、愛情がにじみ出ていた。彼らはスディーが受け持っている唯一の生徒たちだった。そして全身全霊を捧げて、彼らに律法を教えていた。クムランの先生たちがいかに彼らの教育に力を注いでいたかが伺える。さぞかし重要なプロジェクトとして扱っていたにちがいない。

訳注

＊1 ユダヤの食事規定： ユダヤ教では、食べてよい食物と食べてはいけない食物を定めている。この食事規定、適正食品規定のことをヘブライ語で「カシュルート」という。食べてよい食物のことをコシェルという。食べてはいけないもの、ユダヤ人にとって宗教的に不浄な食物は豚肉、エビやカキ、タコ、イカがある。

＊2 道の準備者： 洗礼者ヨハネ・バプテスマのヨハネのこと。『ルカ福音書』ではヨハネの母エリサベトとイエスの母マリアは親戚だったといわれており、また、ヨハネは天使ガブリエルによってその誕生を予言されている。祭司ザカリアの妻エリサベトが身ごもって男の子を産むことを、天使ガブリエルがザカリアに告知する。（ルカ福音書　1：13～38）

洗礼者ヨハネが〈道の準備者〉と呼ばれている聖書の引用を記す。

預言者イザヤの書にこう書いてある。みよ、わたしはあなたより先に使者をつかわし、あなたの道を準備させよう。荒野で呼ばわる者の声がする、「主の道を備えよ、その道筋をまっすぐにせよ」と書いてあるように、バプテスマのヨハネが荒野に現れて、罪の赦しを得させる悔改めのバプテスマを宣べ伝えていた。（マルコ福音書　1：2～4／ルカ福音書　7：24～29）

＊3 イエスの兄弟： イエスには四人の兄弟ヤコブ、ヨセフ、シモン（シメオン）、ユダ、そして姉妹も二

人いた。これらは弟と妹の可能性が高い。兄や姉の場合は、異母兄弟・姉妹（父親であるヨセフの連れ子）ではないかといわれている。（マタイ福音書　13：55～56）

ナザレにあるマリアの井戸

第21章

イエスとヨハネ　教育期間を終えて

ベン・ヨセフとベン・ザカリアの卒業証書をスディーが製作している場面が出てきた。それはイエスとヨハネが十四歳のときだった。「今日、ベン・ヨセフとベン・ザカリアは卒業する。いま、卒業証書を書いているところだ。私は律法に関する知識をすべて教えた。彼らは学習期間を終え、最終試験にも合格した。もう十分に律法の知識が備わっている。彼らは最高位の第一等級に到達した。これは人に律法を教えることができる段階(レベル)だ」。

このとき、わたしは事前に用意していたミニホワイトボードとマーカーを取り出した。そして、その卒業証書に記している内容をここに書き綴ってくれないか。できるならば、彼らの名前を書いてほしいと頼んだ。しかし残念ながら、こう切り返されてしまった。「名前は生徒たちが自分自身で書き込むものだ。最後に、生徒自身が自分の署名を入れなければならない」。すると、スディーは目をあけた。そして好奇心に満ちた目でマーカーを眺めた。ケイティは左利きなのにもかかわらず、マーカーを右手に持った。摩訶不思議な物体をみるようにマーカーをじっと観察した。どのように使えばいいのか困惑しているようだった。しばらくすると、右から左に向かって「なにか」を書き綴った。が、わたしには落書きにしかみえなかった。すかさず「なんて書いてあるのですか?」と訊いた。

S 簡単に説明すると「関係者各位、ベン・ヨセフとベン・ザカリアは律法の知識が第一等級の段階に到達したことを証する」と書いてある。しかし、これは一部にすぎない。このあと、それに続く内容が延々と記されていくことになる。

D 彼らはまじめで優秀な生徒だったのでしょうか?

S 大部分においては。ときおり、白熱した討論が起きたくらいだ。そうはいっても、基本的にはとてもよい子たちだ。

D その激しい討論は、あなたとの間に起きたのですか?

S 白熱した討論は、ほとんど二人の間で繰り広げられたものだ。

D 「教え」のなかで、なにか納得できない部分があったのでしょうか?

S いや、教えに納得していなかったわけではない。彼らの間で教えの解釈のちがいがあったため、それが意見のぶつかり合いを引き起こしたのだ(解釈という言葉を選び出すのに時間がかかった)。

D あなた自身が、彼らと激しい討論を交わしたことはありますか?

S (笑顔で)おぼえているかぎり、そのような記憶はない。ベン・ヨセフは決して自分から討論をけしかけるような人ではない。彼は自分の意見が理解されていないと感じると私の目をじっとみつめてくる。いままで、そのようなことが何回もあった。あの魂のこもったまなざしでこちらをじっとみつめてくる。まるでそのまなざしは「あなたが理解していないのはわかっているが、それでもあなたのことを許す」と伝えているかのようだった。あのようなまなざしを向けられてしまえば、たとえなにかが起きようとしていてもすべては終わる。だれであろうと討論する気力など失せてしまうはずだ。そう思わないか?

この長い年月の間、スディーが受け持った生徒はベン・ヨセフとベン・ザカリアの二人だけだった。「我々は少人数に徹した教育体制をとっている。多人数だとひとりひとりにゆっくりと時間をかけて教育することができない。生徒たちにはすべての科目を完璧に理解してもらいたいからだ」。イエスとヨハネを教育している間、スディーはナザレの地を訪ねることがほとんどできなかった。それは彼らの教育を最優先に考えていたからだった。そして「ベン・ヨセフとベン・ザカリアが卒業したあとは生徒を受け持つ予定はない」といった。

D 常に教育活動を続けていなくてもいいのですか？

S 受け持っていた生徒が卒業したあとは、教育活動はしばらく休んでいいのだ。充電期間を設けることが許されている。教師たちも個人の学びを深めたり、それぞれのやりたいことに時間を費やしたりする必要があるからだ。我々もさらなる高みを目指さなくてはならない。世界を巡る旅など、休暇をとることも大切だ。私も外へ出ていかなければならぬ。これから、この世にすばらしいことが起きようとしていることを異国の人たちにも伝えなくてはいけないからだ。彼らにも人生の意味を告げ、この世の疑問にも答えてあげたい。そして、できるだけ多くの人に生きる希望を与えていきたい。

D その「教えを伝える活動」は人々の家を訪ね歩くのですか。それとも町なかでするのでしょうか？

S 両方だ。さまざまな国へ出向き、現地で先生として活動する。多人数に出会えれば、その大勢に向けて教えを説く。しかし、たとえたったひとりにしか出会わなくても、そのひとりに向けて教えを説いていく。すべての学びたい者に教えを伝えていくつもりだ。

スディーによると、大部分の教えは口頭で伝えていくらしい。「多くの人間は文字を読むことができないからだ」。これは新約聖書に記されている内容と同じだ。イエスも弟子たちに口頭で教えを伝えていくように告げていた*1。もしかするとこれはイエスがエッセネ派から受け継いだ慣習なのかもしれない。その可能性は非常に高い。

D 外界の女性もあなたから教えを学ぶことはできるのですか？

S あたりまえだ！　女性も男性と同様に学ぶことができる。なぜそんなことを訊く？

D ユダヤ人はシナゴーグのなかに女性の立ち入りを禁じていると聞いたからです。

S 彼らは極端に視野が狭いからだ。

D エッセネ派の女性も「教えを伝える旅」に出ることはあるのでしょうか？

S たいていの女性は学校内だけで教えている。女性が外へ出ると、男性よりも危険にさらされる確率が高くなるからだ。ただし、クムランのような女性を受け入れてくれるほかの共同体へは出向くことはある。

D 外界で「敵」に遭遇することはあるのでしょうか？

S 遭遇することはある。なかには帰らぬ人となった者もいる。ローマ人たちは我々の教えを快く思っていない。政権を握っている人間は予言者のことを嫌っている。予言者に対して目くじらを立てているからだ。この世の人々に希望を与えるという行為はローマ帝国の支配の根を絶つことになりかねないからである。だから、彼らは予言者の影響力を恐れているのだ。民衆を自分たちの支配下におけなくなるのではないか、世論を制御できなくなるのではないかと危惧している。これがこの世の問題のひとつでもある。

D クムランを出たあと、どこに行く予定ですか?

S どこへ行くかはまだ決めていない。

イエス、もしくはベン・ヨセフに関する情報をもう少し訊き出してみようと思った。

D ベン・ヨセフに兄弟はいるのでしょうか?

S たしか、弟が六人……そして妹が三人いたような気がする。ベン・ヨセフが長男だ。

D クムランにいる間、ベン・ヨセフは勉強以外の技術をなにか身につけましたか?

S 大工の技術を身につけた*2。父親も大工だからだ。

D 共同体のなかでは、どんな大工作業があるのでしょうか?

S 家や建物の建築作業がある。なかに置く家具をつくることもあれば、寺院を建てることもある。ここにはいろいろな大工作業がある。ベン・ヨセフは主に家具をたくさんつくった。美しい細工が施された家具をつくったこともある。木材は豊富にある。なにをつくりたいかによるが、この周辺で手に入らないものはほかの地域から仕入れている。家具をつくるには木材で十分だが、寺院を構築するには煉瓦や大理石が必要だ。したがって、それらはほかの地域から調達している。

D ベン・ヨセフとベン・ザカリアはどんな個性の持ち主ですか？

S 二人の個性は正反対だ。ベン・ザカリアははつらつとした元気のいい少年だ。彼は活力に満ち、人生を思いきり楽しんでいるようにみえる。反して、ベン・ヨセフのほうは……静かに人生を味わっているような感じがする。もちろん、ベン・ヨセフも生きることを楽しんでいる。ただ、その楽しみかたがちがうだけだ。彼らはエキゾチックで大胆かつ華やかなオニユリと野原に咲くユリほどのちがいがある。オニユリと比べると野ユリの花はとても可憐でこじんまりとしている。そして静かな佇まいをしているが、野ユリには野ユリの美しさがある。それぞれが世界にひとつだけの美しさを持っているのだ。

スディーはオニユリと野ユリを比較した。これには重要な意味合いがある。なぜなら、イエスは鈴蘭（ユリ科）に譬(たと)えられることが多いからだ*3。このとき、おそらくスディーは野原に咲く小さな鈴蘭の花のことをさしていたのだろう。

D ベン・ヨセフはなにか哀しみを抱えているのでしょうか？

S　いや、そんなことはない。彼は喜びに満ちあふれている。どんなに小さなことにも喜びや幸せを感じることができる少年だ。どんなときも、なにごともまるではじめてみたときのような生き生きとしたまなざしを向ける。この世のすべてを愛おしく、そして美しいと感じているかのようだ。

D　ベン・ヨセフは自分の天命を知っているのでしょうか？

S　（ため息をつく）当然、知っている。ただ心静かに天命を受け入れている。（さらに深いため息をつく）ふむ、彼の気持ちを説明するのはむずかしい。どういえばいいだろう？　ベン・ヨセフはなるようにしかならないということを理解している。時の流れに身をまかせながら、一日一日を大切に生きているという感じだ。

D　ということは、自分の未来に待ち受けているものを知っていたとしても、心配はしていないのですね？

S　私はベン・ヨセフではない！　絶対に心配していないとまではいいきれない。

この話題はスディーの気に障ってしまったようだ。わたしは話題を変えることにした。ベン・ヨセフとベン・ザカリアがクムランを出たあとのことについて質問してみようと思った。わたしは「クムランを出たあと彼らがどこへ行くのか知っているか」と尋ねた。

S　くわしいことはわからない。彼らはこれから旅に出る。旅の行き先は師匠たち全員で決めた。当然、長老も知っている。ベン・ヨセフとベン・ザカリアもこれから自分たちの天命の旅に出るという意識は持っている。

D　彼らは異国へ旅立つのですか。それとも周辺の地域を巡るのでしょうか？

S　異国へ旅立つ可能性が高い。

D　彼らの両親も一緒に旅に出るのでしょうか？

S　ベン・ヨセフの母親は一緒に旅に出ることになるかもしれない。だが、その可能性は非常に低い。ベン・ザカリアの母親はクムランに残る。彼らはおそらく従兄弟たちと一緒に旅に出ることになる。ベン・ヨセフの母親側の従兄弟も彼らと一緒に行く予定だ。

このベン・ヨセフの母親側の従兄弟は、イエスがまだ子どもの頃、その最初の旅に同行した人物である。

D　長い間、彼らは旅に出ることになるでしょうか？

S　さあ？　それはヤハウェが決めることだ。

D　彼らとあなたが再会する予定はあるのですか？

S（悲しげに）残念ながら、そのうちのひとりとはもう二度と会うことはない。ベン・ザカリアと私の運命は二度と交差しないと予言で伝えられている*4。悲しいが、彼の運命と私の運命は別々の道をたどることになる。しかし、もうひとりのほうとは再会することになるだろう。

ここで、スディーとイエスが再会する可能性が浮上してきた。わたしの問いかけが再会の予兆を誘発させたのだろうか。実のところ、前々から「クムランを卒業したあとのイエスの生涯も追跡し続けていきたい」と期待に胸を膨らませていたからだ。このとき、スディーはベン・ヨセフとの再会を直感的に感じていたようだ。

訳注

＊1 口頭で伝える：イエスは弟子たちに口頭で伝えるように告げた。その旨が新約聖書に記されている。（テサロニケ人への第二の手紙　2：15）

＊2 大工：聖書にもイエスが大工をしていた記述がある。（マルコ福音書　6：3）

＊3 鈴蘭：イエスのことを鈴蘭と呼ぶ箇所が聖書にある。日本語の聖書では「谷間のゆり」と訳されてい

るがこれは誤訳である。The Lily of the Valley は鈴蘭のことをいう。欧米では鈴蘭の花がイエスの象徴として扱われている。スディーは野ユリと表現したが、ユリ科の「鈴蘭」も野原に咲く花である。

＊4　ベン・ザカリアの死：洗礼者ヨハネ・バプテスマのヨハネの死のこと（マルコ福音書　6：14～29）。ヨハネは当時の領主ヘロデ・アンティパスの結婚を非難したため、捕らえられ、のちに首をはねられて処刑された。ヨハネの弟子たちが死体を引きとって葬った。

第22章 イエスの旅路とマリア

別の日、再びスディーがイエスと一緒にいる場面が出てきた。そのとき、イエスは十七歳だった。前回と同じようにクムランの教室のなかだった。スディーは「ベン・ザカリアはまだクムランに戻ってきていない。彼は従兄弟たちと一緒にいる」といった。わたしにはその意味がよくわからなかった。もしやベン・ザカリアはナザレにあるイエスの実家にいるのだろうか。イエスの両親であるヨセフとマリアと一緒にいるのかもしれない。そこにはザカリアの従兄弟にあたるイエスの弟や妹たちもいるからだ。しかし、イエスはクムランを卒業したはずだ。卒業したあとは、もう二度とクムランで授業を受けることはないと思っていた。そのことについて訊いてみた。

S たしかに教育課程はすべて終了している。これは授業というより、論題を提起し、いろいろと話しているだけだ。ベン・ヨセフは数年にわたる長旅から戻ってきた。その旅中に感じた疑問がたくさんあるそうだ。その疑問点に対し、我々に教示を求めにきた。数々ある予言について質問された。それらの予言の真意や解釈のしかたなどを訊いてきた。また、律法に関する質問も投げかけてきた。多くの律法は解釈の余地が残されているからだ。あらゆる角度から検討し、それぞれの意見を述べている。ひょっとしたら、このような考えかたができるかもしれない。いや、こういう捉えかたもできるかもしれない、と熱心に話し合っている。その結果、どういうことになるのか。そして将来的に起こりうる可能性のある問題まで幅広く討論している。

D それはとてもよいことだと思います。自分の頭でものごとを考える習慣をつけさせているのですね。

S 疑問を持つことは大切だ。なにごともうわべだけで判断してはならない。ベン・ヨセフが旅中に気づいたことのひとつは多くの先生たちの説教があまりにもむずかしすぎるということだ。そのため、一般市民の人たちはなにをいっているのかまったく理解できなかったらしい。彼はそのことを懸念している。より多くの人が理解できるように我々は最良の伝えかたを検討する必要があると感じている。それぞれの地域や国で暮らす人たちに理解しやすいような説明のしかたを工夫しなくてはならない。彼らが日常的に知っているものと比べてはどうかと。そうすれば、彼らも我々の「教え」を理解することができるかもしれないといっている。ベン・ヨセフは自然界からも教えを学びとることができるからだ。彼にはどんな些細なことからでも教えを感じとる能力が備わっている。どうやら私にはみえない世界がみえているらしい。ベン・ヨセフの目はまるで千里眼のようだ。（具体例をあげてほしいと頼んだ）。この世にはとても変わった成長のしかたをする植物がある。その植物は根っこから大きく成長したあと、そのまったく同じ根元から「新たな芽」を生やすことができる。その枝葉は曲がったり伸びたりしながら広がっていく。やがてその枝葉が地面につくと、再び地のなかに根を下ろす。そこからまた新たな子孫の芽が生えてくるのだ。

ベン・ヨセフによると、その様子はまるで人が生まれてから死ぬまでの一生の過程のようだという。植物の枝葉が地面に下り、新たな生命を生やしていく様子は人の魂が生まれ変わっていく姿と同じである。植物の枝葉が地面に倒れ落ち、再び地面のなかから新たな芽を生やしていく姿は人間の命がこの世を去り、新たな命がその家族に生まれてくる様子を表している。もしくは、人の命がこの世を去ったあと、新たな生命を宿し、新たな家族の一員として生まれ変わってくるようでもある。植物が自ら新たな生命を宿す姿は人間が輪廻転生する姿にとてもよく似ているといっている。ベン・ヨセフはこのような生命の環（ライフサイクル）をさまざまな例を使って表現している。玉ねぎのように身が何層にも重なっている植物に譬えたこともある。それらの層はそれぞれ別の世界を表しているといった。その身の各層が各次元界を表しているそうだ。その植物の中心部分の身は一番薄くひしめき合うように重なり合っているため、とても狭く制限がある。その様子はまるでこの物質界を表しているようだと表現した。我々も次元を上がれば上がるほど、己の世界観や意識を広げることができるようになる。そのたびにさまざまなことがわかるようになり、さらにより深く理解できるようになっていける。

また、海の波に譬(たと)えた話もある。海の波が海岸に打ち寄せるたびに、波打ち際の漂流物が巻き込まれていく。その都度、波に巻き込まれた漂流物はごくわずかだがその位置が移動する。そのようにして、それらは少しずつ海岸を移動していく。この様子も生命の環のようだといった。たしかに、漂流物が波に引き寄せられては海岸に戻される様子は、人の命が亡くなり、再びこの世に再生してくるのと同じ状況だといってもいいだろう。人間の魂も生まれ変わってくるたびに少しずつ成長を遂げていくからだ。そのようにして、我々は最終的な場所へと向かっていくのだと語っていた。

D たしかに、筋が通っていますね。そして、人の魂はとてもゆっくり成長を遂げるということも表しています。

S そのとおりだ。我々の魂は非常にゆっくりと成長を遂げていく。常に懸命な努力と忍耐力が必要不可欠なのだ。

どうやらイエスは自らの概念を寓話にして説明していたようだ。これがそのはじまりだったのかもしれない。しかし、この寓話を使った説明のしかたを当時の一般市民が理解できたのだろうか。むずかしいと感じた人もいたような気がしてならない。しかし、これは聖書に記されていない内容だ。たぶん初期のキリスト教会の父祖たちが輪廻転生の思想を異端と考え、断固として否定していたからだろう。実際、聖書のなかに記されている寓話は自然の比喩を使って表現しているものが多い。教えを伝えるとき、イエスはこの頃から変わりなくだれもが理解しやすいような表現を心がけていたことがわかる。

D ベン・ヨセフは律法条文を忠実に守っているのですか。それとも広く柔軟に解釈しているのでしょうか？

S 広く柔軟に解釈しているが、愛の法則だけは忠実に守らねばならないといっている。それさえ守っていれば、ほかはそれほど重要ではないとまでいいきっている。我々はこのことを彼に教えてはいない。これはベン・ヨセフが自分自身で気づいたことだ。内面にある……なんと説明すればいいだろう？　おそらくベン・ヨセフは己の魂と対話したのであろう。それぞれの事柄に対し、自分がどう感じているのかを吟味したうえで出した結論だと察する。愛だけはだれも教えることはできない。愛は自分の内面から自然に沸き起こる感情だ。またもやうまく説明できていない気がするが。制約があるとすれば、ほかの人間や動物を肉体的にも精神的にも決して傷つけてはならない。どんな虐待も行ってはいけない。これだけは厳しく制約しなければならないと語っていた。思考は現実化するということを知っているからだ。なにかを強く思い続けた結果、その思念の波動が宇宙へ出ていき、それが現実のものとなる。したがって、邪悪な思想や邪念を心に溜めていてはならないのだ。これはとても重要なことだ。

D ベン・ヨセフはどこへ旅したのですか?

S どこへ旅しただと? 行かなかったところがないくらいだ。彼は世界中を旅した。聞くところによると、叔父のアリマタヤのヨセフ[*1]と一緒に旅に出たそうだ。

以前、イエスの幼少期に旅に同行した人物は従兄弟のヨセフだといっていたのを思い出した。そのとき、そのヨセフという人物が従兄弟なのか定かではないという感じだった。これは矛盾した情報ではなく、スディーの勘ちがいだったのだろう。ひょっとするとスディーはヨセフとイエスの関係性をあまり知らなかったのではなかろうか。そのヨセフという人物はイエスの母親のマリアの親族であるということだけしか認識していなかったのかもしれない。これ以後、このヨセフという人物は「イエスの叔父」としてスディーは語っている。

D ベン・ヨセフの母親もその旅に一緒に同行したのでしょうか?

S 旅の最初は一緒にいた。が、ベン・ヨセフの弟や妹たちの面倒をみるためにナザレに戻らなくてはならなくなった。ベン・ヨセフの父親は旅に同行せず、仕事に没頭していた。父親は善良で良心的だが、とても合理的な男だからだ。

D 父親と母親はまったくちがう個性をしているのですね。なんだかとても奇妙な感じがします。

S なぜ奇妙だと思う? 少しも変ではない。この世のバランスを知るためには最適な環境だ。別次元とつながっている母親と地球に根づいていまを生きている父親との間に生まれたということは、両方の視点からこの世を理解できるようになる絶好の組み合わせだ。

D ベン・ヨセフの弟と妹たちも、お兄さんと同じ関心を抱いているのでしょうか?

S 弟や妹たちはベン・ヨセフほどの関心はない。だが、彼らはお兄さんのことが大好きだ。ベン・ヨセフが興味あるものはなんでも興味を示すらしい。しかしながら、ベン・ヨセフは興味の域を超えてしまった。どこの兄弟も、それぞれまったくちがう性格をしている。そうだと思わないか?

メシアが誕生する前、エッセネ派はメシアの母親がだれになるのかを知っていたといっていたことをふと思い出した。いったいどうやって母親がだれになるのかがわかったのだろうか。

S　母親は長老たちが選んだ。彼女が誕生した瞬間から、その運命は決まっていた。その課せられた宿命をきちんと知らせるようにとの指示もあった。母親となる女児の両親はエッセネ派の一員だからだ。

これと同じ情報がエドガー・ケイシーの本にも記されていた*2。そこにもマリアはたくさん女の子のなかから選出されたと書いてあった。そのことを念頭におきながら尋ねた。

D　たくさんの女の子たちのなかから母親を選んだのですか？

S　我々は選んでいない。メシアの母親となる女児を我々が選べるとでも思っているのか？母親となる人物はヤハウエが選んだ。ヤハウエからお告げがあったのだ。彼女が天命の道へ進んでいけるよう、手助けをするようにとの啓示を受けた。長老たちは「だれになるのか」を知らされただけだ。彼らが選んだわけはない。実際、似たような出生占星図を持った女児たちが何人か生まれてきたらしい。しばし熟考した末、判断がくだされた。それぞれの星の配置図を読み解き、確信にいたるまで熟考に熟考が重ねられた。なんだかあまりうまく説明できていない気がするが……。

D そんなことありません。とてもうまく説明できていますよ。どんな出生占星図をしていたのですか?

S 生まれたときの天体の配置で、その命がたどる宿命や運命がわかるといわれている。しかしながら、私は出生占星図を作成することはできない。だから、あまりくわしいことはわからない。が、ベンゴリアッド師匠(発音どおり)が占星図に精通している。彼の授業で、天体の動きの読み解きかたを教えてもらった。でも残念ながら私はあまり得意ではない。私の専門分野ではないからだ。

D 出生占星図から、母親が選抜されたということなのですね?

すると、スディーの苛立ちが伝わってきた。どうやらわたしたちは彼がいわんとしていることを理解できていなかったようだ。話がまるで噛み合っていなかった。

S 君はまだわからないのか! 我々が母親を選んだわけではないといったではないか。我々はヤハウェから啓示を受けただけだ。ヤハウェはメシアの母親となる女児が誕生する日時の知識を我々に与えてくださった。彼女が天命の道から逸れないよう、その手助けをするためだ（まるで子どもに話すようにゆっくりと説明した）。唯一、ヤハウェからまかされたものは出生占星図の解読だけだ。実は、ほぼ同時刻に生まれた女児が何名かいた。それらの女児の出生占星図を熟考したうえで、どの女児がメシアの母親になるのかの決断がくだされたのだ。

わたしは場の空気を察し、すぐに話題を変えたほうがいいと思った。ベン・ヨセフの話題にきりかえることにした。

D ベン・ヨセフはこれからどんな人生を歩むことになるのでしょうか。彼の運命を知っていますか？

S （悲しそうに）当然、知っている。彼は格別な存在だ。

D 少し話してもらえますか？

S 私が話すことではない。しかし、いずれあかされることになる。

D ベン・ヨセフはまた旅に出るのでしょうか？

S 今後のことは私には知る由もない。いまのところは、我々とともに共同体で暮らす予定だ。旅は、目から鱗が落ちるような体験の連続ばかりだったそうだ。旅の体験はベン・ヨセフにとてもよい影響を与えた。彼にとって、最高に有意義な経験となったといっても過言ではない。

D ベン・ヨセフはなぜ異国へ旅立ったのですか？

S 世界中の人々と触れ合うためだ。双方が知識を交換し、たくさんのことを学び合ったそうだ。多種多様な視点から語り合い、互いに学びを深めたと聞いている。話によると、どうやら貿易取引もしていたらしい。

D ベン・ヨセフは各国の宗教指導者たちにも会いに行ったのでしょうか？

S さあ、それはわからない。そのことについて、ベン・ヨセフに訊いたことはないからだ。

次にイエスに関する情報が出てきたのはそれから五年の月日が経った場面だった。これはスディーがベセスダに暮らす妹に会いに行った場面である。妹が亡くなる前にどうしても彼女に会いたいと訪ねていったときのことだ（第十二章参照）。

D あれからベン・ヨセフはどうなったのでしょう。なにか新しい情報はありますか？

S 近況の報告は受けていない。旅に出ているとは耳にしているが、それも定かな情報ではない。たとえベン・ヨセフが旅から戻ってきていたとしても、またすぐに旅立つことになる。

D　ベン・ザカリヤはどうなったのでしょう。彼の近況をなにか知っていますか？
S　ベン・ザカリヤは世界各国を巡っている。世界中を巡りながら使徒を増やしているらしい。
D　ベン・ザカリヤの天命はメシアの出現を人々に知らせ、迎え入れる準備を整えることだと聞いています。これは正しい情報ですか？
すると、スディーは顔を曇らし怪訝な表情を浮かべた。どうやらわたしがこの情報を知っていたことが気に障ったようだ。「君にその話をしたおぼえはない！」
D　だれかがわたしに教えてくれました。たしか、教えてくれたのはあなただと思うのですが、おぼえていませんか？
即座に自己防衛的な態度にきりかわった。（冷ややかに）「君にいったおぼえはない！」
D　厳重に守らなければならない秘密の情報であるということはわかっています。わたしたちは決してだれにも口外しません。もしかして、まだベン・ザカリアはメシアのことを人々に伝えていないのでしょうか？

S　まだその時期ではない。いま、ベン・ザカリヤは使徒を増やし、この世にあるさまざまな叡智を学んでいる最中だ。まずは、メシアを迎え入れるために人々の心のありかたを整える必要があるからだ。

訳注

＊1　アリマタヤのヨセフ：イエスの遺体を引きとり埋葬したことで知られる。イエスは彼によって墓（洞窟）に亜麻布で巻かれ、香料とともに葬られた。（マルコ福音書　15：43）

＊2　エドガー・ケイシー本：エドガー・ケイシーのマリアに関する情報はカーク・ネルソン著 "Hidden History of Jesus"（イエスの秘史）に記されている。日本エドガー・ケイシーセンターから資料入手可能（Edgar Cayce readings 5749-7 and 5749-8）。

ベセスダの池

第23章 公生涯のはじまり

次の重要な日の場面まで進めると、スディーはナザレの地にいた。長らくナザレにいる従兄弟の家に泊まっているらしい。スディーは疲れきった声で「何カ月もの間、クムランには戻っていない。もう世界中を旅するにはあまりに歳をとりすぎている」といった。そのとき、スディーは従兄弟たちとシナゴーグのなかにいた。わたしはベン・ヨセフについて尋ねるいい機会だと思い、近況を訊いた。すると、思いもよらぬ朗報が舞い込んできた。ベン・ヨセフは半年くらい前に長旅から戻ってきており、「いま、彼が話しはじめるのを待っているところ」とのこと。しかし、ベン・ヨセフがどこへ行っていたのかまではわからないらしい。このとき、スディーはシナゴーグのなかにいる大勢の会衆のひとりだった。そんな状況なので、ベン・ヨセフと直接話をする機会はないかもしれないといった。なにが起きているのか、くわしく説明してほしいと頼んだ。

S ベン・ヨセフはトーラーを読みあげている。（言葉を選びながら）トーラーに記されている教えを人々が理解できるように話している。神が救世主の出現を約束した箇所*[1]について話しており、『エズラ記』*[2]とイスラエルが再び大いなる国として再興する日がくることを神が約束した箇所*[3]も読みあげている。

D はじめて会衆の前で話をしているのでしょうか?

S はじめてではない。バル・ミツワーを終えたあとはだれでもシナゴーグのなかでトーラーを読みあげたり、説教をしたりすることが許されている。しかし、これはとてもめずらしい光景だ。シナゴーグのなかではよく論争が勃発するが、今宵はいっさい論争が起きていない。みな、しんと静まりかえっている。だれもがベン・ヨセフの話に聴き入っている。ベン・ヨセフはとても聴き心地のよい声をしている。思わず耳を傾けたくなる美しい声をしているからだろう。トーラーに関することだけでなく、多元宇宙論などのむずかしい概念についても話している。この世には別の宇宙がたくさん存在し、ほかの宇宙と我々の宇宙は相互に影響しあっていると。ベン・ヨセフはこの世とほかの世界がつながっている様子を織物（タペストリー）に譬え、わかりやすく説明している。タペストリーを裏返してみると、重なり合った織り糸がみえるが、タペストリーの表面は美しい絵柄や模様になっている。裏面の重なり合った織り糸の様子は宇宙の構造を表しているようだ。だが、表面の絵模様は人間に課せられた宇宙におけるそれぞれの役目を表しているようだと会衆が理解しやすいように説明をしている。でも、その意味を理解できている人もいれば、できていない人たちもいる。

ところで、ベン・ヨセフはもう「奇跡」を起こしはじめているのだろうか。会衆はベン・ヨセフを変わっている、あるいはほかの人とはなにかがちがうと感じていると思うか、と訊いてみた。

S ほとんどの人は穏やかで落ち着いている男性という印象を持っているようだ。なにか問題が起きたとき、親身になって話を聴いてくれる人だと思っている。

その様子を説明しているときのスディーの声はとても静かで穏やかだった。なんとなくベン・ヨセフは会衆のなかにスディーがいることに気づいていない感じがした。そのとき、ぼんやりした明かりが照らされたシナゴーグの後方で、会衆とともに年老いた先生がベン・ヨセフの話を静かに聴き入っている様子が脳裏に浮かんだ。これはベン・ヨセフが公生涯に出る前のこと。いま、まさにベン・ヨセフの壮絶な宿命がはじまろうとしていた。そこにいた全会衆のなかでベン・ヨセフの正体を知っていた人はスディーだけだったのではないだろうか。

このときのイエスの容貌は黄色味を帯びた明るい赤毛にグレーの瞳、短い髭を生やしていた。当時のユダヤ人男性の平均身長より少し高く、細身な体型をしていた。イエスは水色のローブを着て、儀式用の外衣を羽織っていた。儀式用の外衣は現代のユダヤ人の男性もシナゴーグのなかで着用している長い羽織ものである。それは頭と肩も覆う長いショールのようなものだ。「ベン・ヨセフは人を射るような眼光をしている。その瞳は生命力を感じるきらめきを放っている」とスディーはいった。

D いま、あなたはベン・ヨセフのことをどう思っているのですか?

S (愛情と誇りに満ちた声で)とても誇りに思っている。ベン・ヨセフは卓越した人格者になった。彼の将来が本当に楽しみだ。

D あなたから「教え」をしっかり学んだからではないのですか?

S 私は彼になにも教えていない。ベン・ヨセフのなかに備わっていた潜在的な資質を開眼させただけだ。

D 最後に会ったときから、彼になにか変化を感じますか?

S さらに平穏になった。まるで静かに流れる深い河のようだ。深い河のように、彼の内面になにが潜んでいるのか予想がまったくつかない。

いまなら、ベン・ヨセフのもうひとつの名前（第一の名前）を教えてくれるかもしれないと思った。世界中を巡り、立派に成長を遂げた青年を厳重に守る必要がないと思ったからだ。

S　もうひとつの名は「イエシュア」だ*4。

正確な発音を聞きとるため、なんどか繰り返してもらった。スディーは「イエシュア」の「イエ」の部分を強調して発音した。

D　今夜、イエシュアが説教を終えたあと、彼と話をする予定はありますか？

S　（穏やかな声で）話す予定はない。元気なのがわかっただけで十分だ。私はイエシュアの話を聴きたかっただけだ。彼は本当に立派に成長をした。私は貢献することができたのかもしれない。それを実感することができた。それだけで満足している。

この本を書き終えたあと、マッキントッシュ博士とトワイマン博士が一八八七年に執筆した"The Archko Volume"（アーチコ全集）*5という書籍に遭遇した。博士たちがバチカン図書館でキリストの生涯に関する報告書をみつけたという。報告書は、キリストの時代のローマ帝国に送られたものだった。"The Archko Volume"は、その報告書を古代ラテン語から英語に翻訳し、出版したものだ。そこに記されているイエスの情報とスディーの情報は驚くほど一致していた。

「その男は生身の男だ。しかし、ほかの男たちとはあきらかになにかちがう雰囲気が漂っている。その男の容姿は母親と似ている。母親は丸い顔できめ細やかな肌だが、彼は少しちがう。髪も母親の髪の色より金色の髪だ。それは太陽にあたって焼けたからである。背も高く、なで肩で、顔立ちは面長。そして浅黒い肌色をしている。日に焼けて黒くなったからだ。瞳は大きく淡い青い色をしているが、その瞳をよくみると、むしろ重々しく燻（くすぶ）った青い色をしている。まつ毛は長く、眉毛は太い。そして、その鼻は典型的なユダヤ人のものだ。あらゆる意味で、古風なユダヤ人を思い起こさせる風貌をしている。男は基本的にもの静かで多くは語らないが、天界や神に関することは雄弁に語る。そのとき、瞳はなんともいえない独特な輝きを放っている。ほかに特色があるとすれば、どんな質問に対しても、決して喧嘩腰になるようなことはない。だれに対しても感情的になって論争を挑むようなこともない。ただ、淡々と事実を述べるだけだ。それは知識と経験に裏打ちされた意見なので、男の意見に反論するような勇気のある者はだれひとりいない。男はみごとな分析力や判断力を持ち合わせているが、たとえ敵であっても論破する気などさらさらない。それどころか、敵に対して憐れみの感情を抱いているようだ。以前、その男が律法の筆者や学者たちから攻撃を受けている場面に遭遇したことがある。しかしながら、その様子はどうみても、幼い子どもたちが偉大な師匠の授業を受けているようにしかみえなかった」

シナゴーグを出たあと、イエシュアは実家に戻る予定だと教えてくれた。スディーはイエシュアと話をする予定がないといったため、この場面からはこれ以上重要な情報は得られないと推測した。そこで、五年後の重要な日まで時間を進めることにした。すると、スディーはナザレの地で友人と一緒にいた。ちょうどその友人と会話をしている場面だった。

S イエシュアのことを風の便りで聞いたと友人がいっている。どうやら人々に説教をはじめているらしい。イエシュアの噂が世間に広まりはじめているようだ。この数カ月間で、イエシュアの話を聴くために群衆が集まっているという。どうやらイエシュアが奇跡を起こすところをみたいからのようだ。イエシュアの身体のなかに「ものすごく強い高次エネルギーが通り抜けていく」と世間ではもっぱらの評判だ。あるらい病*6患者はイエシュアの服に触れただけで、その病気が治癒されたと伝えられている。ところが、イエシュアは、病気が治癒したのは「おまえの信じる力だ」といったそうだ。それはもともとその男に備わっていた心の力だ。男は「自分は完全なる存在だ」と信じきることで病気を克服することができたのだ。また、盲人の目を治癒する奇跡も起こした。イエシュアは数々の奇跡を起こしたといわれているが、たしかな情報は私の友人が目撃したらい病患者を治癒したことだけだ。男はイエシュアの服に触れるだけで「絶対に治る」と強く信じていたから治癒したのだ。

D イエシュアの持つ力をすごく信じていたから、奇跡が起きたのでしょうか？

S そうではない。その男が神に対して絶大な信頼を抱いていたからだ。

D どうして、そのようなことが可能になるのでしょう。くわしく説明していただけますか？

S 言葉で説明するのはとてもむずかしい。まず、エネルギーには治癒力があると信じきることが大切だ。そして、そのことを事実として受け入れることだ。とにかく強い信念を持つことが重要だ。その男は「絶対に治る」という強い信念を持った。その結果、病気は治ったのだ。

D そのらい病患者はエネルギーが持つ威力を信じ、その事実を受け入れたから奇跡を起こすことができたのですね。ということは、それはイエシュアの能力とは関係ないということなのでしょうか。彼はとくになにもしなかったのですか？

S イエシュアは高次エネルギーを通す回路となった。これ以上、うまく説明することはできない。イエシュアは癒しのエネルギーが必要な人に出会うと、まず相手に瞑想状態に入ってもらう。その後、自分も瞑想状態に入る。すると、高次エネルギーがイエシュアの身体のなかを通り抜け、相手に転送されていくのだ。実際、その現場でイエシュアから相手に転送されていくエネルギーの動きがみえたという人もいる。

D 彼らにはどんな風にみえたのでしょうか。そのときの様子を聞いていますか？

S イエシュアの手から光の輝きがみえたそうだ。イエシュアの手から発せられた「光の輝き」が相手の患部へ移動していくのがみえたらしい。その患部に照らされると、二人のオーラは全身から輝きを放ち、どんどん明るく輝きはじめたそうだ。いままで、オーラをみたことがない人たちでさえも、二人のオーラの輝きがみえたといわれている。

昔の宗教画に描かれているキリストの周りにある「後光」はオーラの輝きを表していたのだ。後期の作品は光の輪は頭上にだけ描かれているが、初期の作品はキリストの全身が光に包まれている姿が描かれている。おそらくキリストの奇跡を目撃した人たちが、キリストからエネルギーが転送されるとき、彼のオーラの輝きが増すのをみて、その様子を語り継いでいったのだろう。

S 癒しを受ける側も、瞑想状態に入ることが治癒の鍵となる。まず、エネルギーを受けとる側に、受け入れる準備が整っていなければならない。そうでないと、せっかく転送されてくるエネルギーを抵抗する可能性があるからだ。とにかく、エネルギーを受け入れる態勢でいることがとても大切なのだ。これ以上は、うまく説明できない。

D イエシュアが妨害されたことはありますか?

S イエシュアが「愛」について説教しているのが、気にくわないという者がいると聞いた。熱狂的な信者は、イエシュアが「私が救世主だ。おまえたちの王だ。私のあとに続け!」というのを期待しているらしい。だが、そんなことをいう気配はまったくないのでイエシュアに失望しているそうだ。イエシュアが「自分が救世主だ」といえば、熱狂的な信者たちは即座に武器を手に取り(ローマ人たちと)戦う気満々なのだ。しかし残念ながら、イエシュアはそんなことをいう気などさらさらない。

D イエシュアは愛について説教をしているのですね。それは「隣人愛」ですか、それとも「神に対する愛」ですか?

S 主に隣人愛や兄弟愛について説教をしている。自分の身近な人や兄弟だけでなく、見知らぬ他人に対しても「愛を与えなさい」と説いている。他人を愛する行為や愛をわかち合うことは、他者と神の愛を共有する行為である。神は愛なり、神は愛そのものだ。心のなかにある空虚感を埋められる存在は神だけだ。人間が互いに愛し合うこと、愛をわかち合うことはもっとも尊い行為である。なぜなら、それは神を共有しているのと同じであるからだ。見返りを期待せずに自分の愛を与えること。これがイエシュアの伝えるメッセージのひとつだ。我々の日常生活のなかで「神の存在」を感じることができるのだ。そのことに人々は気づきはじめている。そして、イエシュアのメッセージが広まるとともに、隣人愛に目覚めはじめている。

D 熱狂的な信者たちは「私が救世主(メシア)だ」とイエシュアがいうのを期待しているそうですが、あなたはイエシュアが救世主だと思っているのですか?

S (力強く)当然だ!

D イエシュアは自分が救世主だという意識はあるのでしょうか?

S もちろん、知っている。幼い子どもの頃から、すでに自分が何者であるのか、自分に課せられた天命について、しっかりと教え込まれている。たとえイエシュアがその事実を知っていたとしても……「自分がメシアだ」と公言するのはとても危険なことだ。そんなことをいってしまえば、イエシュアは確実に狂言者扱いをされるであろう。または「冒瀆者だ」と罵倒を浴びせられるだけだ。したがって、どんなに問い詰められてもイエシュアは「私は人の子だ」と答えているのだ。

D それは、いったいどういう意味なのでしょうか?

S　イエシュアも我々と同じ「人の子」であり、「神の子」だからだ。説明がむずかしいが……イエシュアが神の子であると同様に我々も神の子なのだ。イエシュアはより広範囲に神の光をもたらすことができる。それが彼の天命だ。彼は私よりもはるかに広い領域に影響を与えることができる。イエシュアは最終的な段階に入っている。だれもが目指す段階だが、私はまだまだほど遠いところにいる。イエシュアはほぼ完全なる存在なのだ。

D　みな神の子であり、人の子であるならば、わたしたちとイエシュアはいったいなにがちがうのでしょうか？

S　イエシュアはこの世でのすべての学びを終えたといっていいだろう。彼は最終的な天命をまっとうする段階にいる。

D　彼は完璧な存在なのでしょうか？

S　今回の生涯で完璧な存在になるであろう。実をいうと、イエシュアはもうこの世に転生してこなくてもよかったのだ。しかし、イエシュアはこの世の人々に神の光をもたらすために自らの意思で生まれ変わってきた。

D　ということは、イエシュアはもうこの世に転生しないのでしょうか？

S　また転生してくる可能性はあるといわれている。が、目的まではあかされていない。

D　ところで、ベン・ザカリアはどうなったのでしょうか。なにか彼の近況を知っています

か？

S　いま、彼はヨルダンの地にいる。たくさんの人が彼の説教を聞きにきていると耳にした。自分は人々の心をひらくため、耳を傾けさせるための単なる「荒野で叫ぶ声」だといっているらしい。そのようにいいながら、多くの群衆を前に「メシアが到来した」と伝えているそうだ。ベン・ザカリアには別の天命が与えられている。ベン・ザカリアは情熱的で人を惹きつける魅力がある。すでに多くの熱狂的な信者がいると聞く。ベン・ザカリアは自信に満ちあふれ、並外れた魅力を持っている。また、野生的な魅力も放っている。そういえば、私はベン・ザカリアとはもう長らく会っていない。

D　ベン・ザカリアは昔と比べて変わったと思いますか？

S　変わっていない。ベン・ザカリアは昔から自信に満ちている。

このとき、スディーが左肘をさすっていることに気づいた。わたしたちが話している間、だいぶ長い間左肘をさすっていた。わたしは「どうかしましたか？」と訊いた。すると、スディーは「左肘の関節に痛みを感じる」、（ため息まじりに）「もう私は老人だ。どうやらわたしに残された時間はわずかだ」と答えた。

スディーは咳の病を患っているため、終焉の地としてナザレにある従兄弟の家に移ってきたという。そこでわたしはスディーが関節の痛みを感じないように、その不快感を軽減させるための暗示を与えた。

D あなたは貴重な経験をたくさんしています。ベン・ヨセフとベン・ザカリアの師匠であったことは誇れる実績だと思います。

S もちろんだ。とても誇りに思っている。

スディーに、いまの王はだれなのか尋ねてみた。「最初の王のヘロデ大王は死んだ。いまはヘロデ・アンティパスが王になった。しかし、新しい王に変わっても状況はなにも変わっていない。残念なことに、ヘロデ大王の頃より情勢はさらに悪化している」。スディーは両方の王のことをすごく嫌っていた。彼らの名前を口に出すことすら嫌悪感を抱いているようだった。ヘロデ大王の後継者はアケラオ*7だと多くの資料に記されている。が、後継者がアンティパスだという記録はどこにもみあたらない。以前、アンティパスの兄弟の名前はピリポだとスディーはいっていた。アケラオの名前はこれまで出てきていない。この矛盾にわたしは興味をそそられた。ひょっとすると聖書のどこかにこのことが記されているかもしれないと考え、ハリエットといままで以上に聖書をむさぼるように読んだ。そのおかげで、わたしたちは聖書の内容をより深く理解できるようになった。それもケイティの過去世の記憶を通してこの歴史物語を再現することができたからだ。でも、聖書をどんなにくまなく読み込んでもアンティパスの名はどこにもなかった。やはり聖書にはアケラオがヘロデ大王の後継者だとしか記されていなかった。キリストが誕生したときの王も、処刑されたときの王もヘロデと呼ばれていた。キリストの時代の王の名は「ヘロデ」もしくは「テトラーク」[*8]としか聖書には記されていない。ケイティはいったいどこで「アンティパス」の名前を知ったのだろう？　入念に調べてみたら、ケイティの情報はやはり正しかった[*9]。

ヘロデ大王はユダヤ教徒であったが、アラブ系の血筋をひくローマ人だったことがわかった[*10]。その時代のユダヤ人が、ヘロデ大王の支配を長年にわたり嫌っていた理由がこれで理解できた。スディーによれば、「ある日、自分はユダヤ人だといったかと思えば、明くる日はギリシャ人だというような男だ。ヘロデ大王は自分がどうなりたいのかまるでわかっていない。どの人種にもふさわしくない人物だ」。ヘロデ大王はとても残虐な人物だったという。紀元前三十六年、三十七歳のときに王に君臨し、紀元前四年に亡くなった。家族ですら容赦なく殺したような人物だった。生き残った三人の息子たちを後継者とし、引き続き国を統治するようにと命じた。その三人の息子たちが、アケラオ、アンティパス、ピリポである。そして古代ローマ政府からの指令により、三人で統治するようにと判決がくだされた。彼らは複数の君主で統治を分担する「テトラルキア」[*11]と呼ばれるようになった。

そうして古代ローマの行政区は分割され、その区分された領土をテトラルキアが分担して統治した。ときにテトラルキアではなく、彼らのことを「下級の王」と呼ぶこともあった。長男のアケラオにもっとも広大なユダヤの領土が与えられ、領土の統治者、または領主になるように任命された[*12]。テトラルキアとして、アンティパスとピリポが残りの領土をまかされた[*13]。ところが、アケラオは（その政策がユダヤ人たちの不評を買い）ローマ皇帝によって、紀元後六年に国を追放されてしまった。その後、ユダヤの領土はローマの直轄領となり、古代ローマ帝国の第三級属州として、ローマ帝国の行政長官の管理下におかれることになったのだ。当時のローマ帝国の行政長官でもっとも有名なのはピラトである。その当時、ピリポは北パレスチナの領土を統治していた。ピリポは一度も反乱を起こすことなく統治していたため、領主を継続することを許された。アケラオが追放されたあと、アンティパスがそこの領主を務めることになった。テトラルキアとして、ユダヤの領土の大部分を支配することになる。そうして、アンティパスが「ヘロデ王」の称号を引き継ぐことになったのだ。洗礼者ヨハネが処刑で首をはねられたときもキリストが磔刑されたときもこのアンティパスが政権を握っていた。その当時の歴史上の人物のなかでも、あまり知られていない人物の名前をケイティが知っていたことにただただ驚くばかりである。その時代を生きたことがないかぎり、知りうるはずのない情報だからだ。

このセッションの終盤、スディーの声は老人のようなしゃがれた声をしていた。その声は悲しみにくれ、憔悴しきっていた。わたしは「イエスの生涯」が終わるまでの間、スディーが生き続けてくれることを願わずにはいられなかった。わたしはイエスに関する情報をまだまだ入手したかったからだ。このような機会はもう二度とないかもしれない。そうそうあることとは思えなかったからだ。この様子だと、イエスの公生涯がはじまったばかりのところで、スディーは息絶えてしまうような気がしてならなかった。せめてキリストが十字架に磔（はりつけ）にされるまで、どうにか生き延びてくれないだろうか。しかし、いったいわたしはどうすればいいのだろう？　いま、スディーはナザレの地にいる。旅するにはスディーの体調が悪すぎる。キリストが磔刑されるエルサレムの地まではけっこう離れている。たとえスディーの寿命が延びたとしても、こんなに体調が悪ければ、ナザレまで旅するのは不可能に思えた。このままだと、スディーはキリストの生涯が終わる前に死を迎えてしまうかもしれない。状況を打破するなにかいい解決策はないだろうか。たとえどうすることもできなかったとしても、これまでに得た情報だけでも、わたしたちはスディーに感謝しなければならない。

ここで、スディーの年齢を五十歳まで時間を進めることにした。すると、スディーは従兄弟の家からさほど遠くない丘の上に座り込んでいた。そして、疲れきった声で話しはじめた。

S　（ため息をつく）私はもう老人だ。五十一歳をすぎてしまった……ということはもう五十二歳になるということか。とうとうくたばってしまった。私の身体は老いてぼろぼろだ。

その年齢で老人とは信じがたかったが、その時代の人としては年老いているのかもしれない。「まだまだ老人ではないですよ」とスディーに伝えた。

S　なにをいう、もう爺さんだ！　とうに平均寿命を超えてしまった。私はもう老人だ（ため息をついた）。

D　それなのに丘の上に登って、なにをしているのですか？

S　それほど高い丘ではない。私はそんなに遠くまではもう歩けない。いま、宇宙と交信し対話をしているところだ。自分の人生もふりかえっている。私はもうすぐ死ぬ。死期を告げられた。おそらく、せいぜいあと一年くらいしか生きられないだろう。息を吸うだけで苦しい……呼吸するだけで……胸が圧迫される。呼吸するたびに胸が締めつけられる。なかなか咳も止まらない。呼吸が苦しいだけでなく、私は身も心も憔悴しきってしまった。

D　死ぬのが怖いのですか？

S　死ぬのが怖い？　そんなはずあるわけない。それはばかげた考えだ。人生は学びの場だ。

この人生から学ぶだけ学んだら、この生涯の幕を閉じ、新たな人生の幕をあけたほうがいいに決まっている。そう思わないか？

そんなことをいっていても、スディーはものすごく落ち込んでいるようにしか思えなかった。そこで、わたしは話題を変えることにした。ところが、スディーをさらに意気消沈させるような質問を投げかけてしまった。

D ところで、ベン・ザカリアの近況をなにか知っていますか。彼はいまどこでなにをしているのでしょうか？

S ベン・ザカリアは死んだ。ヘロデがベン・ザカリアを投獄した。そして……ヘロデに首をはねられ処刑されてしまった（スディーは嫌悪感に満ちた声で話した）。

D なぜ投獄されたのですか？

S 民衆煽動罪*[14]だ。（この言葉ははじめて耳にした）。ベン・ザカリヤは彼らを非難したからだ。そして、彼らがしている行為は予言者モーセの律法にも反していると責め立てたからだ。ベン・ザカリアは国に対する反逆罪で投獄されたのだ。だが、ベン・ザカリアを処刑するということは、神への冒瀆以外のなにものでもない。

すると、ケイティがゴホゴホと深く咳き込みはじめた。わたしは彼女を安心させるために「あなたが感じている肉体的な苦しみはすべてなくなります」と暗示を入れた。

D ヘロデはてっきり神への信仰心がない人だと思っていました。それなのに、なぜベン・ザカリアの説教活動に対して懸念する必要があるのでしょうか?

S ヘロデは自分がなにを信じているのかもわからないようなやつだ。しかし政権を握っているのはヘロデだ。なにを信じていようがいまいが、気にくわなければ処分できる。

D ただ単に気にくわなかっただけで、ベン・ザカリアを投獄したのですか?

S まあ、それだけではない。なにを隠そう、ヘロデはベン・ザカリアのことを恐れていたのだ。ベン・ザカリアには熱狂的な信者がたくさんおり、なにをしでかすかわからなかったからだ。

D ベン・ザカリアはいったいなにを説いていたのでしょうか?

S ベン・ザカリアは「救世主が到来した。おまえたちが犯した罪深き行為を認めるときがきた。すべての罪を悔い改めなくてはならない」と説いていた*[15]。罪を認めることで、戦いは半分終わったようなもの。自由を得たも同然の状態になるからだ。実のところ、ヘロデがベン・ザカリアを投獄したのは彼と話したかっただけだといわれている。ベン・ザカリアの首をはねさせたのは、あのヘロデの娼婦*16が要求したからだ。

D なぜヘロデはそんな重要な権限を女性に与えたのですか?

S ベン・ザカリアは真実を説いただけだ。真実はいずれ世に出てくるものだ。ベン・ザカリアが散々ヘロデヤのことを非難したからだ(第六章、一五六~一六〇ページ、参照)。そして、その誹謗中傷をヘロデが信じたからだといわれている。ベン・ザカリアはこれでもかというほどヘロデヤの卑劣さを罵り、彼らの不道徳な生きかたを批判した。ヘロデヤは自分が王妃の座から堕落するのを恐れたのだ。ヘロデがベン・ザカリアの言葉を信じるということは、自分の過ちを認めるということになる。そうなると、ヘロデヤは捨てられてしまうかもしれない。そう思わないか? 捨てられてしまえば、ヘロデヤは王妃の権限を失うことになるからだ。

ここで、ケイティは話すのを一旦休止した。なんだか体調が悪そうにみえた。「息苦しい……。どうも酸素がたりない」。わたしはケイティを楽にするために、さらに時間を進めることにした。

念のためにいっておくが、被験者が退行催眠中に感じていた身体の痛みの感覚が催眠から目覚めたあとも残っていたことはいままでに一度たりともない。催眠から覚めると、過去世の死に際に感じていた病気の苦しみや痛みの痕跡はすべて跡形もなく消えている。そして、それらの記憶はすべて過去の世界に残したまま、だれもがなんの問題もなくスッキリとした気持ちで催眠状態から覚醒してくるのだ。

訳注

＊1　救世主の約束：神が救世主の出現を約束した。（ルカ福音書　1：26～56）

＊2　エズラ記：古代ユダの歴史を記すヘブライ聖書の一書。旧約聖書『ネヘミア書』とで一書となり、歴史書として『歴代誌』のあとにおかれる。

＊3　イスラエルは大いなる国・再興：イスラエルは大いなる国であるということが聖書にも記されている。アブラハムという名がのちにイスラエルに変更される。（創世記　12：1～2／エゼキエル書　37：21～28）

＊4　イエシュア：イエスの正式な名前は「ヤフーシャ、ヤホーシャ（Yahusha/Yahushua/Yehosha）」である。イエシュア（Yeshua）はそれを短くした名前。ヤフーシャと発音するのがオリジナルのヘブライ語に一番近いといわれ、「ヤハウェの救いの手」という意味がある。

＊5　The Archko Volume（アーチコ全集）：十九世紀にアメリカのミズーリ州のブーンビルにあるカンバーランド長老教会のウィリアム・D・メイハン牧師がバチカン市国に行ったときに集めたキリスト

の時代の公式法廷書をマッキントッシュ博士とトワイマン博士が古代ラテン語から英語に翻訳した本。バチカン市国の図書館におさめられていた古代ローマ帝国時代の元老院議員が作成した法廷文書や、東ローマ帝国の都コンスタンティノープルでみつけた写本などの翻訳が記載されている。サンヘドリンの指導者である長老ガマリエルの「マリア・ヨセフ・ラザロ」へのインタビュー、イエスの逮捕・審判・磔刑に関するピラトの報告書なども含まれている。

＊6　らい病：ハンセン病ともいう。らい菌による感染症のこと。スディーはらい病患者が服に触れただけでその病気が治ったといっているが、聖書にはイエスがらい患者に触れたことで、その病気が治癒されたと記されている（マタイ福音書　8：1～4）。また、服に触れただけで病気が治癒されたのは、出血が止まらなかった女性だと聖書に記されている（マタイ福音書　9：18～26）。

＊7　ヘロデ・アケラオ（アルケラオス）：ヘロデ大王の四番めの妻マルタケによる子。アケラオは、幼いイエスがヨセフやマリアとともにエジプトにくだっていた間にユダヤの王になった。アケラオの父ヘロデ大王は、ほかの二人の息子の各々に与えた領地の二倍に相当するユダヤ・サマリア・イドマヤの支配権を彼に遺贈した。父王の死後、弟のアンティパス、末弟のピリポと領地争いになり、前四年ローマ皇帝アウグストゥスより領地の保全を認められたが、王名を冠することは許されず、ただの領主とされた。アケラオは残忍で、ユダヤ人の間では人気のない統治者だった。

＊8　テトラーク：古代ローマ帝国時代の四分領主。領土の四分の一を統治する者という意味。

＊9　ケイティの情報は正しかった：『マタイ福音書』第十四章などに出てくる領主ヘロデとは、ヘロデ＝アンティパスのことだからである。

＊10　ヘロデ大王の血筋：ヘロデ大王は共和政ローマ末期から帝政ローマ初期にかけローマの承認のもとに

王としてユダヤ王国を統治した。ヘロデ大王はエドム人（イドマヤ人）である。イドマヤ人とは、ハスモン朝のヨハネ・ヒルカノスに征服されて強制的に割礼を施され、ユダヤ教に改宗させられた。

＊11 テトラルキア：四名の支配という意味。複数の君主が統治すること。古代ローマの政治体制のひとつで、帝政ローマ後期に即位した皇帝ディオクレティアヌスが西暦二九三年に行ったのがはじまり。ヘロデ大王は三人の息子をガリラヤ王国各所に分封し、人々はこれをテトラルキアと呼んだ。

＊12 アケラオの領土：ユダヤ・サマリア・イドマヤが与えられた。

＊13 アンティパスとピリポの領土：アンティパスはガリラヤ（ナザレのある地域）とペレアが与えられた。ピリポはイツリアとテラコニテが与えられた。

＊14 民衆扇動罪：宗教、人種、民族など特定のグループの人々に対する憎悪を煽動したり、尊厳を傷つけたりする行為をした場合に適用される。ベン・ザカリア（ヨハネ）は「ヘロデ・アンティパスの結婚は不正である」と非難した。痛いところを突かれたアンティパスは、ヨハネを投獄した。なぜなら、ヨハネの民衆への影響力がきわめて大きかったからだ。その後、アンティパスの妻となったヘロデヤの娘のサロメが「ヨハネの首をほしい」といったため、ヨハネの首がはねられた。（マタイ福音書　14：3～12／マルコ福音書　6：21～29）

＊15 ヨハネが人々に悔い改めを要求・メシアについて説教する：ヨハネ福音書　1：15、1：19～23、1：29～34

＊16 ヘロデの娼婦：このヘロデはアンティパスであるため、アンティパスの妻のヘロデヤのこと。聖書にはヘロデヤの娘のサロメがヨハネの首をはねるように要求したが、それはヘロデヤが娘にそういうようにそそのかしたからである。（マタイ福音書　14：6～8）

第24章
磔刑にいたるまで

ケイティが感じている肉体的な苦痛を取り除くために、「スディーの生涯」の時間を進めることにした。わたしが数を数え終え、場面がきりかわると、ケイティの顔は笑顔になった。あの疲れきったスディーの声色も、元気な声に変わっていた。

S　いま、妹や友人たちと一緒にいる。

D　え？　妹さんは、もう亡くなったのでは……？

S　肉体は死ぬが、魂は決して死ぬことはない。単に別の世界へ移行するだけだ。

D　いま、どこにいるのですか？

S　自分の「亡骸」が始末されるのを見届けているところだ。

過去世退行で死者と対話できるということをはじめて知ったときは衝撃を受けた。が、そんなわたしも死者との対話をもうすでに何回も体験している。いまとなっては、それがごく普通のできごととして捉えられるようになっているから不思議なものだ。一見、奇妙とも思える死者との対話を、ごく普通のできごとといっていいのかどうかはわからないが。催眠状態に浸っている被験者を観察すると、死後の世界から自分の死んだ姿を目撃しても、だれひとりとしてみじんも動揺しないということがわかった。被験者よりも、退行催眠に立ち会っている人のほうが余計な心配や不安を感じているように思えた。見学者たちは、死者の魂が〈死後の世界〉から自分の亡骸を見下ろしたとき、なんらかの激しい反応を示すのではないかと思っているようだった。たとえば、自分はまだ死にたくない、と抗議したり、少なくとも自分が死んだあとの亡骸をみて嫌な気持ちになったりするのではないかと危惧していた。しかし、そんな心配は不要である。とくに平穏な自然死の場合は、いっさい心的外傷を感じることなく、すんなりと死後の世界へ移行していくからだ。その死者の魂よりも、過去世の人物の〈自我〉のほうが、この世に残された自分の亡骸がどのように処理されるのか見物したがっているように思えた。やはり自我のほうは、長い間ともにした肉体への執着があるからみたがるのだろう。自分の亡骸が埋葬または処理されるのを見届けたあと、はじめて別の世界へ移行する心の準備が整うように見受けられる。

ほかに驚いたことは、死んだあともその人物の個性はほとんど変わらずにそのまま残っているということだった。わたしは死後の世界へ移行した死者の魂と対話することにとうに慣れてしまったが、退行催眠に立ち会っている人たちにとってはいつまでたっても慣れない、理解しがたい現象だと感じているようだった。そして、死後の世界で〈霊〉(スピリット)の状態となったほうが情報もたくさん得られることもわかった。しかし情報の質の高さや正確さは、その人物の魂の進化の度合いによって変わってくる。地上界と変わらず、死後の世界でも彼らが解ることだけを伝えてくるのだ。

スディーはナザレの従兄弟の家で臨終を迎えた。亡くなったとき、スディーは五十三、もしくは五十四歳だった。なぜスディーは最愛の地である「クムラン」で臨終を迎えなかったのか不思議に感じた。そのことについて訊いてみた。

S クムランでの任務は終わった。私の家族はもうだれもクムランにはいない。あそこにいる理由も目的もなにひとつないからだ。

人類愛に満ちたエッセネ派の人たちのことだ。きっとだれかがスディーの最期を看取ってくれるような気がしてならなかった。ところが、どうやらわたしはスディーがいわんとしていることをきちんと理解していなかったらしい。わたしはてっきり「だれも面倒をみてくれる人はいない」という意味でいったと思っていた。

S 面倒をみてくれる人がいないからではない。クムランにはもう家族がだれもいないという意味でいったのだ。もうあそこに残る理由はないだけだ。これでクムランとの縁は断ち切られたということだ。

スディーのいうとおりだった。たったひとりの妹も亡くなってしまったからだった。クムランにいる間、スディーはイエスとヨハネの教育に全身全霊を注いでいた。それゆえ、スディーは精根尽き果ててしまったのかもしれない。おそらく、もうだれにも教える気力が残っていないため「クムランに残る理由はない」といっているのだろう。

S しばらくの間、あちこち旅をしてまわった。旅を通じて、私は多くの人たちに出会った。私は予言について、どう思っているのかと人々に尋ねた。そして彼らの意見や思いに耳を傾けた。人々の意見を聞いたあと、私は「とうとう予言が果たされるときがきた。我々はいままでこのために準備をしてきたのだ」という旨を伝えた。私の教えを伝える活動によって、何人かは感化することができたかもしれない。いくつかその種は蒔いてきた。教えが広がっていくことを願わずにはいられない。

D ときに、わたしたちはうまくいってくれるように願うことくらいしかできません。

以前、わたしがスディーの病気について尋ねると「咳の病気だ」としか答えてくれなかった。いまは、スディーは死後の世界にいる。霊(スピリット)となったスディーなら、あの咳の原因がわかるかもしれない。すると、やはりあの咳き込みの要因はなんだったのか、スディーははっきりとわかっていた。

S 肺がんだった。そして、そのがんが全身に広がっていってしまった。

肺にがんが広がっていたのであれば、たしかに咳きが止まらないはずだ。それが痛みや呼吸困難に陥っていた原因だったのだ。スディーは正しい伝えかたをしたのだった[*1]。おそらくその当時は「咳の病気」と定義していたのだろう。

D　肺がんになってしまった原因はなんだったのですか？

S　さぁ、原因はわからん。なにかの埃？　実は……すでに〈死にかた〉は決められていたことだ。魂の成長のため、一番学びの多い死にかたが選ばれる。

D　え？　死にかたも重要なのですか？

S　そうだ。私は日々の生活のなか病気とどのように向き合っていくかを学んだ。人生の生きかただけでなく死にかたも重要なのだ。

スディーも死に際は苦しかったらしい。が、いくらかは苦しみを軽減させることができたという。それは「マインドの使いかた」と「エネルギーの扱いかた」を熟知していたからだった。

D　それはよかったです。それらの技能を習得していたおかげで、そこまで苦しまずにすんだのですね。ほとんどの人は「マインドの使いかた」ですら知らないのが現状です。

S　いや、みな心の奥底では知っているのだ。それはだれにでも潜在的に備わっている能力だ。その〈知識〉を封じ込めてしまっているだけだ。これは人類にとっての最大の悲劇だ。能力を開花させたければ、瞑想をする必要がある。自分の内に秘められている能力を高めるには、自分の内側をみつめることが先決だからだ。知識はすでに自分たちのなかにある。ただ心をひらけばいいだけのこと。まずは「その能力を開花させる」と心に決めることだ。そうすれば、必ず開花される。やがて、その能力はどんどん磨かれていくはずだ。

D つまり、自分が求めないと「その能力」は開花されないということなのでしょうか？

S そうだ。真の癒しは自分の内側からはじまるからだ。とうとうこの世にこの知識を広めるときがきた。心の準備が整っている人は、その能力が開花されるであろう。すべては自分しだいなのだ。

スディーは死後の世界から、自分の亡骸の行方を眺めていた。そこでわたしは「あなたの亡骸はどのように処理されるのでしょうか」と尋ねた。

S 燃やされる。すでに遺言を残してある。ナザレの地の壁外で火葬されるが、遺灰はクムランに持っていくようにと告げてある。そして、共同体のなかで四方八方に撒き散らすように伝えてある。

やはり、わたしはイエスの生涯が終わる前にスディーが亡くなってしまったのが無念でしかたなかった。イエスよりも先に亡くなったということは、もうこれ以上キリストの情報を入手することはできないのだろうか？　わたしは残りの「キリストの生涯」の話をどうしても知りたかった。これは一生に一度あるかないかの貴重な体験だと思ったからだ。でもこの先どうしたらいいのかわからず右往左往していた。どうすればイエスの情報をスディーから訊き出すことができるのだろうか。もしかするとスディーが亡くなる直前になにかイエスの情報を入手していたかもしれない。せめてそのことについて訊いてみようと思った。

D　あなたが亡くなる前、なにか新たなイエシュアの情報を入手していましたか？

S　イエシュアは人々に「教え」を説きはじめている。彼はすでに大勢の人々の心に光を灯している。多くの人がイエシュアの話に耳を傾けていると聞く。イエシュアは主に「愛」について語っている。そして、自分の教えをこの世に広めていくようにと人々に伝えている。

D　人々はイエシュアの教えをどう受けとめているのでしょうか？

S　なにをいわれても、なんでも信じてしまう者はいる。彼らは内容がどうであれ、人にいわれたことをそのまま鵜呑みにしてしまう。しかし、いわれたことを自分の頭で考え、それが正しいかどうか、その意見を受け入れるか否かを決める者もいる。また、なんでも疑ってかかる者、イエシュアのことを信じない者もいる。その疑ってかかっている者たちは「王族出身でない貧しい男がこんなに知恵があるのはおかしい」といっている。イエシュアが王族出身でないことや貧しくなにも持っていないことを指摘し、「立派なことをいいながら、なんでそんなにみすぼらしい服を着ているのだ？」ともいったらしい。彼らはまだわかっていないのだ。人の価値は所有物ではなく、人間性で決まるということを。たとえなにも持っていない者でも、心が豊かで人に与えることができる者は裕福だ。一国の王であっても、人に与えることができない者は貧しい人間なのだ。真の豊かさは、所有物の多さではない。

D その人たちはイエシュアが質の高い教育を受けたことを知らないのですか。それとも知っているのでしょうか？

S そのことはあかされていない。イエシュアがどんな教育を受けたのかは公に知られてはいけないことだ。我々はイエシュアに教育したわけではなく、彼が自分の天命をまっとうできるよう、道筋を立てる手助けをしただけだ。我々は道筋を照らし、イエシュアに自信をつけさせただけだ。

D なぜ、そのことを秘密にしないといけないのでしょうか？

S （ため息をつく）それは我々が秘密にしようと決めたからだ。そこには宗教問題が絡んでくるからだ。しかし、イエシュアがどんな教育を受けたのかはさほど重要な情報ではない。イエシュアにはすでに叡智が備わっていた。教育云々より、イエシュアに叡智が備わっていたという事実のほうが重要なことだからだ。

D　イエシュアには叡智が生まれたときから備わっていたのですか。それとも、それはイエシュアが自分の人生を歩んでいくなかで培われていった知識なのでしょうか？

S　生まれたときから叡智は備わっていた。が、今回の生涯における天命を成し遂げるために必要な知識はぜんぶ備わってはいなかった。イエシュアはさまざまな教育機関で学んだ。そのひとつがエッセネ派の共同体「クムラン」だっただけだ。イエシュアは各国を巡り、さまざまな師匠のもとで知識を深めていった。多くの師匠たちからいろいろな教えを受けた。イエシュアはそのお返しに、人生をどう生きたらいいのか、進むべき道を伝えたのだ。

以前、たしかイエスは知識を深めるために叔父と一緒に世界中を旅したといっていた。いったいイエスはどこの国に行っていたのだろうか。そのことをスディーに訊いてみた。

S　北部にあるフェニキア人*[2]の交易所だ。そこから中国までわたったと聞いている。その後、イエシュアはインドの賢者たちを訪ねた。エジプトやその近辺の国々にも行った。また、イギリスの海岸沿いでも学びを深めた。それ以外の国は定かではないがイエシュアはほとんどの国に行っているはずだ。

イエスの叔父のアリマタヤのヨセフは金属や錫の商人をしていた。主に錫の貿易商をしていた。イエスは貿易商を装い、叔父の集団と一緒に旅をした。当然ながら、彼らはイエスが別の目的で旅をしていることは知っていた。「人々から受け入れてもらうには、まず相手を理解しようとしなければならない」。ときにイエシュアの母親も旅に同行するときもあった。

スディーいわく、母親の名前は「マリア」という響きに似ている名前だという*3。父親のヨセフは母親よりだいぶ年上だったため、イエシュアが二十代のときに亡くなったと教えてくれた。「息子が立派に成長を遂げたのを見届けるまでが父親の役目だったからだ」。わたしの友人たちから、父親のヨセフの死について訊いてほしい、と頼まれていた。彼らは、イエスが公生涯の旅に出るのが遅れたのはヨセフの死の影響だったのかもしれない。もしかしたらイエスは大家族を養わなくてはならなくなった母親の手助けをしていた可能性がある、といった。

S イエシュアには弟や妹たちがいる。彼らも分別のつく年齢になった。そのうえ、叔父のヨセフからの援助もあった。家業の大工仕事を手伝う大工たちも数人いた。したがって、彼らには収入はあり、生活にはまったく困らなかった。ときおり、旅から戻ってきたときはイエシュアも家業を手伝っていた。

D 弟や妹たちは常時不在の兄に対して、腹を立てたりしたことはありますか?

S 幼い頃から兄には課せられた天命があることを知っていた。それを果たす時間がかぎられていることもわかっていた。彼らも見識深い父親と母親のもとで育っている。そんな彼らが腹を立てると思うか? 理解を示すのは当然のことだ。弟や妹にもイエシュアはとても愛されていた。イエシュアを知っている人はみな彼のことが大好きだ。だれもが愛さずにはいられない存在なのだ。

D イエシュアは世界中を巡っていたのに、なぜ故郷に戻って「教え」を説きはじめようと思ったのでしょうか?

S 当時はナザレが東と西の中間地点だったからだ。ナザレが中心にあったため、そこから東西の方角に「知識」が広まりやすいと思ったからだ。そのことを見通していたのだ。

D イエシュアには他国にも信者がいたのでしょうか?

S かなり多くの人がイエシュアの教えに耳を傾けていたと聞いている。

D 故郷に戻ることで、自分の身が危険にさらされる可能性があるとは思わなかったのでしょうか?

S もちろん、知っていた。イエシュアは幼い頃から自分の「死にかた」を知っていた。自分の死の結末を知っているというのはとても受け入れがたいことだ。自分の行く末を知りながらも、この世の人々を心の底から愛し、自分の身を捧げるという行為はなかなかできるようなことではない。

D 知らぬが仏ということもありますよね。知らないことに関しては、自分ではどうすることもできないからです。でも、イエシュアはわかっていた。自分の結末を知りながらも、人々に愛を与え、自分の身を捧げた。たしかに、これはだれにでもできることではありません。話は変わりますが、イエシュアが起こした奇跡の話が伝えられています。彼は本当に奇跡を起こしたのでしょうか?

S もちろんだ。その〈奇跡〉という言葉は君たちが使う用語だ。たしかに君たちからすると奇跡的なことのように思えるのかもしれない。が、奇跡と呼ぶには大袈裟だ。それはこの世のすべての人に備わっている能力だからだ。だれにでも生まれながらに備わっている能力なのだ。その能力を開花させるため、鍛練に時間を費やせば、だれもが磨くことができる。まず、瞑想をすること。自分の精神を鍛えることが先決だ。そうすれば、だれもがイエシュアと同等のことを成し遂げられる。イエシュアは潜在的に備わっていた能力だけでなく、自分自身の源とも調和していた。そして高次元の世界とも波長が合っていた。これらの組み合わせが、俗にいう〈奇跡〉を可能にしたのだ。イエシュアは宇宙と自然界の力を活用した。

それらの現象を起こせたのは、法則を熟知していたからだ。すべての人に備わっている能力を〈奇跡〉といっているだけなのだ。まずは、自分が宇宙の壮大なるパワーを通す回路となることだ。その源に自分自身をひらく必要がある。そうすることで、それらの現象を起こすことができるようになる。法則の知識を身につけることだ。そして「起こすことができる」と信じること。しいていえば、イエシュアは浄化されたきれいな回路を持っていたということだ。

D イエシュアにそれらの現象を起こすための方法ややりかたを教えた人がいたのでしょうか？

S もちろん、いた。それもイエシュアが幼い頃から受けてきた厳しい訓練の一環だ。イエシュアは人々の模範となるために生まれてきた。そのため、その能力の精度はきわめて高かった。だから、その能力を最大限に開花させることができたのだ。イエシュアの師匠たちは物体を移動させたり、鉛を金に変化させたりすることができた。しかし、イエシュアはもっとすごいことができた。たとえば死者を生き返らせたり*4、水をワインに変えたり*5といったこともできた。イエシュアは病人のエネルギーのバランスを整え、健康な身体に戻すこともできるのだ。

D どうやって、水をワインに変えることができるのでしょうか？

S　説明するのがむずかしいが。さまざまな能力を掛け合わせることで起こすことができる。宇宙にある自然の法則を使うのだ。なかには高次元の霊界で使われている技をこの地上界で使ったものもある。それらはだれもが地上界で使える技ではあるが、仲介者（ミディアム）となるような人物が高次元界のエネルギーを通す回路となる必要がある。

D　イエシュアが起こしたいわゆる奇跡で、ほかに耳にした話はありますか?

S　イエシュアは毎日のようにいろいろな現象を起こしていた。したがって、ぜんぶを伝えることは不可能だ。例をあげると、耳が聞こえなかった人の耳が聞こえるようになったり[*6]、足の不自由な人が歩けるようになったり[*7]、盲目の人の目がみえるようになったりした[*8]。しかし、それらは強い意思と知識さえあればだれもが使いこなせるようになる。ちがいがあるとすれば、イエシュアは浄化された清らかな回路の持ち主だということくらいだ。イエシュアは名前を呼ぶだけで死者を地上界に戻すことができた。とにかく「生き返らせることができる」と確信することだ。信念さえあれば人間に不可能はないのだ。

D　魂が肉体から離れると、肉体は滅びるのでは?

S　時間が経てば肉体はいずれ滅びる。死んでから……六カ月も経っている亡骸から死者を蘇らせることはできない。聞いた話によると、死者を蘇らせることができたのは亡くなった直後、またはなにかの過ちで逝ってしまった魂だけだ。そのような場合のみ生き返らせることができる。イエシュアは回復の余地のある命を呼び起しただけなのだ。それは不可能なことではない。その人物（死者）の運命を狂わせているわけではないからだ。イエシュアはカルマの負債を返済せず、不慮の事故などによって命を断ち切られてしまった人の命を回復させただけだ。その魂にとって、その生涯でカルマの負債を返済したほうがよいと思った場合のみ、生き返らせていたのだ。君は墓場に埋められていた死者が生き返ってきた話を聞いたことはないのか？　そのようなことが起きるのは、単にまだ死ぬ時期ではなかったからだ。イエシュアはそのような魂の手助けをしただけだ。

これはどうも臨死体験のように聞こえた。実際、死の淵から生還した人の体験談は数多く報告されている。それも年々増え続けているという。これは一度死亡が確認されたあと、奇跡的に生き返ってきた人たちのことだ。彼らが生き返ってきたのは、近年の医学技術が進んだからだともいわれている。

D　人が死ぬ時期は絶対確実なものだと思っていました。てっきり人の寿命は最初から決まっているものだと。まさかまちがって死ぬなんて、そんなことは絶対に起きないと思っていました。

S　頻繁ではないが、起こることもある。また、その体験から学ぶために起きる場合もあるそうだ。臨死体験をすることで、霊界や別の世界があることに気づかせるためということもあるからだ。

イエシュアは死者を数回蘇らせたことがあるらしい。わたしは「具体的な例を教えてほしい」と頼んだ。

D　その生き返らせた人たちはイエシュアの知り合いだったのでしょうか。それとも赤の他人だったのですか？

S　知り合いもいたが、赤の他人もいた。百人隊長の娘*9とは知り合いではなかった。あるローマ軍の隊長の娘が病に倒れていた。隊長は命を救うことができる予言者がいるという話をどこからか聞きつけ、召使いをイエシュアのもとに行かせた。召使いは二日かかってイエシュアのもとにたどりついた。召使いは「お願いします。いま、すぐにきてください。隊長の娘が病に倒れてしまいました」とイエシュアに頼み込んだ。イエシュアは「いま、用事が立て込んでいる。この用事が終わるまで待ってくれないか」といった。しかし、隊長の家に行くまで時間がかかってしまい、到着したときには、隊長の娘は死んでしまっていた。ところが、その娘にはまだカルマの負債が残っていた。そのことに気づいたイエシュアは、その娘の息を吹き返した。そして隊長に「心配しなくていい。あなたの娘は眠っているだけだ」と告げた。そういい残して、帰路についた。娘は普通に眠り、目が覚めると元気になっていた。イエシュアは従兄弟のラザロを生き返らせたこともある。ラザロの母親は未亡人だった。そのうえ、ラザロはひとり息子だった。ラザロもやらなくてはならないことがたくさんあり、まだ死ぬ時期ではなかった。イエシュアはそのことを知っていたので、ラザロを死から蘇らせることができたのだ。

D お墓に入ったあとは、もう生き返ることなんてできないと思っていました。まさかそんなことが起こりえるなんて……。

S (わたしの言葉を遮って) しかし密封される前にかぎる。この国では亡骸に香油(オイル)を塗布する。ときには薪と一緒に亡骸を燃やすこともあるが、ほとんどの亡骸は香油を塗布され、亜麻に包まれて墓のなかに入れられるだけだから可能なのだ。

D どれくらい時間が経過しても、魂は肉体に戻ってくることができるのでしょうか?

S 数日だ。二日くらいだろう。それ以上は、魂はもとの肉体に戻ることはできない。新たな肉体に生まれ変わることが必要になる。

D ほかにもイエシュアが起こした奇跡の話を聞いたことがあります。あなたがこの話を耳にしたことがあるかどうかはわかりませんが……。イエシュアがものすごい大勢の人に食べものを与えるという奇跡*10を起こしたという話です。

S 数斤のパンと二匹の魚だけで、多人数に食べものを与えた話のことか？ もちろん、知っている。それは自然の恩寵（おんちょう）の法則を実践したのだ。法則を実践すれば、それは成し遂げることができる。信念を持って求めれば、必ず求めているものは目の前に現れる。

たったそれだけの品数の食べものを大勢の人が食べられるだけの量に分割することができる「自然の法則」があるとは思えなかった。なんだかどうも腑に落ちなかった。そんなわたしにスディーは忍耐強くていねいに説明してくれた。

S とにかく「可能だ」と強く信じることだ。信じることができれば、その現象は必ず起きる。イエシュアはそれだけの人数に食べものを分割できると信じていた。そして人々もイエシュアのことを信じていた。だから、成し遂げることができたのだ。しかし本物の魚やパンが与えられたかどうかは定かではない。彼らは「本物の魚が与えられた」と信じきっただけで、空腹感が満された可能性も考えられる。

これは非常に興味深い概念である。人々はイエスの能力を信じきっていた。イエスならばその現象を起こすことができると彼らは確信していた。もしかすると、それが本物の食べものであろうとなかろうと関係ないのかもしれない。(五千人に与えられた)魚やパンは〈幻覚〉だった可能性もある。たしかに、それが幻覚でもいいのだ。とにかく、彼らは食べものを与えられたと信じた。全員が満腹感を得たということが重要なのだ。空腹を満たすのが目的であるため、たとえそれが単なる思い込みだったとしてもべつにそれでいいのだ。

とにかくイエスの生涯には謎の部分が多い。それらに関する質問をする絶好の機会だと思い、その謎に迫ってみようと思った。「イエシュアはとても奇妙な誕生のしかたをしたと聞いています。イエシュアの誕生について、なにか知っていることはありますか?」

S イエシュアは洞窟のなかで生まれた。その誕生の瞬間に星々が頭上に集合した。なにか変わった特徴があるとすれば、それくらいだ。

キリストが誕生した際、赤子のイエスは「飼葉おけ」に寝かされたとだけ聖書に記されている*[11]。その飼葉おけがどこにあったのかまでは記されていない。いまでも、ベツレヘム周辺にある洞窟は動物小屋として使われている。しかしながら、スディーはキリストの誕生にまつわる「あの重要な特色」についてまだ言及していない。本音をいえば、わたしが尋ねる前にその情報を提供してほしかった。心ならずも、率直に訊いてみることにした。

D イエシュアの母親は処女だったと聞いています。これはいったいどういう意味なのでしょうか？

S なんだか聞いたことがあるような気もするが、それは正しい情報ではない。イエシュアの母親はほかの女性となんら変わらない。父親も普通の生身の男だ。

D 巷の話だと、イエシュアの母親は処女で、父親は人間ではなく神だといわれています。

S 我々はみな神の子だ。ほかとちがいがあるとすれば、イエシュアは自分が神の子だという自覚があることだ。そして、この世に叡智を広めるため、彼は生まれてきたということくらいだ。

D それでは、なぜそんなつくり話が語り伝えられているのでしょうか？

S 注目を集めるためだ。それ以外のなにものでもない。ほかにあるとでも？

ここで「イエスの弟子たち」*12について訊いてみようと思った。

D　イエシュアに特定の弟子たちはいたのでしょうか？

S　いたが、その人数はそのときにより変わった。中心グループには約三十人の弟子たちがいたが、それ以外にも数多くの従者もいた。イエシュアは彼らに教えを説いた。できるかぎり、弟子たちには多くのことを学んでもらいたいと願っていた。しかし、なかにはイエシュアのことを信じきれていない者もいた。それはしかたがないことだ。人間とはそういうものだからだ。イエシュアのもとで修行したおかげで、何人かの弟子たちも奇跡を起こせるようになった。それも学びのうちだった。奇跡を起こせるようになるために、イエシュアはいくつか瞑想法を彼らに教えた。それらの瞑想法を実践することで、感覚を研ぎ澄ますことができるからだ。弟子たちは個々で丘の上に登り、瞑想に多くの時間を費やした。弟子は男女両方いる。ときに女の弟子のほうが多いときもある。それはおそらく女のほうが男よりも感受性が強いため、能力を開花しやすいからであろう。

教会の歴史のなかに女性の弟子がいたという事実はいっさい記されていない。その理由はだれでもおよその察しがつくとは思うが。初期の教会は完全なる男性優位社会だった。そして男性がすべてを支配していたからだろう。

D　弟子たちはいつもイエシュアとともに行動していたのでしょうか？

S　常に一緒ではない。イエシュアが弟子たちに教示したのは、その教えを世に広めてほしいからだ。そのために、イエシュアが弟子たちを世に送り出したという話を耳にしていないのか？　弟子たちもそれぞれの路へ進まなければならないからだ。

D　その女性の弟子たちはどうなったのでしょうか？

S　彼女たちも精力的に活動を続けている。イエシュアは弟子たちを二人ずつ組ませた。男だけでなく、女も二人組にわけた。イエシュアの教えを伝えるため、彼らは世界中のあらゆる町へ足を運んでいる。彼らも自分たちの弟子を持つまでになった。そして、イエシュアから学んださまざまな技能を広めようとしている。

D　そのような技能を持ちながら、二人組といえども女性だけで旅をさせるのは危険ではないのですか？

S　ほとんどの場合、男女の二人組で旅をさせている。

D　男性が支配している世のなかだということを知っているのですね。女性が類いまれな能力を持つことを快く思っていないからなのでしょうか？

S　そうだ。イエシュアはわかっていた。だから、前もって対策したのだ。快く思わない人たちから女の弟子たちを守りたかったからだ。そのため、男女二人組にした。それぞれの占星図をみて、相性のよい二人を組み合わせた。イエシュアと主に行動している弟子は十二人いる。だが、いずれはその弟子たちもそれぞれの道を歩むことを彼は望んでいる。常に一緒にいると依存心が強くなってしまうので、それぞれが才能を開花し、強くなってほしいからだ。また、それは弟子たちにとっても望ましいことだ。それぞれの道へ進んだほうが、能力を最大限に発揮できるようになるからだ。

D その弟子たちの名前を知っていますか？

S 数人の名はわかっている。まず……シモンがいる。彼はペテロと呼ばれていた*13。あ……あとベンゼベダイだ*14。それとベンゼベダイの二人の息子たちがいる。ほかにはバルトロマイ*15とマタイ*16、そしてユダがいる*17。ほかにもいるが、名前はわからない*18。我々はイエシュアの弟子たちのことをここから観察している。彼らがどういう風になるのか、その情報は少しだけ入っている。

聖書のなかにはベンゼベダイのことはゼベダイと記されている。彼は使徒ヨハネと大ヤコブの父親だ。聖書にはヨハネと大ヤコブは父親を釣り船に残し、イエスの弟子になったと記されている。それ以後、ゼベダイの名は聖書のなかには出てきていない。なぜスディーは有名な二人の息子たち（使徒ヨハネと大ヤコブ）の名前ではなく、父親の名前をいったのだろうか。これは大変興味深い点である。また、バルトロマイはあまり名前が知られていない弟子のひとりだ。そしてマタイはキリストが死んだあと、ようやくその名が聖書に出てくる弟子である。ペテロは有名だが、スディーは彼の名前を「シモン」ではなく「シメオン」と発音した*19。スディーが世間に知られてない弟子の名前をいったのがとても重要な意味合いを持っていると思った。なぜなら、スディーの証言は信頼できる情報源とみなすことができるからだ。

D　それらの弟子たちは、イエシュアの教えを忠実に守ると思いますか?

S　（悲しそうに）いや、全員は守らない。しかし弟子のうちの数人は世に出てイエシュアの教えを説いていくであろう。（ため息をつく）イエシュアの身近にいたため「自分は絶対的な存在だ」と思い込んでしまう弟子たちが出てきて、彼らは「これが正しい道だ」と豪語するようになる。これはまさに悲劇以外のなにものでもない。イエシュアは弟子がそんな風になるとは思ってもいなかった。……そうだ、あのイスカリオテのことを忘れていた。弟子のひとりのイスカリオテは……ものすごい気分屋だ。そのせいで、彼はほかの弟子たちからあまりよく思われていない。

これはまた非常に興味深いことが起きた。スディーはユダとは呼ばずに〈イスカリオテ〉といったからだ。スディーは「ユダという名前の弟子がいる」とすでに言及している。実際、イエスにはユダという名前の弟子が二人いた。そのため、スディーはそのうちのひとりをイスカリオテと呼びわけたのだろう。たまにスディーは〈イスカロテ〉と発音することもあった。

S イスカリオテは世間に裏切り者として知られる。裏切り行為を目の当たりした人々が、そこからなにかを学ぶための手段となるのがイスカリオテの運命なのだ。

D イスカリオテはだれを裏切るのでしょうか？

わたしは常にこの物語についてなにも知らないかのようにふるまった。まったく意に介さず、気づいたそぶりすらみせなかった。このほうがわたしに影響されることなく、スディーが話したいように語ってくれると思ったからだ。ケイティ自身もこの話の全容を知っていたが（だれもが知っている話ではある）スディーの情報は一般的に知られている内容と比べて顕著な相違があった。そのような相違は決して意識的にできるようなことではなかった。

S 彼はイエシュアを裏切る。イスカリオテはイエシュアに「自分がメシアである」と公言させようと企んだ。弟子たちはみなイエシュアが救世主で、選ばれし者だと信じて疑っていなかった。だが、イエシュアは「自分がメシアだ」と公言したことは一度もなかった。周りが「彼がメシアだ」と騒いでいただけなのだ。イエシュアが自分で公言することを望んでいたが、イエシュアは決して公言しなかった。イスカリオテはイエシュアは自分の人間性が優れているかどうかの判断基準や自分がこの世の人々を導く役割を担っている〈神に選ばれし者〉かどうかということも、すべて人が決めることだと考えていた。そうすることで人々も神とひとつになることができるからだ。イスカリオテは心の底からイエシュアが神だと信じて疑っていない。神であるのだから（ローマ帝国の占領軍に対して）「私は神だ。人間ども、もういい加減にしろ」と命じるべきで、彼らは屈服せざるをえないはずだと妄信しているのだ。

以前、スディーがいっていた熱狂的な信者のひとりがイスカリオテなのかもしれない。たしかに熱狂的な信者ならばありうる言動である。

D イスカリオテは強行突破を図ると思いますか?

S それがイスカリオテの性分だ。だが、そのことを公言するのは自分ではなく、イエシュアがするべきだと考えている。しかし、イエシュアは決して公言するようなことはしないであろう。

D イスカリオテの裏切り行為は、彼の運命にとっても悪いことなのでしょうか?

S すべては起こるべくして起こる。しかし、イスカリオテの予想に反し、ことは最悪の事態に発展してしまうことになる。そのとき、イスカリオテは深く後悔する。そして、彼は自ら命を絶つことになる。これこそが最大の悲劇だ。自ら命を絶つのは最大の過ちであるからだ。

スディーによると、どうやらキリストへの裏切りよりも自殺のほうが罪深い行為らしい。

D なぜイスカリオテは自殺を図ってしまうのでしょうか?

S 無実の人間を殺してしまったことに気づき、その殺人行為に自分も加担したことを知ったからだ。自分が犯した罪の重さに耐えきれなかったのだ。しかし我々は彼を非難すべきではない。イスカリオテは自らを裁くことになる。

D イエシュアに対して、イスカリオテはどのような裏切り行為をするのでしょうか?

S くわしいことはわからない。が、もうすぐ終幕を迎えようとしている。そろそろ夜明けが近づいてきた頃だ。そう遠くない未来に、イエシュアもこの霊界(死後の世界)に上がってくる。我々はこれからなにが起こるのかすべてわかっている。しかし、なぜわかっているのに我々はなにもできないのだ？（ため息をつく）いくらイエシュアに定められた宿命であっても、ただこの状況をここから眺めているだけというのはとても辛い。いまから起きることは、イエシュアが人類を救うためだと思うと胸がはり裂けそうだ。イエシュアは人々に生きかたを示すことになる。満天下に知らしめるであろう。いま、この私がいる状況とこれから起きるできごとを天秤にかけて考えている。自分のなかにあるかぎりの力を絞り出そうとしているところだ……。なんとかしてその現場に行きたい。（悲痛な面持ちで）私自身、そしてすべての人類はこの事態から学ばなければならない。心苦しいが、力のかぎりを尽くして必ずなにかを学びとるつもりだ。私にまだその力が残っていればの話だが……。

わたしはホッと安堵のため息をついた。そして、無言で感謝の祈りを捧げた。キリストが磔刑になる前にスディーが亡くなってしまったため、残りのイエスの生涯の話を入手することはできないと思っていた。この様子だと、どうやら死後の世界から磔刑の場面をみることができそうだ。これはまったく予期せぬできごとだったが、なんとも喜ばしい展開となった。

D　霊界の存在たちも一緒にその様子をみるのですか？

S　おそらく大勢の存在がみることになる。そこから大きな学びを得ることができるからだ。これは無私無欲の学びだ。その学び自体もイエシュア自身が選んだ。イエシュアを手本にすることで、人生の道しるべとすることができるからだ。

D　あなたはイエシュアと密接な関係を築いていました。イエシュアが裁判にかけられている現場に行きたいとは思わないのですか？

S　これはイエシュアの裁判ではない。我々が裁かれているのだ！

D　まるで結末を知っているかのように話していますね。

S　イエシュアは十字架にかけられて処刑されることになる。

D　十字架刑を宣告されるのは、極悪人か重罪を犯した犯罪者だけではないのですか？

S　イエシュアは重罪人扱いを受けることになる。彼らユダヤ教の指導者たちとローマ帝国の目には、重罪人に映っているからだ。イエシュアは彼らにあえて挑戦的な質問を投げかけた。そして「自分の内側をみつめよ」と果敢に挑んだ。彼らからしてみればこれは重罪にあたる。自分の魂と向き合うことができる人間はこの世にそう多くいない。実際、そう何人もいないだろう。そう思わないか？　多くの民衆はイエシュアが救世主、またはキリストだと信じていたが、イエシュアが〈愛〉を説いていたため、もしかすると救世主ではないのかもしれないと疑いはじめてしまった。イエシュアは「だれも憎んではいけない。戦争は解決策にはならない。争いあっていては（自分の内に）神の王国を築くことはできない」と説いていた。あいにく、彼らにはその意味がまるで理解できていない。イエシュアがローマ帝国に対して「己は神の子である。いい加減に支配をやめなさい」と圧力をかけるのを彼らは期待していたのだ。しかしながら無償の愛を説くことがイエシュアの天命だ。そのことはなんども予言でも伝えられている。残念ながら、彼らはそのことにまったくもって気づいていない。

スディーの感情がものすごく込められていた。言葉の端々に表れていた。イエシュアのように穏やかな人が十字架に磔になって処刑されるのはあまりにも酷い死にかただと思った。

S　残酷な死にかたをする人はイエシュアだけではない。実際、この世に多くいる。しかし、だれもそのことについてなんとも思っていないではないか。それはその残酷な死にかたをした人が、自分にとって大切な人ではないからである。また、自分が死ぬわけでもなく、それが自分の知り合いでもないからだ。罪深き人にならないためには、決して嫉妬心や憎しみの心を抱いてはならない。神のもとへ戻りたいのであれば、とにかく愛に満ちあふれた人間になることだ。愛のある人間になれば、多くは神のもとへ還っていける。

D　イエシュアはこの冤罪から逃れることはできないのでしょうか？　選択の余地はまだ残

されていますか？

S　この結末が自分の宿命だとわかっている。いま決まったことではないからだ。イエシュアが生まれてくる前にすでに決まっていたことなのだ（肉体に魂が宿る前のこと）。遺憾ながら、いったん、くだされた決断は途中で撤回されることはない。が、天に助けを求めることはできる。イエシュアが天に向かって「この難関を乗り越えられるだけの勇気を与えてください」と助けを求めれば、与えられるであろう。

D　なぜイエシュアは「キリスト」と呼ばれているのでしょうか？

S　それは救世主という意味だ。イエシュアは生ける神の化身であるからだ[*20]。

D　でも、わたしたちもみな神の化身（神の子）では？

S　実際、それに気づいている人間はいるか？　肉体をまといながら、自分の魂の一番深い部分とつながっている人間がこの世に何人いる？　その自分のなかにあるもっとも深い部分こそが我々の本当の姿だ。諸々の所有物に囲まれながら生きているなか、この世における日々の甘い誘惑に勝てる人間がどのくらいいると思うか？　そんな人間はなかなかいない。イエシュアは「やめてくれ。処刑を断固として拒否する！」とは決していわなかった。したがって、イエシュアは我々とはちがう。私は彼のような勇気を持ち合わせていない。彼はまさにだれもが模範とすべき人物だ。イエシュアのような人間になれるよう、我々は努力しなければならない。努力をすれば、我々もイエシュアのような人間になれるだろう。イエシュアは「わたしが道である」と説いた*[21]。だれもが目をしっかりとみひらき、心をひらいていれば、必ずその真意を理解できるはずだ。（しばらく休止した。そして深いため息をついた）やはり、この状況を見届けるのは非常に辛い。我々に生きる道を示すために、なにも悪いことをしていない罪のない人間が、これから我々のために死ぬことになるのだ*[22]。もし君のことをまったく知らない人間が、君のために犠牲になっていると知ったら、君はどう思う？　世界人類を愛しているがゆえに、無実の人間が罰せられているのだ。私はだれかが自分の代わりに犠牲になるほどの価値が自分にないことをわかっている。それがわかったうえで、その様子を見届けるのがどれほど辛いことか。そう思わないか？　人類は太古の昔からずっと同じ過ちを繰り返している。時代が変わっても、結局のところなにも変わっていない。イエシュアは人間には成長できる可能性が秘められていることを自ら示そうとしている。この世から解放され、自由と愛の叡智を得るためには、我々は成長しなければならない。イエシュアは身をもって、そのことを我々に示そうとし、それがイエシュアの天命なのだ。そして、我々にもそれぞれの使命が与えられ、我々の内にも秘められているのだ。

D　ものすごく残念なことですが、イエシュアが処刑される真の理由をわかっていない人たちがたくさんいるような気がします。そして、彼らはこのことを一生理解できないかもしれません。

S 彼らはイエシュアの全体像をつかめていないからだ。イエシュアはあまりにもスケールが大きな存在なので、普通の人間の頭では理解しがたい。そのため、イエシュアの存在価値を弱めようとしているのだ。しかし、いつの日か人々も気づく日がくるであろう。もしかすると、それは人間として地上界にいるときではないかもしれない。そのときはまだ理解できないかもしれないが。この霊界にいる我々はわかっている。だが、そんな我々もまだ学んでいる途中だ。

どうやらキリストが処刑される様子を、スディーがいる死後の世界から見届けることができそうだ。これはあまりにも貴重な話であるため、わたしは急がないことにした。キリストが磔刑される場面のためだけに、一日まるまる時間を費やすことにした。録音の途中でテープが切れたり、セッションが時間切れになったりしないためである。たっぷり時間をかけて、可能なかぎり多くの情報を入手しようと思った。どうやら人類史上最大の論争の的となっている事象を、その現場に居合わせている目撃者から入手できることになりそうだ。こんなことは千載一遇の好機である。イエスの伝説はこの体験によって画期的な進歩を遂げるかもしれない。スディーから入手する情報は我々が知っている話と同じなのだろうか？　前の章でも判明したように、スディーの情報と一般的に受け入れられているイエスの話との間に数々の相違点があったからだ。

訳注

＊1 がんという名称：がんは英語ではCancer。医学の父と呼ばれるヒポクラテスが「蟹」の意味として古代ギリシャ語で「Carcinos」と名づけた。それを紀元後四七年に古代ローマの学者であるアウルス・コルネリウス・ケルススが「Cancer」とラテン語訳した。

＊2 フェニキア人：フェニキア人はセム系の民族、カナーン人のギリシャ名。紀元前三〇〇〇～二〇〇〇年頃、現在のレバノンあたりを拠点とし地中海貿易を営んでいた集団で、単一民族ではない。

＊3 イエスの母親マリアの名前：マリアは英語名。ヘブライ語のミリアム（Miryam）が本来のイエスの母親の名前である。アラム語だとマリアム（Maryam）になる。

＊4 死者を生き返らせる：イエスはラザロと幼い女の子を死から蘇らせた。ラザロはイエスの幼馴染である。（ヨハネ福音書　11：39～44／マルコ福音書　5：35～43）

＊5 水をワインに変えた：ヨハネ福音書　2：3～10

＊6 耳が聞こえない人：マルコ福音書　7：32～35

＊7 足の不自由な人：ヨハネ福音書　5：6～9

＊8 盲目の人：ヨハネ福音書　9：1～11

＊9 **百人隊長の娘**：聖書には百人隊長の召使いと記されている（ルカ福音書　7：2～10）。イエスが「娘は眠っているだけだ」といったのは会堂長のヤイロの娘である。それは『マルコ福音書』に記されている（マルコ福音書　5：38～42）。もしかすると、スディーはこの二つの話が合わさって記憶しているのかもしれない。

＊10 **五千人に食べものを与える奇跡**：イエスが「パン五斤と魚二匹」を五千人以上の人たちに与えるだけの量に増やしたという奇跡の話。日本語の聖書には五つのパンと記されているが、英訳の聖書には「Five loaves ＝五斤のパン」と記されている。（マタイ福音書　14：16～21）

＊11 **飼葉おけ**：イエスは飼葉おけのなかに寝かされたと聖書に記されている。（ルカ福音書　2：6～7）

＊12 **イエスの弟子たち**：使徒ともいう。イエスに選ばれた弟子は十二人いた。イエスが復活したあと、彼らは十二使徒と呼ばれるようになった。十二人の弟子の名前はヨハネ（洗礼者ヨハネとは別人）、ペテロ、シモン、マタイ、ピリポ、トマス、大ヤコブ、小ヤコブ、ユダ、バルトロマイ、アンデレ、イスカリオテのユダ。

＊13 **ペテロ**：最初の十二使徒のうちのひとり。ガリラヤ湖で弟アンデレとともに漁をしていたところ、イエスに声をかけられ弟子になった。ペテロは十二使徒のなかでも重要な位置にある。はじめの名はシモン（ヘブライ語読みではシメオン）であったが、イエスから「岩」を意味するペトロという名をつけられた。イエスが逮捕されたときほかの弟子たちは逃げたが、ペトロは官憲に捕まりイエスのことを三度訊ねられたが「私は知らない」といい通した。紀元後六七年、布教していたローマで、皇帝ネロの迫害により逆さ十字架にかけられて殉教した。初代ローマ教皇とみなされており、ローマのサンピエトロ大聖堂に埋葬されている。

＊14 ベンゼベダイ：ゼベダイのこと。ゼベダイは「主の賜りもの」を意味するヘブル語が語源。大ヤコブと使徒ヨハネの父親で、カペナウムで裕福な漁師として働いていた。

＊15 バルトロマイ：別名ナタナエル。ピリポのすすめでイエスと出会い、五番めの弟子となった。イエスの死後、インドからアルメニアで伝道活動をしていたが捕らえられ、皮剥ぎの刑で殉教した。

＊16 マタイ：『マタイ福音書』の著者。徴税人で収税所にいたところ、イエスに「弟子になるように」と声をかけられ弟子となった。エチオピアあるいはトルコで殉教したといわれる。

＊17 ユダ：別名タダイ。イエスを裏切ったイスカリオテのユダとは別人で小ヤコブの兄弟あるいはイエスの親族といわれている。『マタイ福音書』、『マルコ福音書』で「タダイ」と記された人物と、『ルカ福音』において「ヤコブの子ユダ」と記された人物がおり、二人は同一人物と解釈されてきた。

＊18 ほかの弟子たち：小ヤコブ（アルファイの子）、シモン、トマス、ピリポ、アンデレ、イスカリオテのユダ。

＊19 シモン・シメオン：シメオンはヘブライ語。シモンはギリシャ語。

＊20 神の化身：マタイ福音書　16：13～20

＊21 わたしが道である：ヨハネ福音書　14：6～12

＊22 イエスは私たちのために死んだ：ローマ人への手紙　5：8

第25章
磔刑と復活

翌週、わたしは複雑な思いのなかセッションを開始した。わたしは心密かにキリストの磔刑に関する詳細が得られることを期待していた。もし入手できた場合は、おそらくこの退行催眠の試みでもっともかけがえのない情報となるだろう。また、これはわたしだけにかぎられたことではない。多くの人たちにとっても重要な情報源となりうる可能性も秘めている。しかし、ひとつ気がかりな点がある。潜在意識には、その人にとって有害となるような体験をさせないための非常に優れた「自己防衛装置」がついているからだ。その自己防衛装置が発動してしまうと、それらの情報をいっさい入手することができなくなってしまうのだ。これは催眠療法士の間ではよく知られている事実である。どんなに深い催眠に浸っていようが、その被験者にとって堪えきれないような場面がちらっとでも目に入ったり、彼らにとって辛く耐えがたい過去の記憶が少しでも浮上したりした場合、だれもがすぐさま催眠状態から醒めてしまうのだ。実際、わたしもこれまでに被験者が催眠状態から起き上がってきたという経験がある。さて、スディーは愛しい大切な友人が残酷に殺される場面に立ち会うことができるのだろうか。そのような状況を目の当たりにし、ケイティの潜在意識がどのような反応を示すのかわたしはまるで予想がつかなかった。しかし、その自己防衛装置が発動しないようにするのは不可能なのだ。わたしはそのことを重々承知している。また、その発動を止めたいとも思っていない。わたしはケイティの潜在意識を信頼するしかなかった。この長期間にわたるかかわりのなかで、わたしとケイティの潜在意識の間には信頼関係が築きあげられていた。その絆ゆえ、彼女の潜在意識に安心感を抱かせることができるかもしれない。わたしにとってもっとも重要なことは、被験者の心の健康を守ることだ。それはどんなことよりも最優先にしなければならない。

ケイティはそんな思いをわたしが抱いているとはつゆ知らず、ワクワクした期待感にあふれていた。早速、わたしはキーワードを使ってケイティを催眠状態に入れていった。催眠に慣れている彼女はすんなりと深い催眠状態に浸った。そうして……ついにセッションははじまった。わたしは「スディーの生涯」の最終場面に戻り、スディーの魂を死後の世界へと上げた。そして話の続きを再開させた。

D わたしが三つ数えたら、すべてがはじまる直前の場面に移行します。その場面が出てきたら、なにが起きているのかわたしに伝えてください。可能であれば、その場面をしっかりと観察してください。そして、できるかぎりくわしい情報をわたしたちに知らせてください。あなたもわたしたちもその場面から多くのことを学ぶことができます。その場面を目の当たりにする心の強さがあるのであれば、ぜひその状況に立ち会ってください。一、二、三……イエシュアの処刑がはじまる前の場面です。いま、なにが起きているのか教えてもらえますか？

イエスが処刑されるとき、その場面にスディーが立ち会うことができるのかどうかさえもわたしはわからなかった。スディーは自分に力が残っていれば、その現場に行きたいといっていた。それが自分にとってどれほどむずかしいことかをわかっていた。いざ、スディーはその場面を目撃することができるのだろうか。それとも途中で断念してしまうのだろうか？　わたしが数を数え終えると、スディーはまったく躊躇することなく勢いよく語りはじめた。

S　（ローマ帝国から）提示があった。ローマでは休日ごとにひとりの囚人に自由を与える習わしがある。総督ピラトは祭司長や長老たちのようにイエシュアを凶悪な存在だとは思っていない。ピラト自身はイエシュアに罪がないことを見抜いている。イエシュアを罰することが、どれほど大きな罪なことかわかっているのだ。そのため、イエシュアの代わりにバラバ[*1]を処刑にすることを提案した。大量殺人者であるバラバを処刑することで、イエシュアを赦免することができると考えたのだ。ピラトはバラバを代わりに差し出せば、彼らも納得すると推測したのであろう。

スディーは勢いにのって話すことで、怖気づかずに話すことができているような気がした。そうでもしなければ、気おくれして最後まで話すことができないというような感じが伝わってきた。

D　バラバは殺人者なのですか?

S　そうだ。

D　まるでイエシュアが投獄されているかのように話していますね。

S　イエシュアは投獄されている。イエシュアはサンヘドリンに囚われてしまった（サン・ハッド・リンと発音した）。取り調べの結果、神への冒瀆罪にあたるとして有罪の判決がくだされた。しかし、サンヘドリンは人々が「メシアだ」といいはる男を自分たちが処刑することはできないと判断し、最終的な判決はローマ帝国にまかせることにした。それは民衆たちの攻撃を避けたかったからだ。イエシュアが弟子たちを扇動してローマ帝国に対して反乱を企んでいるといい、イエシュアに内乱罪と民衆煽動の罪を負わせ、ローマ帝国に引きわたしたのだ。

この時代、どうやらこのような駆け引きがよく行われていたらしい。彼らがイエスのことを脅威と感じるようになったのは、イエスに弟子が増えたことだった。イエスに弟子が増えなければ、イエスのことを過激な男、もしくは単なる狂った男として取り扱っただけだろう。

D そのような罪をだれがイエシュアに負わせたのでしょうか?

S サンヘドリンだ(最初はなにをいっているのかわからなかった。奇妙な発音のしかただったため聞きとりにくかった)。サンヘドリンはイスラエルの立法司法機関だからだ(イスラエルの発音も変わった発音のしかただった)。

D ローマ帝国に対してそんな重大な権限を持っているのですか?

S 持っている。いまだにローマ帝国の法律で、その権限が与えられている。

D さきほど、イスカリオテがイエシュアを裏切るといっていました。あれから、どうなったのでしょうか?

S イスカリオテは祭司長たちのところへ行き、イエシュアの居場所を密告した。要するにイエシュアのことを……売り飛ばしたのだ*2。

D イスカリオテは密告の報酬を受けとったのでしょうか?

S たしか、袋いっぱいの銀貨を受けとったと聞いている。あまりくわしいことはわからないが。

D でも、ローマ帝国がイエシュアとバラバのどちらかを処刑にし、どちらかを自由にすると提示したといっていませんでしたか。たしか、どちらかを選ぶ権限を大衆に与えたのでは?

S 与えた。(感情が高ぶっていた)しかし、サンヘドリンは大勢に金銭を与え、「バラバの名前を叫べ」と命じた。

D そうですか。大衆たちにイエシュアを選ばせないためですか?

S これはしかたがないことだ。だれもどうすることもできないのだ……これがイエシュアの宿命であるからだ。

D サンヘドリンも、イエシュアのことを脅威に感じているのでしょうか?

S 当然、脅威に感じている。もしかすると、イエシュアは人々がいっているような救世主かもしれないと密かに思っているからだ。

D 脅威に感じているからイエシュアを釈放するわけにはいかないのですか? そういうこ

となのでしょうか?

S そのとおりだ。

D 釈放するわけにはいかないから、大衆に金銭を配ったのでしょうか。それは大衆を煽るためですか?

S バラバの名前を叫ばすためだ。一番大声で叫ばれた名前の人物が、釈放されることになるからだ。

スディーが感慨深く感じているのが伝わってきた。それは疑いの余地もなかった。スディーの声にたくさんの感情が込められていたからだ。わたしは、どうかスディーがこのセッションを最後まで続けることができますように、と心のなかで祈った。

D わかりました。それでは、先に進みましょう。その後、なにが起きたのかあなたは知ることができます。わたしたちにもなにが起きているのか教えてください。多くの人たちにとっても、ここは学ぶべきものが多い場面です。あまりにもみるに耐えない場合は、あなたはその場面を傍観者として観察することができます。

次の場面が出た瞬間、スディーの心が乱れた。心の底から愛している人のおかれている状況に堪えきれない苦しみを感じている様子が伝わってきた。この段階でそのような反応を示したので、実際に磔刑されている姿をみることはとうてい無理かもしれないと思った。とにかく嫌悪感よりも、この貴重な情報を人々に伝えたいという気持ちのほうが上回ってくれることを切に願った。ここで、ケイティの気持ちを落ち着かせるための暗示を入れた。

D わたしが三つ数えると、さらに時間が進みます。一、二、三……いま、なにが起きているのでしょうか?

S 判決がくだされた。夕暮れどきに……イエシュアと二人の男が釘づけにされる。彼らは……十字架に磔にされて殺される。これは重罪人や殺人者、または泥棒を殺すローマ人たちの伝統的な処刑のしかただ(とても苦しそうだったが、最後まで話しきった)。

D イエシュアはそのどれにもあてはまらない感じがしますが。それともどれかにあてはまるのでしょうか?

S (ささやくような声で) あてはまらない。イエシュアはこれまでだれひとりとして傷つけていない。だが、イエシュアはこの世のすべての人たちのために血を流すことになるであろう。予言でそう伝えられている。

D　（霊界で）その様子をあなたと一緒にみている存在たちはいるのでしょうか？

S　ここには大勢の存在がいる。

イエスが磔刑されたとき墓がひらいて多くの死者たちの霊が出てきたと伝えられている。また、それらの死者の霊はたくさんの人たちの前に現れたとも聖書に記されている*3。もしやその人々がみた死者の霊は、スディーと一緒にみていた霊（スピリット）たちのことなのだろうか？　これほどまでの大きな事象は人々の感覚までも敏感にさせるのかもしれない。その結果、人々の霊的知覚や霊的感性が高まった可能性も考えられる。

S　地上でも何百もの人間たちが見物している。多くは……恐怖に満ちた顔をしている。彼らはイエシュアのことを愛しているからだ。愛すべき存在であるイエシュアがなぜこのような仕打ちに合わなければならないのか、どうしてこのような事態に陥ってしまったのか、彼らはまったく理解できていない。

スディーは悲壮感に満ちた声で話した。その顔はいまにも涙があふれ出てきそうだった。わたしは「あまりに辛いのであれば、その状況を客観的に観察するだけでもいいですよ」という指示を与えた。にもかかわらず、スディーはあふれ出てくる感情を抑えきれなかった。わたし自身はこの状況を冷静に観察しなくてはいけないと思い、客観的な立ち位置でいることを心がけた。少しでも苦しそうな兆候が現れたら、すぐさまケイティを催眠状態から覚醒させようと思っていた。たとえどんな話であろうとも、クライアントの心身の健康を危うくさせるほどの価値はないからだ。

セッション中、わたしは被験者を観察することに没頭しているため、被験者が感じている強烈な感情やその衝撃の大きさは、セッションを終えたあとテープ音源を再生したときに気づくことが多い。そのときはじめて、わたしの心も彼らと同じように激しく揺さぶられ、彼らの言葉の奥に潜んでいた感情を知覚することができるのだ。

D いま、イエシュアがどのような気持ちでいるのかわかりますか？

S とても穏やかだ。多くの苦痛から自分自身を解放することができている。イエシュアは苦しみを感じていない。それがわかっただけでも……いくらかは救われた気持ちになる。

D イエシュアにその能力が備わっていてよかったですね。その苦痛を与えている人たちに対して、イエシュアはどんな気持ちでいるのでしょうか？

S 大いなる愛を感じている。自分たちがしていることに、彼らはまだ気づいていないからることを*5。

だ*4。しかしイエシュアはわかっている。多くは自分たちがしていることに気づく日がく

スディーはいまにも涙がこぼれ落ちそうだった。その現場で、この事態を目撃しているのは一目瞭然であった。その様子が手に取るように伝わってきた。

D 少し時間を進めます。そして、なにが起きているのかわたしたちに教えていただけますか？（みるに堪えない場面であるのはわかっていたため、わたしはスディーが耐えられるようにできるかぎり工夫をした）もし、みるに堪えられない場面が出てきたら、そこは飛ばしてもいいです。さきほどもいったように、これはとても重要な事象です。このことは世界中の人たちが知るべきだと思います。そう思いませんか？（スディーは感慨深げに「そうだ」といった）。これはこの世のすべての人たちが知るべき事象であり、情報だと感じています。なにが起きているのか、わかるかぎりでいいので教えてください。

S イエシュアは十字架を背負いながら道を歩いている。とても重い十字架を背負わされている。十字架が重すぎるため、イエシュアは倒れてしまった（ゆっくりと説明している。イエスが一歩一歩を進んでいるのを目撃している様子が伝わってきた）。いま、道路際に立っ

ていた人たちが数人駆け寄ってきた。そしてイエシュアが起き上がるのを助けている。背負っている十字架の重さを軽減させるため、兵士が「運ぶのを手伝え！」と近くにいる人に指令している。

D それは兵士に指令しているのですか。それとも群衆のなかのひとりにいっているのでしょうか？

S 群衆のなかから選ばれた。

D その選ばれた人は、どう感じているのでしょうか？

S イエシュアの負担を軽くできるのならば、どんなことでもする気でいる。いま、彼はイエシュアの助けとなったことに、喜びの気持ちでいっぱいになっている。

D その現場を目撃している群衆たちはどう感じているのでしょうか？

S みんな泣いている。群衆のなかには「自分自身を救うことはできないのか？」と野次を飛ばしている者たちもいる。だが、ほとんどの人たちはたとえだれがなんといおうとも……（深い深呼吸をした）人間特有の弱さをみじんも感じない、とてもすばらしい人物であることを知っている。イエシュアは世俗的な日々の悩みや呪縛から解放され、超越することができている。いま、十字架が地面に寝かされた。その十字架にイエシュアが磔（はりつけ）られ、手と足が結びつけられた。そして……釘でイエシュアの肉体を十字架に打ちつけている。（数回、深い深呼吸をした）まるでこの世がバラバラに引き裂かれたようだ。澄みわたっていた青空が、暗黒色に染まりはじめた。徐々に世界が暗闇に襲われている。（大きく深い深呼吸をした）二人の男とともに、イエシュアの十字架が立てられた。その中心にイエシュアがいる。ここは町のはずれにある坂の頂上だ。（坂の頂上のため）ここはどの位置からでもみられる場所だ。

D　どうして雲が現れているのですか？　空を暗闇に染めあげているのは、あなた側（霊界）がそれを引き起こしているのですか？

S　まるで世界が「これは絶対にまちがっている！」と泣き叫んでいるようだ。（すごく深い深呼吸をした）いま、イエシュアは……神に赦しを求めている。

D　なぜですか？　イエシュアはなにも悪いことをしていないのに。

S　（長い沈黙のあと、ささやくような声で）わかっている。イエシュアは「アッバよ、彼らをお赦しください。彼らはなにをしているのか、わかっていないのです」と人間の無知のゆえの愚行に対し、神の赦しを求めている。

D　ほかの十字架に磔られている二人の男たちは、正真正銘の重罪人なのでしょうか？

S　そうだ。正確な言葉はわからないが、男のうちのひとりがイエシュアに話しかけた。もうひとりの重罪人がイエシュアのことを罵（ののし）り嘲（あざけ）ったからだ。そのイエシュアに話しかけた男が「この人はなにも悪いことをしていないのが、お前にはわからないのか？」と毅然といい放った。すると、イエシュアは話しかけた男に向かって「あなたは今日……わたしとともに王国にいるであろう」と語りかけた*6。

D それはいったいどういう意味なのでしょうか？

S その男もイエシュアとともに神の王国に行くという意味だ。だれもがこのような機会に恵まれるわけではない。ぎりぎりではあったが……その男は人生最後の瞬間に真実に気づくことができたからだ。

D 十字架に磔（はりつけ）られてるイエシュアの身体になにか異変を感じますか？　イエシュアの身体に「なにか」つけられているのでしょうか。または十字架に「なにか」つけられていますか？

このとき、走馬灯のようにこの世にあるすべてのイエスの写真や銅像の姿がわたしの頭のなかを駆け巡っていた。

S イエシュアの頭上に「この男がユダヤ人の王だ」と書いた戒めの札が掲げられている*7。二人の男たちにはそれぞれの名前と犯した罪が書かれている。

D そこにはなんて書かれているのですか？

S （話を中断して、札に書かれた文字を読んでいる）彼らの名前はよくわからないが……

右側の札には窃盗罪と書いてある。どうもだれかの家からなにか盗んだようだ。左側の札には殺人罪と書いてある。

D どちらの罪人がイエシュアとともに王国へ行くのですか?

S 窃盗罪のほうだ。

D イエシュアの身体の状態になにか変化を感じますか?

S 十字架に釘づけされる前は……イエシュアの肩に袖なしの外套がかけられていた……そしてイエシュアの頭にはいばらで編んだ冠がかぶせられていた。しかし十字架に磔られたとき、それらは取り除かれた。

D イエシュアが十字架に磔られたあとは、もうその頭にはいばらの冠はつけられていないのですか? (キリストが十字架に磔られている絵にはいつも頭にいばらの冠が描かれている)

S もうついていない……。いま、兵士たちが十字架の足元でくじ引きをしている。これは習慣だ。彼らは重罪人たちの持ち物をいつもこのようにしてわけ合っている。くじ引きで勝った者が、重罪人の衣服や諸々を手に入れるのだ。まだ……昼なのにもかかわらず、空がまっ暗闇になった。それでもなお、イエシュアの魂は強く光り輝いている。唯一、この暗闇のなかできらめく光となった。もうすぐ安息日になる……死を確認するため、兵士のひとりが窃盗罪人の身体に槍を突き刺した[8]。

D もうすぐ安息日だから、とはどういう意味なのでしょうか?

S 重罪人たちの亡骸は安息日には必ず十字架からおろされる。何時に処刑されようとも例外はありえない。十字架に磔になるということは、十字架の上で死ななければならないということだ。十字架の上で死ぬにはだいたい数日はかかる。そのため槍で突き刺して十字架からおろす前に死んだか確認する。死亡を確認したあと、ようやく十字架から亡骸をおろすことが許可されるのだ。

D ということは、兵士たちは彼らのことを殺しているのでしょうか?

S 空が暗闇に包まれてきている。安息日は夕暮れどきにはじまるからだ。通常なら、まだこの時間は安息日ではないが、すでに空が暗黒色に染まりはじめているからだろう。

D そうですか。だから、彼らを殺さなくてはいけないのですね。再確認してもいいですか? 安息日には十字架から亡骸がおろされていなければいけないのですね?

S そうだ(唐突に)いま、イエシュアが行った! たったいま、イエシュアが肉体から離れた！

D　え？　兵士はイエシュアのことも殺さなければならなかったのですか？

S　イエシュアは殺されていない。イエシュアの魂が肉体から離れた瞬間、頭が垂れさがった。それをみて、兵士たちは驚いている。まさかそんなにすぐに死ぬとは思っていなかったからだ。兵士たちはイエシュアが死んだことを確認するため、イエシュアの脇腹を槍で突き刺した。いま、その脇腹から血がゆっくりと流れ落ちている。

D　イエシュアが死んだことを確認したいからですか？

S　そうだ。

D　いま、イエシュアの魂はどこにいますか。自分の亡骸の近くにいるのでしょうか？

S　イエシュアの魂は母親の側にいる。その場から母親は歩き去ろうとしている。だが、彼女もイエシュアの気配を感じている。

D　母親のマリアはイエシュアの魂を感じているだけですか。それともイエシュアの姿がみえているのでしょうか？

S　そこまではわからない。が、イエシュアが自分の近くにいるのを感じている。

D　イエシュアは、あなたがいる世界（次元）にこれからもずっといるのでしょうか？

S　しばらくはいる。しかし、そう長くはいない。やられればならないことを終えたあと、その先へ進んでいく。

D　これからイエシュアの亡骸はどうなるのですか？

S　いまはまだ十字架に吊るされている。くわしいことはわからないが……予言では地球が震えると伝えられている。いま、人々の多くは恐怖に満ちた顔をして逃げまわっている。重大な罪を犯してしまったことに気づいたからだ。彼らは「地球の地面が揺れているぞ」と叫んでいる。

D　（霊界にいる）あなたもその振動を感じているのですか？（スディーは首を横にふった）わかりました。それでは時間を先に進めましょう。あれからイエシュアの亡骸はどうなったのでしょうか。そこからみえますか？

S　ヨセフがイエシュアの亡骸を引きとりたいとヘロデに申し出た。そしてヘロデが総督ピラトにその旨を伝えた。その結果、ピラトがイエシュアの亡骸を引きとる許可をヨセフに与えた。

D　なぜヘロデが許可を出せないのでしょうか？

S　ヘロデはヨセフに許可を与えることはできない。イエシュアを処刑にしたのはローマ帝国だからだ。その許可を出す権限はピラトが持っている。

D　ヨセフとは、イエシュアの叔父のヨセフですか？

S　そうだ。ピラトが叔父のヨセフに許可を与えた。そしてようやくイエシュアの亡骸は十字架からおろされ、墓に葬られた。

D　イエシュアはだれの墓に葬られたのでしょうか？

S　ヨセフの墓だ。もともと、用意されていた。

D　それはヨセフが自分のためにつくった墓なのでしょうか？

S　いや、イエシュアのためにつくった墓だ。

D　ヨセフはこの事態が起きることを予知していたのですか？　それともイエシュアがヨセフに伝えたのでしょうか？

S　これはだれもが知っていたことだ。

D　これから、彼らはなにをするのですか？

S　これから香油を亡骸に塗る。そしてお香を炊く。それからイエシュアの亡骸は亜麻布に包まれる。その後、墓の入り口を石で塞ぐ。

D　墓は塞がれるのですか？

S　そうだ。

あの高ぶっていた感情は完全におさまっていた。どうやらスディーにとって一番の苦しみは最愛の友人が傷つけられ、屈辱を味わいながら殺されるのを見届けることだったようだ。スディーの声色ももとに戻っていた。

D　これからなにが起きるのでしょうか？

S　この三日間はなにも起きない。このままの状態が続く。しかし三日後にすべてが消滅する。

D　それはイエシュアの亡骸が消滅するという意味ですか？

S　そうだ……あまりくわしくはないが、そういう現象を起こす方法がある。

D　それはいったいどう意味ですか。イエシュアの肉体も〈死ぬ〉という意味ですか？

S　すでに肉体は死んでいる。したがって、もう肉体は必要ない。いうならば最初から……そこになかったかのようにする方法がある。これ以上、どう説明すればいいかわからないが。

D　え？　あなたはその方法を知らないのですか？

S　その専門のマスターだけが知っている。

D　それはイエシュアの「亡骸そのもの」が消滅するという意味なのでしょうか？

S　そうだ。塵と化し……まるで存在しなかったかのように消滅する。

D　イエシュアの亡骸を消滅させるのは霊界にいるマスターがするのでしょうか。それとも地上界にいるマスターが行うのでしょうか？

S 霊界にいるマスターたちだ。

D なぜそんなことをする必要があるのですか？　どうして亡骸ごと消滅しなくてはけないのでしょうか？

S イエシュアは三日後に復活すると予言で伝えられているからだ。イエシュアが復活したことを証明するには、亡骸が保管されていた墓のなかを空っぽにしなくてはならない。だが、墓のなかから亡骸を運び出すことはできない。また、イエシュアの仲間たちは……亡骸を消滅させる方法を知らない。すなわち、こちら側（霊界）からするしか方法は残されていないのだ。

D イエシュアが自分自身で消滅させたのではないのですか？　それでは亡骸を消滅させたとき、イエシュアはどこにいたのでしょうか？

S イエシュアは霊界のマスターたちと一緒にいた。彼自身もマスターとともに自分の亡骸を消滅させる手助けをした。

D イエシュアの力とマスターたちの力が合わさったからこそ、その現象を起こすことができたのでしょうか？

S そうだ。互いの力を合わせたからこそ成し遂げることができた。

D　なんだかとてもむずかしそうです。高度に熟練した技能を持っている人でないとできない感じがします。

S　マスターたちとの共同作業だったからこそ成し遂げられたのだ。あいにく、私は亡骸を消滅させる方法を知らないが。私の能力は、その段階まで達していないからだ。

D　彼らは亡骸を跡形もなく消すことができたのでしょうか。イエシュアの亡骸は跡形もなく、消えてしまったのですか？（ことの詳細を理解しようと必死だった）

S　そうだ。亡骸を跡形もなく消滅させた。

D　そうですか。亡骸は完全に消滅させたのですね。ところで、ピラトか、ほかのだれかが、そのような事態が起きないように見張りを……。

S　（わたしの言葉を遮って）もちろん、見張りはつけられていた。彼らは「予言」のことを知っていたからだ。イエシュアが救世主だといわれていたことも心得ていた。ゆえに、墓の前に番兵がおかれたのだ。

どうやらこの話は、大昔からずっとまちがって解釈され、いい伝えられてきてしまったようだ。おそらくイエスやマスターたちは肉体でさえも時間と空間を超越できることを示したかったのではなかろうか。イエスの墓はしっかりと封印されていた。その墓の前には番兵もつけられていた。普通に考えても、亡骸を取り出したり、盗み出したりすることなど絶対に不可能な状況だった。たしかに、そのような状況下で亡骸を消滅させるには超常的な力を使うしか方法はなかった。イエスは、弟子たちに空となった墓をみせ、超常的な力が存在するということを証明したかったのかもしれない。また、この世に超常的な力が存在するだけでなく、イエス自身も超常的な存在だという証跡を残すために自分の亡骸を消滅させたのだろう。

D　予言で「イエシュアが復活する」と伝えられているといっていましたが、彼は本当に復活するのでしょうか？

S　当然だ！　復活するに決まっているではないか！　イエシュアは以前となにも変わっていない。これこそがいわゆる「復活」ではないのか？　イエシュアは塵と化した亡骸から離れたあとも、まったくなにも変わっていない。これこそ蘇生した証だ。

D　多くの人たちは「肉体そのもの」が蘇ると思っています。以前、あなたが話してくれたラザロみたいに。

S　ラザロは普通の人間だ。しかしイエシュアは救世主だ。救世主の目的は、生命には続きがあることを示すことだ。もとの肉体に戻ることを証明することがメシアの目的ではない。イエシュアの目的は魂には続きがあることを証明することだ。地上界だけでなく、ほかの世界も存在していることを人々に示すためなのだ。

D 多くの人たちはイエシュアが肉体を持つ人間として再び蘇ってくると信じています。彼らは予言をそのように解釈しています。

S そのような思想は徹底的に破壊しなければならない！　彼らに、この「ほかの意味合い」を知らせる必要がある。

D このさき、なにが起きるのでしょうか。イエシュアの亡骸が消えたことが発覚するのですか？

S 亡骸に香油を塗布するユダヤの伝統的な風習がある。二〜三日後に香油の塗布を再び行わなくてはならない。その儀式のためにイエシュアの母親とその従姉妹がやってきて、番兵たちは墓をあけなくてはならなくなる。そのとき、イエシュアの亡骸が墓のなかから消滅したことが発覚するであろう。

D そのとき、イエシュアの母親も一緒に行ったのですか？

イエスの墓を訪れた女性のひとりがイエスの母親だったとは聖書にはどこにも記されていない。実際、福音書によって明記されている名前がちがっている。しかし、イエスの母マリアの名前はどこにも記載されていない。聖書にはマグダラのマリア、小ヤコブの母のマリア、そのほかのマリアとだけ記されている*9。

D　数日間保管されていた亡骸を目にするのはとても辛いことのように思えます。そのような行為ができるのは、ものすごく深い愛があるからとしか思えません。

S　その深い愛の儀式をだれよりも喜んで率先して行えるのは母親だ。そうですよね？

D　その塞がれていた墓をあけたのはだれなのでしょうか？　そう思わないか？

S　番兵たちがあけた。

D　イエシュアの亡骸が消滅したのをみて、彼らはどんな反応を示したのでしょうか？

S　当然ながら、彼らは気づかない間に亡骸だけがこっそりと盗まれたと思った。それが普通の反応だろう。ほかに考えがおよぶとでも？　現場には血のついた麻亜布だけが残されていた。それ以外はそのままの状態だったからだ。

D　墓に破損の痕跡はあったのでしょうか？

S　いっさいなかった。

D　イエシュアの亡骸が墓から消滅したことを知ったとき、母親のマリアはどう思ったのでしょうか？

S　イエシュアは別の世界へと旅立ったと思った。母親はもともとそうなることを知っていた。

D　イエシュアは早々に別の世界へと旅立ったのでしょうか。（墓があけられた直後は）まだ地上界にいたのでしょうか？

S　しばらくは地上界にいた。それは弟子たちや愛してくれていた人たちのもとを訪ねるためだ[*10]。彼らに「うろたえるな。これはいままでわたしが説いてきたことではないか。それを証明しにきた」と告げに行った。イエシュアは弟子たちに〈自分の説いた言葉〉が真実であることを示さなければならないからだ。それを証明するためには、自分は「まだ存在している」ということを彼らに示す必要があるのだ。

D　まるでイエシュアが彼らに話しかけたかのようにいっていますが、弟子たちはイエシュアの姿がみえたのですか？　もしくは声が聴こえたのでしょうか？

S　当然だ。弟子たちも透視や透聴の能力が開花している。能力がある者はみなイエシュアの姿がみえたり、声が聴こえたりした。

D　まるで「生身の人間」のようにみえたのでしょうか？

S　姿はみえてはいるが……生身の人間とは少しちがうようにみえる。地上で生きていたときのような肉体を持つ姿ではなく……「光の存在」のようにみえるといったらいいかもしれん。その身体に触れようとしても、スーッと手がすり抜けていってしまうような感じだ。

D　でも、彼らにはイエシュアの姿がはっきりとみえているのでしょうか？

S　まるで本当に存在しているかのようにはっきりとみえている。

D　霊（スピリット）となったイエシュアの姿になにか「印」はついていますか？（磔の際に刺された釘の痕跡のことがわたしの念頭にあった）[*11]

S　印はついている。霊（スピリット）となっても、しばらくの間はそのような痕跡は残る。その痕跡こそ「イエシュアが復活した」という証になる。（傷跡があることで）イエシュアが救世主であるということを疑っていた者たちに対し、その疑いを晴らすことができるからだ。

D　（弟子たちのなかで）イエシュアのことを疑っていた人がいるのでしょうか？

S　だれでも多少なりとも疑いの気持ちがあるものだ。そう思わないか？　それが人間の性というものだ。

D　傷跡を残したのは、イエシュアが救世主であるということを証明するためですか？

S　そうだ。

D　ほかにもイエシュアをみた人はいるのでしょうか？　わたしはさまざまな説を耳にしました。なかにはイエシュアが生身の肉体で現れ、地上を歩いたのを目撃した人もいたと聞きました[*12]。

S　彼らは生身の人間としてのイエシュアをみたわけではない。彼らはイエシュアの本来の

「魂の姿」をみただけだ。

D　イエシュアの亡骸は完全に消滅したのですか？

S　そうだ。塵灰（じんかい）と化した。

D　そうですか……灰と化したのですね。その説のほうが、納得できます。

聖書のなかに出てくる天使が現れて墓石を転がした話は、もしかすると番兵たちが自分たちの面子を保つために捏造した話なのかもしれない。遠い昔からこの話が伝えられていく過程で「イエスの復活」の本当の奇跡はなんだったのか。おそらく不明瞭になって伝えられていったのだろう。イエスは肉体が滅んだあと、霊（スピリット）となった姿で現れた。これはあくまでもわたしの意見ではあるが、それこそがイエスが起こした本当の奇跡なのだ。イエスは肉体が滅んだあとでも、生命が存続することを証明したかったのだ。イエスの姿が多くの人たちに目撃されたのは、彼らに「死後の世界」があるということを示したかったからなのだ。年月が経ちキリスト教の教義の内容は変わっていってしまった。その過程のなかで、このもっとも重要な主題「死んだあとも魂は生き続ける」という教義の内容が、いつの間にかほかの主題へとすりかわっていってしまったのだろう。スディーもいっていたように、現に何百人もの人々が死亡通告を受けたあと再び肉体に戻って生還している。教会が大げさにいうほど、これはそれほどめずらしい現象ではないのだ。おそらく霊界のマスターたちは「肉体がすべてではない」ということを示したかったのだろう。

D 以前「光の存在」のことを話してくれました。光の存在とはどういう意味なのでしょうか。肉体を離れたら、だれもが「光の存在」となるのでしょうか？

S 光の存在と化す者もいる。輪廻転生の最終段階を終えた魂だけが光の存在となることができる。彼らは、じきに神のもとにいける存在たちだ。彼らは人間の手助けをする存在だ。さまざまな方法で人間を導き、人間が地上界で生きていくための〈道〉を示してくれる存在でもある。

D イエシュアはどうなったのでしょうか？

S マスターや我々の神がいる世界に戻っていった。知ってのとおり、イエシュアは神そのものでもあるからだ。

D 神のもとへ戻るのを目撃した人はいますか？

S その場にイエシュアの母親がいた。そのとき、母親は光が重なり合ったのをみたらしい。そして、その光は瞬時に消滅したと伝えられている。

D イエシュアはほかの次元領域に行ったのですね。このような表現を使っていいでしょう

か？

S　そのとおりだ。

D　いま、イエシュアはどこにいるのでしょうか。あなたがいる領域にいるのですか？

S　この領域にはいない。イエシュアはほかのマスターと一緒の領域にいる。私がいるこの次元は、そこまで高次元な領域ではない。

D　イエシュアがいる次元は「何次元の世界」なのでしょうか？

S　イエシュアは九次元界にいる。しかし、そこは十次元にとても近い領域といっていいだろう。

D　宇宙には何次元界まであるのでしょうか？

S　十次元界まである。そこは完璧な世界だ。

D　イエシュアが九次元の世界にいるのであれば、あなたはもう彼に会えないということなのでしょうか？

S　イエシュアがこの次元に降りてこないかぎりは、もう会うことはない。

D　そうですか。その後、イエシュアの姿を「みた」ことがある人たちがいるという話を耳にしたことがあります。

S　疑う余地はない。

D イエシュアが地上界から離れて何年も経ってから「イエシュアの姿」をみたという人たちもいます[*13]。

S 我々にとっての一年は瞬時のようなものだ。（地上界では何年も経過しているかもしれないが）イエシュアにとっては一瞬のできごとだ。彼らが何年も経ってから「イエシュアの姿をみた」というのもありえない話ではない。そう思わないか？

D イエシュアは地上界の人間に姿を現してくれるのですか？

S イエシュアがその人間の前に「姿を現したい」と思えば現れる。イエシュアが姿を現わす場合は、その人間にとって〈イエシュアの姿をみる〉必要性があるからなのだ。もしかすると、その人間はイエシュアの存在を信じきれていないのかもしれない。そのような人間の前には姿を現す価値があると思わないか？ 自分が本当に存在しているということを彼らに証明するために、イエシュアは姿を現してくれているのであろう。

D 彼らの信仰を強めるためですか？

S （スディーは理解させられない自分に苛々していた）説明するのがとてもむずかしい。イエシュアの姿をみるという「大きな役目」が、その人間に与えられていることがある。たとえばそれはイエシュアが実在しているということを人々に広めるためなのかもしれない。そのような役目がある人の前にはイエシュアは姿を現すと思わないか？ 彼らが信じているものが「本当に存在している」ということを証明するために。

D　イエシュアは九次元の世界で多忙をきわめていると思っていました。わざわざ自分の姿を人間にみせるためだけに、この地上界に降りてくるとは思ってもみませんでした。

S　イエシュアは人間のことをとても気にかけている。人間のことを大事に思っていなければ、そもそも最初から地上界に降りてはいかない。

D　なぜイエシュアの死にかたが「磔刑」だったのでしょうか。その理由を教えてくれますか？　わたしたちの時代のこの地上界では、イエシュアは「わたしたちの罪のために死んだ」といわれています。また、それに反論する意見も出ています。自分自身の行動や言動の責任はすべて自分にあるという意見です。やはり自分自身の行動の責任はすべて自分にあるのではないでしょうか？

S　（ため息をつく）これは答えるのが非常にむずかしい質問だ。

D　いろいろな解釈のしかたがあるとは思いますが……。

S　おそらくいろいろな要因が重なり合ったことで「人間が犯した罪のために死んだ」といわれているのだろう。イエシュアは世間から嘲笑され、屈辱を味わうために磔にされたのだ。嘲笑や屈辱などを乗り越えて、無我の境地に到達するためだ。我々もイエシュア同様に無我の境地に到達することができるということを示すためだった。また、人々に示すだけでなく、それを体験するのがイエシュア自身の学びでもあった。イエシュアは弟子や民衆が思っているほど完璧な存在ではなかった。磔刑になることでイエシュアは自分に課せられていた罪を償ったのだ。そして、世間に対し、自分たちに課せられた罪を償うことに恐れを抱く必要はないということを示したのだ。罪の代償を支払う[14]ことで、我々にも超越できるということを。これが磔刑になった理由のひとつだ。イエシュアはどんな人間であれ、それらをすべて乗り越えることができるということを表現したかったのだ。

D　イエシュアは「全人類の罪のために死んだ」といわれているのは、いったいどういう意味なのでしょうか。なにをいっているのかさっぱりわかりません。なぜイエシュアは全人類の罪を背負わなければならないのでしょうか？

S　他人が犯した罪のためにイエシュアが死んだわけではない。自分の罪の代償は自分で払うだけだ。今回の人生で代償を払えなければ、来世で払うことになる。もしくは来来世かもしれない。いずれにせよ、だれかを傷つけた罪の代償は、最終的に自分で刈りとらなければならないのだ。

D　ということは、イエシュアの死は人間が犯したすべての罪を消滅させたわけではないのですね？

S　（イエシュアの死で）恩寵（おんちょう）の法則が発動した[15]。しかし、それはイエシュアが人間の罪を背負ったからではない。人類は、イエシュアのことを「神の使者」だと受け入れ、その価値を認めることで〈神の恵み〉を受けとることができる。恩寵の法則は、人間に対する神の愛を信じることで発動される。人間の犯した罪の代償で、イエシュアが死んだからではない。神の愛を信じることで、だれもがその恵みを受けとることができるのだ。

D その意味を人々が誤解をしているということなのですね。

S その可能性は大いにある。人間は多くのことについて誤解している。

D だれもがイエシュアのような人格者になれるように心がけて生きる必要があると思います。イエシュアを闇雲に崇拝するというのではなく、イエシュアの生きかたを模範にするという意味です。この解釈は正しいですか？

S それは正しい解釈だ。イエシュアは神のごとく崇拝する価値のある存在ではある。もうその域に達している。イエシュアは我が身をもってそのことを証明した。たしかにイエシュアは驚くべき存在ではあるが、イエシュアのことを闇雲に崇めてはならない。また、イエシュアのことを神格化してもいけない。我々も神の一部であるからだ。

D イエシュアは崇拝されたいのでしょうか？

S 人々の記憶に残りたいと思っている。だが、地上界の人間が想像しているような記憶の残りかたは望んでいない。どちらかといえば自分のことを「ガイド」、または「守護天使」

のような人類を導く存在に思われたいと思っている。人間が本来持っている大いなる力を発揮できるよう、そして悟りの境地へと導く手助けをする存在だ。人々の霊性を高め、みえない領域をも知覚できるように手助けをしたいと願っている。イエシュアは自分のことを人間が困ったときにアドバイスを与えられるヘルパーかガイド、もしくは親友のような存在だと感じている。

D 多くの人間はイエシュア自身が「大いなる神そのもの」だと思っています。そのような人たちはイエシュアのことを〈人間〉としてみることができないと思います。

S 我々のだれもがみな神の一部だ。そのことに気づいている人間と気づいていない人間がいる。イエシュアには「己が神の一部である」という自覚があるだけだ。だからといって、イエシュアのことを神そのものだと思い、彼のことを神格化するのはまちがっている。

D わたしも同感です。でも、残念ながら、未来の人類の多くがイエシュアのことを神格化しています。また、イエシュアの母親であるということだけで、母親のマリアのことも神として崇めています。

S イエシュアのことを崇めていても、彼らがイエシュアのような「生きかた」をしているのであればいい。しかし、イエシュアのことを崇めながら「自分たちが犯したどんな罪も赦してくれる。イエシュアは悟りをひらいているかただから」といい、やりたい放題に生きるのはとんでもないまちがいだ。たしかにイエシュアの意識は目覚めていた。母親のマリアもいろいろな意味で意識が高かった。だが、だれもがその域まで到達することができるのだ。多くの葛藤の末、だれもが到達することが可能である。

D イエシュアはわたしたち人間に「自分の頭で考えてほしい」と思っているのでしょうか。それとも「盲目的に従ってほしい」と思っているのでしょうか？

S 絶対に盲目的に従ってはならない！ 常に疑問を抱くことだ。自分自身の頭で考えることで、その答えの価値を高めることになる。それは自分の頭で必死に考えて「導き出した答え」だからだ。ただ「与えられた答え」よりも、それははるかに価値が高いのだ。疑問を抱かない人間には信念がない。疑問に思うことで、物事のさまざまな角度や可能性を考慮する必要がある。さんざん考えた末に出した結論であれば、そこには強い信念が生まれる。そのような過程を経て出した答えだけが「信じる価値があるもの」となるのだ。

D 「質問すること」や「疑問を抱くこと」は……悪魔の業だといっている人たちがいます。あなたがいる世界にも悪魔のような存在はいますか？

S （ため息をつく）悪魔なんてものは存在しない！ （頑固な子どもを説得するように強く優しい口調で）だれもが二面性を持っている。どんな人間でも良い面と悪い面の両方が内在しているからだ。その悪い面が顔を出すと悪いことをしてしまい、良い面が顔を出すと他人やさまざまなものを思いやることができるだけなのだ。たしかにこの世のすべての人間が善人というわけではない。とにかく外見で判断してはならない。たとえ笑顔を浮かべていたとしても、もしその人間が君の背中にナイフを突き刺していたとしたら、その人間のことを君はどう思う？　自分の頭でしっかりと考えなくてはいけない。そして、信念を持つことだ。いろいろ考えた末に「導き出した答え」も同時に考慮しなくてはならない。なんだか相反する考えのように思えるかもしれないが……そうではないのだ。

自分が確固たる信念に基づいて話しているのにもかかわらず、わたしたちが理解できていない様子に苛々している感じがした。なんとしてでも理解させたい、どうにか理解させることはできないものかとスディーは必死になって説明していた。

D　ちゃんと理解できています。あなたはものすごく上手に説明しています。それでは、わたしたちが「知識」を得たときに、その知識が真実であるか否かをどのようにしてたしかめればよいのでしょうか？

S　（ため息をつく）真実は……真実というものはときに哀しみを与える。しかし、それが本当に真実であれば、君のなかにある意識の深い部分で「これが真実だ」と確信できるはずだ。まず、自分の心をひらく必要がある。真実か否かの答えは、自分の心のなかにある。自分の意識の根底にある部分（潜在意識）から、だれでも「その答え」を得ることができる。

D　新しい知識を得たとき「その知識はまちがっている」などと批判してくる人たちがいます。

S　その知識はだれかのことを傷つけているのか？　もしくはだれかに害を与える知識か？　まずそれらを考慮する必要がある。ときに「真実」は哀しみを与えるかもしれない。だが、だれかのことを傷つけるような知識はまがいものだ。もし、だれにも危害を加えない知識であれば、その知識を深く追求するがよい。そして真実を探し出すのだ。さらに、その知識を得ることで「どんないいことがあるのか」を考慮するといいだろう。

D　あなたが生きていた時代、シナゴーグやさまざまな宗教で「質問してはならない。ただ受け入れなさい」と説教していたと聞きます。

S　たしかに多くの指導者たちはそのようなことをいっていた。

D　でも、あなたが属していた〈エッセネ派〉はちがいますよね。ほかとは異なり、自分自身に問いかけることを推奨しているのですね？

S　まさに、そのとおりだ。

D　質問があります。キリストは、また地球に再来するのでしょうか？

S　イエシュアは再来する。

D　未来の人類も、キリストがいつ再来するかの情報を得ることができるのでしょうか。あなたの時代は「誕生する時期の予言」が告げられました。未来の人類にもそのような予言が告げられると思いますか。それとも、キリストは突然出現するのでしょうか？

S　だれかに予言が告げられる。前もって、誕生の日時を知る人間が出てくる。

このセッションの間、ケイティはものすごく苦しそうにしていた。磔刑の様子を伝えているとき、ケイティの身体はカチコチになり、感情を高ぶらせていた。そして、（磔刑されている様子は）みるに堪えないとばかりに顔を反らせていた。ところが、催眠から目覚めると「催眠中のできごと」はいっさいなにもおぼえていなかった。彼女の記憶からすべて消え去っていた。

今回のセッションの内容は、大きな論争を巻き起こす引き金となってしまうかもしれないが、この内容をそのまま受けとめ、検証の対象として扱ってくれることを願っている。なぜなら、これはわたしたちの文明のなかでもっとも重要な事象のひとつだからだ。ここに記されている内容も、その重要な事象の新たな視点のひとつとして捉えてほしい。

なによりもわたしが一番驚かされたのは、これらのセッションの内容の不正確さではなく、正確さだった。また、セッションの内容に驚かされるだけでなく、「聖書」自体も奇跡的な書物だということに気づかされた。二千年の時を経ても、聖書という書物が損傷せずに生き残ることができたということ自体がまさに奇跡なのだ。実際、聖書は膨大な量の知識を失った暗黒時代をも乗り越えた。さまざまな翻訳者や筆者も経てきた。聖書のなかに記されていた内容が意図的に除外されたり、新たな内容が包含されたりもした。それでも、いまの時代まで聖書は生き残ったのだ。理性的で思慮分別のある人は聖書に記されている内容が一字一句正しいとは信じていないだろう。近年の歴史教科書や歴史書物の内容もかなり矛盾した点が多いことを知っているからだ。現代の報道でさえも、それを伝えている記者の視点によってその内容がちがっている。ゆえに、互いに粗探しをしていい争うのではなく、この話が時代を経ても生き残ったこと自体にわたしたちは感謝の気持ちを持たなくてはならない。聖書は時代を超越して生き残った書物なのだ。まさに聖書は「神さまからのギフト」だといっても過言ではない。

訳注

＊1　バラバ：ユダヤ人の囚人。恩赦を受け、イエスの代わりに釈放された。
＊2　イスカリオテがイエスを売った：マタイ福音書　26：14～16
＊3　墓から死者が出てきた：マタイ福音書　27：51～53
＊4　彼らはわかっていない：磔刑の際、イエスが放った言葉。（ルカ福音書　23：33～35）

＊5 あとで気づく日がくる：ヨハネ福音書　13：7

＊6 イエスの言葉：聖書には王国ではなく「私と一緒に楽園にいるであろう」と記されている。（ルカ福音書　23：43）

＊7 イエスの頭の上の文字：絵画や銅像でのキリストの頭上に「INRI」と書かれてある。これはラテン語の「IESUS NAZARENUS REX IUDAEORUM」のことで「ユダヤ人の王、ナザレのイエス」と訳される。自らを神の子、ユダヤの王と称し、神を冒瀆した罪状をさす。「キリストの磔刑」において十字架の上に掲げられた罪状書きである。

＊8 窃盗罪人の身体に槍を突き刺した：スディーは窃盗罪人のことを刺したといっているが、聖書には兵士が彼らの足を折ったが、イエスはもう死んでいたため、イエスの足は折らなかったと記されている。（ヨハネ福音書　19：29～34）

＊9 イエスの墓に行った女性たち：マタイ福音書　28：1／マルコ福音書　16：1～2／ルカ福音書　24：1～3／ヨハネ福音書　20：1

＊10 イエスが弟子・人々の前に現れる：
弟子たちと使徒トマスの前に現れる（ヨハネ福音書　20：19～29）
マグダラのマリアの前に現れる（ヨハネ福音書　20：11～18）
五百人の人たちの前に現れる（コリント人への第一の手紙　15：6～8）

＊11 イエスの体に傷跡：ヨハネ福音書　20：25～28

＊12 イエスが地上を歩いていた：ルカ福音書　24：13～31

＊13 何年も経ったあとイエスの姿をみた：聖書には磔刑直後の日曜日の朝（マタイ福音書　28：1～10）

日曜の午後（ルカ福音書　24：15～34）日曜の夜にみた人の話（ヨハネ福音書　20：19～23）、一週間後にみた人の話（ヨハネ福音書　20：26～28）が記されている。

ドロレスがいっているのは「何年も経ったあとイエスが現れた話」のことだが、それらは個人的にイエスをみた人たちの話なのかもしれない。聖書に記されている話は、およそ「四十日の間にみた話」と推測されている。

七人の弟子たちが魚釣りをしているときにイエスをみた話（ヨハネ福音書　21：1～14）

弟子たちがガリラヤの山に登ったときにイエスをみた話（マタイ福音書　28：16～20）

十一人の弟子が食事をしているときにイエスが現れた話（マルコ福音書　16：14～18）

（時間が経過してから）ヤコブの前にイエスが現れた話（コリント人への第一の手紙　15：4～8）

オリーブ山（ベタニヤ）の上で弟子たちの前にイエスが現れた話（ルカ福音書　24：50～52／使徒言行録　1：4～9／マルコ福音書　16：19）

五百人の前にイエスが現れた話（コリント人への第一の手紙　15：6）

＊14　罪の代償支払い：聖書に罪の支払う報酬は死であると記されている。（ローマ人への手紙　6：23／ガラテヤの使徒への手紙　6：7）

＊15　恩寵の法則が発動：わたしたちは「恵の下にある」と聖書にも記されている。（ローマ人への手紙　6：14）

第26章
磔刑と復活の目的

これまでこの主題に関するたくさんの書物が書かれてきた。おそらく、これからもずっと書かれていくだろう。わたし自身も、この退行催眠の試みで入手したイエスに関する情報をよく吟味し、これまでとはちがう解釈を得ることができるかどうかをみつけ出していきたいと考えている。そのためには、わたしが幼い頃から植えつけられてきたキリスト教の教義の内容やすべての独断的な定説や意見を完全に払拭しなくてはならない。そして「イエスの生涯」の話をはじめて知ったときのような、そんな新鮮な気持ちでイエスのことをみつめる必要がある。これは実際には非常にむずかしいことだ。いわゆる〈洗脳〉というものはわたしたちが幼児の頃からはじまっているからだ。それだけ洗脳というのは根深いのだ。そういいながらも、これからイエスが「人類に本当に伝えたかったこと」をわたしはみつけ出していきたいと思っている。

磔刑(たっけい)にされることで、イエスはこの世に「なに」を伝えようとしていたのだろう？　復活の背後に隠されている「本当のメッセージ」はいったいなんだったのだろうか？　これらはとても深く重い問いである。たしかにわたしは哲学者ではない。けれども、わたしが入手した磔刑と復活に関する情報、そしてこの体験で得たすべての学びは、ここに提示していきたいと思っている。これらから、わたしが気づいたこと以上のことを感知できる人が現れるかもしれない。また、わたしとはまったくちがう見解を持つ人もいるだろう。わたしたちは十人十色な人生を送っているがゆえ、個人にとって深い意味合いを持つ宗教的な信仰に関して、この世の人たちがみな同じ意見を持つことなど不可能なのだ。わたしたちはそれぞれの人生の経験に基づいて、独自の視点を持っているからだ。しかしこの世にはキリストの教えを理解できずに困惑している人もいる。そういう人に対しては、このわたしの解釈は「なにか」に気づくきっかけとなりうるかもしれない。

この世のものはすべて同時に創造されたのだ。そういう意味では、わたしたちはみな神の子である。わたしたちは地上界を経験するためにこの世に生まれてきた。しかしながら、わたしたちは〈肉体〉に閉じ込められたことで自分たちが「どこから」きたのかの記憶をすっかり忘れてしまっている。少なくとも表面意識のレベルではなにもおぼえていない。しかし、わたしたちの魂の深い部分に「その記憶」はしっかりと刻み込まれているのだ。心の奥底では、だれもが自分のことを創造した「父なる神のもと」へ戻りたいと切望している。そして父なる神もわたしたちが戻ってくるのを忍耐強く待っている。神の世界には時間という概念が存在しないからだ。創造主である神は、子どもたちが自発的に自分の可能性やその使命を再び思い出してくれることを待ち望んでいる。だが、人類は地上界での生活を楽しみすぎてしまい、俗界にすっかり魅せられてしまった。その結果、人類は同じ過ちを繰り返すようになってしまった。因果応報（カルマ）の法則が発動し、延々と同じ過ちを繰り返している状態にいるのだ。いつの日か、わたしたちはこのカルマの輪から抜け出すことができるのだろうか？　人類は輪廻転生を繰り返すたびに、過去世のカルマの上にさらに現世のカルマを増やしているという状態にある。わたしたちが神のもとへ戻るには、まず他者に対して自分たちが犯したすべての罪を償わなければならない。そして、再び純潔な魂の存在に戻らなければいけないのだ。

　このままだと人類の未来は絶望的だ。過去世から持ち越したひとつのカルマを返済したと思いきや今世で新たに二つのカルマを拵（こしら）えている状態にいるからだ。わたしたちは負のカルマを返済するために輪廻転生の輪のなかを延々とぐるぐると回り続けている。わたしたちはどこへ行き着けばいいのかもわかっていない。この負のカルマの輪からどうすればはずれることができるのか、その方法すらもわからない状態にいる。このような堂々巡りを繰り返している状況下で、どうすれば人類の意識を上げることができるのだろうか？　まさにこれがイエスの目的だったのだ。イエスは負のカルマの輪から人類を「救済」するために地上界へ降りてきたのだ。人類は模範になる人物を必要としていた。イエスはカルマの輪からはずれる「道」をこの世に示すために生まれてきた。人類がこのような窮地に追い込まれたのは、人間には自由意志があるからだといわれている。このような事態に陥ってしまったのは、神が人類を罰しているからではないのだ。神は自分の子どもである人間のことを深く愛している。そんな神が大切に思っている人間に対して罰を与えることなどできるはずがないではないか。人間は過ちを犯す生きものだから、神はどんな過ちをも許容し、自分たちの力で「己の犯した過ち」から学びを得てほしいと思っている。そして自分自身の力で〈光〉をみつけ出し、最終的に「神のもと」へたどりつける道を探しあててくれることを望んでいるのだ。（人間には自由意志があるため）神は人間のすることに余計な口出しや手出しをしてくることはない。神にできることは、人間に生きる道を示すことや援助をすることだけにかぎられている。それゆえ、神は人間の手本となる人物をこの世に送り込んできたのだろう。

イエス、もしくはイエシュアは十次元界から地上に降りてきた「マスター」だと信じて疑っていない。イエスもこの世で人間特有の弱さや過ちだらけの生涯を数えきれないほど繰り返してきた。その最終人生でようやくすべてを克服し、完全なる存在となり、もともといた神の世界へと戻ることができたのだ。輪廻転生の最終段階にいた魂だったからこそ、この世の闇や因果の泥沼にはまらずにすんだのだろう。そうとはいえマスターであっても神の道からはずれてしまう危険は常にはらんでいる。人間として肉体を持つこの世はとても魅惑的な世界であるからだ。たとえイエスであっても、この世の誘惑に負けて「本来の目的」を忘れてしまう可能性もなきにしもあらずだったはずだ。

イエスは人間界に降りてくる必要があった。だれもが一度はこの世に肉体を持つ存在として生まれてこなければならず、人間界で起こるすべての試練に直面しなければならないのだ。イエスはどんな試練も超越することができるということを証明した。自分にできるのだから、人類もできるということをイエスは伝えたかったのだ。イエスは自分が生きている時代を理解するために、この世にあるすべての知識を学ぶ必要があった。イエスは人間に備わっているすばらしい能力を発揮させるためにすべてのマインド（思考・判断・知覚・感情・意思・潜在意識）の使いかたを習得しなければならなかった。人間は単なる動物の一種ではなく、精神性の高い崇高な存在だということを示すためだった。

イエス自身は「自分が奇跡を起こした」とはいっさい語っていない。だが、「だれもが自分と同じようなことを起こすことができる。これ以上のすばらしい能力が人間には秘められている」と説いていた。イエスはもともと自分もいた神の世界であるソース（すべての源）とつながるために、瞑想のやりかたも習得しなければならなかった。それは本来の目的の道から踏みはずさないようにするためだった。イエスが到来してきた目的は、自分の生きかたを模範とすることで「この世での生きかた」を人類に示すことだったのだ。人間の最大の課題は自分の仲間であるこの世の全人類のことを愛する能力を培うことだ。「愛」を感じていれば、これ以上負のカルマを増やすことはないはずだ。愛があふれていれば、この世から戦争や苦しみもすべてなくなるにちがいない。愛を感じることで人類は〈負のカルマの輪〉からはずれ、ようやく魂の進化の道を歩みはじめることができるのだ。イエスは人間があるべき姿の完璧な手本であった。その本質はわたしたちすべての人間に内在しているといっていいだろう。最終的に、そこはだれもが到達できる境地なのだ。しかしながら、この世の多くの人間はイエスのことをまったく理解できなかった。あまりに完璧すぎたため、多くはイエスのことを脅威に感じてしまったのだ。その完璧さゆえに、イエスのことを理解しかねたのだ。彼らがイエスを恐れたのは、自分たちとあまりにもちがっていたからだ。（イエスのことを）どう扱っていいかわからなかったため、イエスのことを殺すしか方法が思いつかなかったのだ。

　崇高な存在の「イエス」と堕ちるところまで堕ちた「人類」の両者を鮮明に対比させるためにキリストは磔（はりつけ）にされたのだ。それが磔刑の目的だったとわたしは確信している。その両者を対比させることで、人類が堕ちた、その奈落の底の深さを表したかったのだろう。そのとき、神は人類に選択を迫った。いままでと同じように、低俗で罪深き存在としてそのままぼんやりとこの俗世界のことにしか関心を持たずに生きていくのか？　それとも、これからはイエスを手本とした気高い生きかたをしていくのか？　この二者択一の決断を迫った。要するに、イエスのような生きかたを選べば、この混沌とした世界から脱却し、完全なる人間となることができるということを神は伝えたかったのだ。

イエスは思考のしくみを理解していた。そのため、十字架に磔になっていたときでさえもそれほど苦痛を感じずにすんだ。イエスは自分の意思で、自分の魂を肉体から離脱させることができた。そのおかげで、予定より早く死ぬことができたのだ。長い間、磔柱の上で苦しみを感じることが、イエスの目的ではなかった。人類の意識との対比の対象、そして人類の模範となることが彼の目的だったのだ。そういう意味では、イエスは人類のために命を落としたといってもいいであろう。もし、イエスが地上界に降りてこなければ、この世の人類にとって最高の手本となる「理想的な人生」を一生知ることがなかったということだ。イエスが生まれてこなければ、おそらく人類はいま以上に暗中模索の日々を送っていたにちがいない。

復活の目的も、さまざまな説や憶測が流れるなかで、その真意は失われていってしまったような気がする。(イエスの復活を通して)人間は物質界だけに属しているのではなく、人間の魂はそれ以上の存在だということを神は伝えたかったのだ。わたしたち人間も永遠の魂を持つ存在、けっして消滅することがない霊(スピリット)でもあるのだ。肉体が滅びたあとも「人間の魂には続きがある」ということを証明したかったのだ。イエスの魂がもとの肉体に戻ったのでは、魂の継続を証明することはできない。それが霊界のマスターたちの目的ではなかったのだ。再び肉体に戻ってしまえば、わたしたち人間は肉体を持つ物質界でしか生きることができないということになってしまう。よって、イエスの亡骸を完全に消滅させなければならなかったのだ。

イエスの亡骸は墓のなかに葬られ、墓は完全に塞がれていた。墓の外には、ローマ兵とユダヤ兵の見張りがつけられていた。どちらも互いを信用していなかった。だれも墓のなかから亡骸を盗み出させないように互いに目を光らせていた。ところが、番兵のついた密封された墓のなかに霊界のマスターたちだけは入り込むことができた。マスターたちは霊（スピリット）となったイエスとともに、亡骸を破壊させ、細い粒子にし、塵灰と化した。通常は時間が経つと自然と亡骸は腐敗し、細かい粒子状に分解されていくらしいが、そのときにかぎって腐敗の過程のスピードが速まり、あっという間に灰と化したという。イエスの亡骸が包まれていた亜麻布を墓のなかに残したのは、墓の外へ出されていないことを証明するためだ。番兵たちが密封された墓をあけたとき、イエスの亡骸は忽然と消え去っていた。しかし墓にはしっかり見張りがつけられ、完全に塞がれていた。だれかが隙を狙って亡骸を盗み出すなんてこともとうていできない状態にあった。墓をあけずに、亡骸を消滅させる唯一の方法は霊界の采配しかなかった。霊界のマスターやイエスが伝えたかったのは「目にみえない世界は実在する」ということだったのだ。

後日、多くの人たちが〈キリストの姿をみた〉と語っている。彼らの前にキリストが姿を現したのは「みよ、これはあれだけのことを耐え抜いた男の魂の姿だ」、そして「魂というものは永遠に不滅だ」ということを知らせるためであった。人間は肉体の命に執拗に執着しているから、宇宙には「物質界を超越した世界がある」ということを告げるためでもあったのだ。人間の本質は〈魂〉であるからだ。霊界のマスターたちはイエスの亡骸を完全に崩壊し、二度とその肉体に戻ることができない状態にした。そうしてしまえば、物質を超えた〈魂の存在〉を彼らも信じざるをえないと考えたのだろう。

歴史の流れのなかで、さまざまな説が入り乱れ、この「本当の意味」はそのなかに埋もれていってしまった。実際、番兵たちは「墓のなかにだれも入れないようにしっかりと護衛しなければ殺すぞ」と脅されていた。サンヘドリンやローマ帝国の役人たちは〈復活の予言〉のことを知っていたからだ。したがって、そのことを知らされている番兵たちは蘇生する可能性を把握していた。彼らは絶対にイエスを生き返らせないようにするために、全力で阻止する気でいた。ところが、墓をあけてみると、イエスの亡骸は消滅していた。そのことが発覚すると、番兵たちは「殺されるぞ」と命の危険を感じ、怯えた。その光景が、わたしの目にありありと浮かんでくる。おそらく番兵たちは自分たちの命を守るために「天使が出現して墓石をどかした。その隙にイエスが出ていった」という話を捏造するしかなかったのだ。

だれもが知る事実であるが、サンヘドリンは見張りのユダヤ兵に賄賂をわたしたと伝えられている*1。番兵たちに対して「おまえたちが寝ている間、夜中にだれかが亡骸を盗んだことにしろ」と口止め料が支払われたという。この説のほうが（異次元界があるという説よりも）人々が受け入れやすかったため、何世紀にもわたっていい伝えられていったのではなかろうか。復活の本来の意図である「人間の魂は不滅だ」という説のほうが、曖昧模糊でつかみどころがなく、人々にとって理解しがたい概念だったにちがいない。もしかすると、本来の説を否定する〈ほかの理由〉もあったのかもしれない。人間というものは、恐怖に怯えると、とんでもない言動や行動に出るときがあるからだ。

聖書をよく読んでみると、イエスの死後、多くの人たちの前にイエスが突然現れたり消えたりしたという引用がたくさん記されている。これらの話は、イエスが肉体を持つ姿で現れたというよりは、霊（スピリット）となった姿で現れている様子を表している。

「イエスの生涯」の話は、本当に尊く美しい。イエスはその生涯を通して〈純潔なる愛〉の手本をわたしたちに示してくれたのだ。しかしながら、なぜイエスのことを超自然的な存在として虚飾しなければならなかったのだろうか。どうして執拗にそのような虚飾を重ねなければならなかったのか、わたしはまったく理解できない。なぜ、処女の母親のもとに生まれた（処女懐胎）という説が語り継げられていったのか？　マーティン・ラーソン氏の著書“The Essene Heritage”（エッセネ・ヘリテージ）には「処女懐胎説は、神はいつも不自然な行為からはじまる、という古代エジプト人たちの信仰に基づいている」と記されている。実際、キリストの処女懐胎説を信じていない博識な神学者たちも多い。なぜ、そのような虚飾をする必要があったのだろう？　わたしが思うに、イエスが地上に降りてきた真の目的が理解できない人たちによって（超自然的な存在へと）イエスは神格化されていってしまったのだ。イエス自身は、神として崇められたいとは思っていなかった。そんなことはいっさい望んでいなかった。人間たちが勝手にイエスのことを神として崇め、神格化しただけなのだ。彼らは（イエスのことを神として崇めることで）「イエスに対して敬意をはらっている。そしてイエスのことを忘れずにいる」と、体裁を保ったつもりになっているのだ。そのほうが「イエスのように生きる」より、ずっと楽だからだ。これ以上、楽なことがあるだろうか？

当然ながら、あくまでもこれはわたし個人の意見であり、わたし個人の解釈だ。もし本当にイエスがこの世に生まれ、生き、そして死んだのであれば、それらすべての「本当の意味」が世に知られることなく、その知識が失われていってしまうのは人類にとってまことに大きな損失である。

二十世紀に生きる平凡な若い女の子が、この一冊の本を埋められるだけの「失われた文明」に関する情報を提供できるなんてだれが思うだろうか。これはわたしがどんなに説明しようとしても説明しきれない現象であることにはちがいない。これはなんらかの超常現象だということだけはたしかな事実である。まちがいなく、この現象に関する数えきれないほどの討論が起きるだろう。これはケイティの過去世の記憶なのかもしれないが、もしかすると憑依現象が起きたのかもしれない。それ以外にも、さまざまな超常現象の可能性も考えられる。わたしとしては、これはケイティの過去世の記憶だと思っている。しかし、そういいながらも「これは過去世の記憶だ」ということに固執しているわけではない。結局のところ、そんなことはどうでもいいことなのだ。この退行催眠を試みた三カ月の間、だれがなんといおうとスディー・ベンザマーレ氏はこの世に実在している人間にしか思えなかった。スディーは存在していない、この世に生きていなかったなどとは、だれひとりとしてわたしを納得させることなどできない。それだけは、断固としていいきれる。

イエスやエッセネ派とのかかわりを除いた「スディーの生涯」はとりたててめずらしい特徴のない平凡な人生であった。スディーは知識の教示と継承に力を注いだ生涯を送った。ものしずかで穏やか、そして生来の優しさと思いやりにあふれた人物だった。たまにクムラン共同体の壁を越えて旅に出ると、その都度、外界の人間の様子に失望しているように感じた。スディーの生涯における独自性は、エッセネ派の一員であったことと、この世に生まれたもっとも偉大な人物と密接な関係を持っていたことだろう。イエスとのかかわりは、スディーに喜びをもたらしていた。スディーは「神の予言」が成し遂げられた時代に生きたこと、そして救世主に知識を与える援助（または潜在能力を開花させる手助け）ができたことにこのうえない喜びを感じていた。

　クムラン共同体のなかでイエスとスディーの人生は交差した。イエスがスディーとともにクムランですごした話はとても貴重な情報だと思っている。それは知られざるイエスの生涯のできごとであるからだ。この退行催眠を通じて、わたしたちは大げさに神格化され理想化されたイエス像ではない、生身の人間らしいイエスに触れることができた。この体験のあとのイエスは、平たい絵画のなかに描かれている人物でもなければ、冷たい銅像でもない。また、ぐったりと十字架に吊されている像でもないのだ。わたしは「この世に生きている存在」として、イエスのことをしっかりと感じることができた。イエスは世界人類のことを心の底から気にかけ、愛してくれているのだ。スディーのおかげで、これまでにないほどわたしの心のなかでイエスの存在は光り輝いている。

「スディーの生涯」の話は二千年の時を超えて、わたしたちに伝えられた情報である。そのことを考慮しただけでも、希少価値の高い情報ということになる。これにより、わたしたちが決して知ることのなかった「古代の人たちの存在」の新たな一面を垣間みることができたのだ。この知識の共有、そしてこの情報を共有する機会に恵まれたことに対し、深く感謝の気持ちを捧げたい。

スディーへ
ここに感謝の意を表します。
この世に生まれ、生きてくれてありがとう。わたしたちと対話をしてくれたことが本当にうれしかった。この情報をわかち合ってくれたことに心の底から感謝を捧げます。心に誓って、わたしはあなたのことを一生忘れません。

訳注

＊1 サンヘドリンが賄賂を払った： 聖書にはサンヘドリン（ローマ帝国の祭司長と長老）が兵士に賄賂を払って「イエスの弟子たちが夜中にきて、我々の寝ている間にイエスの亡骸を盗んだ」といえ、といったと記されている。（マタイ福音書　28：12〜15）

付録　アリマタヤのヨセフの物語

これは本書に二〇〇一年に追加したものである。

この"JESUS AND THE ESSENES"（イエスとエッセネ派）は一九九二年にイギリスで出版された。それ以来、この本の講演会を開催するために、わたしは頻繁にイギリスを訪れることになった。イギリスのドーセット州にあるエッセネ・ネットワークの夏期学校で講演することがとりわけ多かった。わたしは数年間そこで本の講演を開催した。開催されてから間もない頃、講演会にきた男性から質問を受けた。その質問によって、わたしはあらためて考えさせられることになった。それはわたしがちょうど「イエスと叔父のアリマタヤのヨセフの旅路について」と「イエスの叔父のヨセフは裕福な錫と布の貿易商をしていた」ということについて話をしているときだった。その男性はわたしに「アリマタヤのヨセフはどこで錫を手に入れていたのですか?」と訊いてきたのだ。わたしはそれに対して「どこで手に入れたのかまではわかりません」としか答えることができなかった。すると、その講演会にきていたほかの参加者が「この周辺地域には代々語り継がれている錫鉱山に関する古い伝説があります」と教えてくれた。その伝説によると、アリマタヤのヨセフはその周辺地域*[1]にあったといわれている錫鉱山をよく訪れていたという。わたしはアリマタヤのヨセフがグラストンベリーとチャリスの井戸になんらかのかかわりがあったという話は聞いたことがあったが、イギリスの錫鉱山とのかかわりは初耳だった。いまだに、その周辺地域の地元の人たちは『ヨセフはブリキ男』という歌を歌っているのだそうだ。これは非常に興味深い話だと思った。すでに入手している情報に、新たに追加できる情報となりうるかもしれない。また、わたしたちの情報が正しいかどうかを立証するいい機会でもあると考え、参加者たちに「その伝説に関して、詳細に教えてほしい」と伝えた。すると、その後の数年間〈アリマタヤのヨセフの伝説〉に関するさまざまな本や資料がイギリスの読者たちからわたしのもとへ送られてきた。それらは歴史資料や記録を基に厳密に調査されたものばかりだった。いつの日かこの著書がアメリカで出版された暁には、わたしがこの件に関して調べた内容が記された「付録」の章を追加しようと心に決めていた。わたしはこの『イエスとエッセネ派』に関する情報は隅々まで調べあげたつもりだ。それにもかかわらず、さらなる情報が追加され、新たな後ろ盾を得たことにただただ驚かされる。

+ + +

わたしはジョージ・F・ジョウェット氏の著書“THE DRAMA OF THE LOST DISCIPLES”（失われた弟子の物語）[*2]を高く評価する。いままでわたしが読んだ本のなかで、もっとも完全な歴史が記されている本だと思った。おそらくこれまでの本や資料はさまざまな人が自身の思いや考えを語り継いでいったものなのだろう。それらには「アリマタヤのヨセフの話は単なる神話か伝説であろう」と記されていたからだ。“THE DRAMA OF THE LOST DISCIPLES”では、古代の歴史の記録文書からの引用がたくさん書かれていた。古代ローマ時代の文書やさらに昔の時代にまで遡った文書からの引用までもが記されていたのだ。ジョージ・F・ジョウェット氏の著書は、確固たる情報源から得ているため議論の余地はない。すなわち、このアリマタヤのヨセフの物語は「キリスト教のはじまり」の話でもある。そのことはとうに忘れ去られてしまっているため、現代人にあらためて伝える必要がある話だとわたしは感じた。その結果、キリスト教の教義にどっぷり浸かっているような信者を怒らせることになるかもしれない。それでも、この物語は伝えなくてはいけないと思った。わたしたちは自分の頭で考える権利と常に新しい知識を探究する権利を神から与えられている。これは神から人間に与えられた特権である。また、そうすることでしかわたしたちは「答え」を得ることはできない。もしかすると、得た答えは、あなたが想像していたような答えではないかもしれない。しかし、たとえ神経を逆なでするような答えであろうとも、わたしたちは絶えず失われてしまった歴史を取り戻していくという努力をしなければならない。そして、後世に伝えていかねばならないのだ。それがわたしの希望であり、全身全霊をかけてこの本に残している理由である。

✚ ✚ ✚

聖書にはアリマタヤのヨセフの名前はちらっと言及されているだけだ。アリマタヤのヨセフはイエスが磔刑されたあと、その亡骸を引きとり、自分のために用意してあった墓にイエスの亡骸を埋葬したお金持ちの男性だと聖書には記されている。ユダヤの法とローマの法によると、処刑された犯罪者の亡骸は近親者が即座に引きとらないかぎり、ほかの身元不明の犯罪者の亡骸とともに無縁仏として葬られることになっていた。そして彼らが「生きた痕跡」はすべて抹消されたという。アリマタヤのヨセフ（以下ヨセフと記載）はイエスの保護者だった。ゆえに、自らピラトのもとへ出向き、イエスの亡骸を引きとりたいと申し出たのだ。十字架からイエスの亡骸をおろし、自分が所有する土地にある墓に埋葬したといわれている。実をいうと、ヨセフの物語はこれだけではない。もっと多くの語られていない話があるのだ。それらは時代を経るとともに失われていってしまったのだろう。わたしはこの話を再び蘇らせ、いまの時代を生きる人たちに伝えていく必要があると感じた。なぜなら、ものすごくすてきな話だからである。

まず、この退行催眠を通して得た情報と関連性のあるものから記すことにする。調べたところ、本当にアリマタヤのヨセフはイエスの叔父にあたる人物であった。イエスの母親、マリア側の親戚、マリアの父親（イエスの祖父）の弟だった。ヨセフは世界でもっとも裕福な人物のひとりであった。豊かさは、エルサレム市内だけにとどまらなかった。彼は錫と鉛の業界を牛耳る金属王だったのだ。その当時の錫の価値は「金」に匹敵するといわれていた。「銅」を製造するために、主として「錫と鉛」が使われていたからである。銅はすべての国で必要とされていた。また、敵対しているローマ人たちからも大きな需要があるものだった。古代、ヨセフが錫と鉛の業界を牛耳れたのは、イギリスの広大な領域にわたる錫鉱山を所有していたからだ。ヨセフは、イエスが「教え」を伝えはじめる何年も前に、広大な領域の錫鉱山を手に入れ、その業界を発展させていったという。その当時、世界の大部分の錫はイギリスのコーンウォールで採掘された。錫は溶解され、鋳塊（インゴット）にし、世界中の文明諸国に輸出されていた。たいていの場合は、ヨセフが所有する船で輸出されたそうだ。ヨセフは世界各国の主要港へ海上輸送の船を出荷する、最大の規模を誇る民間の貿易商のひとりでもあったのだ。

ヨセフはサンヘドリンの有力な議員であり、ローマ帝国の元老院属州の立法議会の上院議員でもあった。聖都エルサレムに宮殿のような家を所有し、エルサレムの郊外にも立派な別荘をいた。また、エルサレムから数マイル北にあるアリマタヤにも広大な土地を所有していた。アリマタヤの町はちょうどナザレとエルサレムの中間にあったため、たくさんの隊商も頻繁に往来していた。ヨセフはユダヤとローマの両方の上層階級に属していたため、地位と名誉とを併せ持っていた。

イエスの父親であるヨセフが亡くなったあと、近親者であるアリマタヤのヨセフが幼いイエスの法的保護者に任命されたと伝えられている。このことから、なぜイエスが大叔父のアリマタヤのヨセフと幼い頃からかかわりがあったのか、どうしてまだ幼いイエスがヨセフと旅に出ることができたのか、いままで謎だった部分があきらかになる。

イギリスにはヨセフに関する数々の伝説が伝えられている。伝説によると、ヨセフがイギリスの錫鉱山を訪れる際、又甥（またおい）であるイエスも一緒に連れてきたというのだ。ときにはイエスの母親のマリアも一緒に訪れ、とくにイエスがまだ幼い頃は頻繁に同行していたそうだ。しかし、これは付随的な情報にすぎない。この本に記載されているように、イエスが世界主要国との貿易取引の旅にヨセフとともに同行したというのは表向きの理由であった。イエスが同行した本当の目的は、世界中にいるさまざまな賢者たちから古代の叡智や神秘秘伝の教えを受けるためだったからだ。このわたしが入手した情報とイエスがヨセフと貴重な錫を輸送するためにイギリスを訪れたという話の内容はぴったり一致する。何世紀もの間、錫の採掘と精練ができた国はイギリスだけだった。このことから、イギリスは「錫の島」とも呼ばれていた。ブロンズ（青銅）は、錫をおもな合金元素とする銅合金である。したがって、青銅器時代はイギリスからはじまったといっても差し支えないだろう。錫の貿易取引は古くとも紀元前一五〇〇年頃から行われており、イギリスから全世界へ供給されていた。イギリスの先住民族はフェニキア人だった。最初に錫鉱山を開発しはじめたのもフェニキア人だったといわれている。多くの古代の作家によれば、最初にフェニキア人が錫を求めてコーンウォールにきたのは、キリストが誕生する四千年以上も前のことらしい。フェニキア人は錫貿易を独占していたため、錫鉱山がある場所を徹底的に隠し、秘密は厳重に守られた。後年、ローマ人たちが錫鉱山の場所を突きとめるため、フェニキア人の船を追跡すると、彼らは追跡してきたローマ人の船を故意に破壊し、沈没させた。

フェニキア人は謎の多い神秘的な民族であった。彼らは背が高く、赤毛で、青い瞳をしていた。これらは地中海周辺に暮らす民族の特徴ではない。学者たちでさえも、フェニキア人の起源をたどるのに悪戦苦闘した。〈フェニキア〉という言葉には「赤毛の男たち」という意味があるうえ、フェニキアという名称は彼ら自身がつけたものではなかった。彼らの名称も、各国でちがっていた。初期の聖書の記録には、タルシシュ出身の人たちだと記されている。驚くことに、なかには失われた大陸の「アトランティス」の生き残りだと信じている者もいた。たとえどんな名称で呼ばれようとも、唯一たしかなことは彼らがイギリスの錫貿易と関係があったということだ。さらなる謎は、キリストが誕生する四千年以上も前に、彼らはイギリスのコーンウォール地域に錫鉱山があることを発見したわけだが、未知の海をどのようにしてわたり、存在することすら知らない土地をどうやって発見できたのだろうか。そして、そこにあるかどうかもわからないはずの錫の在り処を突きとめ、発掘することができたのだろう？　また、どうして錫と銅を混ぜることでブロンズがつくれるということがわかったのだろうか？

大洪水に襲われる前のイギリスの土地には高度な文明を築きあげた人々が暮らしていたと伝えられている。多くの学者は、フェニキア人の「アトランティスの生き残り」説を裏づける証拠はたくさんあるという。アトランティスの人々は科学の実践的な知識を豊富に持ち、現代人よりもはるかに「冶金学（やきん）」にもくわしかったからだ。このことから、「フェニキア人はヨーロッパ大陸からイギリスへわたった人々ではなく、その失われた大陸の生き残りの子孫なのだ。イギリスのコーンウォール周辺の地域はアトランティス大陸残骸の一部だ」と主張する学者たちもいる。これらは、この『イエスとアリマタヤのヨセフの物語』とあまり関係がない話かもしれない。だが、興味深い副次的な情報であることはたしかだ。そしていずれにしても、フェニキア人は謎に満ちた人たちであることに変わりはない。

グラストンベリーは数多くの神話や伝説がある地であり、ドルイド僧たちの文化の中心地でもあった。紀元前一八〇〇年頃「ドルイド教」が全国的に組織化された。すると、ローマ人たちはイギリス諸島の悪評を流しはじめた。彼らは「イギリス諸島には野蛮人しか暮らしていない」といい、世間に信じ込ませようとした。さらに「ドルイド僧たちは人間を生贄に捧げる儀式をしている」など、悪質で卑劣な噂まで立てた。しかしこれらは、捏造された情報であることがのちに証明されている。その当時、ローマ人たちは自分たち以外の民族はみな野蛮人だと思っていた。実際には、イギリス諸島はとても発展している国であった。イギリスの国内には大都市もあり、文化センターや図書館、そして、大きな大学が四十校もあった。大学には最大で六万人の生徒を収容することもできたそうだ。現代の大学と比較してもまったく見劣りせず、ひけをとらないほどの規模である。知識と教育を与える環境に関しては、確実にいまの時代に匹敵する。そもそも〈ロンドン〉のはじまりは、紀元前一〇二〇年頃だといわれている。それはローマ帝国がはじまる二百七十年以上も前の話なのだ。

ドルイド教の信条はユダヤ教の信条と非常によく似ているため、同じルーツなのではないかという説がある。ドルイド教も救世主（メシア）を探していた。しかもそのメシアのことを〈Yesu（イエス）〉と呼んでいたのだ。これが唯一、ドルイド教の歴史に残っている救世主の名前である。ドルイド教とユダヤ教が同じ信条を持っているのは、遠い昔、ユダヤ教の信者がイギリス諸国へわたり、ユダヤ教の分派として「ドルイド教」をはじめたからだ。そのことを考慮すると、すべてが説明される。つまり、同じ信条を持つのは、きわめて自然なことなのだ。また、ドルイド教には、カバラの思想に基づいた「神秘学校（ミステリースクール）」もあった。神秘学校では、自然哲学、天文学、算術、幾何学、法律学、魔術、叙情、雄弁術などを学んだ。すべての学びを終了するのに、最低でも二十年はかかった。すでに述べたように、イエスは俗にいう「普通の生徒」ではなかった。イエスは大変な早さで膨大な量の情報を吸収する能力を持っていた。その才能は、クムランで勉強しはじめて間もない頃から、ひときわ異彩を放っていた。イエスが教えを広めるために、エルサレムに戻ったときには、すでに世界中にある神秘学校の賢者から学び終えていた。実際、世界各地で語り継がれている数々の伝説にも、この説を裏づける内容が記されている。イエスがなぜイギリスをなんども訪れていたのか、それは謎のままだったが、イエスがイギリスをよく訪れていたのは、ドルイドの神秘学校で学ぶためだったということが、謎解きパズルを完成させる欠けたピースだったのだ。

注目に値する「アリマタヤのヨセフの物語」はまだまだ語られていない部分がある。キリストの死後、ヨセフが成し遂げた功績が、あのポール・ハーベイ氏もいっていた「物語の続き」なのだ。イエスが磔刑されたあと、イエスの使徒や支持者は自分まで殺されるのではないかと、命の危険を感じた。ローマ帝国は彼らの存在も恐れていたからだ。扇動家の頭領（イエス）を処刑したとしても、その支持者が反乱を起こす可能性がある。今度は彼らがあの型破りな教えを広めはじめるのではないか。そしてローマ帝国に復讐を試みるかもしれないと戦々恐々としていた。そのため、イエスの支持者の多くは囚われ、抹殺されたという。イエスが磔刑された直後、命が狙われるもっとも危険な期間、アリマタヤのヨセフは数人の使徒の一団の保護者でもあった。また、イエスの母親のマリアの保護者の役目も務め、ユダヤの地の（地下都市や岩窟のなかで）隠棲していた教徒たちの最高位の聖人でもあった。アリマタヤのヨセフはあまりに膨大な富と絶大な権力を握っていたため、ローマ帝国はヨセフのことをあからさまに殺すわけにはいかなかった。そこで、ヨセフと残された使徒たちを抹殺するために〈独自の殺しかた〉が考案された。その結果、ヨセフと使徒たちは、地中海のまっただなかで、帆・櫓・舵もない状態のまま漂流を余儀なくされたのだ。普通に考えたら、このような状況下は死刑宣告をされたも同然だ。まあ、いわせてもらえば「イエスの生涯」に関することでなにも普通なものはないが。

　さまざまな記録にも、その漂流船に乗っていた人たちの名前が記載されている。アリマタヤのヨセフとその一族、そして召使たちの名前である。乗員リストに載っていた名前は、三人のマリア（イエスの母親のマリア、マグダラのマリア、クロパの妻のマリア）、マルタと二人の召使のマルセラと黒人の召使のサラ、イエスの十二人の使徒（そのなかには初期時代の使徒も何人か含まれていた）であった。そのほかには、イエスが死から生還させた従兄弟のラザロ、イエスが視力を回復させたマクシミン、ゼベダイの妻である使徒ヤコブとヨハネの母親のサロメ、エウトロピウス、トロフィムス、シドニウス（レスティトゥタス）、サツルニヌス、そのほかにも軍人や清らかな動物もリストに載っていたそうだ。しかし、マルセラは船には一緒に乗らずにほかの老いた召使いたちとともにベタニア村にあるマルタの妹の家へ行ったともいわれている。アリマタヤのヨセフはイエスの母親のマリアの保護者であったため、彼女をエルサレムに残していくとはとうてい思えない。マリアをエルサレムに残しておくことは命の危険にさらす可能性があったからだ。そのことを考慮すると、どう考えてもマリアもヨセフたちとともに旅に出ていたのだろう。たとえ航海中に全員が命を落とす危険があったとしても、ヨセフはマリアのことも旅に連れていったにちがいない。

ローマ人たちは騒動を起こす厄介な人物を航海中に難破させ、片づけてしまうのが最良な策だと考えた。航海中に船の操作ができなくなれば、海の上で生き残れるはずがないと思ったのだろう。ところが、一同を乗せた船は海流に運ばれて無事にフランスの海岸にたどりついたのだ。現在、その場所は、サント・マリー・ドゥ・ラ・メール、または〈海からの聖マリアたち〉と呼ばれている。そのフランスの地でラザロと何人かの使徒は最初の教会を設立したという。その地の名前は当時、「ガリア」という名で呼ばれていた。ほかの面々は、新たな船に乗ってイギリスへわたった。イギリスに行けば友好関係のあるドルイド僧がいたからだ。それだけでなく、ヨセフはイギリスを支配する一族とつながりもあった。ヨセフの娘のアンナは当時のイギリス王の弟と結婚していたからだ。イギリスへわたった一同は、グラストンベリーの地に向かった。そしていくどとなく訪れた馴染みの地に定住することになった。当時のイギリス王はヨセフにグラストンベリーの土地を与えた。ヨセフはグラストンベリーの地に世界で最初の「キリスト教の教会」を設立したのだ。それはイエスが処刑された三年後のことであった。しかしながら、〈クリスチャン〉と呼ぶようになったのは紀元後二五〇年以降になってからであった。これは創設されてから、何百年も経ってからのことだ。創設当初の名称は「道」であった。そして信者たちは「道の従者たち」と呼ばれていた。なぜなら、イエスが「我は道なり」と説いていたからであった。また、イエス自身のこと、そしてイエスの教えと哲学のことも「道」と呼んでいた。

ヨセフは「イエスの教え」を広めるために、ヨーロッパ各地に使徒たちを送り込んだ。フランスではじめてのキリスト教の教会を建立したラザロとほかの使徒たちを通し、イギリス、フランス、スペインの各地へキリスト教を広めることに成功した。常時、使徒は十二人いた。使徒のひとりが亡くなっても、すぐに新しい使徒が加わり、つねに「十二人」という数を保っていた。イエスの磔刑後、ヨセフは五十年以上も生き続けた。ヨセフがイエスの教えを広め、貢献した時代のことを「キリスト教の黄金時代」と人々は呼んでいる。イエスの母親のマリアも亡くなるまでグラストンベリーで暮らした。マリアの死後、彼女の亡骸はグラストンベリーにある古い修道院に葬られた。その同じ地にヨセフも埋葬された。最終的には、使徒たち全員も同じ場所に葬られた。ヨセフの墓の碑銘にはこのように記されている。「キリストを埋葬したあとブリテン島にきた。わたしは教えを説いた。ここに安らかに眠る」。この聖地は〈地球上でもっとも神聖な地〉と呼ばれている。あの使徒ヨハネが最後に亡くなった使徒だと伝えられている。使徒ヨハネは百一歳まで生き、彼もこの同じ地に埋葬された。

ヨセフとヨハネの死後、彼らの子孫がイタリアのローマでキリスト教の教会を設立させた。これはバチカン市国が建国される何百年も前の話のことだ。ほかにも驚くべき事実がある。それは、すべてのイギリスの王と王女、現在のエリザベス女王二世にいたるまで、みなアリマタヤのヨセフの直系血族だというのだ。したがって、彼らはイエスとも血がつながっているということになる。イエスまでたどることのできる、長い長い祖先の系譜が現在にいたるまで続いているのだ。

この物語はとても奥が深い話で、「付録」としておさめるには情報量が多すぎる。当時、世界中で自由な国は、イギリスだけだった。結局、ローマ帝国はイギリスを征服することはできなかった。紀元後一二〇年に、イギリスはローマ帝国の版図に入ったが、ローマ帝国と条約を交わしただけで征服されたわけではなかった。実際、ローマ帝国はキリスト教の発祥地であるイギリスをなんども侵略しようとした。ローマ帝国とイギリスはいくども血みどろの戦いを繰り返してきたが、すべて失敗に終わり、ローマ帝国はイギリスを征服することはできなかった。キリスト教がイギリスで発祥してから三百年経ってから、ローマ帝国はキリスト教に改宗した。今度は、キリスト教を最初にはじめた国はイギリスだという事実を覆そうとした。ローマ帝国は、数々のつくり話を捏造し世間に広めた。何年も経た一四〇〇年代になると、それぞれの国がバチカン市国との間で「どの国が最初にキリスト教の教会を建てたのか」、「どの国の教会が一番古いのか」について大論争が起きた。イギリスなのか？　それてもフランスなのか？　もしくはスペインなのか？　なぜなら、それぞれの教会は、キリストが処刑された三年以内にほとんど同時に建立されているからだ。最終的にこの問題は決着がつき、全員の同意を得ることができた。イギリスのグラストンベリーにある教会が「最初のキリスト教の教会」だと認定され、バチカン市国に記録された。イエスの死の直後からアリマタヤのヨセフと使徒たちは「イエスの教え」を忠実に広め、輝かしい功績を残した。にもかかわらず、そのすべてが否定されようとしていたのだ。

ヨセフの功績は当初から非常に重要視された。そのため、印刷機が発明された直後、まだ書籍がめずらしかった時代から「アリマタヤのヨセフの物語」に関する本が出版されている。(一五一六年と一五二〇年に出版された)。

アリマタヤのヨセフはイエスの教えを説き、イエスの意思を継ぎ、世界で最初のキリスト教の教会を建立した。わたしたちはヨセフの功績を称え、心にとめておく必要がある。キリスト教が世界中に広がる何百年も前に、ヨセフとイエスの十二人の使徒たちは原始キリスト教を確立していたのだ。今日、この注目すべき「アリマタヤのヨセフの物語」を知っている人はごくわずかしかいない。残念ながら、ローマカトリック教会が最初のキリスト教の教会だという説をほとんどの人が信じ込んでしまっている。この物語の全貌を知りたい人は、歴史的な資料に基づいて書かれているジョージ・F・ジョウエット氏の"THE DRAMA OF THE LOST DISCIPLES"（失われた弟子たちの物語）を読むことを勧める。目から鱗が落ちる体験となるにちがいない。そして、世間に知られていない〈物語の続き〉を知ることができるだろう。

訳注

＊1 その周辺地域：イギリスの西南にあるコーンウォール地方（ブリテン島）の錫鉱山をアリマタヤのヨセフはよく訪れていた。ドーセット州の近隣にある。

＊2 "THE DRAMA OF THE LOST DISCIPLES"：（失われた弟子たちの物語）、一九九三年にロンドンのCovenant Publishing社から出版（邦訳未出版）。著者はGeorge.F.Jowett（ジョージ・F・ジョウエット）。

参考文献

- Allegro, John: Treasure of the Copper Scroll (Doubleday Publishing, New York 1960. Revised edition, Anchor Books, Garden City NJ 1982)
- Allegro, John: Dead Sea Scrolls (Penguin Books, Middlesex 1956)
- Allegro, John: Dead Sea Scrolls; A Reappraisal (Penguin Books, Middlesex 1964)
- Allegro, John: Dead Sea Scrolls; The Mysteries of the Dead Sea Scrolls Revealed (Gramercy Publishing, New York 1981)
- Allegro, John: Dead Sea Scrolls and the Christian Myth (Prometheus Books, Buffalo NY 1984)
- Dupont-Sommer, André: The Jewish Sect of Qumran and the Essenes, Macmillan Co, New York 1956)
- Fritsch, Charles T: The Qumran Community; Its History and Scrolls (Macmillan Co, New York 1956)

◆Ginsberg, Christian D: The Essenes; Their History and Doctrines (Routledge & Kegan Paul Ltd, London 1964)
◆Heline, Theodore: The Dead Sea Scrolls (New Age Bible and Philosophy Center, Santa Barbara 1957) ＊この本は目新しい神智学的な観点から書かれている。
◆Howlett, Duncan: The Essenes and Christianity (Harper & Brothers, New York 1957)
◆Larson, Martin A: The Essene Heritage (Philosophical Library, New York 1967)
◆McIntosh and Twyman, Drs: The Archko Volume (Originally printed in 1887. Reprinted by Keats Publishing Inc. New Canaan, Connecticut 1975)
◆Szekely, Edmond Bordeaux: The Gospel of Peace of Jesus Christ (C.W. Daniel, Saffron Walden 1937) ＊この本は古典である。
◆Szekely, Edmond Bordeaux: Guide to the Essene Way of Bionic Living (International Bionic society, Box 205, Matsqui, B.C VOX 205, Canada 1977)
◆Szekely, Edmond Bordeaux: The Gospel of the Essenes (C.W. Daniel, Saffron Walden 1987) 邦訳：『キリストの健康法：エッセネ派の平和福音書』エドモンド・B・セイケイ著、後藤浩司訳 （中国仙道健康研究会、一九九〇年）
◆Szekely, Edmond Bordeaux: The Teachings of the Essenes from Enoch to the Dead Sea

Scrolls (C.W. Daniel, Saffron Walden 1978)
◆ Tuchingham, Douglas A: The Men Who Hid the Dead Sea Scrolls (National Geographic, pp. 785-808, December 1958)

『イエスとエッセネ派』を執筆するにあたって、上記にリストされている本や資料以外にもたくさんの書物を読んだ。さらに調べると、雑誌の記事や百科事典にもエッセネ派に関することが書かれていた。ところが、その多くは同じ内容が繰り返されているだけだった。このなかでも、とりわけジョン・アレグロ氏（John Allegro）が書いた本を強く推奨する。なぜかといえば、アレグロ氏はあまりにも早く、多くの情報をあきらかにしすぎたため『死海文書』を研究する国際チームから追い出されてしまったからだ。次に、マーティン・ラーソン氏（Martin Larson）の『エッセネ・ヘリテージ（The Essene Heritage）』を勧める。これも斬新な切り口で書かれた本である。ラーソン氏はいかなる宗教組織とも癒着することなく、既存の概念に縛られずに書いているからだ。わたしは結局、エドモンド・セイケイ氏（Edmond.B.Szekely）の著書の内容をこの本に使用することはなかった。が、それらはイギリスで高く評価されているため、参考文献のリストのなかに入れることにした。実際、セイケイ氏の本の内容の情報源は、大きな物議を醸しているからである。残念ながら、多くの作家たちはキリスト教の教義や信条の枠にとらわれた発想をしていた。おそらく、そこからはずれた考えをすることを怖れたのだろう。とはいえ、すべての書物からとても興味深い歴史的な洞察は得ることができた。

ドロレス・キャノン

カバーの絵について

本書のカバーの絵は、著名なポーランド人画家ヤン・スティカ（Jan Styka）が描いた、壮大な壁画『キリストの磔刑』（幅59.4メートル、高さ13.7メートル）の一部である。壁画は1894年にポーランドで描かれた後、紆余曲折を経てアメリカに移送されたが、その大きさのために展示可能な建物が見つからず、長期にわたり倉庫に保管されていた。その後、1940年代にヒューバート・イートン博士が取得し、カリフォルニア州グレンデール市のフォレスト・ローン記念公園墓地内の建物で展示されることとなった。

彫刻家のリーラ・シャーマン（Leila Sherman）は初めてこの絵を見た時に失望した。壁画が大きいために鑑賞するには距離がありすぎて、絵の中心人物であるイエス・キリストの姿をまったく見分けることができなかったからである。そこで、なんとしてでも肖像を近くで見ようと決意し、何年にもわたり申請して却下され落胆することを繰り返し、ようやく1955年に、絵の向かいにあるバルコニー（約23mの距離）から望遠レンズを使って、イエスの肖像を写真で撮る特別許可を得た。

壁画の著作権者であるフォレスト・ローン記念公園は、リーラ・シャーマンに撮影した絵の掲載や配布に関する独占権を与えている。私たち（原書版元）はリーラ・シャーマンから、すぐれた画家による実質的には世に知られていないイエスの肖像画を公開する許可を得た。なお、この壁画に関する一連の話と、リーラ・シャーマンが確固たる決意で情熱的に夢を追い目的を達するまでを追ったドキュメントのビデオテープがある。

絵の複製とビデオに関する問合せ先：
Lori Brigham
1017 O’Donnell Dr.
Bozeman, UT, 59715
406-586-0784
www.christpicture.com
email: info@christpicture.com

訳者あとがき　運命の巡り合わせ

この『イエスとエッセネ派』はわたしにとって不思議な運命の巡り合わせを感じさせてくれた本でした。なぜなら、自分が生まれてきた目的のひとつがはっきりとわかったからです。自分が体験した過去世の映像が、この本のなかに繰り広げられていたのです。それは、この翻訳をはじめる一年前のできごとでした。退行催眠にて、わたしもケイティと同様に過去世体験をしました。わたし自身もなんども退行催眠を体験しているのですが、この過去世だけは、セッション後、ものすごく不思議な感覚に陥ったのを鮮明におぼえています。まったく身におぼえがない、腑に落ちないような前世だったからです。その過去世で、わたしは男性でした。出てきた場面は、古代中東のような感じがしました。そこには殺伐とした砂漠地帯の光景が展開されていました。年齢は初老、そんな印象を受けました。その男性は夜道の砂漠地帯を歩き、砂漠のまんなかにある洞窟のなかに入って行きました。その洞窟には何人かの女性と子どもが潜んでいました。ひとりの女性に赤ちゃんが誕生したので、その男性が祝福の儀式を行いました。その後「みつからないように早く移動をしなくてはいけない」といい放ち、着用していた白いローブの上に、漆黒色のフードつきのマントを着込みました。まるで闇のなかに溶け込むように、夜道の砂漠を歩き出しました。そして、砂漠の町を移動しながら、行く先々で、公にはできない秘密の教えを人々に伝えていました。すると、そのうちなぜかローマ人たちに捕獲されてしまったのです。ローマ人たちに、その教えの内容を白状しろと脅され、ひどい拷問にあっても、堅く口を閉ざし、決して他言することはありませんでした。そうして最終的に、その男性は殺されてしまいました。この前世体験から目覚めたとき、わたしはなんともいえない不思議な気持ちになりました。それというのも、現世のわたしは特定の宗教に所属していないうえに、中東付近にも興味がなく、宗教的な教えにも関心がなかったからです。そのような場所で自分の命の危険を冒しながら、人目を憚（はばか）るようにひっそりと秘密の教えを伝えているのがとても奇妙に思えたからです。

その前世体験のことをすっかり忘れているところに、このエッセネ派の翻訳の話が舞い込んできました。すると、本を読んでいるうちにハッと気づいて「この光景はあの過去世の場面と似ている」と思いました。エッセネ派も、前世のわたしも、普段は白いローブを着て、外界に出るときは色つきのマントを着ていました。砂漠で暮らし、秘密の教えを伝えていました。洞窟と砂漠の共通点があるだけでなく、そのほかのシンクロもたくさんありました。過去世の男性は、砂漠のなかにある洞窟に潜みながら、夜道の砂漠を移動していました。実際、エッセネ派の共同体は砂漠にあり、その近くに洞窟もありました。あの『死海文書』も、砂漠の洞窟で発見されています。それら巻物の多くは、イエスの誕生より、二千年前のものだといわれています。わたしは翻訳作業をしながら、手あたりしだいにエッセネ派やイエスに関する数々の資料や書物を読みました。すると、ある文献に、エッセネ派は夜道の砂漠のなかを移動し、東の方面へ向かったと書かれていました。多くのエッセネ派は、ローマ人に捕われ、殺されてしまったのではないか……とも記されていました。「エッセネ」という名前は、「医師」を意味する古代シリア語に由来すると考えられています。ほかには「敬虔な人」、「聖なる者」の意味もあるそうです。

わたしはこの本の翻訳をしている間、なんども涙があふれ出てきました。自分でも、なぜ涙があふれ出てくるのか、そのときはわかりませんでした。そんなことを繰り返しているうちに、もしかすると、あれはエッセネ派の過去世だったのではないか？　と思うようになりました。もちろん、わたしがたとえエッセネ派だったとしても、一番したっぱの階級だったと思いますが……。

無念ながら、その過去世のわたしは「教え」を伝えきれず、途中で殺されてしまいました。翻訳が進んでくると、わたしの気持ちも徐々に変化していきました。しだいに、このエッセネ派という人たちが存在していたということと、彼らの教えを日本の人たちに伝えることが、今回のわたしの使命のひとつなのかもしれない。そんな感情がふつふつと沸き起こってきました。

わたし自身も、催眠療法士であり、ドロレス・キャャノン女史はわたしの師匠のひとりです。ドロレスに会ったことがある人なら、だれもが彼女の器の大きさとオーラの輝きに気づくと思います。ドロレスは壮大な人類愛にあふれている人でした。この本を翻訳しながら、わたしはドロレスのエネルギーに触れ、イエスの師匠であるスディーのエネルギーにも触れました。この体験は、わたし自身を大きく成長させてくれたように思います。この翻訳をきっかけに、人には過去世があるだけでなく、その続きもあることを確信しました。また、自分の生まれてきた目的がはっきりすると、こんなにもスッキリと晴れ晴れとした気持ちになることも体感できました。

ドロレス本人も第二章の冒頭にて、ケイティとの運命的な出会いについて、以下のように語っています。

この世に偶然はなく、わたしたちは出会うべくして出会ったのだ。

ドロレスだけでなく、わたし自身も、神秘的な運命の手に導かれるように、この作品と出会いました。まさに、この世に偶然はなく、すべては宇宙の采配であり、完璧なタイミングで現れるのです。

この本に登場するイエス・キリストは、救世主として現れるだけではありません。エッセネ派という秘教集団に、エリートとして育てられた経緯が記されています。イエスは、エッセネ派に属したクムラン教団のなかで、ヒーリングの能力や魔術の使いかた、数々の超能力（サイキック・透視・体外離脱・死者の蘇生など）を磨きあげ、天体の動きや占星術を正確に読み解く力を身につけ、奥義や秘伝、宇宙の叡智などの高尚な教育も受け、この世にあるすべての「秘密の教え」を習得していきました。イエスが、救世主になるべく、手塩にかけて育成されたという説に、衝撃を受ける人も多いかもしれません。しかしながら、聖書に記された「神の子」であるという面だけでなく、生身の人間のイエスが成長していく姿は、イエスやキリスト教にいっさい興味や関心がない人でも、その様子はとても新鮮に映り、ワクワクする気持ちになると思います。

実をいうと、この『イエスとエッセネ派』は、ドロレスが一番気に入っている作品なのです。彼女は生前、いろいろな場所でその想いを語っていました。そのことを考えると、この本を翻訳できたことをとても光栄に思います。このようなすばらしい本の翻訳をまかせてくださった、ナチュラルスピリット社の今井社長には感謝してもしきれません。編集を担当した結城美穂子さんは、わたしの文章を洗練された文体に仕上げてくださいました。結城さんの支えがあったからこそ、この壮大な物語を翻訳し終えることができました。心より、感謝の気持ちを捧げたいと思います。そして、きっかけをくださった小林三和子さんにも謝意を表したいと思います。最後に、この翻訳作業の間、向こう側の世界からずっとわたしを導きながら、力を貸してくれていた「ドロレスのスピリット」にも深い感謝の気持ちを伝えたいと思います。

その昔、古代イスラエル王国の滅亡後、十二支族のうちの十支族の行方がまったくわからなくなりました。そのイスラエルの失われた十支族は世界中に散らばったとも伝えられています。イスラエルから太陽が昇る方角へ向かうと、その果てには日本があります。執拗に追いかけてくるローマ帝国から逃れ、ユーラシア大陸の果てにある日本へたどりついたエッセネ派もいる可能性も考えられるのではないでしょうか。

エッセネ派は、死海に近い孤立した場所を好み、密かに暮らしていました。彼らはなによりも平和を愛し、誠実で穏やかな人たちでした。それは本来の日本人の性質と似ていると思いませんか？ そしておそらく彼らは海に近い孤立した場所を好み、そこに暮らすでしょう。イスラエルからシルクロードをたどってくると、その末端には日本があります。神秘集団のエッセネ派が、この豊かな自然に恵まれた不思議な国にたどりつき、喜んでいる様子が目に浮かんできます。

それらを考慮すると、もしかするとエッセネ派の末裔が現代の日本にいるのかもしれません。おそらくこの本を手にとっている読者のなかに、エッセネ派の末裔だけでなく、エッセネ派の過去世がある人もいるかもしれません。なぜなら、この世に偶然なんてないからです。

闇のなかに隠れていたエッセネ派の伝説を明るみに出すことで、一筋の光が差し込み、希望の光が日本中に広がり、愛と平和に満ちあふれた国になりますように。そして、ひとりでも多くのひとが本物の神さまとつながり、自分の魂の声を聴き、今世の人生をまっとうできるよう、心から願っています。

最後に、この世界のことを「知る」ために、ぜひ聖書を読んでみてください。

この本を手にしたすべての人たちへ捧ぐ
偉大なる高次の愛と祝福がたくさん降り注がれますように……

白鳥聖子

作のあるものは、いくつかの言語で読むことができる。

ドロレスには4人の子どもと14人の孫がいるが、彼らの存在により、彼女は家族に代表される「現実の」世界と仕事上で関わる「みえない」世界との間で、しっかりとバランスを保つことができていたのである。

2014年 10月18日、死去。直後に最後の著書となった“The Search for Hidden Sacred Knowledge”が刊行された。

彼女の著作に関して質問があれば、Eメールを利用していただきたい。また、原出版社のウェブサイトを通しての連絡も可能である。

decannon@msn.com
www.ozarkmt.com

■訳者プロフィール

白鳥聖子（しらとり・せいこ）

翻訳家。アメリカ育ちの帰国子女。ニューヨークのパーソンズ・スクール・オブ・デザイン美術大学を卒業。催眠療法・カウンセリングに特化した「心理センター東京」の所属セラピスト。ドロレス・キャノンから直接指導を受け、QHHTの資格も取得している。

■著者プロフィール

ドロレス・キャノン　Dolores Cannon

1931年、アメリカ合衆国ミズーリ州セントルイス生まれ。退行催眠療法士、心霊研究家として「失われた」知識を収集し記録し続けてきた。ミズーリ州で教育を受け、1951年に海軍の職業軍人と結婚するまで同州で暮らしたが、その後の20年間は、典型的な海軍軍人の妻として家族とともに世界中を旅して回った。

1968年、アマチュアの催眠療法士であった夫が、肥満の問題を抱えたひとりの女性に催眠術をかけたところ、彼女が過去世に遡っていくというできごとが起こり、そのとき、はじめて彼女はそうした世界を垣間みることになった。その頃は「過去世」のことは異端的な話題であり、そのような分野に関わっている人もほとんどいなかった。彼女も好奇心に火をつけられたものの、当時は家庭のことが優先され、よけいなことに手を出すことはできなかった。

1970年に夫が傷痍軍人として退役し、アーカンソー州の山岳地帯で引退生活を送るようになると、彼女は著作活動を開始、さまざまな雑誌社や新聞社に原稿を売り込むようになった。子どもたちが成長し独立するようになると、退行催眠や人の生まれ変わりについての興味が再び頭をもたげてきた。彼女は各種の催眠術を研究し、独自の方法を考案したので、それによって被術者から非常に効率よく情報を得ることができるようになった。1979年以来、彼女は何百人ものボランティアに退行催眠を施術し、彼らから得られた情報を整理保存してきた。1986年には、調査対象をUFOの分野にまで広げ、UFOが着陸したと思われる場所での現地調査や、イギリスのミステリー・サークルの調査なども行った。そうした分野における証拠資料の多くは、UFOに誘拐された人たちに催眠術をかけて得たものである。

著作には、“Conversations with Nostradamus Vol.I,II,III”（邦訳Vol.1のみ『ノストラダムス霊界大予言』二見書房）、“They Walked with Jesus”、“Between Death and Life”、“A Soul Remembers Hiroshima”、“Keepers of the Garden”（邦訳『この星の守り手たち』ナチュラルスピリット社）、“legacy from the Stars”、“The Legend of Starcrash”、“The Convoluted Universe”（シリーズ全５巻）、“The Custodians”（邦訳『人類の保護者』ナチュラルスピリット社）などがある。本書『イエスとエッセネ派』と“They Walked with Jesus”はイギリスの Gateway Books によっても出版された。彼女の著

イエスとエッセネ派

退行催眠で見えてきた真実

●

2021年2月17日　初版発行
2023年5月12日　第2刷発行

著者／ドロレス・キャノン
訳者／白鳥聖子

編集／結城美穂子
DTP／小粥 桂

発行者／今井博揮
発行所／株式会社 ナチュラルスピリット
〒101-0051 東京都千代田区神田神保町3-2 高橋ビル2階
TEL 03-6450-5938　FAX 03-6450-5978
info@naturalspirit.co.jp
https://www.naturalspirit.co.jp/

印刷所／創栄図書印刷株式会社

ISBN978-4-86451-358-6 C0010